〔宋〕黄士毅 編
徐時儀 楊艷 彙校

# 朱子語類彙校

修訂本

貳

上海古籍出版社

# 晦庵先生朱文公語類卷第十五

## 大學[二]

### 經下

因鄭仲履之問而言曰：「致知乃本心之知。如一面鏡子，本全體通明，只被昏翳了，而今逐旋磨去，使四邊皆照見，其明無所不到。」蓋卿。

所謂窮理者，事事物物各自有個事物底道理，窮之須要周盡。若見得一邊，不見一邊，便不該通。窮之未得，更須款曲推明。蓋天理在人，終有明處。「大學之道，在明明德」，謂人合下便有此明德。雖爲物欲掩蔽，然這些明底道理未嘗泯絕。須從明處漸漸推將去，窮到是處，吾心亦自有準則。窮理之初，如攻堅物，必尋其罅隙可入之處，乃從而擊之，則用力爲不難矣。孟子論四端便各自有個柄靶，仁義禮智皆有頭緒可尋。即其所發之端，而求其可見之體，莫非可窮之理也。謨。

問：「致知莫只是致察否？」曰：「如讀書而求其義，處事而求其當，接物存心察其是非、邪正皆是也。」寓。

器遠問：「致知者，推致事物之理。還當就甚麽樣事推致其理？」曰：「眼前凡所應接底都是物。事事都有個極至之理，這便是要[二]知得到。若知不得[三]到便都没分明，若知得到便決定着恁地做，更無第二着、第三着。止緣人見道理不破，便恁地苟簡，且恁地做也得，都不做得第一義。」曹問：「如何是第一義？」曰：「如『爲人君，止於仁；爲人臣，止於敬；爲人子，止於孝』之類，決定着恁地，不恁地便不得。又如在朝須着進君子、退小人，這是第一義，合如此。[四]有功決定着賞，有罪決定着誅。更無小人可用之理，更無包含小人之理。惟見得不破，便道小人不可去，也有可用之理。這都是第二義、第三義，如何會好？若事事窮得盡道理，事事占得第一義，做甚麽樣剛方正大！且如爲學，決定是要做聖賢，這是第一義，便漸漸有進步處。若便道自家做不得，且隨分依稀做些子，這都[五]是見不破。所以説道：『不以舜之所以事堯事君，賊其君者也；不以堯之所以治民治民，賊其民者也。』『謂吾身不能者，自賊者也。』」賀孫。按卓録略云：[六]「曹兄問：『格物窮理須是事事物物上理會？』先生云：『也須是如此，但窮理上須是見得十分徹底，窮到極處，須是見得第一着方是，不可只到第三、第四着便休了。若窮不得，只道我未窮得到底，只得如此。這是自恕之言，亦非善窮理也。且如事君便須是「進思盡忠，退思補過」，道合則從，不合則去。也有義不可得而去者，不可不知。』又云：『如「不以舜之所以事堯者〔七〕事君，賊其君者也；不以堯之所以治民者〔八〕治民，賊其民者也」，這皆是極處。』」

致知所以求爲真知。真知是要徹骨都見得透。道夫。

問：「道之不明，蓋是後人舍事跡以求道。」先生曰：「所以古人只道格物，有物便有理。若無事親事君底事，何處得忠孝？」節。

格物，莫先於五品。方子。

格物，不說窮理，却言格物。蓋言理則無可捉摸，物有時而離；言物則理自在，自是離不得。釋氏只說見性，下梢尋得一個空洞無稽底性，亦由他說，於事上更動不得。賀孫。

「『窮理』一〔九〕字不若格物之爲切，便就事物上窮格。如漢人多推秦之所以失，漢之所以得，故得失易見。然彼亦無那格底意思。若格之而極其至，則秦猶有餘失，漢亦當有餘得也。」又云：「格謂至也，所謂實行到那地頭。如南劍人往建寧，須到得郡廳上方是至，若只到建陽境上，即不謂之至也。」德明。

人多把這道理作一個懸空底物。大學不說窮理，只說個格物，便是要人就事物上理會，如此方見得實體。所謂實體，非就事物上見不得。且如作舟以行水，作車以行陸。今試以衆人之力共推一舟於陸，必不能行，方見得舟果不能以行陸也，此之謂實體。德明。

徐〔一〇〕居甫問：「格物窮理，但理自有可以彼此者。」曰：「不必如此看。理有正有權，今學者且須理會正。如娶妻必告父母，學者所當守。至於不告而娶，自是不是，到此處别理會。如事君匡救其惡是正理，伊川説『納約自牖』又是一等，今於此一段未分明，却先爲彼引走。如孔子説『危行言孫』，當春秋時亦自如此。今不理會正當處，纔見聖人書中有此語便要守定不移，駸駸必至於行孫矣。此等風俗浙江甚盛，殊可慮。」可學。

「窮理如性中有個仁義禮智，其發則爲惻隱、羞惡、辭遜、是非。只是這四者，任是世間萬事萬物皆不出此四者之内。」曹問：「有可一底道理否？」曰：「見多後自然貫。」又曰：「會之於心，可以一得，心便能齊，但心安後便是義理。」[一一]

器遠問：「窮事物之理，還當窮究個總會處，如何？」曰：「不消説總會。凡是眼前底都是事物，只管恁地逐項窮，教到極至處，漸漸多，自貫通。然爲之總會者，心也。」賀孫。[一二]

問：「事各有理，而理各有至當十分處。今看得七八分，只做得[一三]七八分處，上面欠了多[一四]分數。莫是窮來窮去，做來做去，久而且熟，自能長進到十分否？」曰：「雖未能從容，只是熟後便自會從容。」再三詠一「熟」字。淳。[一五]

不是要格那物來長我聰明見識了方去理會，自是不得不理會。僩。

居甫問：「格物工夫，覺見不周給。」曰：「須是四面八達格。[一六]」可學。

格物者，格，盡也，須是窮盡事物之理。若是窮得三兩分便未是格物，須是窮盡得到十分，

方是格物。賀孫。〔一七〕

問：「格物最難。日用間應事處，平直者却易見。如交錯疑似處，要如此則彼礙，要如彼則此礙，不審何以窮之？」曰：「如何一頓便要格得恁地！且要見得大綱，且看個大胚模是恁地，方就裏面旋旋做細。如樹，初間且先斫倒在這裏，逐旋去皮，方始出細。若難曉、易曉底一齊都要理會得，也不解恁地。但不失了大綱，理會一重了，裏面又見一重，一重了又見一重。以事之詳略言，理會一件又一件；以理之淺深言，理會一重又一重。只管理會，須有極盡時。『博學之，審問之，謹思之，明辨之』，成四節次第，恁地方是。」寓。

或問：「格物是學者始入道處，當如何着力？」曰：「遇事接物之間，各須一一去理會始得。不成是精底去理會，粗底又放過了；大底去理會，小底又不問了。如此終是有欠缺，但隨事遇物皆一一去窮極，自然分明。」又問：「世間有一種小有才底人，於事物上亦能考究得子細，如何却無益於己？」曰：「他理會底聖人亦理會，但他理會底意思不是。彼所爲者，但欲人說：『他人理會不得者，我理會得；他人不能者，我能之。』却不切己也。」又曰：「『文武之道未墜於地，在人。賢者識其大者，不賢者識其小者，莫不有文武之道焉』，聖人何事不理會？但是與人自不同。」祖道。

若格物，而雖不能盡知，而事至物來，大者增些子，小者減些子，雖不中，不遠矣。節。

窮理格物，如讀經看史，應接事物，理會個是處皆是格物。只是常教此心存，莫教他閑没個[一八]勾當處。公且道如今不去學問時，此心頓放那處？賀孫。

格物須是從切己處理會去，待自家者已定疊，然後漸漸推去，這便是能格物。道夫。

「格物」二字最好。物謂事物也。須窮極事物之理到盡處，便有一個是，一個非。是底便行，非底便不行。凡自家身心上皆須體驗得一個是非。若講論文字，應接事物，各各體驗，漸漸推廣，地步自然寬闊。如曾子三省，只管如此體驗去。德明。

鄭[一九]文振問：「物者，理之所在，人所必有而不能無者，何者爲切？」曰：「君臣、父子、兄弟、夫婦、朋友皆人所不能無者，但學着須要窮格得盡。事父母則當盡其孝，處兄弟則當盡其友。如此之類，須是要見得盡，若有一毫不盡，便是窮格不至也。」人傑。

格物者，格其孝當考論語中許多論孝；格其忠必「將順其美，匡救其惡」，不幸而伏[二〇]節死義。古人愛物，而伐木亦有時，無一些子不到處，無一物不被其澤，蓋緣是格物得盡，所以如此。節。

格物須真見得決定是如此。爲子豈不知是要孝？爲臣豈不知是要忠？人皆知得是如此。然須當真見得子決定是合當孝，臣決定是合當忠，決定如此做始得。淳。按寓録同。[二一]

如今説格物，只晨起開目時便有四件在這裏，不用外尋，仁義禮智是也。如纔方開門時，便有四人在門裏。僩。

大學說一「格物」在裏，却不言其所格者如何。學者欲見下工夫處，但看孟子便得。如說仁義禮智，便窮到惻隱、羞惡、辭遜、是非之心；說好貨、好色、好勇，便窮到太王公劉文武；說古今之樂，便窮到與民同樂處；說性，便格到纖毫未動處。這便見得他孟子胸中無一毫私意蔽窒得他，故其知識包宇宙，大無不該，細無不燭。道夫。

子淵說：「格物先從身上格去。如仁義禮智，發而爲惻隱、羞惡、辭遜、是非，須從身上體察，常當守得在這裏始得。」曰：「人之所以爲人，只是這四件。須自認取意思是如何。所謂惻隱者是甚麼意思？且如赤子入井，一井如彼深峻，入者必死而赤子將入焉！自家見之，此心還是如何？有一事不善，在自家身上做出，這裏定是可羞；在別人做出，這裏定是惡他。利之所不當得，或雖當得而吾心有所未安，便自謙遜辭避，不敢當之。以至等閑禮數，人之施於己者，或過其分，便要辭將去，遜與別人，定是如此。事事物物上各有個是，有個非，是底自家心裏定道是，非底自家心裏定道非。就事物上看，是底定是是，非底定是非。到得所以是之，所以非之，却只在自家。此四者人人有之，同得於天，不待問別人假借。堯舜之所以爲堯舜，也只是這四個，桀紂本來亦有這四個。如今若認得這四個分曉，方可以理會別道理。只是孝有多少樣，有如此爲孝，如此而爲不孝；忠固是忠，有如此爲忠，又有如此而不喚做忠，一一都着斟酌理會過。」賀孫。

問：「格物須合内外始得？」曰：「他内外未嘗不合。自家知得物之理如此，則因其理之自然而應之，便見合内外之理。目前事事物物皆有至理，如一草一木、一禽一獸皆有理。草木春生秋殺，好生惡死。『仲夏斬陽木，仲冬斬陰木』，皆是順陰陽道理。〔二二〕自家知得萬物均氣同體，『見生不忍見死，聞聲不忍食肉』，非其時不伐一木，不殺一獸，『不殺胎，不殀夭，不覆巢』，此便是合内外之理。」寓。〔二三〕

先生問竇從周：「曾看『格物』一段否？」因言：「聖人只説『格物』二字，便是要人就事物上理會。且自一念之微以至事事物物，若静若動，凡居處飲食言語無不是事，無不各有個天理人欲。須是逐一驗過。雖在静處坐，亦須驗個敬、肆。敬便是天理，肆便是人欲。如居處便須驗得敬與不敬。〔二四〕有一般人專要就寂然不動上理會，及其應事却七顛八倒，到了，又牽動他寂然底。又有人專要理會事，却於根本上全無工夫。須是徹上徹下，表裏洞徹。如居仁便自能由義，由義便是居仁。『敬以直内』便能『義以方外』，『義以方外』〔二五〕便是『敬以直内』。」德明。

問：「格物則恐有外馳之病？」曰：「若合做，則雖治國平天下之事亦是己事。『周公思兼三王，以施四事。其有不合者，仰而思之，夜以繼日，幸而得之，坐以待旦』，不成也説道外馳！」又問：「若如此，則恐有身在此而心不在此，『視而不見，聽而不聞，食而不知其味』，有此等患。」

曰：「合用他處，也着用。」又問：「如此則不當論内外，但當論合爲與不合爲。」先生頷之。節。

問：「格物之義固要就一事一物上窮格，然如吕氏、楊氏所發明大本處，學者亦須兼考。」曰：「識得，即事事物物上便有大本。不知大本，是不曾窮得也。若只説大本，便是釋老之學。」德明。

問格物致知。[二六] 曰：「他所以下『格』字、『致』字者，皆是爲自家元有是物，但爲他物所蔽耳。而今便要從那知處推開去，是因其所已知而推之，以至於無所不知也。」夔孫。按：義剛同。以下致知在格物。[二七]

問「致知在格物」。曰：「知者，吾自有此知。此心虚明廣大，無所不知，要當極其至耳。今學者豈無一斑半點，只是爲利欲所昏，不曾致其知。孟子所謂四端，此四者在人心，發見於外。吾友還曾平日的見其有此心，須是見得分明，則致知可至。[二八] 今有此心而不能致，臨事則昏惑，有事則膠擾，百種病根皆自此生。」又問：「凡日用之間作事接人皆是格物窮理？」曰：「亦須知得要本。若不知得，只是作事，只是接人，何處爲窮理！」

人之一心本自光明，常提撕他起，莫爲物欲所蔽，便將這個做本領，然後去格物致知。如大學中條目便是材料。聖人教人將許多材料來修持[二九] 此心，令常常光明耳。[三〇] 伊川云「我使他思時便思」，如此方好。儻臨事不醒，只爭一餉時，便爲他引去。且如我兩眼光瞻瞻，又白日裏在大路上行，如何會被別人[三一]引去草中？只是我自昏睡，或暗地裏行，便被別人胡亂引去耳。但只要自家常醒得他做主宰，出乎萬物之上，物來便應。易理會底便理會得，難理會底思量久之也理會得。難理會底理會不得，[三二]是此心尚昏未明，便用提醒他。道夫。[三三]

致知、格物，只是一個。[三四]

「致知、格物，一胯底事。」先生舉左右指來比並。泳。

問：「一說：[三五]『致知是欲於事理無所不知，格物是格其所以然之故。』此意通否？」曰：「不須如此說。只是推極我所知，須要就那事物上理會。致知是自我而言，格物是就物而言。若不格物，何緣得知？而今人也有推極其知者，却只泛泛然竭其心思，都不就事物上窮究。如此則終無所止。」義剛曰：「只是說所以致知，必在格物。」曰：「正是如此。若是極其所知去推究那事物，則我方能有所知。」義剛。

元昭問：「致知、格物，只作窮理說？」曰：「不是只作窮理說。格物，所以窮理。」又問：「格物是格物與人。知物與人之異，然後可作工夫。此意頗切當？」[三六]曰：「若作致知在格物論，只是胡說。既知人與物異後，待作甚合殺。格物是格盡此物。如有一物，凡十瓣，已知五瓣，尚有五瓣未知，是爲不盡。如一鏡焉，一半明一半暗，是一半不盡。格盡物理則知盡。如元昭所云，物格、知至當如何說？」子上問：「向見先生答江德功書如此說。」曰：「渠如何說？已忘却。」子上云：「渠作『按物』。」〔三七〕曰：「又更錯。」可學。

格物是逐物格將去，致知則是推得漸廣。賜。

鄭伯問格物致知。曰：「格物是物物上窮其至理，致知是吾心無所不知。格物是零細説，致知是全體説。」時舉。

格物致知是極粗底事，「天命之謂性」是極精底事，但致知格物便是那「天命之謂性」底事，下等事便是上等工夫。義剛。

問：「知如何致？物如何格？嘗見南軒説李伯謙云：『物格則純乎我。』此將『格』作『扞格』之『格』。如先生説只做『至』字看。然而下手着工夫須有個親切處，更乞指教。〔三八〕」曰：「『孩提之童，莫不知愛其親；及其長也，莫不知敬其兄。』人皆有是知，而不能極盡其知者，人欲害之也。故學者必須先克人欲以致其知，則無不明矣。『致』字如推開去。譬如暗室中見些子明處，便尋從此明處去。忽然出到外面，見得大小大明。人之致知亦如此也。格物是『爲人君止於仁，爲人臣止於敬』之類，事事物物各有個至極之處。所謂『止』者，即至極之處也。然須是極盡其理，方是可止之地。若得八分，猶有二分未盡，也不是。須是極盡方得。」又曰：「知在我，理在物。」祖道。

張仁叟問致知、格物。曰：「物莫不有理，人莫不有知。如孩提之童，知愛其親；及其長也，知敬其兄。以至於飢則知求食，渴則知求飲，是莫不有知也。但所知者止於大略，而不能推致其知以至於極耳。致之爲義，如以手推送去之義。凡經傳中云『致』者，其義皆如此。」時舉。

曹又問致知、格物。曰：「此心愛物，是我之仁；此心要愛物，是我之義；若能分別此事之是，此事之非，是我之智；若能別尊卑上下之分，是我之禮。以至於萬物[三九]，皆不出此四個道理。其實則[四〇]是一個心、一個根柢出來抽枝長葉。」卓。

問：[四一]「大學次序，在聖人言之，合下便都能如此，還亦須從致知格物做起？但他義理昭明，做得來易耶？[四二]」曰：「也如此學，只是易。[四三]聖人合下體段已具，義理都曉得，但勘驗一過。[四四]其實大本處都盡了，不要學，[四五]只是學那不[四六]緊要底。如中庸言：『及其至也，雖聖人有所不知不能焉。』人多以『至』爲道之精妙處。若是道之精妙處有所不知不能，便與庸人無異，何足以爲聖人？這『至』只是道之盡處，所不知不能是沒緊要底事。他大本大根元無欠缺，只是古今事變、禮樂制度便也須學。」淳。[四七]

致知、格物固是合下工夫，到後亦離這意思不得。學者要緊在求其放心。若收拾得此心存在，已自看得七八分了。如此，則本領處是非善惡已自分曉。惟是到那變處方難處，到那裏便用子細研究。若那分曉底道理却不難見，只是學者見不親切，故信不及。如漆雕開所謂「吾斯之未能信」，若見得親切，自然信得及。看得大學了，閑時把史傳來看，見得古人所以處事變處儘有短長。賀孫。

子善問物格。曰：「物格是要得外面無不盡，裏面亦清徹無不盡，方是不走作。」格。〔四八〕

叔文問：「格物莫須用合内外否？」曰：「不須恁地説。物格後，他内外自然合。蓋天下之事皆謂之物，而物之所在莫不有理。且如草木禽獸，雖是至微至賤，亦皆有理。如謂〔四九〕『仲夏斬陽木，仲冬斬陰木』，自家知得這個道理，處之而各得其當便是。且如鳥獸之情，莫不好生而惡殺，自家知得是恁地，便須『見其生不忍見其死，聞其聲不忍食其肉』方是。要之，今且自近以及遠，由粗以至精。」道夫。〔五〇〕

上而無極、太極，下而至於一草、一木、一昆蟲之微，亦各有理。一書不讀，則缺了一書道理；一事不窮，則缺了一事道理；一物不格，則缺了一物道理。須着逐一件與他理會過。道夫。

知至，謂如親其所親，長其所長，而不能推之於天下，則是不能盡之於外；欲親其所親，欲長其所長，而自家裏面有所不到，則是不能盡之於内。須是外無不周，内無不具，方是知至。履孫。

「知至，謂天下事物之理知無不到之謂。若知一而不知二，知大而不知細，知高遠而不知幽深，皆非知之至也。要須四至八到，無所不知，乃謂至耳。」因指燈曰：「亦如燈燭在此，而光照

一室之內，未嘗有一些不到也。」履孫。〔五一〕

鄭仲履問曰：「某觀大學知至，見得是乾知道理。」先生曰：「何用說乾知，只理會自家知底無不盡便了。」蓋卿。

致知未至，譬如一個鐵片，亦割得物事，只是不如磨得芒刃十分利了，一鍤便破。若知得切了，事事物物至面前莫不迎刃而解。賀孫。

未知得至時，一似捕龍蛇、捉虎豹相似。到知得至了，却恁地平平做將去，然節次自有許多工夫。到後來絜矩，雖是自家所爲，皆足以興起斯民。又須是以天下之心審自家之心，以自家之心審天下之心，使之上下四面都平均齊一而後可。賀孫。

問：「『致知』之『致』，『知至』之『至』，有何分別？」曰：「上一『致』字是推致，方爲也。下一『至』字是已至。」先看〔五二〕「至」字，傍〔五三〕着「人」字爲「致」，是人旁推至。節。

格物只是就事上理會，知至便是此心透徹。廣。

格物便是下手處，知至是知得也。德明。

致知不是知那人不知底道理，只是人面前底。且如義、利兩件，昨日雖看義當爲然，而却又說未做也無害；見得利不可做，却又說做也無害。這便是物未格，知未至。今日見得義當爲，決爲之；利不可做，決定是不做，心下自信〔五四〕得及，這便是物格，便是知得至了。此等說話

爲無恁地言語，册子上寫不得，似恁地説出却較見分曉。植。[五五]

李[五六]守約問：「物格知至，到曾子悟忠恕於一『唯』處，方是知得至否？」曰：「亦是如此。只是就小處一事一物上理會得到，亦是知至。」賀孫。

「大學物格、知至處便是凡聖之關。物未格，知未至，如何殺也是凡人。須是物格、知至，方能循循不已而入於聖賢之域。縱有敏鈍、遲速之不同，頭勢也都自向那邊去了。今物未格，知未至，多[五七]是要過那邊去，頭勢只在這邊。如門之有限，猶未過得在。」問：「伊川云『非樂不足以爲[五八]君子』，便是物未格，知未至，未過得關子[五九]否？」曰：「然。某嘗謂物格知至後，雖有不善亦是白地上黑點；物未格，知未至，縱有善也只是黑地上白點。」伯羽。[六〇]

「致知誠意」，自古來只有這話。今經筵中亦是講此，蓋外此無它道也。自修。[六一]

問：「尋常讀大學未有所得，願請教。」[六二]曰：「致知、誠意兩節若打得透時，已自是個好人。其它事一節大如一節，病敗一節小如一節。」自修。

吴仁甫問：「誠意在致知、格物後，如何？」曰：「源頭只在致知。知至之後，如從上面放水來，已自迅流湍決。只是臨時又要略略撥剔，莫令壅滯爾。」銖。

説爲學次第。曰：「本末、精粗雖有先後，然一齊用做去。且如致知、格物而後誠意，不成説自家物未格、知未至，且未要誠意，須待格了、知了，却去誠意，安有此理？聖人亦只説大綱自然底次序是如此，拈着底，須是逐一旋旋做將去始得。常説田子方説文侯聽樂處亦有病，不成只去明官，不去明音，亦須略去理會始得。不能明音，又安能明官！或以宫爲商，以角爲徵，自家緣何知得？且如『籩豆之事，則有司存』，非謂都不用理會籩豆，但比似容貌、顔色、辭氣爲差緩爾。又如官名，在孔子有甚緊要處？聖人一聽得郯子會便要去學，蓋聖人之學本末精粗無一不備，但不可輕本而重末耳。今人閑坐過了多少日子，凡事都不肯去理會。且如儀禮一節，自家立朝不曉得禮，臨事有多少利害。」雉。

致知無毫釐之不盡，守其所止無須臾之或離。致知如一事只知得三分，這三分知得者是真實，那七分不知者是虚僞。爲善須十分知善之可好，若知得九分而一分未盡，只此一分未盡便是鶻突苟且之根。少間説便爲惡也不妨，便是意不誠。所以貴致知，窮到極處謂之『致』。或得於小而失於大，或得於始而失於終，或得於此而失於彼，或得於己而失於人，極有深淺。惟致知則無一事之不盡，無一物之不知。以心驗之，以身體之，逐一理會過方堅實。僩。

知與意皆出於心。知是知覺處，意是發念處。閎祖。

深自省察以致其知，痛加剪落以誠其意。升卿。〔六三〕

論誠意。曰：「過此一關方是人，不是賊。」又曰：「過此一關方會進。」一本云：「過得此關道理方牢固。」方子。閎祖録上一條同。以下論誠意。〔六四〕

因説「誠意」，曰：「前輩有謂闢釋氏爲扶教者，安在其不妄語也！」閎祖。〔六五〕

意誠如蒸餅，外面是白麵，透裏是白麵。意不誠如蒸餅外面雖白，裏面却只是粗麵一般。閎祖。

意誠後推盪得查滓靈利，心盡是義理。閎祖。〔六六〕

知至、意誠是凡聖界分關隘。未過此關，雖有小善猶是黑中之白；已過此關，雖有小過亦是白中之黑。過得此關，正好着力進步也。道夫。

致知、誠意乃學者兩個關。致知乃夢與覺之關，誠意乃惡與善之關。透得致知之關則覺，不然則夢；透得誠意之關則善，不然則惡。致知、誠意以上工夫較省，逐旋開去，至於治國、平天下，地步愈闊，却須要照顧得到。人傑。

格物是夢覺關，格得來是覺，格不得只是夢。誠意是善惡關。誠得來是善，誠不得只是惡。過得此二關，上面工夫却一節易如一節了。到得平天下處尚有些工夫，只爲天下闊，須着如此點檢。「誠意是轉關處。」〔六七〕又曰：「誠意是人鬼關！」誠得來是人，誠不得是鬼。夔孫。〔六八〕

鍾唐傑問「意誠」。曰：「意誠只是要情願做工夫，若非情願亦强不得。未過此一關，猶有七分是小人。」蓋卿。

問「知至而後意誠」。曰：「知則知其是非。到意誠實則無不是，無有非，無一毫錯，此已是七八分人。然又不是今日知至，意亂發不妨，待明日方誠。如言孔子『七十而從心』，不成未七十心皆不可從。只是說次第如此。白居易詩云：『行年三十九，歲暮日斜時。孟子心不動，吾今其庶幾！』詩人玩弄至此！」可學。〔六九〕

知若至則意無不誠。若知之至，雖欲着此物亦留不住，東西南北中央皆着不得。若是不誠之人亦不肯盡去，亦要留些子在。泳。〔七〇〕

問：「知至到意誠之間意自不聯屬，須是別識得天理人欲分明，盡去人欲，全是天理，方誠。」曰：「固是。這事不易言。須是格物精熟，方到此。居常無事，天理實然，有纖毫私欲便能識破他，白來點檢慣了。譬有賊來便識得，便捉得他。不曾用工底，與賊同眠同食也不知。」大雅。

問：「『知至而後意誠』，故天下之理反求諸身，實有於此，似從外去討得來？」先生問節曰：「如何是外，如何是內？」節答曰：「致知格物是去外討，然後方有諸己，是去外討得入來。」曰：「是先有此理後自家不知，是知得後方有此理？」節無以答。〔七一〕曰：「『仁義禮智非由外鑠我也，我固有之也，弗思耳矣！』」〔七二〕又笑曰：「某常說人有兩個兒子：一個在家，一個在外去幹家事。其父却說道在家底是自家兒子，在外底不是。」節。

周震亨問知至、意誠，云：「有知其如此而行又不如此者，是如何？」曰：「此只是知之未至。」問：「必待行之皆是而後驗其知至歟？」曰：「不必如此說。而今說與公是知之未至，公不信，且去就格物、窮理上做工夫。窮來窮去，末後自家真個見得此理是善，彼[七三]是惡自心甘意肯不去做，此方是意誠。若猶有一毫疑貳底心便是知未至、意未誠，久後依舊去做。然學者未能便得會恁地，須且致其知，工夫積累方會知至。」雉。[七四]

「『知至而後意誠』，須是真知了，方能誠意。知苟未至，雖欲誠意，固不得其門而入矣。惟其胸中了然，知得路逕如此，知善之當好，惡之當惡，然後自然意不得不誠，心不得不正。」因指燭曰：「如點一條蠟燭在中間，光明洞達，無處不照，雖欲將不好物事來，亦没安頓處，自然着它不得。若是知未至，譬如一盞燈，用罩子蓋住，則光之所及者固可見，光之所不及處則皆黑暗無所見，雖有不好物事安頓在後面，固不得而知也。[七五]所以貴格物。如佛、老之學，它非無長處，但它只知得一路。其知之所及者則路逕甚明，無有差錯；其知所不及處則皆顛倒錯亂，無有是處，緣無格物工夫也。」問：「物未格時意亦當誠。」曰：「固然。豈可說物未能格，意便不用誠？自始至終意常要誠。如人適楚當南其轅，[七六]豈可謂吾未能到楚且北其轅？但知未至時，雖欲誠意，其道無由。如人夜行，雖知路從此去，但黑暗，行不得。所以要得致知。知至則道理坦然明白，安而行之。今人知未至者，也知道善之當好，惡之當惡，然臨事不如此者，只是實未曾見得。若實見得，自然行處無差。」僩。[七七]

欲知知之真不真，意之誠不誠，只看做不做如何。只〔七八〕個如此做底，但〔七九〕是知至、意誠。道夫。

問：「知至了意便誠，抑是方可做誠意工夫？」曰：「也不能恁地説得。這個也在人。一般人自便能如此。一般人自當循序做，但知至了，意誠便易。且如這一件事知得不當如此做，末梢又却如此做，便是知得也未至。若知得至時便決不如此。如人既知烏喙之不可食，水火之不可蹈，豈肯更試去食烏喙、蹈水火？若是知得未至時，意決不能誠。」問：「知未至之前，所謂謹獨亦不可忽否？」曰：「也不能恁地説得。規模合下皆當齊做，然這裏只是説學之次序如此，説得來快，無恁地勞攘，且當循此次序。初間『欲明明德於天下』時，規模便要恁地了。既有恁地規模，當有次序工夫；既有次序工夫，自然有次序效驗。〔八〇〕『物格而後知至』，至『國治而後天下平』，〔八一〕只是就這規模恁地廣開去，如破竹相似，逐節恁地去。」淳。〔八二〕

意誠、心正，過得此關義理方穩，不然七分是小人在。又曰：「意不誠底是私過，心不正底是公過。」方子。

意誠而後心可正，過得這一關方可進。銖。〔八三〕

「心，言其統體；意，是就其中發出。〔八四〕正心如戒懼，不睹不聞，誠意如謹獨。」又曰：「由小而大，意小心大。」閎祖。〔八五〕

康叔臨問：「意既誠矣，心安有不正？」曰：「誠只是實。雖是意誠，然心之所發有不中節處，依舊未是正。亦不必如此致疑，大要只在致知格物上。如物格、知至上鹵莽，雖見得似小，其病却大。自修身以往，只是如破竹然，逐節自分明去。今人見得似難，其實却易。人入德處全在致知、格物。譬如適臨安府，路頭一正，着起草鞋便會到。未須問所過州縣那個在前，那個在後，那個是繁盛，那個是荒索。工夫全在致知、格物上。」謙。〔八六〕

或問：「意者，所以〔八七〕聽命於心者也。今曰『欲正其心者〔八八〕先誠其意』，則是〔八九〕意乃在心之先矣。」曰：「『心』字卒難摸索。心譬如水：水之體本澄湛，却爲風濤不停，故水亦搖動；必須風濤既息，然後水之體靜。人之無狀污穢皆在意之不誠，必須去此，然後能正其心。及心既正後，所謂好惡哀矜與修身齊家中所説者，皆是合有底事，但當時時省察其固滯偏勝之私耳。」僩。〔九〇〕

問：「心者身之主也，意者心之發也。既是〔九一〕意發於心，則意當聽命於心可也。〔九二〕今而〔九三〕曰『意誠而後心正』，則是意反爲心之管束矣，何也？」曰：「心之本體何嘗不正，所以不得其正者，蓋由邪惡之念勃勃而興，有以動其心也。譬之水焉，本自瑩净寧息，蓋因波濤洶湧，水遂爲其所激而動也。更是大學次序，誠意最要。學者苟於此一節分別得善惡、是非、取捨分明，則自此以後，凡有忿懥、好樂、親愛、畏敬等類，皆是好事。大學之道始不可勝用矣。」處謙。

問：「心，本也。意，特心之所發耳。今欲正其心，先誠其意，似倒説了。」曰：「心無形影，教人如何撑拄？須是從心之所發處下手，先須去了許多惡根。如人家裏有賊，先去了賊方得家中寧。如人種田，不先去了草，如何下種？須去了自欺之意，意誠則心正。誠意最是一段中緊要工夫，下面一節輕一節。」或云：「致知、格物也緊要。」曰：「致知，知之始；誠意，行之始。」夔孫。銖同。〔九四〕

心纔不正，其終必至於敗國亡家。僩。

格物者，窮事事物物之理；致知者，知事事物物之理。無所不知，知其不善之必不可爲，故意誠；意既誠，則好樂自不足以動其心，故心正。人傑。〔九五〕

格物者，知之始也；誠意者，行之始也。意誠則心正，自此去一節易似一節。銖。〔九六〕

格物、致知、正心、誠意，不可着纖毫私意在其中。致知、格物，十事格得九事通透，一事未通透，不妨；一事只格得九分，一分不透，最不可。凡事不可着個「且」字。「且」字其病甚多。庚。〔九七〕

格物、致知、誠意、正心，雖是有許多節次，然其進之遲速則又隨人資質敏鈍。履孫。

敬之問誠意、正心、修身。曰：「若論淺深意思，則誠意工夫較深，正心工夫較淺；若以小大看，則誠意較緊細，而正心、修身地位又較大，又較施展。」賀孫。

或問正心修身。曰："今人多是不能去致知處着力，此心多爲物[九八]所陷了。惟聖人能提出此心，使之光明，外來底物欲皆不足以動我，内中發出底又不陷了。"問："劉子云『天地之中』，程子云『天然自有之中』，此『中』字同否？"[九九]曰："『天地之中』是未發之中，『天然自有之中』是時中。"曰："然則『天地之中』是指道體，『天然自有之中』是指事物之理？"曰："然。"祖道。[一〇〇]

問："大學解『所厚，謂家』。若誠意正心亦可謂之厚否？"曰："不可。此只言先後緩急，所施則有厚薄。"節。

大學一篇却是有兩個大節目：物格、知至是一個，誠意、修身是一個。纔過此二關了，則便可直行將去。泳。

問："『誠意正心』章，一説能誠其意而心自正，一説意誠矣而心不可不正。修身、齊家亦然否？"[一〇一]曰："此是交會處，不可不看。"又曰："誠意以敬爲先。"泳。

毅然問："『家齊而後國治，天下平』，如堯有丹朱，舜有瞽瞍，周公有管蔡，却能平治，何也？"曰："堯不以天下與丹朱而與舜，舜能使瞽瞍不格姦，周公能致辟于管蔡，使不爲亂，便是措置得好了，然此皆聖人之變處。想今人家不解有那瞽瞍之父、丹朱之子、管蔡之兄，都不須如此思量，且去理會那常處。"淳。

或問：「格物、致知，到貫通處方能分別取舍。初間亦未嘗不如此，但較生澀勉强否？」曰：「格物時是窮盡事物之理，這方是區處理會。到得知至時却已自有個主宰，會去分別取舍。初間或只見得表，不見得裏；只見得粗，不見得精。到知至時方知得到，能知得到方會意誠，可者必爲，不可者決不肯爲。到心正則胸中無些子私蔽，洞然光明正大，截然有主而不亂。此身便修，家便齊，國便治，而天下可平。」賀孫。

「古之[一〇二]欲明明德於天下者先治其國」至「致知在格物」。「欲」與「先」字謂如欲如此，必先如此，是言工夫節次。若「致知在格物」，則致知便在格物上。看來「欲」與「先」字差慢得些子，「在」字又緊得些子。履孫。

自「欲明明德於天下」至「先致其智[一〇三]」皆是隔一節，所以言欲如此者，必先如此。「致知在格物」，知與物至切近，正相照在。格物所以致知，物纔格則知已至，故云「在」，更無次第也。閎祖。

大學「明明德於天下」以上皆有等級。到致知格物處便較親切了，故文勢不同，不曰「致知者先格其物」，只曰「致知在格物」也。「意誠而後心正」，不說是意誠了便心正，但無詐僞便是誠，心不在焉便不正。或謂但正心，不須致知、格物便可以修身、齊家，却恐不然。聖人教人窮理，只道是人在善惡中時[一〇四]不能分別得，故善或以爲惡，惡或以爲善。善可以不爲，不妨；

惡可以爲，不妨。〔一〇五〕聖人便欲人就外面攔截得緊，見得道理分明方可正得心、誠得意。不然，則聖人告顔子，如何不道非禮勿思，却只道勿視聽言動？如何又先道「居處恭，執事敬」，而後「與人忠」？「敬」字要體得親切，似得個「畏」字。銖記：「先生嘗因諸生問『敬』宜何訓，曰：『是不得而訓也。惟「畏」庶幾近之。』銖云：『以「畏」訓「敬」，平淡中有滋味。』曰：『然。』」榦。

問：「『古之欲明明德於天下』至『致知在格物』，向疑其似於爲人。今觀之大不然。蓋大人以天下爲度者也，天下苟有一夫不被其澤，則於吾心爲有慊；而吾身於是八者有一毫不盡，則亦何以明明德於天下耶？夫如是，則凡其所爲雖若爲人，其實則亦爲己而已。」先生曰：「爲其職分之所當爲也。」道夫。

先生說大學次序。曰：「致知、格物是窮此理，誠意、正心、修身是體此理，齊家、治國、平天下只是推此理。要做三節看。」雉。

物格、知至是一截事，意誠、心正、身修是一截事，家齊、國治、天下平又是一截事。自知至交誠意又是一個過接關子，自修身交齊家又是一個過接關子。賀孫。

明德，如八窗玲瓏，致知格物，各從其所明處去。〔一〇六〕文蔚。〔一〇七〕

自格物至修身，自淺以及深；自齊家至平天下，自内以及外。敬仲。

格物、致知，比治國、平天下，其事似小，然打不透則病痛却大，無進步處。治國、平天下，規模雖大，然這裏縱有未盡處，病痛却小。格物、致知如「知及之」，正心、誠意如「仁能守之」，到得「動之不以禮」處只是小小未盡善。從周。〔一〇八〕方子録云：「格物、誠意，其事似乎小，然若打不透却是大病痛。治國、平天下，規模雖大，然若有未到處，其病却小，蓋前面大本領已自正了。學者若做到物格、知至處，此是七分已上底人。」

問：「看來大學自格物至平天下，凡八事，而心是在當中，擔着兩下者。前面格物、致知、誠意是理會個心，後面身修、家齊、國治、天下平是心之功用。」曰：「據他本經去修身上截斷，然身亦是心主之。」士毅。

大學自致知以至平天下，許多事雖是節次如此，須要一齊理會。不是説物格後方去致知，意誠後方去正心。若如此説，則是當意未誠、心未正時有家也不去齊，如何得！且如「在下位不獲乎上」數句，意思亦是如此。若未獲乎上，更不去治民，且一向去信朋友；若未信朋友時，且一向去説〔一〇九〕親，掉了朋友不管。須是多端理會，方得許多節次。聖人亦是略分個先後與人知，不是做一件盡盡〔一一〇〕無餘方做一件。若如此做，何時得成！又如喜怒上做工夫，固是。然亦須事事照管，不可專於喜怒。如易損卦「懲忿窒慾」、益卦「見善則遷，有過則改」，似此説話甚多。聖人却去四頭八面説來，須是逐一理會，身上許多病痛都要防閑。明作。

蔡元思問：「大學八者條目，若必待行得一節了，旋進一節，則没世窮年亦做不徹。看來日用之間須是隨其所在而致力：遇着物來面前便用格，知之所至便用致，意之發便用誠，心之動便用正，身之應接便用修，家便用齊，國便用治，方得。」曰：「固是。他合下便説『古之欲明明德於天下』，便是就這大規模上説起。只是細推他節目緊要處，則須在致知、格物、誠意迤邐做將去」云云。又曰：「有國家者，不成説家未齊，未能治國，且待我去齊得家了，却來治國。家未齊者，不成説身未修，且待我修身了，却來齊家。無此理，但細推其次序，須着如此做。若隨其所遇，合當做處則一齊做，始得。」僩。

李從之問：「『壹是皆以修身爲本』，何故只言修身？」曰：「修身是對天下國家説，此是本，此是末。[一一一] 凡前面許多事便是理會修身。『其所厚者薄，所薄者厚』又是以家對國説。」㽦。以下壹是皆以修身爲本。[一一二]

「壹是」，一切也。漢書平帝紀「一切」，顔師古注：「猶如以刀切物，取其整齊。」泳。

大學「在明明德，在親[一一三]民，在止於至善」，此三個是大綱，做工夫全在此三句内。下面知止五句是説效驗如此。上面是服藥，下面是説藥之效驗。正如説服到幾日其[一一四]效如此，又服到幾日效又如此。看來不須説效亦得，服到日子滿時自然有效。聖人須要説到這田地上。教人知「明明德」三句，後面又分拆開做八件：[一一五]致知至修身五件是明明德事，齊家至平天下三件是新民事。至善只是做得恰好處，[一一六]後面傳又立八段[一一七]詳細剖析八件意思。大抵閑時要[一一八]喫緊去理會，須要把做一件事看，横在胸中，不要放下。若理會得透徹，到臨事時一一有用處。而今人多是閑時不喫緊要[一一九]理會，及到臨事時又不肯下心推究道理。只説且放過一次亦不妨，只是安於淺陋，所以不能長進，終於無成。大抵是不曾立得志，枉過日子。且如知止只是閑時窮究得道理分曉，臨事時方得其所止。若閑時不曾知得，臨事如何了得。事親固是用孝，也須閑時理會如何爲孝，見得分曉，及到事親時方合得這道理。事君亦然，以至凡事都如此。又問：「知止是萬事萬物皆知得所止，或只指一事而言？」曰：「此徹上徹下知得一事，亦可謂之知止。」又問：「上達天理，便是事物當然之則至善處否？」曰：「只是合理[一二〇]處便是天理，所以聖人教人致知、格物，亦要[一二一]人理會得這[一二二]道理。」

問：[一二三]「大學所謂[一二四]表裏精粗如何？」曰：[一二五]「粗是大綱，精是裏面曲折處。」又曰：「外面事要推闡，故齊家而後治國平天下；裏面事要切己，故修身、正心，必先誠意、致知，愈細密。」又問真知。曰：「曾被虎傷者便知得是可畏，未曾被虎傷底須逐旋思量個被虎傷底道理，見得與被傷者一般方是。」明作。[一二七]

問：「大學之書不過明德、新民二者而已。其自致知、格物以至平天下乃推廣二者，爲之條目以發其意，而傳意則又以發明其爲條目者。要之，不過此心之體不可不明，而致知、格物、誠意、正心，乃其明之之工夫耳。」曰：「若論了得時，只消『明明德』一句便了，不用下面許多。聖人爲學者難曉，故推說許多節目。今且以明德、新民互言之，則明明德者所以自新也，新民者所以使人各明其明德也。然則雖有彼此之間，其爲欲明之德則彼此無不同也。譬之明德却是材料，格物、致知、誠意、正心、修身却是下工夫以明其明德耳。於格物、致知、誠意、正心、修身之際，要得常見一個明德隱然流行於五者之間，方分明。明德如明珠，常自光明，但要時加拂拭耳。若爲物欲所蔽，即是珠爲泥涴，然光明之性依舊自在。」大雅。〔一二八〕

問：「『古之欲明明德於天下者』至『致知在格物』，詳其文勢，似乎〔一二九〕皆是有爲而後爲者。」曰：「此〔一三〇〕皆是合當爲者。經文既自明德說至新民，止於至善，下文又却反覆明辨，以見正人心〔一三一〕池本無「心」字。〔一三二〕者必先正己。孟子曰：『天下之本在國，國之本在家，家之本在身。』亦是此意。」道夫。

問：「定、靜、安、慮、得與知至、意誠、心正是兩事，只要行之有先後。據先生解安、定、慮、得與知至似一般，如何？」曰：「前面只是大綱且如此說，後面却是學者用力處。」去僞。

知止就事上說，知至就心上說，舉其重而言。閎祖。

知止最難是知至、意誠中間事。〔一三三〕閎祖。

格物、致知是求知其所止；誠意、正心、修身、齊家、治國、平天下是求得其所止。物格、知至是知所止，意誠、心正、身修、家齊、國治、天下平是得其所止。大學中大抵虛字多，如所謂

「欲」、「其」、「而後」皆虚字。「明明德」、「新民」、「止於至善」，「致知」、「格物」、「誠意」、「正心」、「修身」、「齊家」、「治國」、「平天下」是實字。今當就其緊要實處着工夫。如何是致知、格物以至於治國、平天下，皆有節目，須要一一窮究着實方是。道夫。

## 【校勘記】

［一］大學　成化本爲「大學二」。

［二］這便是要　成化本爲「便是」。

［三］得　成化本無。

［四］合如此　成化本無。

［五］都　成化本無。

［六］按卓録略云　成化本爲「卓録云」。

［七］者　成化本無。

［八］者　成化本無。

［九］一　王本作「二」。

〔一〇〕徐　成化本無。
〔一一〕成化本此下有「卓」。
〔一二〕此條賀孫録與上一條語録，成化本皆載於卷九。
〔一三〕得　成化本作「到」。
〔一四〕多　成化本無。「多」下似脱「少」字。
〔一五〕淳　成化本無，且此條載於卷一百十七。
〔一六〕四面八達格　成化本爲「四方八面去格」。
〔一七〕成化本此下注曰：「以下格物，兼論窮理。」
〔一八〕個　成化本無。
〔一九〕鄭　成化本無。
〔二〇〕伏　朱本作「仗」。
〔二一〕淳按寓録同　成化本作「寓」。
〔二二〕成化本此下注曰：「砥録作『皆是自然底道理』。」
〔二三〕成化本此下注曰：「砥録略。」
〔二四〕如居處便須驗得敬與不敬　成化本爲「如居處便須驗得恭與不恭執事便須驗得敬與不敬」。
〔二五〕義以方外　成化本爲「能『義以方外』」。

〔二六〕問格物致知　成化本爲「劉圻父説格物致知」。
〔二七〕夔孫……在格物　成化本爲「義剛」。
〔二八〕致知可至　成化本爲「知可致」。
〔二九〕修持　成化本爲「修治」，且「治」下有一小字注「平」。
〔三〇〕成化本此下注曰：「按『修治』字疑。」蓋因疑「修治」有誤，故於「修治」下注一「平」字。
〔三一〕被別人　成化本爲「別被人」。
〔三二〕難理會底理會不得　成化本爲「若難理會底便理會不得」。
〔三三〕道夫　成化本作「驤」。
〔三四〕成化本此下有「道夫」，其後注曰：「以下致知、格物。」
〔三五〕一説　成化本無。
〔三六〕此意頗切當　成化本無。
〔三七〕渠作按物　成化本爲「渠作接物」。考朱子全集卷四十四答江德功：「訓『格物』以『接物』，則於究極之功有所未明。」其下又注曰：「人莫不與物接，但或徒接而不求其理，或粗求而不究其極，是以雖與物接而不能知其理之所以然與其所當然也。……且考之他書，『格』字亦無訓『接』者。」以此反推，則是江德功曾以「接物」訓「格物」。
〔三八〕嘗見南軒……更乞指教　成化本無。

[三九] 萬物　成化本爲「萬物萬事」。
[四〇] 則　成化本作「只」。
[四一] 問　成化本爲「陳問」。
[四二] 做得來易耶　成化本爲「做得來恐易」。
[四三] 易　成化本無。
[四四] 但勘驗一過　成化本爲「略略恁地勘驗一過」。
[四五] 不要學　成化本爲「不用學」。
[四六] 不　成化本作「没」。
[四七] 淳　成化本作「寓」。
[四八] 成化本此下注曰：「以下物格。」
[四九] 謂　成化本爲「所謂」。
[五〇] 成化本此下注曰：「寓録别出。」
[五一] 成化本此下注曰：「以下知至。」
[五二] 看　成化本作「着」。
[五三] 傍　成化本作「旁」。
[五四] 自信　成化本爲「自肯自信」。

[五五] 成化本此下注曰：「以下物格、知至。」

[五六] 李　成化本無。

[五七] 多　成化本作「雖」。

[五八] 爲　成化本作「語」。朱熹論語集注卷一學而「人不知而不愠，不亦君子乎」注曰：「愚謂及人而樂者順而易，不知而不愠者逆而難，故惟成德者能之。然德之所以成，亦曰學之正、習之熟、説之深，而不已焉。程子曰：『樂由説而後得，非樂不足以語君子。』」

[五九] 子　成化本無。

[六〇] 成化本此下注曰：「以下論格物、致知、誠意是學者之關。」

[六一] 此條自修録成化本無。

[六二] 問尋常……願請教　成化本無。

[六三] 成化本此下有小字注曰：「致知、誠意。」

[六四] 閎祖録上一條同以下論誠意　成化本無。

[六五] 此條閎祖録成化本載於卷一百二十六。

[六六] 成化本此下注曰：「以下意誠。」

[六七] 誠意是轉關處　成化本此前有「又曰」。

[六八] 此條夔孫録與上一條語録，成化本合爲一條。

〔六九〕成化本此下注曰：「璘録别出。」

〔七〇〕成化本此下注曰：「知至、意誠。」

〔七一〕先生問節曰……節無以答　成化本無。

〔七二〕成化本此下注曰：「厲聲言『弗思』二字。」

〔七三〕彼　成化本作「哉」，王本作「與」。

〔七四〕雉　成化本無。

〔七五〕成化本此下注曰：「炎録云：『知既至則意可誠。如燈在中間，纔照不及處，便有賊潛藏在彼，不可知。若四方八面都光明了，他便無着身處。』」

〔七六〕輙　成化本作「轅」。

〔七七〕倜　成化本無。王本作「倜」。

〔七八〕只　成化本作「真」。

〔七九〕但　成化本作「便」。

〔八〇〕效驗　成化本爲「功效」。

〔八一〕至國治而後天下平　成化本爲「知至而後意誠意誠而後心正心正而後身修身修而後家齊家齊而後國治國治而後天下平」。

〔八二〕淳　成化本作「寓」。

［八三］此條董銖録成化本無，但卷十六載董拱壽録曰：「人固有終身爲善而自欺者。不特外面有，心中欲爲善而常有個不肯底意思，便是自欺也。須是要打疊得盡。蓋意誠而後心可正。過得這一關後方可進。」

［八四］出　成化本作「處」。

［八五］成化本此下注曰：「正心、誠意。」

［八六］成化本此下注曰：「論格物、致知、誠意、正心以下。」王本略有小異，曰：「以下論格物、致知、誠意、正心。」

［八七］所以　成化本無，王本作「乃」。

［八八］者　成化本無。

［八九］則是　成化本無。

［九〇］成化本此下注曰：「壯祖録疑同聞，別出。」

［九一］既是　成化本無。

［九二］可也　成化本無。

［九三］而　成化本無。

［九四］銖同　成化本無。

［九五］人傑　成化本作「格」，疑爲「恪」之誤。「恪」指林恪。林恪於紹熙四年（一一九三）與淵、學蒙、洽、楊至等人同學於考亭滄洲，而萬人傑曾五次師事朱熹，其中紹熙四年至五年（一一九三—一一九四）爲其

中一次，故此録當爲該時期所録。

［九六］ 銖　成化本爲「拱壽」。董銖、董拱壽於紹熙五年（一一九四）同學。

［九七］ 庚　成化本無。

［九八］ 物　成化本爲「物欲」。

［九九］ 劉子云……此中字同否　成化本爲「天地之中天然自有之中同否」。

［一〇〇］ 此條祖道録，成化本分爲兩條，載於不同卷目：「或問正心修身……内中發出底又不陷了」載於卷十五，「問天地之中……曰然」載於卷十八。

［一〇一］ 問誠意正心章……修身齊家亦然否　成化本爲「誠意正心章一説能誠其意而心自正一説意誠矣而心不可不正問修身齊家亦然否」。

［一〇二］ 古之　成化本無。

［一〇三］ 智　成化本作「知」。

［一〇四］ 時　成化本無。

［一〇五］ 不妨　成化本爲「亦不妨」。

［一〇六］ 成化本此下有「今人不曾做得小學工夫，一旦學大學，是以無下手處。今且當自持敬始，使端確純一静專，然後能致知格物」。

［一〇七］ 文壽　成化本作「椿」。據考亭淵源録、朱子語録姓氏等，朱子門人中有名魏椿字元壽者，「文壽」

似爲「元壽」之誤。又，此條成化本載於卷十四。

〔一〇八〕從周　成化本爲「蓋卿」。

〔一〇九〕説　朱本、賀本作「悦」。

〔一一〇〕盡盡　成化本爲「淨盡」。

〔一一一〕此是本此是末　成化本爲「修身是本天下國家是末」。

〔一一二〕以下壹是皆以脩身爲本　成化本無。

〔一一三〕親　成化本作「新」。朱熹大學章句注「在親民」引程子語曰：「親，當作『新』。」

〔一一四〕其　成化本無。

〔一一五〕分拆開做八件　成化本爲「分析開八件」。

〔一一六〕處　成化本無。

〔一一七〕段　成化本作「件」。

〔一一八〕要　成化本無。

〔一一九〕要　成化本無。

〔一二〇〕理　成化本作「禮」。

〔一二一〕要　成化本爲「只要」。

〔一二二〕這　成化本作「此」。

〔一二三〕問　成化本爲「又問」。

〔一二四〕所謂　成化本無。

〔一二五〕曰　成化本下有「自是如此」。

〔一二六〕虎　成化本無。

〔一二七〕此條與上一條成化本併爲一條。

〔一二八〕成化本此下注曰：「以下總論綱領、條目。」

〔一二九〕乎　成化本無。

〔一三〇〕此　成化本無。

〔一三一〕心　成化本無。

〔一三二〕池本無心字　成化本無。

〔一三三〕此條閎祖録成化本載於卷十四，曰：「知止至能得，是説知至、意誠中間事。」

# 晦庵先生朱文公語類卷第十六

## 大學[一]

### 傳一章釋明明德

問「克明德」、「天之明命」。[二]曰：「便是天之所命謂『性』者。人皆有此明德，但爲物欲之所昏，故蔽塞爾。[三]」䉶。

自人受之，唤做「明德」；自天言之，唤做「明命」。今人多鶻鶻突突，一似無這個明命。若常見其在前，則凜凜然不敢放肆，見許多道理都在眼前。又曰：「人之明德，即天之明命。雖則是形骸間隔，然人之所以能視聽言動，非天而何。」問「苟日新，日日新」。曰：「這個道理未見得時若無頭無面，如何下工夫？纔剔撥得有些通透處，便須急急躡蹤趲鄉前去。」又曰：「『周雖舊邦，其命惟[四]新』，文王能使天下無一民不新其德，即此便是天命之新。」又云：「天視自我民視，天聽自我民聽。」或問：「此若有不同，如何？」曰：「天豈曾有耳目以視聽？只是自我民之視聽便是天之視聽。如帝命文王，豈天諄諄然命之？只是文王要恁地便是理合恁地，便是帝命之也。」又曰：「若一件事，民人皆以爲是便是天以爲是，若人民皆歸往之便是天命之也。」又曰：「此處甚微，故其理難看。」賀孫。

問「克明德」。曰：「德之明與不明，只在人之克與不克耳。『克』只是真個會明其明德。」節。

「顧諟天之明命」，諟，是詳審顧諟，見得子細。僩。

先生問：「『顧諟天之明命』，如何看？」答云：「天之明命，是天之所以命我而我之所以爲德者也。然天之所以與我者，雖曰至善，苟不能常提撕省察，使大用全體昭晰無遺，則人欲益滋，天理益昏，而無以有諸已矣。」先生曰：「此便是至善，但今人無事時又却恁昏昏地，至有事時則又隨事逐物而去，都無一個主宰。這須是常加省察，真如見一個物事在裏，不要昏濁了他，則無事時自然凝定，有事時隨理而處，無有不當。」又云：「古注説『常目在之』，這説得極好。」[五]道夫。

「顧諟天之明命」，蓋嘗見得，不教昏着，常如有見，便孟子所謂「求放心」也。[六]方子。[七]

「顧諟天之明命」，古注云：「顧，謂『常目在之』也。[八]」此語[九]説得極好。非謂有一物常在目前可見也，只是長存此心，知得有這道理光明不昧。方其靜坐未接物也，此理固湛然清明；及其遇事而應接也，此理亦隨處發見。只要人常提撕省察，念念不忘，存養久之則是理愈明，雖欲忘之而不可得矣。孟子曰：「學問之道無他，求其放心而已矣。」所謂求放心，只常存此心便是。存養既久，自然信向。決知堯舜之可爲，聖賢之可學，如菽粟之必飽，布帛之必煖，自然不爲外物所勝。若是若存若亡，如何會信，如何能必行。又曰：「千書萬書只是教人求放心。聖賢教人，其要處皆一。苟通得一處，則觸處皆通矣。」僩。

問：「『顧諟天之明命』，言『常目在之』，如何？」曰：「顧諟，是看此也。目在，是如目存之，常知得有此理，不是親眼看。『立則見其參於前，在輿則見其倚於衡』，便是這模樣。只要常常提撕在這裏，莫使他昏昧了。子常見得孝，父常見得慈，與國人交常見得信。」寓。淳録同。〔一〇〕

問：「顧，謂『常目在之』。天命至微，恐不可目在之，想只是顧其發見處。」曰：「只是見得長長地在面前模樣。『立則見其參於前，在輿則見其倚於衡』，豈是有物可見？」義剛。

問：「『顧諟天之明命』，章句言『顧，謂「常目在之也」』，未明『常目在之』意。」〔一一〕先生以手指曰：「如一件物在此，惟恐人偷將〔一二〕去，兩眼常常覷在此相似。」友仁。

問：「『顧諟天之明命』，『顧』如何是『目在之』？〔一三〕」曰：「常在視瞻之間，蓋言存之而不忘。」寓。

因說「天之明命」。曰：「這個物事即是氣，便有許多道理在裏。人物之生都是先有這個物事，便是天當初分付底。既有這物事，方始具是形以生，便有皮包裹在裏。若有這個，無這皮殼，亦無所包裹。如草木之生亦是有個生意了便會生出芽蘖，芽蘖出來便有皮包裹着。而今儒者只是理會這個，要得順性命之理。佛、老也只是理會這個物事。老氏便要常把住這氣，不肯得〔一四〕他散，便會長生久視；長生久視也未見得，只是做得到也便未會死。佛氏也只是見個物事便放得下，所以死生禍福都不動，只是他去作弄了。」又曰：「『各正性命』，『保合太和』，聖人於乾卦發此兩句，最好。人之所以爲人，物之所以爲物，都是正個性命。保合得個和氣性命，便是當初合下分付底。保合，便是有個皮殼包裹在裏。如人以刀破其腹，此個物事便散，却便死。」夔孫。

而今人之〔一五〕會說話行動，凡百皆是天之明命。「人心惟危，道心惟微」，也是天之明命。夔孫。

## 傳二章釋新民

盤銘三句，〔一六〕「苟日新」一句是爲學入頭處。而今爲學且要理會「苟」字。苟能日新如此，則下面兩句工夫方能接續做去。而今學者只管要日新，却不去「苟」字上面着工夫。「苟日新」，

苟，[一七]誠也。要緊在此一字。[一八]泳。賀孫録同。[一九]

「苟日新」。須是真個日新，方可「日日新，又日新」。泳。

「苟」字訓誠，古訓釋皆如此，乍看覺差異。人誠能有日新之功，則須日有進益。若暫能日新，不能接續，則前日所新者却間斷衰頹了，所以不能「日日新，又日新」也。人傑。

「新是對舊染之污而言。[二〇]『日日新，又日新』，只是要常常如此，無間斷也。新與舊非是去外面討來，昨日之舊乃是今日之新。」道夫云：「這正如孟子『操存舍亡』之[二一]說，存與亡非是有兩物。」曰：「然。這只是在一念間爾。只[二二]如『顧諟天之明命』，上下文都說明德，這裏却説明命。蓋天之所以與我，便是明命；我之所得以爲性者，便是明德。命與德皆以明爲言，是這個物本自光明顯然在裏，我却去昏蔽了他，却[二三]須用日新。到恁地[二四]說得來，又只是個存心。所以明道云：『聖賢千言萬語，只是欲人將已放之心約之使反復入身來，自能尋向上去，下學而上達也。』」道夫。

湯之[二五]「日[二六]新」，書云：「終始惟一，時乃日新。」這個道理須是常接續不已，方是日新。纔有間斷便不可。盤銘取沐浴之義，蓋爲早間盥濯纔了，晚下垢污又生，所以常要日新。德明。

徐仁父問：「湯之盤銘曰『日日新』，繼以『作新民』。日新是明德事，而今屬之『作新民』之上。意者，申言新民必本於在我之自新也。」曰：「然。莊子言：『語道而非其序，則非道矣。』横渠云：『如中庸文字，直須句句理會過，使其言互相發。』今讀大學亦然。某年十七八時，讀中庸、大學，每早起須誦十遍。今大學可且熟讀。」賀孫。

「鼓之舞之」之謂「作」。如擊鼓然，自然使人跳舞踴躍。然民之所以感動者，由其本有此理。但[二七]上之人既有以自明其明德，時時提撕警策，則下之人觀瞻感發，各有以興起其同然之善心，而不能已耳。僩。

「周雖舊邦，其命維新」，自新新民而至於天命之新[二八]，可謂極矣。必如是而後爲「止於至善」也。僩。

「其命維新」是新民之極，和天命也新。大雅。

## 傳三章釋止於至善

「緡蠻黃鳥，止于丘隅」，物亦各尋個善處止，可以人而不如鳥乎？德明。

「於緝熙敬止」，緝熙是工夫，敬止是功效收殺處。寓。

問：「『爲人君，止於仁。』若是未仁，則不能視民猶己而不足爲君。然夫子既許仲弓南面而又曰『未知其仁』，如何？」曰：「言仁有粗細，有只是指那慈愛而言底，有就性上說底，這個便較細膩。若有一毫不盡，不害爲未仁。只是這個仁，但是那個是淺底，這個是深底，那個是疏底，

這個是密底。」義剛。〔二九〕

問：「至善如君之仁、臣之敬、父之慈、子之孝者，固如此。就萬物中細論之，則其類如何？」曰：「只恰好底便是。『坐如尸』便是坐恰好底，『立如齋』便是立恰好底。」淳。寓録〔三〇〕同。

或言：「大學以知止爲要。」先生曰：「如君便要止於仁，臣便要止於敬，子便要〔三一〕止於孝，父便要〔三二〕止於慈。若不知得，何緣到得那地位。只這便是至善處。」道夫問：「至善，是無過不及、恰好處否？」曰：「只是這夾界上些子。如君止於仁，若依違牽制，懦而無斷，便是過，便不是仁。臣能陳善閉邪便是敬，若有所畏懼不敢正君之失，便是過，便不是敬。」道夫。

致知分數多。如博學、審問、謹思、明辨，四者皆致知，只力行一件是行。言致、言格是要見得到盡處。若理有未格處，是於知之之體尚有未盡。格物不獨是仁、孝、慈、敬、信五者，此只是大約説耳。且如説父子，須更有母在，更有夫婦在。凡萬物萬事之理皆要窮，但窮到底，無復餘蘊，方是格物。大雅。〔三三〕

問〔三四〕：「注云『究其精微之蘊，而又推類以通其餘』，何謂〔三五〕也？」曰：「大倫有五，此言其三，蓋不止此。『究其精微之蘊』是就三者裏面窮究其蘊，『推類以通其餘』是就外面推廣，如夫婦、兄弟之類。」淳。〔三六〕

大學〔三七〕「至善」一章，工夫都在「切磋琢磨」上。泳。

魏元壽問：「『止於至善』，傳舉『切磋琢磨』之説。[三八]」曰：「恰似剥了一重又有一重。學者做工夫，消磨舊習，幾時便去得[三九]盡？須是只管磨礱，教十分浄潔。最怕如今於眼前道理略理會得些，便自以爲足，更不着力向上去，這如何會到至善田地。」賀孫。

既切而復磋之，既琢而復磨之，方止於至善。不然，雖善非至也。節。

骨、角却易開解，玉、石儘着得磨揩工夫。賀孫。

問：「『如切如磋者，道學也；如琢如磨者，自修也。』此是詩人美武公之本旨，抑[四〇]姑借其詞以發學問自修之義邪？」曰：「衛武公[四一]大段是有學問底人。抑之一詩義理精密，詩中如此者甚不易得。」僩用。

大學[四二]傳之三章，緊要只是「如切如磋，如琢如磨」。如切可謂善矣，又須當磋之方是至善；如琢可謂善矣，又須當磨之方是至善。一章主意只是説所以「止於至善」工夫，爲下「不可諠兮」之語拖帶説。到「道盛德至善，民不能忘」，又因此語一向引去。大概是反覆嗟詠，其味深長。他經引詩，或未甚切，只大學引得極細密。賀孫。

問：「大學[四三]解瑟爲嚴密，是就心言，抑就行言？」曰：「是就心言。」問：「心如何是密處？」曰：「只是不粗疏，恁地縝密。」淳。寓同。[四四]

「僩，武毅之貌。」能剛强卓立，不如此息[四五]惰闒颯。僩。

問：「恂慄，何以知爲戰懼？」曰：「莊子云：『木處則恂慄危懼。』」廣。

問：「淇奧詩『瑟兮僩兮』者，恂慄也。注云『瑟者，武毅之貌』，而『恂慄』則『戰懼之貌』也。[四六]不知人當戰懼之時，果有武毅之意否？」曰：「人而懷戰懼之心，則必齋莊嚴肅，又烏可犯！」處謙。[四七]

瑟，矜莊貌；　僩，武貌；　恂慄，嚴毅貌。古人直是如此嚴整，然後有那威儀烜赫著見。德明。

大率切而不磋，亦未到善處；　琢而不磨，亦未到至善處。「瑟兮僩兮」，則誠敬存於中矣。未至於「赫兮烜兮」，威儀輝光著見於外，亦未爲至善。此四句是此段緊切處，專是説至善。蓋不如此，則雖善矣，未得爲至善也。至於「民之不能忘」，若非十分至善，何以使民久而不能忘。古人言語精密有條理如此。銖。

問「君子賢其賢而親其親」。曰：「如孔子仰文武之德是『賢其賢』，成康以後，思其恩而保其基緒便是『親其親』。」木之。

問「前王不忘」云云。曰：「前王遠矣，盛德至善，後人不能忘之。『君子賢其賢』，如堯舜文武之德，後世尊仰之，豈非賢其所賢乎！『親其親』，如周之[四八]后稷之德，子孫宗之以爲先祖先公之所自出，豈非親其所親乎！」寓。

或問「至善」章。曰：「此章前三節是説止字，中節[四九]説至善，後面『烈文』一節又是咏歎此至善之意。」銖。

## 傳四章釋本末

問「聽訟吾猶人也，必也使無訟乎」。曰：「固是以修身爲本，只是公别底言語多走作。如云：『凡人聽訟以曲爲直，以直爲曲，所以人得以盡其無實之辭。聖人理無不明，明無不燭，所以人不敢。』如此，却是聖人善聽訟，所以人不敢盡其無實之辭。正與經意相反。聖人正是説聽訟我也無異於人，當使其無訟之可聽方得。若如公言，則當云『聽訟吾過人遠，故無情者不敢盡其辭』始得。聖人固不會錯斷了事，只是它所以無訟者，却不在於善聽訟，在於意誠、心正，自然有以薰炙漸染，大服民志，故自無訟之可聽耳。如成人有其兄死而不爲之[五〇]衰者，聞子皐將至，遂爲衰。子皐又[五一]何嘗聽訟了致[五二]？然只是自有以感動人處故耳。[五三]」僩。

使他無訟，在我之事，本也。恁地看，此所以爲聽訟之本[五四]。泳。

「無情者不得盡其辭」，便是説那無訟之由。然惟是[五五]先有以服其心志，所以能使之不得盡其虚誕之辭。義剛。

「大畏民志」者，大有以畏服斯民自欺之志。卓。

## 傳五章釋格物致知

劉圻父説：「『人心之靈莫不有知，而天下之物莫不有理』，云[五六]『明明德便是性。』」先生曰：「不是如此。心與性自有分別：靈底是心，實底是性。靈便是那知覺底。如向父母則有那孝出來，向君則有那忠出來，這便是性。如知道事親要孝，事君要忠，這便是心。張子曰：『心，統性情者也。』此説得最精密。」次日，圻父復説過。先生曰：「性便是那理，心便是盛貯該載、敷施發用底。」問：「表裏精粗無不到。」曰：「表便是外面理會得底，裏便是就自家身上至親至切、至隱至密、貼骨皮底[五七]。今人處事多是自説道『且恁地也不妨』，這個便不是。這便只是理會不曾到那貼底處。若是知得那貼底時，自是決然不肯恁地了。」義剛。[五八]

問：「先生所補格物章云[五九]『因其已知之理推而致之，以求至乎其極』，是因定省之孝以至於色難養志，因事君之忠以至於陳善閉邪之類否？」曰：「此只説得外面底，須是表裏皆如此。若是做得大者而小者未盡亦不可，做得小者而大者未盡尤不可。須是無分毫欠闕方是。且如陸子静説『良知良能，四端根心』，只是他弄這物事。其他有合理會者，渠理會不得，却禁人理會。鵝湖之會，渠作詩云『易簡工夫終久大』，彼所謂『易簡』者，苟簡容易爾，全看得不子細。『乾以易知』者，乾是至健之物，至健者，要做便做，直是易；坤是至順之物，順理而爲，無所不能，故曰簡。此〔六〇〕造化之理。至於『可久則賢人之德』，可久者，日新而不已；『可大則賢人之業』，可大者，富有而無疆。易簡有幾多事在，豈容易苟簡之云乎！」人傑。按陸詩云：「墟墓興衰宗廟欽，斯人千古不磨心。涓流積至滄溟水，拳石崇成泰華岑。易簡工夫終久大，支離事業竟浮沉。欲知自下升高處，真僞先須辨只今。」〔六一〕

任道弟問：「『致知』章，前説窮理處云『因其已知之理而益窮之』。且經文『物格而後知至』，却是知至在後。今乃云因其已知而益窮之，則又在格物前。」曰：「知元自有。纔要去理會，便是這些知萌露。若懵然全不向着，便是知之端未曾通。纔思量着，便這個骨子透出來。且如做些事錯，纔知道錯便是向好門路，却不是方始去理會個知。只是如今須着因其端而推致之，使四方八面，千頭萬緒無有些不知，無有毫髮窒礙。孟子所謂『知皆廣而充之，若火之始然，泉之始達』。『廣而充之』便是『致』字意思。」賀孫。

問：「格物工夫未到得貫通亦未害否？」曰：「這是甚説話！如此，〔六二〕而今學者所以學便須是到聖賢地位，不到不肯休方是。但用工做向前去，但見前路茫茫地白，莫問程途，少間自能到。如何先立一個不解休〔六三〕得便休底規模放這裏了，如何做事？且下手要做十分，到了只做得五六分；下手做五六分，到了只做得三四分；下手做三四分，便無了。且諸公自家裏來到建陽，直到建陽方休。未到建陽，半路歸去，便是不到建陽。聖賢所爲必不如此。如所謂『君子鄉道而行，半塗而廢。忘身之老也，不知年數之不足也，俛焉日有孳孳，斃而後已。』又曰：『舜爲法天下[六四]，可傳於後世，我猶[六五]未免爲鄉人也，是則可憂也，憂之如何？如舜而已矣。』」卓。[六六]

致知，則理在物而推吾之知以知之也；知至，則理在物而吾心之知已得其極也。或問：「『理之表裏精粗無不盡，而吾心之分别取舍無不切』。既有個定理，如何又有表裏精粗？」曰：「理固自有表裏精粗，人見得亦自有高低深淺[六七]。有人只理會得下面許多，都不見得上面一截，這唤做知得表，知得粗。又有人合下便看得大體，都不就中間細下工夫，這唤做知得裏，知得精。二者都是偏，故大學必欲格物、致知，到物格、知至則表裏精粗無不盡。」賀孫。

安卿問「全體大用」。曰：「體用元不相離。如人行坐：坐則此身全坐，便是體；行則此體全行，便是用。」道夫。

問：「『格物』章補文處不入敬意，何也？」曰：「敬已就小學處做了。此處只據本章直說，不必雜在這裏，壓重了[六八]。」寓。淳録同。[六九]

## 傳六章釋誠意

説許多病痛都在「誠意」章，一齊格物了，下面有些小爲病痛亦輕可，若不除去，恐因此滋蔓，則病痛自若。泳。

問：「誠意是如何？」曰：「心只是有一帶路，更不着得兩個物事。如今人要做好事都自無力，其所以無力是如何？只爲他有個爲惡底意思在裏面牽繫。」又曰：〔七〇〕「要做〔七一〕好事底心是實，要做不好事底心是虚。被那虚底在裏夾雜，便將實底一齊打壞了。」賀孫。

亞夫問：「『誠意』章云〔七二〕『欲正其心者，先誠其意』，此章當説所以誠意工夫當如何。」曰：「此繼於物格、知至之後，故特言所謂『誠其意者，毋自欺也』。若知之已至，則意無不實。惟是知之有毫末未盡，必至於自欺。且如做一事當如此，決定只着如此做，而不可以如彼。若知之未至，則當做處便夾帶這不當做底意在。當如此做，又被那要如彼底心下〔七三〕牽惹，這便是不實，便都做不成。」賀孫。「誠意」章皆在兩個「自」字上用功。人傑。〔七四〕

器遠問：「物格、知至了，如何到誠意又説『毋自欺也』？毋者，禁止之辭？」曰：「物既格，知既至，到這裏方可着手下工夫。不是物格、知至了，下面許多一齊掃了。若如此，却不消説下面許多。看下面許多，節節有工夫。」賀孫。〔七五〕

問：「知不至與自欺者如何分？」曰：「『小人閑居爲不善，無所不至。見君子而後厭然揜其不善而著其善。』只爲是知不至耳。」問：「當其知不至時，亦自不知其至於此。然却〔七六〕其勢必至於自欺。」曰：「勢必至此。」頃之，復曰：「不識不知者却與此又別。他個〔七七〕又却只是見錯，故以不善爲善而不自知耳。其與知不至而自欺者，固是『五十步笑百步』，然却又別。」問：「要之，二者其病源只是欠了格物工夫。」曰：「然。」道夫。

先生問劉棟：「看大學自欺之説如何？」云：「不知義理却道我知義理，是自欺。」先生曰：「自欺是個半知半不知底人。知道善我所當爲，却又不十成[七八]去爲善；知道惡不可作，却又是自家所愛，舍他不得。這便是自欺。不知不識，只喚做不知不識，却不喚做『自欺』。」道夫。

或問「誠其意者毋自欺」。曰：「譬如一塊物，外面是銀，裏面是鐵，便是自欺。須是表裏如一，便是不自欺。然所以不自欺，須是見得分曉。譬如今人見烏喙之不可食，知水火之不可蹈，則自不食不蹈。如寒之欲衣，飢之欲食，則自是不能已。今人果見得分曉，如烏喙之不可食，水火之不可蹈，見善如飢之欲食，寒之欲衣，則此意自是[七九]實矣。」祖道。

自欺，非是心有所慊。蓋[八〇]外面雖爲善事，其中却實不然，乃自欺也。譬如一塊銅，外面以金裹之，便不是真金。人傑。

「所謂誠其意者，毋自欺也」，注云：「心之所發，陽善陰惡，則其好善惡惡，皆爲自欺而意不誠矣。」而今説自欺，未説到與人説時，方謂之自欺。只是自家知得善好，要爲善，然心中却覺得微有些没緊要底意思，便是自欺，便是虛僞不實矣。正如金，已是真金了，只是鍛煉得微不熟，微有些查滓去不盡，顔色或白、或青、或黄，便不是十分精金矣。顔子「有不善未嘗不知」便是知之至，「知之未嘗復行」便是意之實。又曰：「如顏子地位，豈有不善！所謂不善，只是微有差失便能知之，纔知之便更不萌作。只他[八一]那微有差失便是知不至處。」僩。

先生忽言：「或人問自慊之説，不合將好善惡惡、每欲欺人爲『自欺』。」因曰：[八二]「所謂自欺者，非爲此人本不欲爲善去惡。但此意隨發，常有一念在内阻隔住，不放教表裏如一，便是自欺。但當致知，分別善惡了，然後致其謹獨之功，而力割去物欲之雜，而後意可得而[八三]誠也。」處謙。

問：「『所謂誠其意者，毋自欺也』，切謂『毋』者，禁止之詞，而『謹獨』則又所以爲禁止之地。人既知學，其於善惡亦嘗有以識別之矣。但知有未至，故善善而不能進於善，惡惡而不能去其惡。見從欲之爲美，而陰肆於幽隱之間；未知循理之爲樂，而勉强矯飾以自著於顯明之處。殊不知有諸中必形諸外，在人固未必可欺，而在我者已先無實矣，豈不爲自欺者乎？」曰：「此是大段狼狽處。[八四]只今有一毫不快於心，便是自欺也。」道夫。

看如今未識道理人，待[八五]説出道理便恁地包藏隱伏，他元不曾見來。這亦是自欺，亦是不實。想他當時發出來，心下必不安穩。賀孫。

「忠信進德」便是意誠處。至「如惡惡臭，如好好色」，然後有地可據而無私累牽擾之患，其進德孰禦。道夫。[八六]

問「自慊」。曰：「人之爲善，須是十分真實爲善方是自慊。若有六七分爲善，又有兩三分爲惡底意思在裏面相牽，便是不[八七]自慊。須是『如惡惡臭，好好色』方是。」卓。[八八]

「如惡惡臭，如好好色，此之謂自慊。」慊者，無不足也。如有心爲善，更別有一分心在主張他事，即是横渠所謂「有外之心，不可以合天心」也。祖道。

「『自慊』之『慊』，大意與孟子『行有不慊』相類。子細思之，亦微有不同：孟子慊訓滿足意多，大學訓快意多。横渠云『自慊[八九]池本作「有外之心」。[九〇]不足以合天心』，初看亦只一般。然横渠亦是訓足底意思多，大學訓快意多。」問：「大學説『自慊』，且説合做處便做，無牽滯於己私，且只是快底意，少間方始心下充滿。孟子謂『行有不慊』，只説行有不滿足則便餒耳。」曰：「固是。伋來説此極子細。若不理會得誠意意思親切，也説不到此。今看來，誠意『如惡惡臭，如好好色』，只是苦切定要如此，不如此自不得。」賀孫。

字有同一義而二用者。「慊」字訓足也，「吾何慊乎哉」，彼[九一]心中不以彼之富貴而懷不足也；「行有不慊於心」，謂義須充足於中，不然則餒也。如「忍」之一字，自容忍而爲善者言之，則爲忍去忿慾之氣；自殘忍而爲惡者言之，則爲忍了惻隱之心。「慊」字一從「口」，如胡孫兩「嗛」皆本虛字，看懷藏何物於內耳。如「銜」字或爲銜恨，或爲銜恩，亦同此義。畓。

「誠意」章皆在兩個「自」字上用功。人傑。[九二]

問：「『毋自欺』是誠意，『自慊』是意誠否？『小人閑居』以下是形容自欺之情狀，『心廣體胖』是形容自慊之意否？」曰：「然。後段各發明前說，但此處是個牢關。今能致知、知至而意斯[九三]誠矣。驗以日用間誠意，十分爲善矣。便自[九四]有一分不好底意思潛發以間於其間，此意一發便由斜徑以長，這個却是實，前面善意却是虛矣。如見孺子入井，救之是好意，其間便[九五]有些要譽底意思以雜之；如薦好人是善意，便有些要人德之之意隨後生來；治惡人是好意，便[九六]有些狠[九七]疾之意隨後來，前面好意都成虛了。如垢卦上五爻皆陽，下面只一陰生，五陽便立不住了。荀子亦言：『心臥則夢，偷則自行，使之則謀。』見解蔽篇。彼言『偷』者，便是說那不好底意，若曰『使之則謀』者，則在人使之如何耳。謀善謀惡都由人，只是那偷底可惡，故須致知，要得早辨而豫戒之耳。」大雅。

或問大學「誠意」章內何以爲[九八]「自慊」、「自欺」之辨。曰：「譬如作蒸餅，一以極白好麵自裹包出，內外更無少異，所謂『自慊』也；一以不好麵做心，却以白麵作皮，務要欺人。然外之白麵雖好而易窮，而[九九]內之不好者終不可揜，則乃所爲『自欺』也。」處謙。[一〇〇]

問：「『誠其意者，毋自欺也』，近改注云：『自欺者，心之所發若在於善而實則未能，不善也。』『若』字之義如何？」曰：「『若』字只是外面做得來一似都善，其實中心有些不愛，此便是自欺。前日得孫敬甫書，他說『自慊』字似差了。其意以爲好善『如好好色』，惡惡『如惡惡臭』，如此了然後自慊。看經文語意不是如此。『此之謂自慊』，謂『如好好色，惡惡臭』，只此便是自慊。是合下好惡時便是要自慊了，非是做得善了方能自慊也。自慊正與自欺相對，不差毫髮。所謂『誠其意』便是要『毋自欺』，非至誠其意了方能不自欺也。所謂不自欺而慊者，只是要自快足我之志願，不是要爲他人也。誠與不誠，自慊與自欺，只争這些子毫髮之間耳。」又曰：「自慊則一，自欺則二。自慊者，外面如此，中心也是如此，表裏一般。自欺者，外面如此做，中心其實有些子不願，外面且要人道好，只此便是二心，誠、僞之所由分也。」僩。

問：「『知至而後意誠』，則知至之後無所用力，意自誠矣。大學〔一〇一〕傳猶有謹獨之説，何也？」曰：「知之不至，則不能謹獨，亦有〔一〇二〕不肯謹獨。知至者〔一〇三〕見得實是實非，灼然如此，而〔一〇四〕必戰懼以終之，此所謂能謹獨也。如顏子『請事斯語』，曾子『戰戰兢兢』，終身而後已，彼豈知之不至？必〔一〇五〕如此方意誠。蓋無放心底聖賢，『惟聖罔念作狂』，一毫少不謹懼，則已墮於意欲之私矣。此聖人教人，徹上徹下不出一『敬』字也。蓋『知至而後意誠』，則知至之後，意已誠矣。猶恐隱微之間有所不實，又必提掇而謹之，使無毫髮妄馳，則表裏隱顯無一不實而自快慊也。」銖。〔一〇六〕

「知至而後意誠」，已有八分。恐有照管不到，故曰謹獨。節。

「誠意」章上云「必慎其獨」者，欲其自慊也；下云「必慎其獨」者，防其自欺也。蓋上言

「如惡惡臭，如好好色，此之謂自慊，故君子必慎其獨」者，欲其察於隱微之間，必吾所發之意，好善必「如好好色」，惡惡必「如惡惡臭」，皆以實而無不自慊也。下言「小人閑居爲不善」，而繼以「誠於中，形於外，故君子必慎其獨」者，欲其察於隱微之間，必吾所發之意，由中及外，表裏如一，皆以實而無少自欺也。銖。

光祖問：「格物、[一〇七]知至則意無不誠，而又有謹獨之説，莫是當誠意時，自當更用工夫否？」曰：「這是先窮得理，先知得到了，更須於微細處用工夫。若不真知得到，都自[一〇八]恁地鶻鶻突突，雖十目視，十手指，衆所共知之處亦自七顛八倒了，更如何地謹獨。」賀孫。

問：「或言知至後煞要着力做工夫，竊意致知是着力做工夫處。到知至則雖不能無工夫，然亦無大段着工夫處。」曰：「雖不用大段着工夫，但恐其間不能無照管不及處，故須着防閑之，所以説『故[一〇九]君子謹其獨也』。」行甫[一一〇]問：「先生常言知既至後，又可以驗自家之意誠不誠。」先生久之曰：「知至後，意固自然誠，但其間雖無一段[一一一]自欺不誠處，然亦有照管不着所在，所以貴於謹其獨。至於有所未誠，依舊是知之未真。若到這裏更加工夫，則自然無一毫之不誠矣。」道夫。

致知者，誠意之本也；慎[一一二]獨者，誠意之助也。致知則意已誠七八分了，只是猶恐隱微獨處尚有些子未誠實處，故其要在謹獨。銖。

誠意者，好善「如好好色」，惡惡「如惡惡臭」，皆是真情。既是真情，則發見於外者亦皆可見。如種麻則生麻，種穀則生穀，此謂「誠於中，形於外」。又恐於獨之時有不到處，故必謹獨。節。

或説謹獨。曰：「公自是看錯了。『如惡惡臭，如好好色，此之謂自慊』已是實理了。下面『故君子必謹其獨』，是別舉起一句致戒，又是一段工夫。至下一段，又是反説小人之事以致戒。君子亦豈可謂全無所爲？且如着衣喫飯也是爲飢寒。大學看來雖只恁地滔滔地説去，然段段致戒，如一下水船相似，也要柂、要檝。」夔孫。

或問：「在謹獨，只是欲無間。」先生應。節。〔一一三〕

問「誠意」章句所謂「必致其知，方肯謹獨，方能謹獨」。曰：「知不到田地，心下自有一物與他相争鬭，故不會肯謹獨。」銖。

問：「自欺與『厭然揜其不善而著其善』之類，有分别否？」曰：「自欺只是於理上虧欠不足，便胡亂且欺謾過去。如有得九分義理，雜了一分私意，九分好善、惡惡，一分不好、不惡，便是自欺。到得厭然揜著之時，又其甚者。原其所以自欺，又是知不至，不曾見得道理精至處，所以向來説『表裏精粗』底〔一一四〕字。如知『爲人子止於孝』，這是表；到得知所以必着孝是如何，所以爲孝當如何，這便是裏。見得到這般處，方知決定是着孝，方可以用力於孝，又方肯決

然用力於孝。人須是掃去氣稟私欲，使胸次虛靈洞徹。」木之。〔一一五〕

問意誠。曰：「表裏如一便是，但所以要得表裏如一却難。今人當獨處時，此心非是不誠，只是不奈何他。今人在静處非是此心要馳騖，但把捉他不住。此已是兩般意思。至如見君子而後厭然詐善時，已是第二番罪過了。」祖道。

誠意只是表裏如一。若外面白，裏面黑，便非誠意。今人須於静坐時見得表裏有不如一，方是有工夫。如小人見君子則掩其不善，已是第二番過失。人傑。

問：「『誠於中，形於外』，是實有惡於中便形見於外。然誠者，真實無妄，安得有惡？有惡，不幾於妄乎？」曰：「此便是惡底真實無妄，善便虛了。誠只是實，而善惡不同。實有一分惡，便虛了一分善；實有二分惡，便虛了二分善。」淳。

凡惡惡之不實，爲善之不勇，外然而中實不然，或有所爲而爲之，或始勤而終怠，或九分爲善尚有一分苟且之心，皆不實而自欺之患也。所謂「誠其意」者，表裏内外，徹底皆如此，無纖毫絲髪苟且爲人之弊。如飢之必欲食，渴之必欲飲，皆自以求飽足於己而已，非爲他人而食飲也。又如一盆水徹底皆清瑩，無一毫砂石之雜。如此，則其好善也必誠好之，惡惡也必誠惡之，而無一毫强勉自欺之雜，所以説自慊。但自滿足而已，豈有待於外哉！是故君子謹其獨，非特顯明之處是如此，雖至微至隱、人所不知之地，亦常謹之。小處如此，大處亦如此；顯明處如此，隱微處亦如此。表裏内外，精粗隱顯，無不謹之，方謂之「誠其意」。孟子曰：「人能充無欲害人之心，而仁不可勝用也。」夫無欲害人之心，人皆有之。閑時皆知惻隱，及到臨事有利害時此心便不見了。且如一堆金寶，有人曰：「先争得者與之。」自家此心便欲争奪推倒那人，定要得了方休。又如人皆知穿窬之不可爲，雖稍有誠[一一六]者亦不肯爲。及至顛冥於富貴而不知耻，或無義而受萬鍾之禄，便是到利害時有時而昏。所謂誠意者，須是隱微顯明、小大表裏都一致方得。孟子所謂「見孺子入井時怵惕惻隱，非惡其聲而然，非爲内交要譽而然」，然却心中有内交要譽之心，却向人説：「我實是惻隱、羞惡。」所謂爲惡於隱微之中，而詐善於顯明之地，是所謂自欺以欺人也。然人[一一七]豈可欺哉？「人之視己，如見其肺肝然」，則欺人者適所以自欺而已。「誠於中，形於外」，那個形色氣貌之見於外者自别，决不能欺人，祇自欺而已。這様底永無緣做得好人，爲其無爲善之地也。外面一副當雖好，然裏面却踏空，永不足以爲善，永不濟事，更莫説誠意、正心、修身。至於治國、平天下，越没干涉矣。僩。[一一八]

問：「『誠意』章『自欺』注，今改本恐不如舊注好。」曰：「何也？」曰：「今注云『心之所發，陽善陰惡，則其好善惡惡皆爲自欺，而意不誠矣。』恐初讀者不曉，又此句或問中已言之。却不如舊注云『人莫不知善之當爲，然知之不切，則其心之所發，必有陰在於惡而陽爲善以自欺者。故欲誠其意者無他，亦曰禁止乎此而已矣。』此言明白而易曉。」曰：「不然。本經正文只説

『所謂誠其意者，毋自欺也』，初不曾引致知兼說。今若引致知在中間則相牽不了，却非解經之法。又況經文『誠其意者，毋自欺也』，這說話極細。蓋言爲善之意稍有不實，照管少有不到處便爲自欺。未便說到心之所發，必有陰在於惡而陽爲善以自欺處。若如此，則大故無狀，有意於惡，非經文之本意也。所謂『心之所發，陽善陰惡』乃是見理不實，不知不覺地陷於自欺；非是陰有心於爲惡，而詐爲善以自欺也。如公之言，須是鑄私錢、假官會方爲自欺，大故是無狀小人，此豈自欺之謂邪！又曰：「所謂『毋自欺』者，正當於幾微毫釐處做工夫。只幾微之間少有不實便爲自欺，豈待如此郎當［一一九］，至於陰在爲惡而陽爲善，而後謂之自欺邪！此處語意極細，不可草草看。」此處工夫極細在［一二〇］，未便說到那麄處。所以前後學者多說差了，蓋爲賺連却［一二一］下文『小人閑居爲不善』一段看了，所以差也。」又問：「今改注下文云：『則無待於自欺而意無不誠也。』據經文方說『毋自欺』。毋者，禁止之辭。若說『無待於自欺』，恐語意太快，未易到此。」曰：「既能禁止其心之所發，皆有善而無惡，實知其理之當然，便無待於自欺，非勉强禁止而猶有時而發也。若好善惡惡之意有一毫之未實，則其發於外也必不能掩。既是打疊得盡，實於爲善，便無待於自欺矣。如人腹痛，畢竟是腹中有些冷積，須用藥驅除去這冷積，則其痛自止。不先除去冷積，而但欲痛之自止，豈有此理！」僩。

敬子問：「『所謂誠其意者，毋自欺也。』注云：『外爲善，而中實未能免於不善之雜。』

其〔一二二〕意欲改作『外爲善，而中實容其不善之雜』，如何？蓋所謂不善之雜，非是不知，是知得了又容著在這裏，此之謂自欺。」曰：「不是知得了容着在這裏，是不奈他何了，不能不自欺。公合下認錯了，只管説個『容』字，不是如此。『容』字又是第二節，緣不奈他何，所以容在這裏。此一段文意，公不曾識得它源頭在，只要硬去捺他，所以錯了。大概以爲有纖毫不善之雜便是自欺。〔一二三〕自欺只是自欠了分數，恰如淡底金不可不謂之金，只是欠了分數。如爲善，有八分欲爲，有兩分不爲，此便是自欺，是自欠了這分數。」或云：「如此，則自欺却是自欠。」曰：「公且去看。又曰：「自欺非是要如此，是不奈他何底。」荀子曰：『心卧則夢，偷則自行，使之則謀。』某自十六七讀時便曉得此意，蓋偷心是不知不覺自走去底，不由自家使底，倒要自家去捉他。『使之則謀』，這却是好底心，由自家使底。」李云：「某每常多是去捉他，如在此坐，心忽散亂，又用去捉他。」曰：「公又説錯了。公心粗，都看這説話不出。所以説格物、致知而後意誠，裏面也要知得透徹，外面也要知得透徹，便自是無那個物事。譬如果子爛熟後，皮核自脱落離去，不用人去咬得了。如公之説，這裏面一重不曾透徹在。只是認得個容着，硬遏捺將去，不知得源頭工夫在。『所謂誠其意者，毋自欺也』，此是聖人言語之最精處，如個尖鋭底物事。如公所説，只似個椿頭子，都粗了。公只是硬要去强捺，如水恁地滾出來，却硬要將泥去塞他，如何塞得住！」又引中庸論誠處而曰：「一則誠，雜則僞。只是一個心便是誠，纔有兩個心便是自欺。好善『如好好色』，惡惡『如惡惡臭』，他徹底只是這一個心，所以謂之自慊。若纔有些子間雜，便是兩個心，便是自欺。如自家欲爲善，後面又有個心〔一二四〕在這裏拗你莫去爲善；欲惡惡，又似有個人在這裏拗你莫要惡惡，此便是自欺。因引近思録「如有兩人焉，欲爲善」云云一段，正是此意。如人說十句話，九句實，一句脱空，那九句實底被這一句脱空底都壞了。如十分金，徹底好方謂之真金，若有三分銀，便和那七分底也壞了。」又曰：「佛家看此亦甚精，被他分析得項數多，如云有十二因緣，只是一心之發，便被他推尋得許多，察得來極精微。又有所謂『流注想』，他最怕這個。所以潙山禪師云：『某參禪幾年了，至今不曾斷得這流注想。』此即荀子所謂『偷則自行』之心也。」僩。

次早，又曰：「昨夜思量，敬子之言自是，但傷雜耳。某之言，却即說得那個自欺之根。自欺却是敬子『容』字之意。『容』字却說得是，蓋知其爲不善之雜，而又蓋庇以爲之，此方是自欺。謂如人有一石米，却只有九斗，欠了一斗，此欠者便是自欺之根，自家却自蓋庇了，嚇人說是一石，此便是自欺。謂如人爲善，他心下也自知有個不滿處，他却不說是他有不滿處，却遮蓋了，硬說我做得是，這便是自欺。却將那虚假之善來蓋覆這真實之惡。某之說却說高了，移了這位次了，所以人難曉。大率人難曉處不是道理有錯處時，便是語言有病；不是語言有病時，便是移了這步位了。今若只恁地說時，便與那『小人閑居爲不善』處都說得貼了。」僩。

次日，又曰：「夜來說得也未盡。夜來歸去又思，看來『如好好色，如惡惡臭』一段便是連那

『毋自欺也』説。言人之毋自欺時，便要『如好好色，如惡惡臭』樣方得。若好善不『如好好色』，惡惡不『如惡惡臭』，此便是自欺。毋自欺者，謂如爲善，若有些子不善而自欺時便當斬根去之，真個是『如惡惡臭』始得。如『小人閑居爲不善』底一段便是自欺底，只是反説。『閑居爲不善』便是惡惡不『如惡惡臭』，『見君子而後厭然揜其不善而著其善』便是好善不『如好好色』。若只如此看，此一篇文義都貼實平易，坦然無許多屈曲。某舊説忒説闊了，高了，深了。然又自有一樣人如舊説者，欲節去之又可惜，但終非本文之意耳。」僩。

問「十目所視，十手所指」。曰：「此承上文云[一二五]『人之視己，如見其肺肝』底意。不可道是人不知，人曉然共見如此。」淳。[一二六]

問「心廣體胖」。曰：「『無愧怍，是無物欲之蔽，所以能廣大。』指前面燈云：『且如此燈，後面被一片物遮了，便不見一半了；更從此一邊用物遮了，便全不見此屋了。如何得廣大！』」夔孫。

問：「尹和靖云：『「心廣體胖」只是樂。』伊川云：『這裏着「樂」字不得。』如何？」曰：「是不勝其樂。」德明。

「心廣體胖」，心本是闊大底物事，只是因愧怍了便卑狹，便被他隔礙了，只見得一邊，所以體不能得[一二七]舒泰。僩。

元壽問「誠意」章曾子曰「十目所視」〔一二八〕止「心廣體胖」處。先生曰：「『十目所視，十手所指』，不是怕人見。蓋人雖不知，而我已自知，自是甚可皇恐了，其與十目十手所視所指何以異哉？『富潤屋』以下，却是説意誠之驗如此。」時舉。

問：「『誠意』章結注云：『此大學一篇之樞要。』」曰：「此自知至處便到誠意，兩頭截定個界分在這裏，此便是個君子小人分路頭處。從這裏去便是君子，從那裏去便是小人。這處立得脚方是在天理上行，後面節目未是處却旋旋理會。」寓。

居甫問：「『誠意』章結句云：『此大學之樞要。』樞要説誠意，是説致知？」曰：「上面關着致知、格物，下面關着四五項上。須是致知，能致其知，知之既至，方可以誠得意。到得意誠便是過得個大關，方始照管得個身心。若意不誠便自欺，便是小人。過得這個關便是君子。」又云：「意誠便全然在天理上行，意未誠以前尚汩在人欲裏。」賀孫。

因説「誠意」章。曰：「若如舊説，是使初學者無所用其力也。中庸所謂明辨，『誠意』章而今方始辨得分明。」夔孫。

## 傳七章釋正心修身

大學於「格物」、「誠意」章都是鍊成了，到得正心、修身處都易了。夔孫。

問：「先生近改『正心』一章方包括得盡。舊來説作意或未誠則有是四者之累，却只説從誠意去。」曰：「這事連而却斷，斷而復連。意有善惡之殊，意或不誠則可以爲惡；心有得失之異，心有不正則爲物所動，却未必爲惡。然未有不能格物、致知而能誠意者，亦未有不能誠意而能正心者。」人傑。

亞夫問致知、誠意。曰：「心是大底，意是小底。心要恁地做，却被意從後面牽將去。且如心愛做個好事，又被一個意道不須恁地做也得。且如心要孝，又有不孝底意思牽了。所謂誠意者，譬如飢時便喫飯，飽時便休，自是實要如此。到飽後又被人請去，也且胡亂與他喫些子，便是不誠。須是誠則自然表裏如一，非是爲人而做，求以自快乎己耳。如飢之必食，渴之必飲，無一毫不實之意。這個知至、意誠是萬善之根，有大底地盤方立得脚住，若無這個都靠不得。心無好樂，又有個不無好樂底在後；心無忿懥，又有個不無忿懥底在後。知至後自然無。」恪。

或問「正心」、「誠意」章。先生令他説。曰：「意誠則心正。」曰：「不然。這幾句連了又斷，斷了又連，雖若不相粘綴，中間又自相貫。譬如一竿竹，雖只是一竿，然其間又自有許多節。意未誠則全體是私意，更理會甚正心！然意雖誠了，又不可不正其心。意之誠不誠，直是有公私之辨，君子小人之分。意若不誠，則雖外面爲善，其意實不然，如何更問他心之正不正！意既誠了，而其心或有所偏倚則不得其正，故方可做那正心底工夫。」廣。

敬之問：「誠意、正心。誠意是去除得裏面許多私意，正心是去除得外面許多私意。誠意是檢察於隱微之際，正心是體驗於事物之間。」曰：「到得正心時節已是煞好了，只是就好裏面又有許多偏。要緊最是誠意時節，正是分別善惡最要着力，所以重複説道『必謹其獨』，若打得這關過已是煞好了，到正心又怕於好上要偏去。如水相似，那時節已是淘去了濁，十分清了，又怕於清裏面有波浪動蕩處。」〔一二九〕

問：「既誠意矣，〔一三〇〕而有憂患之類，何也？」曰：「誠意是無惡。有憂患、忿懥之類却不是惡，但是有之則是有所動。」節。

「誠意是真實好善惡惡，無夾雜。」又曰：「意不誠是私意上錯了，心不正是公道上錯了。」又曰：「好樂之類是合有底，只是不可留滯而不消化。好樂之類〔一三一〕無留滯，則此心便虛。」節。

池本注云：「此一段爲大學釋誠意二章發。」〔一三二〕

意既誠矣，後面忿懥、恐懼、好樂、憂患、親愛、賤惡只是安頓不著在，便是「苟志於仁矣，無惡也」。泳。

問：「心體本正，發而爲意之私，然後有不正。今欲正心且須誠意否？是〔一三三〕未能誠意且須操存否？」曰：「豈容有意未誠之先，且放他喜怒、憂懼不得其正，不要管他，直要意誠後心却自正，如此則意終不誠矣。所以伊川說：『未能誠意，且用執持。』」大雅。

問：「忿懥、恐懼、憂患、好樂皆不可有否？」曰：「四者豈得皆無，但要得其正耳。如中庸所謂『喜怒哀樂發而中節』者也。」去僞。按謨録同。人傑録亦同而略，云：「忿懥、恐懼、憂患、好樂，不謂皆無，但每要得其正。如中庸所謂『喜怒哀樂發而中節』是也。」

夜來說：「心有喜怒不得其正。」如某夜間看文字要思量改甚處，到上床時擦脚心都忘了數。天明擦時便記得。蓋是早間未有一事上心，所以記得事[一三四]。孟子說：「平旦之氣，其好惡與人相近也[一三五]者幾希。」幾希，不遠也。言人都具得此，但平日不曾養得，猶於夜間歇得許多時節[一三六]不接於事，天明方惺，便恁地虛明光静。然亦只是些子發出來，少間又被物欲梏亡了。孟子說得話極齊整當對。如這處，他一向說後去，被後人來就「幾希」字下注開了，便覺意不連。賀孫。

在正心者，非是無好、樂、憂、懼，四者[一三七]人之所不能無也，但要所好所樂皆中理。合當喜，不得不喜；合當怒，不得不怒。節。

問「忿懥」章。曰：「只是上下有不恰好處，便是偏。」可學。

劉圻父說「正心」章，謂：「不能存之，則四者之來，反動其中[一三八]。」曰：「是當初說時添了此一節。若據經文，但是說四者之來便撞翻了這坐子耳。」又曰：「只爭個動不動耳[一三九]。」又云：「若當初有此一節時，傳文須便說在那裏了。他今只恁地說便是無此意，却是某於解處

説絜着這些子。」義剛。按夔孫録同而略。〔一四〇〕

今不是就静中動將去，却是就第二重動上動將去，如忿懥、好樂之類。德明。

葉兄又問「忿懥」章。先生云：「這心之正却如秤一般，未有物時秤無不平，纔把一物在上面便不平了。鏡中〔一四一〕先有一人在裏面了，别一個來便照不得。這心未有物之時，先有個主張説道：『我要如何處事。』纔遇着事便以是心處之，便是不正。且如今人説：『我做官大要〔一四二〕抑强扶弱。』及遇着當强底事也去抑他，這便是〔一四三〕不正。」卓。

敬之問：「『正心』章云：『人之心要當不容一物。』」曰：「這説便是難。纔説不容一物，却又似一向全無相似。只是這許多好樂、恐懼、忿懥、憂患，只要從無處發出，不可先有在心下。看來非獨是這幾項如此，凡是先安排要恁地便不得。如人立心要恁地嚴毅把捉，少間只管見這意思，到不消恁地處也恁地，便拘逼了。有人立心要恁地慈祥寬厚，少間只管見這意思，到不消恁地處也恁地，便流入於姑息苟且去〔一四四〕。如有心於好名，遇着近名底事便愈好之；如有心於爲利，遇着近利底事便貪欲。」賀孫。

人心如一個鏡，先未有一個影象，有事物來方始照見妍醜。若先有一個影象在裏，如何照得！人心本是湛然虚明：事物之來隨感而應，自然見得高下輕重；事過便當依前恁地虚方得。若事未來，先有一個忿懥、好樂、恐懼、憂患之心在這裏，及忿懥、好樂、恐懼、憂患之事到來，又以這心相與衮合，便失其正。事了又只苦留在這裏，如何得正？賀孫。

問忿懥。曰：「是怒之甚者。」又問：「忿懥比恐懼、憂患、好樂三者，覺得忿懥又類過於怒者。」曰：「其實也一般。古人既如此說，也不須如此去尋討。」履孫。

大學七章看「有所」二字。「有所憂患」，憂患是合當有，若因此一事而常留在胸中便是有。「有所忿懥」，因人之有罪而撻之，纔撻了其心便平，是不有；若此心常又不平，便是有。恐懼、好樂亦然。泳。

問：「伊川云：『忿懥、恐懼、好樂、憂患，人所不能無者，但不以動其心。』既謂之忿懥、憂患，如何不牽動他心？」曰：「事有當怒當憂者，但過了則休，不可常留在心。顏子未嘗不怒，但不遷耳。」因舉柈中果：「怒在此，不可遷之於彼。」德明。

問：「忿懥、恐懼、好樂、憂患皆以『有所』爲言，則是此心之正不存，而是四者得以爲主於內，吾身不得而主宰矣。然是四者，固心之所發而人所不能無，惟在於誠其意，使私情邪念不入于中，則四者自不爲吾心之累。〔一四五〕」曰：「四者人不能無，只是不要他留而不去。如所謂『有所』，則是被他爲主於內，心反爲他動也。」道夫。

「心有所忿懥，則不得其正。」忿懥已自粗了。有事當怒，如何不怒。只是事過便當豁然，便得其正。若只管忿怒滯留在這裏，如何得心正。「心有所好樂，則不得其正。」如一個好物色到面前，真個是好，也須道是好，或留在這裏。若將去了，或是不當得他底，或偶然不得他底，便休，不可只管念念着他。賀孫。

心不可有一物。喜怒哀樂固欲得其正，然過後須平了。且如人有喜心，若以此應物便是不得其正。人傑。

正心却不是將此心去正那心，但存得此心在這裏，所謂忿懥、恐懼、好樂、憂患自來不得。賀孫。

先之問：「心有所好樂，則不得其正。」曰：「心在這一事，不可又夾帶那一事。若自家喜這一項事了，更有一事來，便須放了前一項，只平心就後一項理會，不可又夾帶前喜之之心在這裏。有件喜事，不可因怒心來忘了所當喜處；有件怒事，不可因喜事來便忘了怒。且如人合當行大門出，却又有些回避底心夾帶在裏面，却要行便門出。雖然行向大門出，念念只有個行便門底心在這裏，少刻或自拗向便門去。學者到這裏，須是便打殺那要向便門底心，心如何不會端正！這般所在，多是因事見得分明。前在潭州[一四六]有一公事，合恁地直截斷。緣中間情有牽制，被他撓數日。忽然思量透，便斷了，集同官看，覺當時此心甚正。要知此正是正心處。」賀孫。

敬之問「心有所好樂則不得其正」章，云：「心不可有一毫偏倚。纔有一毫偏倚，便是私意，便浸淫不已，私意反大似身已，所以『視而不見，聽而不聞，食而不知其味』。」曰：「這下是説心不正不可以修身，與下章『身不修不可以齊家』意同，故云『莫知其子之惡，莫知其苗之碩』。視聽是就身上説。心不可有一物，外面酬酢萬變都只是隨其分限應去，都不關自家心事。纔繫於物，心便爲其所動。其所以繫於物者有三：或是事未來，而自家先有這個期待底心；或事已應過〔一四七〕去了，又却長留在胸中不能忘；或正應事之時意有偏重，便只見那邊重。這都是爲物所繫縛。既爲物所繫縛，便是有這個物事，到別事來到面前，應之便差了，這如何會得其正？聖人之心瑩然虛明，無纖毫形迹。一看事物之來，若小若大，四方八面，莫不隨物隨應，此心元不曾有這個物事。且如敬以事君，於事君〔一四八〕之時，此心極其敬。當時便有親在面前，也須敬其親。終不成説敬君但只敬君，親便不消〔一四九〕管得。事事都如此。聖人心體廣大虛明，物物無遺。」賀孫。

正叔見先生，言明心、定心等説，因言：「心不在焉，則視而不見，聽而不聞，食而不知其味。」先生曰：「這個三歲孩兒也道得，八十翁翁行不得！」伯羽。

黄丈云：「舊嘗問：『「心不在焉，〔一五〇〕視而不見，聽而不聞」，只是説知覺之心，却不及義理之心。』先生曰：『纔知覺，義理便在此；纔昏，便不見了。』」方子。〔一五一〕

直卿云：「舊嘗問：『大學「正心」章〔一五二〕「視之不見、聽之不聞」處，此〔一五三〕收拾知覺底心，收拾義理底心？』先生曰：『知覺在，義理便在，只是有深淺。』」學蒙。

## 傳八章釋修身齊家

正心、修身，今看此兩[一五四]段，大概差錯處皆未在人欲上。這個皆是人合有底事，皆恁地差錯了。况加之以放辟邪侈，分明是官街上錯了路。賀孫。

忿懥、恐懼、好樂、憂患皆不能無，而親愛、畏敬、哀矜、敖惰、賤惡亦有所不可無者，但此心不爲四者所動乃得其正，而五者皆無所偏，斯足以爲身之修也。人傑。

或問：「『正心』章説忿懥、恐懼、好樂、憂患，與夫[一五五]『修身』章説親愛、賤惡、畏敬、哀矜、敖惰，如何？」曰：「是心卓然立乎此數者之外，則平正而不偏辟，自外來者必不能以動其中，自内出者必不至於溺於彼。」或問：「畏敬如何？」曰：「如家人有嚴君焉，吾之所當畏敬者也。然當不義則争之，若過於畏敬而從其令，則陷於偏矣。若夫賤惡者固當賤惡，然或有長處亦當知之。下文所謂『好而知其惡，惡而知其美者，天下鮮矣』。此是指點人偏處，最切當。」人傑。

心須卓立在八九者之外，謂忿懥之類。而勿陷於八九者之中方得其正。聖人之心周流應變而不窮，只爲在内而外物入不得，及其出而應接，又不陷於彼。賜。

問：「大學七章、八章頗似一意，如何？」曰：「忿懥之類，心上理會；親愛之類，事上理會。心上理會者，是見於念慮之偏；事上理會者，是見於事爲之失。」去僞。

問：「『正心』章既説忿懥四者矣，而[一五六]『修身』章又説『之其所親愛』之類，是[一五七]如何？」曰：「忿懥等是心與物接時事，親愛等是身與物接時事。」廣。

子升問：「『修身齊家』章所謂『親愛、畏敬』以下，説凡接人皆如此，不特是一家之人否？」曰：「固是。」問：「如何修身却專指待人而言？」曰：「修身以後，大概説向接物待人去，又與只説心處不同。要之，根本之理則一，但一節説闊一節去。」木之。

第八章：人，謂衆人；之，猶於也。之其，亦如於其人，即其所向處。泳。

大學[一五八]「之其所親愛」之「之」，猶往也。銖。

親愛、賤惡、畏敬、哀矜、敖惰各自有當然之則，只不可偏。如人飢而食，只合當食，食纔過些子便是偏；渴而飲，飲纔過些子便是偏。如愛其人之善，若愛之過則不知其惡，便是因其所重而陷於所偏；惡惡亦然。下面説「人莫知其子之惡，莫知其苗之碩」，上面許多偏病不除，必至於此。泳。

問：「大學，譬音改僻音[一五九]，如何？」曰：「只緣人心有此偏僻。」問：「似此，恐於『修身在正其心』處相類否？」曰：「略相似。」寓。按砥録同。[一六〇]

問：「大學言『人之其所好樂而辟焉』，〔一六一〕古注辟作譬，似窒礙不通。」答曰：「公亦疑及此。某正以他説『之其所敖惰而譬焉』，敖惰非美事，如何譬得？故今只作僻字説便通。況此篇自有僻字，如『辟則爲天下僇矣』之類是也。」大雅。

「人之其所親愛而僻焉」，如父子是當主於愛，然父有不義，子不可以不争；如爲人父雖是止於慈，若一向僻將去，則子有不肖，亦不知責而教焉，不可。「人之其所賤惡而僻焉」，人固自有一種可厭者，然猶未至於可賤惡處，或尚可教，若一向僻將去，便賤惡他，也不得。「人之其所畏敬而僻焉」，如事君固是畏敬他〔一六二〕然「説大人則藐之」，又不甚畏敬也。孟子此語雖稍粗，然古人正救其惡，與「陳善閉邪」、「責難於君」，也只管畏敬不得。賀孫。

或問：「『之其所親愛、哀矜、畏敬而辟焉』，莫是君子用心過於厚否？」曰：「此可將來『觀過知仁』處説，不可將來此説。蓋不必論近厚、近薄，大抵一切事，只是纔過便不得。『觀過知仁』乃是因此見〔一六三〕其用心之厚，故可知其仁，然過則終亦未是也。大凡讀書，須要先識誠，〔一六四〕他〔一六五〕本文是説個甚麽。須全做不曾識他相似，虚心認他字字分明。復更〔一六六〕看數過，自然會熟，見得分明。譬如與人乍相見，其初只識其面目，再見則可以知其姓字、鄉貫，又再見則可以知其性行如何，只恁地識認，久後便一見理會得。今學者讀書，亦且未要便懸空去思他。中庸云『博學之，審問之』，方言『謹思之』。若未學未問便去思他，是空勞心耳。」又云：

「切須記得『識認』兩字。」時舉。

問：「『齊家』段，辟作『僻』。」曰：「人情自有偏處，所親愛莫如父母，至於父母有當幾諫處，豈可以親愛而忘正救！所敬畏莫如君父，至於所當直言正諫，豈可專持敬畏而不敢言！所敖惰處，如見那人非其心之所喜，自懶與之言，即是忽之之意。」問：「敖惰，惡德也，豈君子宜有？」曰：「讀書不可泥，且當看其大意。縱此語未穩，亦一兩字失耳。讀書專留意小處，失其本領所在，最不可。」寓。

又問：「『人之其所親愛、賤惡、畏敬、哀矜、敖惰而辟焉。』[一六七]章句曰：『人於五者本有當然之則。』竊謂則之爲言法也，性之所固有，事之所當然，而不可易也。[一六八]然敖之與惰則氣習之所爲，實爲惡德，非性之所有。若比之四者而言，則是性有善惡。[一六九]至若哀矜之形，正良心苗裔，偏於哀矜不失爲仁德之厚，又何以爲『身不修而不可以齊其家』者乎？」曰：「敖惰，謂如孔子之不見孺悲，孟子不與王驩言。哀矜，謂如有一般大姦大惡，方欲治之，被他哀鳴懇告，却便恕之。」道夫云：「這只是言流爲姑息之意。」曰：「這便是哀矜之不得其正處。」道夫。

問：[一七〇]「修身章[一七一]謂『五者有當然之則』。如敖惰之心，則豈可有？」曰：「此處亦當看文勢大意。敖惰，只是一般人所爲，得人厭棄，不起人敬畏心[一七二]。若把敖惰做不當有，則親愛、敬畏[一七三]也不當有。」寓。淳同。[一七四]

問：「『之其所敖惰而辟焉』，〔一七五〕君子亦有敖惰於人者乎？」曰：「人自有苟賤可厭棄者。」德明。

蔡問「敖惰」之說。曰：「有一般人，上未至於可親愛，下未至於可賤惡，只是所爲也無甚好處，令人懶去接他，是謂敖惰，〔一七六〕不是惡德。」淳。〔一七七〕

問敖惰。先生曰：「大抵是一種没要緊底人〔一七八〕，半上落下底人。且如路中撞見如此等人，是不足親愛畏敬者，不成强與之相揖而致其親愛畏敬則是〔一七九〕。敖惰是人之所不能無者。」又問：「『敖惰』一〔一八〇〕字恐非好事。」曰：「此如明鑑之懸，妍者自妍，醜者自醜，隨所來而應之。不成醜者至前，須要換作妍者！又敖惰是輕，賤惡是重。既得賤惡，如何却不得敖惰？然聖人猶戒其僻，則又須點檢，不可有過當處。」履孫。

因學者問大學「敖惰」處，而曰：「某嘗說，如有人問易不當爲卜筮書，詩不當去小序，不當叶韻，及〔一八二〕大學敖惰處，皆在所不答。」僩。

問敖惰。曰：「敖便是惰，敖了便惰。敖了都不管他，便是惰。」義剛。

問：「大學釋『修身齊家』章，不言修身，何也？」曰：「好而不知其惡，惡而不知其美，是以好爲惡，以曲爲直，可謂之修身乎？」節。

問：「『正心修身』章後注，云『此亦當通上章推之，蓋意或不誠，則無能實用其力以正其心者』。切謂人之心所以膠膠擾擾，失其虛明之本體者，只爲念慮之間不誠於爲善，每每雜得私邪在裏，故心爲之累而不得其正。今既能致其知，判別得是非善惡分明，一念之發，誠實無惡，則心之本體豈不光明洞達，渾全正大，其間直有毫芒之間耳。然則意既能誠，則復何所待於用力哉。〔一八二〕」曰：「大學所以有許多節次，正欲學者逐節用工。非如一無節之竹，使人纔能格物，則便到平天下也。夫人蓋有意誠而心未正者，蓋於忿懥、恐懼等事誠不可不隨事而排遣也。蓋有心正而身未修者，故於好惡之間誠不可不隨人而節制也。至於齊家以下，皆是教人節節省察用功，故經序但言心正者必自誠意而來，修身者必自正心而來。非謂意既誠而心無事乎正，心既正而身無事乎修也。且以大學之首章便教人『明明德』，又爲格物以下事目，皆爲明明德之事也，而平天下方且言先謹乎德等事，亦可見矣。」處謙。〔一八三〕

大學如「正心」章，已説盡了。至「修身」章又從頭説起，至「齊家治國」章又依前説教他，池本有「治它是」三字。〔一八四〕何也？蓋要池本作「蓋是要得」。〔一八五〕節節去照管，不成却池本作「只」字。〔一八六〕説自家在這裏，心正、身修了，便都只聽其自治。池本作「聽它自治了」。〔一八七〕蘷孫。

正卿問：「大學傳正心、修身，莫有深淺否？」曰：「正心是就心上説，修身是就應事接物上説。那事不從心上做出來？如修身，如絜矩，都是心做得出，但正心是萌芽上理會，若修身及絜矩等事，却是各就地頭上理會。」恪。

說大學「誠意」章。曰：「如今人雖欲爲善，又被一個不欲爲善之意來妨了；雖欲去惡，又被一個尚欲爲惡之意來妨了。蓋其知之不切，故爲善不是他心肯意肯，去惡亦不是他心肯意肯，這個便是自欺，便是不誠。意纔不誠，則心下便有許多忿懥、恐懼、憂患、好樂，而心便不正。心既不正，則凡有愛惡等事莫不倚於一偏。如此，如何要家齊、國治、天下平？惟是知得切，則好善必如好好色，惡惡必如惡惡臭，是非爲人而然，蓋胸中實欲如此，而後心滿意愜。」賀孫。

## 傳九章釋家齊國治

或問：「『齊家』一段是推將去時較切近否？」曰：「此是言一家事，然而自此推將去，天下國家皆只如此。」又問：「所畏敬在家中則如何？」曰：「一家之中，尊者可畏敬，但是有不當處亦合有幾諫時。不可道畏敬之，便不可說着。若如此唯知畏敬，却是辟也。」祖道。

李德之問：「『不出家而成教於國』，不待推也。」先生曰：「不必言不待推。玩其文義亦未嘗有此意。只是身修於家，雖未嘗出而教自成於國爾。」蓋卿。

或問「不出家而成教於國」。曰：「孝以事親而使一家之人皆孝，弟以事長而使一家之人皆弟，慈以使衆而使一家之人皆慈，是乃成教於國者也。」人傑。

「孝者所以事君，弟者所以事長，慈者所以使衆。」此道理皆是我家裏做成了，天下人看着自能如此，不是我推之於國。泳。

劉潛夫問：「『齊家』章内〔一八八〕並言孝、弟、慈三者，而其下則言〔一八九〕康誥以釋『使衆』一句，更〔一九〇〕不及孝弟，何也？」曰：「孝弟二者雖人所固有，然守而不失者亦鮮。唯有保赤子一事，罕有失之者。故聖賢於此特發明夫人之所易曉者以示訓，正與孟子言見赤子入井之意同。」處謙。

「心誠求之」者，求赤子之所欲也。於民亦當求其有不能自達。此是推其慈幼之心以使衆也。節。

問「治國在齊其家」。曰：「且只説動化爲功，未説到推上。後章方全是説推。『如保赤子』一節，只是説『慈者所以使衆』一句。保赤子，慈於家也；『如保赤子』，慈於國也。保赤子是慈，『如保赤子』是使衆。」直卿云：「這個慈是人人自然有底。慈於家便能慈於國，故言：一家仁，一國興仁；一家讓，一國興讓。」寓。

「一家仁」以上是推其家以治國，「一家仁」以下是人自化之也。節。

問：「九章本言治國，何以曰『堯舜率天下以仁而民從之』都是説治天下之事也？至言『君子有諸己而後求諸人，無諸己而後非諸人』，又似説修身，如何？」曰：「聖人之言簡暢周盡。修身是齊家之本，齊家又治國之本。如言『一家仁，一國興仁；一家讓，一國興讓』之類，自是相關，豈可截然不相入也！」謨。按去僞同而略云：「或問：『九章言治國，却何以言「堯舜率天下以仁而民從之」，又其説治天下，其間言「君子有諸己而後求諸人」，又似説修身，何也？』曰：『聖人之文簡暢，修身是齊家之本，如言「一家仁，一國興仁；一家讓，一國興讓」亦此類也。』」〔一九一〕

問「有諸己而後求諸人」。先生云：「只從頭讀來便見得分曉。這個只是『躬自厚而薄責於人』，『攻其惡，無攻人之惡』。」卓。

問：「『有諸己而後求諸人』，雖曰推己以及人，是亦示人以反己之道。」曰：「這是言己之爲法於人處。」道夫。

或池本作「李仁甫」。〔一九二〕問：「有諸己而後求諸人，無諸己而後非諸人。」先生曰：「此是退一步説，池本有「語意」二字。〔一九三〕猶言『温故知新而可以爲人師』，以明未能池本無「能」字。〔一九四〕如此，則不可如此；非謂温故知新，便要求爲人師也。然〔一九五〕池本「不可」下云：「爲人師耳。若曰『有諸己而後求諸人』，以明無諸己不可求諸人也；『無諸己而後非諸人』，以明有諸己即不可非諸人也。」却無「如此」以下十六字。〔一九六〕此意池本無「意」字。〔一九七〕正爲治國者言。大凡治國禁人爲惡，而欲池本作「勸」字。〔一九八〕人爲善，便池本有「是」。〔一九九〕求諸人，非諸人。然須是在己有善無惡，方可求人、非人也。」或問：「范忠宣『以恕己之心恕人』，此語固有病，但上文先言『以責人之心責己』，則連下句亦未害。」先生曰：「上句自好，下句自不好，蓋纔説恕己便已不是。若橫渠云：『以愛己之心愛人，則盡仁；以責人之心責己，則盡道。』語便不同，蓋『恕己』與『愛己』字不同。大凡知道君子發言自別。〔二〇〇〕近觀聖賢言語與後世人言語自不同，此學者所以貴於知道也。」銖。

問：「『所藏乎身不恕』處，『恕』字還只就接物上說，如何？」曰：「是就接物上見得。忠只是實心，直是真實不僞，到應接事物也只是推這個心去。直是忠方能恕，若不忠便無本領了，更把甚麼去及物？伊川〔二〇一〕說：『「維天之命，於穆不已」，忠也，便是實理流行；「乾道變化，各正性命」，恕也，便是實理及物。』」守約問：「恁地說，又與『夫子之道，忠恕而已矣』之『忠恕』相似。」曰：「只是一個忠恕，豈有二樣！聖人與常人忠恕也不甚相遠。」又曰：「盡己不是說盡吾身之實理，自盡便是實理，〔二〇二〕若有些子未盡處便是不實。如欲爲孝，只略略有兩三分孝，更有七分未盡便是不實。略略有一分弟，更九分以上未盡亦是不實。〔二〇三〕」賀孫。池本「爲孝」下作「雖有七分孝，只中間有三分未盡，固是不實；雖有九分孝，只略略有一分未盡，亦是不實」。〔二〇四〕

九章説底是責人之恕，十章是愛人之恕。方子。〔二〇五〕

李德之問：「『齊家』、『治國』、『平天下』三章，看來似皆是恕之功用。」先生曰：「如『治國』、『平天下』兩章是此意。『治國』章乃責人之恕，『平天下』章乃愛人之恕。『齊家』一章但説人之偏處。」蓋卿。

仁甫問「治國在齊其家」。曰：「這個道理却急迫不得，待到他日數足處自然通透。這個物事只是看得熟，自然有條理。上面説『不出家而成教於國』，此下便説『其所以教者如此』，這三者便是教之目。後面却是説須是躬行方會化得人。此一段只此兩截如此。」賀孫。道夫録同而略，云：「仁甫問『治國在齊其家』一章，曰：『上面説「不出家而成教於國」，此下便説「其所以教者如此」，這三事是教之目，後面却是説須是躬行方會化得人。』」〔二〇六〕

因講「禮讓爲國」，曰：「『一家仁，一國興仁；一家讓，一國興讓。』自家禮讓有以感之，故民亦如此興起。自家好争利，却責民間禮讓，如何得他應！東坡策别〔二〇七〕『敦教化』中一段説得也好，雖説得粗，道理却是如此。「敦教化」云「欲民之知信，莫若務實其言；欲民之知義，莫若務去其貪」云云。看道理不要玄妙，只就粗處説得出便是。如今官司不會制民之産，民自去買田，又取他牙税錢。古者群飲者殺，今置官誘民飲酒，惟恐其不來，如何得民興於善！」淳。

問：「齊家、治國之道斷然『是父子兄弟足法而後人法之』。然堯舜不能化其子，而周公則上見疑於君，下不能和其兄弟，是如何？」曰：「聖人是論其常，堯舜是處其變。看他『烝烝乂，不格姦』，至於『瞽瞍底豫』，便是他有以處那變處。且如他當時彼〔二〇八〕那兒子恁地，他却處得那兒子好，他不將那天下與那兒子，後却傳與那賢，〔二〇九〕便是他處得那兒子好。若使〔二一〇〕堯當時把個〔二一一〕天下與丹朱，舜把個〔二一二〕天下與商均，則天下如何解安，他那兒子如何解寧貼？如周公被管蔡恁地，他若不去致辟于商，則周如何不擾亂？他後來盡死做這一着時，也是

不得已着恁地。但是而今且去理會常倫。而今如何便解有個父如瞽瞍，有個兄弟如管蔡，未論那變處。」義剛。〔二一三〕

## 傳十章釋治國平天下

味道問「平天下在治其國」。曰：「此三〔二一四〕節見得上行而下效，又見得上下雖殊而心則一。」道夫。

問「平天下在治其國」章。曰：「此三節見上行下效，理之必然，又以見人心之所同。『是以君子有絜矩之道』，所以以己之心度人之心，使皆得以自盡其興起之善心。若不絜矩，則雖躬行於上，使彼有是興起之善心而不可得遂，亦徒然也。」又曰：「因何恁地上行下效？蓋人心之同然。所以絜矩之道我要恁地，也使彼有是心者亦得恁地。全章大意只反覆説絜矩。如專利於上，急征横斂，民不得以自養，我這裏雖能興起其善心，濟甚事！若此類皆是不能絜矩。」賀孫。

才卿問：「『上老老而民興孝』，恐便是連那老衆人之老説？」曰：「不然。此老老、長長、恤孤方是就自家身上切近處説，所謂家齊也。民興孝、興弟、不倍，此方是就民之感發興起處説，治國而國治之事也。緣爲上行下效，捷於影響，可以見人心之所同者如此。『是以君子必有絜矩之道也』，此一句方是引起絜矩事。下面方解説絜矩，而結之云『此之謂絜矩之道』。蓋人心感發之同如此，所以君子須用推絜矩之心以平天下，此幾多分曉！若如才卿説，則此便是絜矩，何用下面更絮説許多。才卿不合誤認[二一五]老老、長長爲絜矩，所以差也。所謂『文王之民無凍餒之老者』，此皆是絜矩已後事，如何將做老老説得。」僩。

問：「『上老老而民興孝』，下面接『是以君子有絜矩之道也』，似不相續，如何？」曰：「這個便是相續。絜矩是四面均平底道理，教他各得老其老，各得長其長，各得幼其幼。不成自家老其老，教他不得老其老；長其長，教他不得長其長；幼其幼，教他不得幼其幼，便不得。」寓。

問：「絜矩之道，語脈貫穿如何？久思未通。」先生頗訝，以爲如何如此難曉。[二一六]「上面説人心之所同者既如此，是以君子見人之心與己之心同，故必以己心[二一七]度人之心，使皆得其平。下面方説所以絜矩如此。」賀孫。

仁甫問絜矩。曰：「上之人老老、長長、恤孤，則下之人興孝、興弟、不倍，此是説上行下效。到絜矩處是就政事上言。若但興起其善心，而不有以使之得遂其心，則雖能興起，終亦徒然。如政煩賦重，不得以養其父母，又安得以遂其善心？須是推己之心以及於彼，使之『仰足以事父母，俯足以育妻子』方得。如詩裏説大夫行役無期度，不得以養其父母。到得使下，也須教他内外無怨始得。如東山、出車、杕杜諸詩説行役，多是序其室家之情，亦欲使凡在上者有所感動。」又曰：「這處正如齊宣王愛牛處一般：見牛之觳觫則不忍之心已形於此。若其以釁鐘爲不可廢而復殺之，則自家不忍之心又只是空。所以以羊易之，則已形之良心不至於窒塞，而未見之羊殺之亦無害，是乃仁術也。術，是做得巧處謂之術。」又曰：「『己欲立而立人，己欲達而達人』，是兩摺説，只以己對人而言。若絜矩，上之人所以待己，己又所以待人，是三摺説，如中庸『所求乎子以事父未能也，所求乎臣以事君未能也』一類意。」又曰：「晁錯言『人情莫不欲壽，三王能生之而不傷』云云，漢詔云云，『孝心闕焉』，皆此意。」賀孫。詔曰：「今天下孝子順孫，願自竭盡，以承其親，外迫公事，内乏資財，是以孝心闕焉，朕甚哀之。爲復子若孫，令得身帥妻妾遂其供養之事。」〔二一八〕

問：「絜矩一條，此是上下四方度量而知民之好惡否？」曰：「知在前面，這處是推。『老老而民興孝，長長而民興弟，恤孤而民不倍』，這處便已知民之好惡與己之好惡相似。『是以君子有絜矩之道』，便推將去，緊要在『毋以』字上。」又曰：「興，謂興起其善心；遂，謂成遂其事。」又曰：「爲國，絜矩之大者又在於財用，所以後面只管説財。如今茶鹽之禁乃是人生日用之常，却反禁之。這個都是不能絜矩。」賀孫。

問絜矩之道。曰：「能使人興起者，聖人之心也；能遂其人之興起者，聖人之政事也。」廣。

「平天下，謂均平也。『所惡於上，毋以使下；所惡於下，毋以事上』，此與中庸所謂『所求乎臣，以事君未能』者同意，但中庸是言其所好者，此言其所惡者也。」問：「前後左右何指？」曰：「譬如交代官相似。前官之待我者既不善，吾毋以前官之〔二一九〕所以待我者待後政〔二二〇〕也。左右如東鄰西鄰，以鄰國爲壑，是所惡於左而以交於右也。俗語所謂『將心比心』，如此則各得其平矣。」問：「章句中所謂『絜矩之道，是使之各得盡其心而無不平也』，如何？」曰：「此是推本。『上老老而民興孝，上長長而民興弟，上恤孤而民不倍』，須是留那地位，使人各得自盡其孝弟不倍之心。如『八十者其家不從政；廢疾非人不養者，一子不從政』，是使其各得自盡也。又如生聚蕃息，無令父子兄弟離散之類。」德明。

「所惡於上」、「所惡於下」、「所惡於前」、「所惡於後」、「所惡於右」、「所惡於左」，此數〔二二一〕句皆是就人身切近處説。如上文老老、長長、恤孤之意。至於「毋以使下」、「毋以事上」、「毋以先後」、「毋以從前」、「毋以交於左」、「毋以交於右」，方是推以及物之事。僩。

問絜矩。曰：「只把『上下』、『前後』、『左右』等句看，便見。絜矩〔二二二〕，度也。不是真把那矩子〔二二三〕去量度，只是自家心裏暗度那個長那個短。所謂度長絜大，上下前後左右都只一樣。心無彼己之異，只是將那頭折轉來比這頭。在我之上者使我如此而我惡之，則知在我下者心亦似我如此，故更不將所責上底人之心來待下人。如此，則自家在中央，上面也占許多地步，下面也占許多地步，便均平正方。若將所責上底人之心便〔二二四〕來待下面〔二二五〕，上面長，下面短，不方了。下之事我如此而我惡之，則知在我之上者心亦似〔二二六〕我如此。若將所責下底人之心更去事上，便又下面長，上面短了。左右前後皆然。待前底心便折轉來待後，待左底心便折轉來待右，如此便方。每事皆如此，則無所不平矣。」淳。寓同。〔二二七〕

「所謂絜矩者，如以諸侯言之，上有天子，下有大夫。天子擾我，使我不得行其孝悌，我亦當察此，不可有以擾其大夫，使大夫不得行其孝悌。且如自家有一丈地，左家有一丈地，右家有一丈地。左家侵着我五尺地，是不矩，我必去説〔二二八〕他取我五尺。我若侵着右家五尺地，亦是不矩，合當還右家。只是我也方，上也方，下也方，左也方，右也方，前也方，後也方，不相侵越。如『伐冰之家，不畜牛羊』。」亞夫云：「務使上下四方一齊方，不侵過他人地步。」曰：「然。」節。

問：「論平天下而言財利者，何也？」曰：「天下之所以不平者皆因此也。」〔二二九〕問：「論上下四旁，長短廣狹，彼此如一而無不方。在矩則可以如此，在人則有天子、諸侯、大夫、士、庶人之分，何以使之均平？」曰：「非是言上下之分欲使之均平，蓋事親事長當使之均平，上下皆得行。上之人得事其親，下之人也得以事其親；上之人得長其長，下之人也得以事其長。如慈福皇后每至生日，上壽非常。天下之人豈能此？但各隨其分得盡其事親事長之意。〔二三〇〕」節。

問：「『絜矩』之道，下元注云『然天下之廣，恐有化焉而不得自盡者』云云，今改云『是以君子必當因其所同』云云。竊以爲不得。『自盡』之説已爲當矣，而何以改爲？」曰：「誠然，某亦患其未能包得盡也，然學者看時自去會取便了。」處謙。[一三一]

絜矩，如自家好安樂，便思他人亦欲安樂，當使無「老稚轉乎溝壑，壯者散而之四方」之患。「制其田里，教之樹畜」皆自此以推之。閎祖。

所謂絜矩者，矩者，心也，我心之所欲即他人之所欲也。我欲孝弟而慈，必欲他人皆如我之孝弟而慈。「不使一夫之不獲」者，無一夫不得此理也。只我能如此，而他人不能如此，則是不平矣。人傑。

陶安國問：「絜矩之道，是廣其仁之用否？」曰：「此乃求仁工夫，此處正要着力。若仁者則是舉而措之，不待絜矩而自無不平者矣。」[一三二]銖。

德元問：「『我不欲人加諸我，吾亦欲無加諸人』，與絜矩同否？」曰：「然。但子貢所問是對彼我説，只是兩人，絜矩則是三人爾。後世不復知絜矩之義，惟務竭民財以自豐利，自一孔以上，官皆取之，故上愈富而下愈貧。夫以四海而奉一人，不爲不厚矣。使在上者常有厚民之心而推與共之，猶慮有不獲者，況皆不卹而推[一三三]自封[一三四]殖，則民安得不困極乎？易『損上益下』曰益，『損下益上』曰損。所以然者，蓋邦本厚則邦寧而君安，乃所以益也。否則反是。」僩。

李丈問："'盡得絜矩，是仁之道，恕之道？'"曰："未可説到那裏。且理會絜矩是如何。"問："'此是"我不欲人之加諸我，吾亦欲無加諸人"意否？'"曰："此是兩人，須把三人看便見。人莫不有在我之上者，莫不有徐無此二字。〔二二五〕在我之下者。如親在我之上，子孫在我之下。我欲子孫孝於我，而我却不能孝於親；我欲親慈於我，而我却不能慈於子孫。便是一畔長，一畔短，不是絜矩。"淳。按寓録同。〔二二六〕

絜矩非是外面別有個道理，只便〔二二七〕是前面正心、修身推而措之，又不是其他機巧、變詐、權謀之説。賀孫。

絜矩之説不在前數章，却在治國、平天下之後。到這裏，也是節次成了方用得。道夫。

"君子先慎乎德"一條，德便是"明德"之"德"。自家若意誠、心正、身修、家齊了，則天下之人安得不歸於我？如湯武之東征西怨，則自然有人有土。賀孫。

或問"争鬭其民而施以劫奪之教"。曰："民本不是要如此。惟上之人以德爲外而急於貨財，暴征横斂，民便效尤，相攘相奪，則是上教得他如此。"賀孫。

或問"争民施奪"。先生云："是争取於民而施之以劫奪之教也。'媢疾以惡之'，是徇其好惡之私。"節。

斷斷者是絜矩，媢疾者是不能。"唯仁人放流之"，是大能絜矩底人；"見賢而不能舉，舉而不能先」，是稍能絜矩；「好人之所惡」者，是大不能絜矩。節。

「舉而不能先」，先是早底意思，不能速用之意。泳。

「君子有大道，必忠信以得之，驕泰以失之」，「平天下」一章，其事如此廣濶，然緊要處只在這些子。其粗說不過如此，若細說則如「操則存」、「克己復禮」等語皆是也。僩。

趙唐卿汝倣〔二三八〕問：「十章三言得失，而章句云『到〔二三九〕此而天理存亡之機決矣』，何也？」曰：「他初且言得衆、失衆，再言善、不善，意已切矣。終之以忠信、驕泰，分明是就心上說出得失之由以決之。忠信乃天理之所以存，驕泰乃天理之所以亡。」砥。〔二四〇〕

問「仁者以財發身」。曰：「不是特地散財以取名，買教人來奉己。只是不私其有，則人自歸之而身自尊。只是言其散財之效如此。」賀孫。

問「仁者以財發身，不仁者以身發財」。〔二四一〕曰：「仁者以財發身，但是財散民聚而身自尊，不在於財。不仁者只管多聚財，不管身之危亡也。」卓。

蜚卿問：「『未有上好仁而下不好義』，如何上仁而下便義？」曰：「這只是一個。在上便喚做仁，在下便喚做義，在父便謂之慈，在子便謂之孝。」直卿云：「也只如『孝慈則忠。』」曰：「然。」道夫。

「雖有善者」，善者〔二四二〕，如而今說會底。閎祖。

「國不以利爲利。」如秦發閭左之戍也是利，墮名城、殺豪傑、銷鋒鏑、北築長城皆是自要他利。利不必專指財利，所以孟子從頭截斷，只説仁義。説到「未有仁而遺其親，未有義而後其君」，這裏利却在裏面。所以説義之所安即利之所在，蓋惟義之安則自無不利矣。泳。

問：「末章説財處太多。」曰：「後世只此一事不能與民同。」子上。〔二四三〕

因論「治國平天下」章財用處。曰：「財者，人之所好，自是不可獨占，須推與民共之。未論爲天下，且作一縣言之：若寬其賦斂，無征誅之擾，民便歡喜愛戴；若賦斂稍急，又有科敷之擾，民便生怨。決然如此。」又曰：「寧過於予民，不可過於取民。且如居一鄉，若屑屑與民爭利，便是傷廉。若饒潤人些子，不害其爲厚。孟子言：『可以取，可以無取，取傷廉；可以與，可以無與，與傷惠。』他主意只是在『取傷廉』上，且將那『與傷惠』來相對説。其實與之過厚些子不害其爲厚，若纔過取便傷廉，便是〔二四四〕不好。過與，必竟當下是好意思。與了，再看之，方見得是傷惠，與傷廉不同。所以『子華使於齊，冉子與之粟五秉』，聖人雖説他不是，然亦不大故責他。只是纔過取便深惡之，如冉求爲之聚斂而欲攻之是也。」僩。

問：「『平天下』章言財用特詳，當是民生日用最要緊事耳。」曰：「然。孟子首先所言，其原出此。」子升問此章所言反覆最詳之意。曰：「要之，始終本末只一理，但平天下是一件最大底事，所以推廣説許多。如明德、新民、至善之理極精微，至治國、平天下只就人情上區處，又極平易，蓋至於平而已耳。後世非無有志於天下國家之人，却只就末處布置，於本原上全不理會。」因言：「莊子，不知他何所傳授，却自見得道體。蓋自孟子之後，荀卿諸公皆不能及。如説『語道而非其序，非道也』，此等議論甚好。度亦須承接得孔門之徒，源流有自。後來佛氏之教有説得好處皆出於莊子，但其知不至，無細密工夫，少間都説得流了，所謂『賢者過之』也。今人亦須自理會教自家本領通貫，却去看他此等議論，自見得高下分曉。若一向不理會得他底破，少間却有見識低似他處。」因説「曾點之徒，氣象正如此」。又問：「論語集注説曾點是『雖堯舜事業亦優爲之』，莫只是堯舜事業亦不足以芥蔕其心否？」曰：「堯舜事業也只是這個道理。」又問：「他之所爲，必不中節。」曰：「本領處同了，只是無細密工夫。」木之。

第九章、十章齊家、治國，既已言化，平天下只言措置之理。絜，度也；矩，所以爲方也。方者，如用曲尺爲方者也。何謂「是以君子有絜矩之道」？上面人既自有孝弟，下面民亦有孝弟，只要使之自遂其孝弟之心於其下，便是絜矩。若拂其良心，重賦横斂以取之，使他不得自遂其心，便是不方。左右前後皆然。言「是以」者須是如此。後面説民之父母所好所惡，皆是要與民同「利」之一字。且如食禄之家又畜雞豚牛羊，却是與民争利，便是不絜矩。所以道「以義爲利」者，「義以方外」也。泳。

問：「絜矩以好惡、財用、娼疾彦聖爲言，何也？」曰：「如桑弘羊聚許多財以奉武帝之好。

若是絜矩底人，必思許多財物，必是侵過着民底滿得我好，民必惡。言財用者，蓋如自家在一鄉之間，却專其利，便是侵過着他底，便是不絜矩。言媢疾彦聖者，蓋有善人則合當舉之，使之各得其所。今則不舉他，便失其所，是侵善人之分，便是不絜矩。此特言其好惡、財用之類當絜矩，事事亦當絜矩。」節。

問：「自致知至於平天下，其道至備，其節目至詳且〔二四五〕悉，而反覆於終篇者，乃在於財利之説。得非義利之辨，其事尤難，而至善之止，於此尤不可不謹歟？不然，則極天命人心之向背，以明好惡從違之得失，其丁寧之意，何其至深且切邪？」曰：「此章大概是專從絜矩上來。蓋財者，人之所同好也，而我欲專其利，則民有不得其所好者矣。大抵有國有家所以生起禍亂，皆是從這裏來。」道夫云：「古注，絜音户結反，云『結』也。」曰：「作『結』字解亦自得，蓋荀子、莊子注云『絜，圍束也』，是將一物圍束以爲之則也。」又曰：「某十二三歲時見范丈所言如此。他甚自喜，以爲先儒所未嘗到也。」道夫。

或問：「絜矩之義，如何只説財利？」曰：「必竟人爲這個較多，所以生養人者，所以殘害人者，亦只是這個。且如今官司皆不是絜矩。自家要賣酒，便教人不得賣酒；自家要榷鹽，便教人不得賣鹽。但事勢相迫，行之已久，人不爲怪，其實理不如此。」學蒙。

人治一家一國尚且有照管不到處，況天下之大，所以反反覆覆説。不是大着個心去理會，如何照管得！泳。

## 【校勘記】

［一］大學　成化本爲「大學三」。
［二］問克明德天之明命　成化本爲「問明德明命」。
［三］但爲物欲之所昏故蔽塞爾　成化本爲「但爲物欲之所昏蔽故暗塞爾」。
［四］惟　成化本作「維」。
［五］又云……説得極好　成化本無。
［六］蓋嘗見得……求放心也　成化本爲「便是常見這物事不教昏着今看大學亦要識此意所謂顧諟天之明命無他，求其放心而已」。
［七］成化本下有「佐同」。
［八］顧謂常目在之也　成化本爲「常目在之」。
［九］此語　成化本無。
［一〇］淳録同　成化本無。
［一一］問顧諟天之明命……未明常目在之意　成化本爲「問常目在之意」。

〔一二〕將　成化本無。

〔一三〕顧諟天之明命……目在之　成化本爲「如何目在之」。

〔一四〕得　成化本作「與」。

〔一五〕之　成化本無。

〔一六〕盤銘三句　成化本無。

〔一七〕苟　成化本爲「苟者」。

〔一八〕要緊在此一字　成化本無，但此條泳録下有一條賀孫録曰：「苟，誠也。要緊在此一字。」

〔一九〕賀孫録同　成化本無。

〔二〇〕新是對舊染之污而言　成化本爲「苟日新新是對舊染之污而言」。

〔二一〕之　成化本無。

〔二二〕只　成化本無。

〔二三〕却　成化本無。

〔二四〕到恁地　成化本無。

〔二五〕之　成化本無。

〔二六〕日　成化本爲「日日」。

〔二七〕但　成化本無。

〔二八〕新　成化本爲「改易」。

〔二九〕此條義剛録成化本載於卷二十八。

〔三〇〕録　成化本無。

〔三一〕要　成化本無。

〔三二〕要　成化本無。

〔三三〕此條大雅録成化本載於卷十五。

〔三四〕問　成化本爲「周問」。

〔三五〕謂　成化本無。

〔三六〕成化本此下注曰：　謨録云：「須是就君仁臣敬、子孝父慈與國人信上推究精微，各無不盡之理。此章雖人倫大目，亦只舉得三件。必須就此上推廣所以事上當如何，所以待下又如何。尊卑大小之間，處之各要如此。」

〔三七〕大學　成化本無。

〔三八〕止於至善傳舉切磋琢磨之説　成化本爲「切磋琢磨之説」。

〔三九〕得　成化本作「教」。

〔四〇〕抑　成化本作「耶」。

〔四一〕衛武公　成化本爲「武公」。

〔四二〕大學　成化本無。
〔四三〕大學　成化本無。
〔四四〕淳寓同　成化本作「寓」。
〔四五〕息　成化本作「怠」。
〔四六〕淇奥詩……戰懼之貌也　成化本爲「瑟者武毅之貌恂慄戰懼之貌」。
〔四七〕處謙　成化本爲「壯祖」。
〔四八〕之　成化本無。
〔四九〕中節　成化本爲「中一節」。
〔五〇〕之　成化本無。
〔五一〕又　成化本無。
〔五二〕了致　成化本無。
〔五三〕然只是自有以感動人處故耳　成化本爲「自有以感動人處耳」。
〔五四〕本　成化本作「末」。
〔五五〕是　成化本無。
〔五六〕云　成化本作「恐」。
〔五七〕貼骨皮底　成化本爲「貼骨貼肉處」。

[五八] 義剛　成化本下有「子寰同」。考閩中理學淵源考卷二十：「學士劉圻夫先生子寰，劉子寰字圻夫，建陽人，嘉定十年進士。蚤登文公之門，能詩文，與同邑劉清父齊名。官至觀文殿學士，自號篁嵊翁。」

[五九] 先生所補格物章云　成化本無。

[六〇] 此　成化本爲「此言」。

[六一] 按陸詩云……真僞先須辨只今　成化本無。

[六二] 如此　成化本無。

[六三] 休　成化本作「做」。

[六四] 爲法天下　成化本爲「爲法於天下」。

[六五] 猶　成化本作「由」。

[六六] 此條卓録成化本載於卷十五。

[六七] 深淺　成化本爲「淺深」。

[六八] 壓重了　成化本下有「不淨潔」。

[六九] 淳録同　成化本無。

[七〇] 又曰　成化本無。

[七一] 要做　成化本爲「要去做」。

[七二] 誠意章云　成化本無。

〔七三〕下　成化本無。
〔七四〕成化本此下注曰：「自欺、自慊。」
〔七五〕成化本此下注曰：「自欺。」
〔七六〕却　成化本無。
〔七七〕他個　成化本爲「論他個」。
〔七八〕成　成化本作「分」。
〔七九〕自　成化本無。
〔八〇〕蓋　成化本無。
〔八一〕他　成化本作「是」。
〔八二〕先生忽言……因曰　成化本無。
〔八三〕而　成化本作「其」。
〔八四〕問所謂誠其意者……此是大段狼狽處　成化本無。
〔八五〕待　成化本無。
〔八六〕此條道夫録成化本載於卷六十九。
〔八七〕便是不　成化本爲「便不是」。
〔八八〕成化本此下注曰：「自慊。」

〔八九〕自慊　成化本爲「有外之心」。
〔九〇〕池本作有外之心　成化本爲「蜀録作自慊」。
〔九一〕彼　成化本作「謂」。
〔九二〕此條人傑録重複。
〔九三〕斯　成化本無。
〔九四〕便自　成化本無。
〔九五〕便　成化本無。
〔九六〕便　成化本無。
〔九七〕狠　成化本作「很」，朱本作「狼」。
〔九八〕大學誠意章内何以爲　成化本無。
〔九九〕而　成化本無。
〔一〇〇〕處謙　成化本爲「壯祖」。
〔一〇一〕大學　成化本無。
〔一〇二〕有　成化本無。
〔一〇三〕知至者　成化本爲「惟知至者」。
〔一〇四〕而　成化本作「則」。

〔一〇五〕必　成化本爲「然必」。

〔一〇六〕成化本此下注曰：「謹獨。」

〔一〇七〕格物　成化本爲「物格」。

〔一〇八〕自　成化本無。

〔一〇九〕故　成化本無。

〔一一〇〕行甫　成化本爲「行夫」。據成化本朱子語録姓氏載，蔡懋字行夫。

〔一一一〕一段　成化本爲「大段」。

〔一一二〕慎　成化本作「謹」。

〔一一三〕此條節録賀本記疑曰：「或問條語似不完。」

〔一一四〕底　成化本無。

〔一一五〕成化本此下注曰：「論揜其不善以下。」

〔一一六〕誠　成化本作「識」。

〔一一七〕人　成化本作「又」。

〔一一八〕成化本此下注曰：「以下全章之旨。」

〔一一九〕郎當　成化本爲「狼當」。

〔一二〇〕在　成化本無。

［一二一］賺連却　成化本爲「賺連」，王本爲「牽連」。
［一二二］其　成化本作「某」。
［一二三］大概以爲……便是自欺　成化本爲小字。
［一二四］心　成化本作「人」。
［一二五］云　成化本無。
［一二六］成化本此下注曰：「十目所視以下。」
［一二七］得　朱本作「常」。
［一二八］元壽問誠意章曾子曰十目所視　成化本爲「魏元壽問十目所視」。
［一二九］成化本此條下注「賀孫」。
［一三〇］既誠意矣　成化本爲「意既誠」。
［一三一］好樂之類　成化本無。
［一三二］池本注云此一段爲大學釋誠意二章發　成化本無。
［一三三］是　成化本無。
［一三四］事　成化本無。
［一三五］也　成化本無。
［一三六］節　成化本無。

［一三七］在正心者非是無好樂憂懼四者　成化本爲「好樂憂懼四者」。
［一三八］中　成化本作「心」。
［一三九］耳　成化本無。
［一四〇］按夔孫録同而略　成化本無。
［一四一］鏡中　成化本爲「如鏡中」。
［一四二］大要　成化本爲「要」。
［一四三］是　成化本爲「也是」。
［一四四］去　成化本無。
［一四五］吾身不得……吾心之累　成化本無。
［一四六］潭州　成化本爲「漳州」。
［一四七］過　成化本無。
［一四八］於事君　成化本無。
［一四九］消　成化本作「須」。
［一五〇］心不在焉　成化本無。
［一五一］成化本此下注曰：「學蒙録別出。」
［一五二］大學正心章　成化本無。

〔一五三〕此　成化本爲「此是」。
〔一五四〕兩　成化本無。
〔一五五〕與夫　成化本無。
〔一五六〕而　成化本無。
〔一五七〕是　成化本無。
〔一五八〕大學　成化本無。
〔一五九〕音　成化本無。
〔一六〇〕按砥録同　成化本無。
〔一六一〕大學言人之其所好樂而辟焉　成化本無。
〔一六二〕他　成化本無。
〔一六三〕見　成化本作「是」。
〔一六四〕識誠　成化本爲「識認」。
〔一六五〕他　成化本無。
〔一六六〕更　成化本無。
〔一六七〕人之其所親愛賤惡畏敬哀矜敖惰而辟焉　成化本無。
〔一六八〕竊謂則之……而不可易也　成化本無。

［一六九］非性之所有若比之四者而言則是性有善惡　成化本無。

［一七〇］問　成化本「問」前有：「問：『喜怒憂懼，人心所不能無。如忿懥乃戾氣，豈可有也？』曰：『忿又重於怒心。然此處須看文勢大意。但此心先有忿懥時，這下面便不得其正。如鏡有人形在裏面，第二人來便照不得。如秤子釘盤星上加一錢，則稱一錢物便成兩錢重了。心若先有怒時，更有當怒底事來，便成兩分怒了；有當喜底事來，又減却半分喜了。先有好樂也如此，先有憂患也如此。若把忿懥做可疑，則下面憂患、好樂等皆可疑。』」

［一七一］修身章　成化本爲「八章」。

［一七二］敬畏心　成化本爲「敬畏之心」。

［一七三］成化本此下有「等」字。

［一七四］寓淳同　成化本爲「寓録略」。此條陳淳録又見於底本卷十八，且所載内容與成化本更相似。

［一七五］之其所敖惰而辟焉　成化本無。

［一七六］成化本此下有「此敖惰」。

［一七七］成化本此下注曰：「文蔚録云：『非如常人傲忽惰慢，只是使人見得他懶些。』」

［一七八］人　成化本無。

［一七九］則是　成化本無。

［一八〇］一　成化本作「二」。

〔一八一〕及　成化本作「反」。
〔一八二〕切謂人之心……用力哉　成化本爲「云云」。
〔一八三〕處謙　成化本爲「壯祖」。
〔一八四〕池本有治它是三字　成化本無。
〔一八五〕池本作蓋是要得　成化本無。
〔一八六〕池本作只字　成化本無。
〔一八七〕池本作聽它自治了　成化本無。
〔一八八〕内　成化本無。
〔一八九〕其下則言　成化本爲「下言」。
〔一九〇〕更　成化本無。
〔一九一〕按去僞同……亦此類也　成化本爲「去僞同」。
〔一九二〕或池本作李仁甫　成化本爲「吴仁甫」。
〔一九三〕池本有語意二字　成化本無。
〔一九四〕池本無能字　成化本無。
〔一九五〕然　成化本無。
〔一九六〕却無如此以下十六字　成化本無。

〔一九七〕此意池本無意字　成化本爲「然此意」。

〔一九八〕池本作勸字　成化本無。

〔一九九〕池本有是　成化本無。

〔二〇〇〕大凡知道君子發言自別　成化本爲「大凡知道者出言自別」。

〔二〇一〕伊川　成化本爲「程子」。

〔二〇二〕成化本此下注曰：「此處切恐有脱誤。」

〔二〇三〕只略略有……亦是不實　成化本爲「雖有七分孝只中間有三分未盡固是不實雖有九分孝一作弟只略略有一分未盡亦是不實」。

〔二〇四〕池本爲孝……亦是不實　成化本無。

〔二〇五〕此條方子録成化本無。

〔二〇六〕道夫録同而略……方會化得人　成化本無。

〔二〇七〕别　王本作「制」。

〔二〇八〕彼　成化本作「被」。

〔二〇九〕他却處得……傳與那賢　成化本爲「他處得好不將天下與兒子却傳與賢」。

〔二一〇〕使　成化本無。

〔二一一〕個　成化本無。

〔二一二〕個　成化本無。
〔二一三〕義剛　成化本爲「賀孫」。
〔二一四〕三　成化本無。
〔二一五〕認　成化本作「曉」。
〔二一六〕先生頗訝以爲如何如此難曉　成化本無。
〔二一七〕心　成化本無。
〔二一八〕詔曰……供養之事　成化本無。
〔二一九〕之　成化本無。
〔二二〇〕政　王本作「官」。
〔二二一〕數　成化本作「是」。
〔二二二〕矩　成化本無。
〔二二三〕子　成化本無。
〔二二四〕便　成化本無。
〔二二五〕面　成化本作「便」。
〔二二六〕似　成化本作「既」。
〔二二七〕淳寓同　成化本作「寓」。

〔二二八〕說　成化本作「訟」。

〔二二九〕問論平天下……皆因此也　成化本無。

〔二三〇〕如慈福皇后……事長之意　成化本無。

〔二三一〕此條處謙録成化本無。元　據文意似作「文」。

〔二三二〕成化本此下有「銖曰：『仁者，則「己欲立而立人，己欲達而達人」，不待推矣。若絜矩，正恕者之事也。』先生頷之」。

〔二三三〕推　成化本作「惟」。

〔二三四〕封　朱本、王本作「豐」。

〔二三五〕徐無此二字　成化本無。

〔二三六〕淳按寓録同　成化本作「寓」。

〔二三七〕便　成化本無。

〔二三八〕汝倣　成化本無。

〔二三九〕到　成化本作「至」。

〔二四〇〕砥　成化本作「寓」。

〔二四一〕問仁者以財發身不仁者以身發財　成化本無。

〔二四二〕者　成化本無。

〔二四三〕子上　成化本爲「可學」。據朱子語録姓氏，鄭可學字子上。

〔二四四〕是　成化本無。

〔二四五〕且　成化本作「至」。

# 晦庵先生朱文公語類卷第十七

## 大學[一]　或問上[二]

或問「大學之道[三]吾子以爲大人之學」一段。先生問友仁曰：「公近日[四]看大學或問如何？」云：「粗曉其義，但恐未然。[五]」先生舉一二處令友仁説。[六]先生曰：「如何是『收其放心，養其德性』？」云：「放心者，或心起邪思，意有妄念，耳聽邪言，目觀亂色，口談不道之言，至於手足動之不以禮，皆是放也。收者，便於邪思妄念處截斷不續，至於耳目言動皆然，此乃謂之收。既能收其放心，德性自然養得，不是收、放心之外又養個德性也。」先生曰：「看得也好。」友仁。

問：「或問：『以「七年之病，求三年之艾」，非百倍其功，不足以致之。』人於已失學後，須如此勉强奮勵方得。」曰：「失時而後學，必着如此趲補得前許多欠闕處。『人一能之，己百之；人十能之，己千之』，若不如是，悠悠度日，一日不做得一日工夫，只見没長進，如何要填補前面。」賀孫。

今人不曾做得小學工夫，一旦學大學，是以無下手處。今且當自持敬始，使端的純一靜專，然後能致知格物。文蔚。〔七〕

持敬以補小學之闕。小學且是拘檢住身心，到後來「克己復禮」又是一段事。德明。

問：「大學首云明德，而不曾說主敬，莫是已具於小學？」曰：「固然。自小學不傳，伊川却是帶補一『敬』字。」可學。

「敬」字是徹頭徹尾工夫，自格物、致知至治國、平天下皆不外此。人傑。

或問：「大學論敬所引諸說有內外之分者。」〔八〕曰：「不必分內外，都只一般，只認行著都是敬。」〔九〕僩。

問：「敬，諸先生之說各不同。然總而言之，常令此心常存，是否？」曰：「其實只一般。若是敬時，自然『主一無適』，自然『整齊嚴肅』，自然『常惺惺』，『其心收斂不容一物』，但程子『整齊嚴肅』與謝氏、尹氏之說又更分曉。」履孫。

書有合講處，有不必講處。且如一處〔一〇〕定是如此了，別更〔一一〕不用講。只是便去下工夫，不要放肆，不要緩慢〔一二〕，整齊嚴肅，便是主一，便是敬。聖賢說話千方百面，須是如此說，亦須逐一去看。然到極處不過如此，只是這個。〔一三〕義剛。〔一四〕

或問：「先生說敬處，舉程伊川主一與整齊嚴肅之說與謝氏常惺惺之說。就其中看，謝氏尤切當。」先生曰：「如某所見，伊川説得切當。且如整齊嚴肅，此心便存，便能惺惺。若無整齊嚴肅却要惺惺，恐無捉摸，不能常惺惺矣。」人傑。

問：「或問『然則所謂敬者，又若何而用力邪』，下舉伊川及謝氏、尹氏之説，[一五]只是一意説敬。」曰：「『主一無適』，又説個『整齊嚴肅』，『整齊嚴肅』亦只是『主一無適』意。且自看整齊嚴肅時如何這裏便敬。常惺惺也便是敬。收斂此心，不容一物也便是敬。此事最易見，試自體察看[一六]便見。只是要教心下常如此。」因説到放心：「如惻隱、羞惡、是非、辭遜是正心，纔差去便是放。若整齊嚴肅，便有惻隱、羞惡、是非、辭遜。某看來，四海九州，無遠無近，人人心都是放心，也無一個不放。如小兒子纔有智識，此心便放了，這裏便要講學存養。」賀孫。

光祖問：「『主一無適』與『整齊嚴肅』有[一七]不同否？」曰：「如何有兩樣？只是個敬。極而至於堯舜，也只常常是個敬。若語言不同，自是那時就那事説，自應如此。且如大學、論語、孟子、中庸都説敬；詩也，書也，禮也，亦都説敬。各就那事上説得改頭換面。要之，只是個敬。」又曰：「或人問：『出門、使民時是敬，未出門、使民時是如何？』伊川答：『此「儼若思」時也。』要知這兩句只是個『毋不敬』。又須要問未出門、使民時是如何。這又何用問，這自可見。如未出門、使民時是這個敬；當出門時[一八]、使民時也只是這個敬。到得出門、使民了，也只是如此。論語如此樣儘有，最不可如此看。」賀孫。

問：「上蔡説：『敬者，常惺惺法也。』此説極精切。」曰：「不如程子『整齊嚴肅』之説爲好。蓋人能如此，其心即在此，便惺惺。未有外面整齊嚴肅而内不惺惺者。如人一時間外面整齊嚴肅，便一時惺惺；一時放寬了，便昏怠也。」祖道云：「此個是氣。須是氣清明時便整齊嚴肅，昏時便放過了。如何捉得定？」先生曰：「『志者，氣之帥也。』此只當責志。孟子曰：『持其志，毋暴其氣。』若能持其志，氣自清明。」或云：「程子曰：『學者爲習所奪、氣所勝，只可責志。』又云：『只這個也是私，學者不恁地不得。』此説如何？」先生曰：「涉於人爲便是私，但學者不如此，如何着力？此程子所以下面便救[一九]一句云『不如此不得』也。」祖道。

因看涪陵記善録，問：「和靖説敬就整齊嚴肅上做，上蔡却云『是惺惺法』，二者如何？」厚之云：「先由和靖之説，方到上蔡地位。」曰：「各有法門：和靖是持守，上蔡却不要如此，常要喚得醒。要之，和靖底是，上蔡底横。」某[二〇]云：「易曰『敬以直内』，伊川云『主一』，却與和靖同。大抵敬有二：有未發，有已發，所謂『毋不敬』、『事思敬』是也。」先生曰：「雖是有二，然但一本，只是見於動静有異，學者須要常流通無間。又如和靖之説固好，但不知集義，又却欠工夫。」曰：「亦是渠才氣去不得，只得如此。大抵有體無用，便不渾全。」又問：「南軒説敬，常云：『義已森然於其中。』」曰：「渠好如此説，如仁智動静之類皆然。」可學。

問謝子惺惺之説。曰：「惺惺乃心不昏昧之謂，只此便是敬。今人説敬，却只以『整齊嚴肅』言之。此固是敬。然心若昏昧，燭理不明，雖强把捉，豈得爲敬！」又問孟子告子不動心。曰：「孟子是明理合義，告子只是硬把捉。」砥。

或問：「謝氏常惺惺之説，佛氏亦有此語。」曰：「其唤醒此心則同，而其爲道則異。吾儒唤醒此心，欲他照管許多道理；佛氏則空唤醒在此，無所作爲。其異處在此。」僩。

「敬是常惺惺法」，此語極好。升卿。〔一二一〕

問：「和靖説『其心收斂不容一物』。」曰：「這心都不着一物便收斂。他上文云：『今人入神祠，當那時直是更不着得些子事，只有個恭敬。』此最親切。今人若能專一此心便收斂緊密，都無些子空罅。若這事思量未了，又走做那邊去，心便成兩路。」賀孫。

問尹氏「其心收斂不容一物」之説。曰：「心主這一事，不爲他事攙〔一二二〕亂，便是不容一物也。」問：「此只是説静時氣象否？」曰：「然。」又問：「只静時主敬，便是『必有事』否？」曰：「然。」僩。

曾兄〔一二三〕問：「讀大學，已知綱目次第了。然大要用工夫，恐在『敬』之一字。前見伊川説『敬以直内，義以方外』處。」先生云：「能『敬以直内』矣，亦須『義以方外』，方能知得是非，始格得物。不以義方外，則是非好惡不能分别，物亦不可格。」又問：〔一二四〕「恭敬立〔一二五〕則義在其中，伊川所謂『弸諸中，彪諸外』是也。」曰：「雖敬立而義在，也須認得實方見得。今有人雖胸中知得分明，説出來亦是見得千了百當，及到他[二六]應物之時，顛倒錯謬，全是私意，亦不知。聖人所謂敬義處，全是天理，安得有私意？今釋老能立個門户恁地，亦是它從旁窺得近似。它所謂敬時亦却是能敬，更有『笠影』之喻。」卓。[二七]

然則此篇所謂「在明明德」、「在新民」一段。[二八]

或説「二氣五行，錯揉萬變」。曰：「物久自有弊壞。秦漢而下，二氣五行自是較昏濁，不如太古之清明淳粹[二九]。且如中星自堯時至今已自差五十度了。秦漢而下自是弊壞，得個光武起，整得略略地，後又不好了。又得個唐太宗起來，整得略略地，後又不好了。終不能如太古。」或云：「本然底亦不壞。」曰：「固是。」夔孫。[三〇]

問或問中[三一]「健順仁義禮智之性」。曰：「此承上文陰陽五行而言。健，陽也；順，陰也；四者，五行也。分而言之：仁禮屬陽，義智屬陰。」問：「『立天之道，曰陰與陽；立地之道，曰柔與剛；立人之道，曰仁與義。』仁何以屬陰？」曰：「仁何嘗屬陰，[三二]他便[三三]引『君子於仁也柔，於義也剛』爲證。殊不知論仁之定體則自屬陽，至於論君子之學則[三四]各自就地頭説，如何拘文牽引得！今只觀天地之化，草木發生，自是條暢洞達，無所窒礙，此便是陽剛之氣。如云『采薇采薇，薇亦陽止』、『薇亦剛止』，蓋薇之生也，挺直而上，此處皆可見。」問：「禮屬陽。至樂記，則又以禮屬陰，樂屬陽。」曰：「固是。若對樂説則自是如此。蓋禮是個限定裁節、粲然有文底物事，樂是和動底物事，自當如此分。如云『禮主其減，樂主其盈』之類，推之可見。」僩。

問陰陽五行健順五常之性。曰：「健是稟得那陽之氣，順是稟得那陰之氣，五常是稟得五行之理。人物皆稟得健順五常之性。且如狗子，會咬人底便是稟得那健底性，不咬人底是稟得那順底性。又如草木，直底硬底是稟得剛底，軟底弱底是稟得那順底。」夔孫。〔三五〕

問：「或問說『仁義禮智之性』，添『健順』字，如何？」曰：「此健順，只是那陰陽之性。」義剛。

問：「或問『氣之正且通者爲人，氣之偏且塞者爲物』，如何？」曰：「物之生必因氣之聚而後有形，得其清者爲人，得其濁者爲物。假如大鑪鎔鐵，其好者在一處，其查滓又在一處。」又問：「氣則有清濁，而理則一同，如何？」曰：「固是如此。理者，如一寶珠。在聖賢，則如置在清水中，其輝光自然發見；在愚不肖者，如置在濁水中，須是澄去泥沙則光方可見。今人所以不見理，合澄去泥沙，此所以須要克治也。至如萬物，亦有此理。天何嘗不將此理與他，只爲氣昏塞，如置寶珠於濁泥中不復可見。然物類中亦有知君臣母子、知祭、知時者，亦是其中有一綫明處。然而不能如人者，只爲他不能克治耳。且蚤、虱亦有知，如飢則噬人之類是也。」祖道。

舜功問：「序引參天地事，如何？」曰：「初言人之所以異於禽獸者，至下須是見己之所以參化育者。」又問：「此是到處，如何？」曰：「到，大有地步在，但學者須先知其如此方可以下手。今學者多言待發見處下手，此已遲却。纔思要得善時便是善。」可學。

問：「或問云：『於其正且通者之中，又或不能無清濁之異，故其所賦之質，又有智愚賢不肖之殊。』世間有人聰明通曉，是稟其氣之清者矣，然却所爲過差，或流而爲小人之歸者；又有爲人賢而不甚聰明通曉，是如何？」曰：「或問中固已言之，所謂『又有智、愚、賢、不肖之殊』是也。蓋其所賦之質便有此四樣。聰明曉了者，智也，而或不賢，便是稟賦中欠了清和温恭之德。又有人極温和而不甚曉事，便是賢而不智。爲學便是要克化，教此等氣質令恰好耳。」僩。

問：「或問『然皆[三六]自其有生之初』以下是一節；『顧人心稟受之初，又必皆有以得乎陰陽五行之氣』以下是一節；『苟於是焉而不值其清明純粹之會』，這又轉一節；下又轉入一節物欲去，是否？」曰：「初間說人人同得之理，次又說人人同受之氣。然其間却有撞着不好底氣以生者，這便被他拘滯了，要變化却難。」問：「如何是不好底氣？」曰：「天地之氣有清有濁，若值得晦暗昏濁底氣，這便稟受得不好了。既是如此，又加以應接事物，逐逐於利欲，故本來明德只管昏塞了。故大學必教人如此用工，到後來却會復得初頭渾全底道理。」賀孫。

虛靈自是心之本體，非我所能虛也。耳目之視聽，所以視聽者即其心也，豈有形象。然有耳目以視聽之，則猶有形象也。若心之虛靈，何嘗有物。人傑。[三七]

問：「萬理粲然，還同不同？」曰：「理只是這一個。道理則同，其分不同。君臣有君臣之理，父子有父子之理。」節。[三八]

林安卿問：「或問中[三九]『介然之頃，一有覺焉，則其本體已洞然矣』，須是就這些覺處便致知充廣將去。」曰：「然。昨日固已言之。如擊石之火，只是些子，纔引着便可以燎原。若必欲等大覺了，方去格物、致知，如何等得這般時節！林先引或問中「至於久而後有覺」之語爲比，先生因及此。那個覺是物格知至了，大徹悟，到恁地時事都了。若是介然之覺，一日之間其發也無時無數，只要人識認得操持充養將去。」又問：「『真知』之『知』與『久而後有覺』之『覺』字同否？」曰：「大略也相似，只是各自所指不同。真知只[四〇]是知得真個如此，不只是聽得人説便喚做知。覺，則是忽然心中自有所覺悟，曉得道理是如此。人只有兩般心：一個是是底心，一個是不是底心。只是纔知得這個是不是底心，只這知得不是底心[四一]，便是是底心，便將這知得不是底心去治那不是底心。知得不是底心便是主，那不是底心便是客。便將這個做主去治那個客，便常守定這個知得不是底心做主，莫要放失，更那别討個心來喚做是底心。如非禮勿視聽言動，只纔知得這個是非禮底心，此便是禮底心，便莫要視。如人瞌睡，方其睡時固無所覺，莫教纔醒，便抖擻起精神，莫要更教他睡，此便是醒。不是已醒了，更别去討個醒，説如何得他不睡。程子所謂『以心使心』，便是如此。人多疑是兩個心，不知只是將這知得不是底心去治那不是底心而已。」元思云：「上蔡所謂『人須是識其真心』，方乍見孺子入井之時，其怵惕、惻隱之心乃真心也。」曰：「孟子亦只是討譬喻，就這親切處説仁之心是如此，欲人易曉。若論此心發見，無時而不發見，不特見孺子之時爲然也。若必待見孺子入井之時怵惕、惻隱之發而後用功，則終身無緣有此等時節也。」元思云：「舊見五峰文集[四二]答彪居仁書，説齊王愛牛之心云云，先生辨之，正是此意。」曰：「然。齊王之良心想得也常有發見時，只是常時發見時不曾識得，都放過去[四三]了。偶然愛牛之心有言語説出，所以孟子因而以此推廣之也。」又問：「自非物欲昏蔽之極，未有不醒覺者。」曰：「便是物欲昏蔽之極，也無時不醒覺。只是醒覺了，自放過去，不曾存得耳。」僩。

友仁説「明明德」：「此『明德』乃是人本有之物，只爲氣稟與物欲所蔽而昏。今學問進修便如磨鏡相似：鏡本明，被塵垢昏之；用磨擦之工，其明始現；及其現也，乃本然之明耳。」曰：「公説甚善，但此理不比磨鏡之法。」先生略抬身，露開兩手，如閃出之狀，曰：「忽然閃出這光明來，不待磨而後現，但人自不察耳。如孺子將入於井，不拘君子小人皆有怵惕、惻隱之心便可見。」友仁云：「或問中説『是以雖其昏蔽之極，而介然之頃，一有覺焉，則即此空隙之中而其本體已洞然』，便是這個道理。」先生頷之，曰：「於大原處不差，正好進修。」友仁。

問：「或問：『而吾之[四四]所以明而新之者，又[四五]非可以私意苟且爲也。』私意是説着不得人爲，苟且是説至善。」曰：「纔苟且，如何得[四六]會到極處！」賀孫舉程子，以其「義理精微之極，姑以至善目之」之語。[四七]曰：「大抵至善只是極好處，十分端正恰好，無一毫不是處，無一毫不到處。且如事君，必當如舜之所以事堯而後喚做敬；治民，必當如堯之所以治民而後喚做仁。不獨如此，凡事皆有個極好處。今人多是理會得半截，便道了。待人看來，喚做好也得，喚做不好也得。自家本不曾識得到，少刻也會入於老，也會入於佛，也會入於申韓之刑名。止緣初間不理會到十分，少刻便没理會那個是白、那個是皂，那個是酸、那個是鹹，故大學必使人從致知直截要理會透方做得，不要恁地半間半界、含含糊糊。某與人商量一件事，須是要徹底教盡。若有些子未盡處，如何住得。若有事到手，未是處須着極力辨别教是。且看孟子，那個事恁地含糊放過去[四八]？有一字不是，直須争教到底。[四九]這是他見得十分極至，十分透徹，如何不説得？」賀孫。

「或問[五〇]説『明德』處云：『所以應乎事物之間，莫不各有當然之則。』其説『至善』處又云：『所以見於日用之間者，莫不各有本然一定之則。』二處相類，何以别？」曰：「都一般。至善只是明德極盡處，至纖至悉，無所不盡。」淳。

仁甫問：「以其義理精微之極，有不可得而名者，故姑以至善目之。」曰：「此是程先生説。

至善，便如今人説極是。且如説孝：孟子説『博弈好飲酒，不顧父母之養』，此是不孝；到得會奉養其親，也似煞强得這個；又須着如曾子之養志而後爲能養，這又似好了；又當如所謂『先意承志，諭父母於道，不遺父母惡名』，使國人稱願道『幸哉，有子如此』，方好。」又云：「孝莫大於尊親，其次能養。直是到這裏纔唤做極是處，方唤做至善處。」賀孫。

德元[五一]問：「或問：『有不務明其明德，而徒以政教法度爲足以新民者；又有自謂足以明其明德，而不屑乎新民者；又有略知二者之當務，而不求止於至善之所在者。』此三者，求之古今人物，是有甚人相似？」曰：「如此等類甚多。自謂能明其德，而不屑乎新民者，如佛、老便是；不務明其明德，而以政教法度爲足以新民者，如管仲之徒便是；略知明德新民，而不求止於至善者，如前日所論王通便是如此。先生前此數日作王通論，其間有此語。[五二]看他於己分上亦甚修飭，其論爲治本末亦有條理，甚有志於斯世。只是規模淺狹，不曾就本原上着功，便做不徹。須是無所不用其極，方始是。看古之聖賢别無用心，只這兩者是喫緊處：明明德便欲無一毫私欲，新民便欲人於事事物物上皆是當。正如佛家説『爲此一大事因緣出見於世』，此亦是聖人一大事也。千言萬語只是説這個道理。若還一日不扶持，便倒了。聖人只是常欲扶持這個道理，教他撐天拄地。」文蔚。卓録同。又問：「秦漢以下無一人知講學明理，所以無善治。」曰：「然。」因泛論歷代以及本朝太宗真宗之朝，可以有爲而不爲。「太宗每日看太平廣記數卷，若能推此心去講學，那裏得來？不過寫字作詩，君臣之間以此度日而已。真宗東封西祀，縻費巨萬計，不曾做得一事。仁宗有意於爲治，不肯安於小成，要做極治之事。只是資質慈仁，却不甚通曉用人，驟進驟退，終不曾做得一事。然百姓戴之如父母。契丹初陵中國，後來却服仁宗之德，也是慈仁之效。緣它至誠惻怛，故能動人如此。」〔五三〕

## 知止而後有定以下一段

問「能知所止，則方寸之間事事物物皆有定理矣」以下。〔五四〕曰：「定、静、安三項若相似，説出來煞不同。有定是就事理上説，言知得到時，見事物上各各有個合當底道理。静只就心上説。」問：「『無所擇於地而安』，莫是『素富貴行乎富貴，素貧賤行乎貧賤』否？」曰：「這段須看意思接續處。如『能得』上面帶個『慮』字，『能慮』上面帶個『安』字，『能安』上面帶個『静』字，『能静』上面帶個『定』字，『有定』上面帶個『知止』字，意思都接續。既見得事物有定理，而此心恁地寧静了，看處在那裏：在這邊也安，在那邊也安，在富貴也安，在貧賤也安，在患難也安。看如何？〔五五〕公且看〔五六〕不見事理底人，有一件事如此區處不得，恁地區處又不得，這如何會有定！纔不定則心下便營營皇皇，心下纔恁地，又安頓在那裏得？看在何處只是不安。」賀孫。

「能慮則隨事觀理，極深研幾。」曰：「到這處又更須審一審。『慮』字看來更重似『思』

字。聖人下得言語恁地鎮重，恁地重三疊四，不若今人只說一下便了，此聖人所以爲聖人。」賀孫。

安卿問：「『知止是始，能得是終』，或問言：『非有等級之相懸。』何也？」曰：［五七］「中間許多只是小階級，無那大階級。如志學至從心，中間許多便是大階級，步却闊。知止至能得，只如志學至而立相似，而立至不惑相似。［五八］定、静、安皆相類，只是中間細分别恁地。」問：「到能得處是學之大成，抑後面更有工夫？」曰：「在己已盡了，更要去齊家治國平天下，亦只是自此推去。」淳。［五九］

## 古之欲明明德於天下一段

問：「或問『自誠意以至於平天下，所以求得夫至善而止之』，是能得已包齊家治國説了。前晚何故又云：『能得後，更要去齊家治國平天下？』」曰：「以修身言之都已盡了，但以明明德言之，在己無所不盡，萬物之理亦無所不盡。如至誠惟能盡性，只盡性時萬物之理都無不盡了，故盡其性便盡人之性，盡人之性便盡物之性。」淳。寓同。［六〇］

蜚卿言：「或問云：『人皆有以明其明德，則各誠其意，各正其心，各修其身，各親其親，各長其長，而天下無不平矣。』伯羽謂［六一］明德之功果能若是，不亦善乎？然以堯舜之聖，閨門之內或未盡化，况謂天下之大，能服堯舜之化而各明其德乎？」曰：「大學『明明德於天下』，只是且說個規模如此。學者須是有如此規模，却是自家本來合如此，不如此便是欠了他底。且如伊尹思匹夫不被其澤，如己推而納之溝中，伊尹也只大概要恁地，又如何使得無一人不被其澤！又如說『比屋可封』，也須有一家半家不恁地者。只是見得自家規模自當如此，不如此不得，到得做不去處却無可奈何。規模自是着恁地，工夫便却用寸寸進。若無規模次第，只管去細碎處走，便入世之計功謀利處去；若有規模而又無細密工夫，又只是一個空規模。外極規模之大，內推至於事事物物處，莫不盡其工夫，此所以爲聖賢之學。」道夫。

或問「心之神明，妙衆理而宰萬物」。曰：「神是恁地精彩，明是恁地光明。」又曰：「心無事時都不見，到得應事接物便在這裏，應事了又不見：恁地神出鬼没。」又曰：「理是定在這裏，心便是運用這理底，須是知得到。知若不到，欲爲善也未肯便與你爲善；欲不爲惡，也未肯便不與你爲惡。知得到了，直是如飢渴之於飲食。而今不讀書時也須收斂身心教在這裏，乃程夫子所謂敬也。『整齊嚴肅』，雖只是恁地，須是下工夫方見得。」賀孫。

德元問：「或問『知者妙衆理而宰萬物者也』，[六二]何謂『妙衆理』？」曰：「大凡道理皆是我自有之物，非從外得。所謂知者，[六三]便只是知得我底道理，非是以我之知去知彼道理也。道理固本有，用知方發得出來。若無知，道理何從而見！[六四]所以謂之『妙衆理』，猶言能運用衆理也。『運用』字有病，故只下得『妙』字。〔六五〕」又問：「知與思，於身最切緊。」曰：「然。二者只是一事。知如手，思是使那手去做事，思所以用夫知也。」僩。或録云：「郭兄問：『或問「妙衆理而宰萬物者也」，何以謂之「妙衆理」？豈非以知能探賾衆理之妙而爲之主宰乎？』曰：『大凡道理皆是我自有之物，非從外得。所謂知者便只是理，纔知得便是自知得我之道理，非是我以知去知那道理也。道理固本有，須用知方發得出來。若無知，道理何從而見？纔知得底便是自家先有之道理也。只是無知則道無安頓處，故須知然後道理有所湊泊也。如冬寒夏熱，君仁臣敬，非知，如何知得？所以謂之「妙萬理」。如云能運用萬理，只是「運用」字又有病，故只下得個「妙」字。蓋知得此理也。』」〔六六〕

問：「『知則心之神明，妙衆理而宰萬物者也』，〔六七〕知如何宰物？」曰：「無所知覺則不足以宰製萬物，要宰製他也須是知覺。」道夫。

或問：「『知者妙衆理而宰萬物』，〔六八〕『宰』〔六九〕是『主宰』之『宰』？『宰制』之『宰』？」答曰：「主便是宰，宰便是制。」又問：「孟子集注中〔七〇〕言：『心者，具衆理而應萬事。』此言『妙衆理而宰萬物』，如何？」曰：「『妙』字便稍精彩，但只是不甚穩當，『具』字便平穩。」履孫。

郭兄問：「『莫不有以知夫所以然之故與其所當然之則。』當然之則，如君之仁，臣之敬，子之孝，父之慈；所以然之故，如君何故用仁，臣何故用敬，父何故用慈，子何故用孝。畢竟未曉，敢以『君何故用仁』問先生，伏望教誨，俾知所以然之故。〔七一〕」曰：「所以然之故即是更上面一層。如君之所以仁，蓋君是個主腦，人民土地皆屬它管，它自是用仁愛。試不仁愛看，便行不得，自然用如此[七二]。非説是爲君了不得已以仁愛行之[七三]，自是理合如此。試以一家論之，爲家長者使用愛一家之人，惜一家之物，自是理合如此，若天使之然。每常思量着，極好笑，自那原頭來便如此了。又如父之所以慈，子之所以孝，蓋父子本同一氣，只是一人之身分成兩個，其恩愛相屬自有不期然而然者。其他大倫皆然，皆天理使之如此也，豈容强爲哉！且以仁言之，只天地生這物時便有個仁，它只知生而已。從他原頭下來，自然有個春夏秋冬。初有陰陽，有陰陽便有四象、金木水火土。[七四]故賦於人物，便有仁義禮智之性，自它原頭處便如此了。[七五]仁則[七六]屬春，屬木，且看春間發生[七七]，藹然和氣，如草木萌茅[七八]，初間僅一針許，少間漸漸生發[七九]，以至枝葉花實變化萬狀，便可見他生意[八〇]。非仁愛，何以如此。緣他本原處有個仁愛温和之理如此，所以發之於用，自然慈祥惻隱。孟子説『惻隱之端』，惻隱又與慈仁不同，惻隱是傷痛之切。蓋仁本只有慈愛，緣見孺子入井，所以傷痛之切也。義屬金，是天地自然有個清峻剛烈之氣，所以人禀得便[八一]自然有裁制，便自然有羞惡之心。禮智皆然。蓋自本原而已然，非旋安排教如此也。昔龜山問一學者：『當見孺子入井時，其心怵惕、惻隱，何故如此？』學者曰：『自然如此。』龜山曰：『豈可只説自然如此了便休？須是知其所自來，則仁不遠矣。』龜山此語極好。」又引[八二]或人問龜山曰：「『「以先知覺後知」，知、覺如何？[八三]』龜山曰：『知是知此事，覺是覺此理。』且如知得君之仁，臣之敬，子之孝，父之慈，是知此事也；又知得君之所以仁，臣之所以敬，父之所以慈，子之所以孝，是覺此理也。」卓。〔八四〕

## 治國平天下者諸侯之事一段

問南軒謂「爲己者，無所爲而然也」。曰：「只〔八五〕見得天下事皆我所合當爲而爲之，非有所因而爲也。然所謂天下之事皆我之所當爲者，只恁地强信不得。須是學到那田地，經歷磨鍊多後方信得過。」道夫。

「『爲己者，無所爲而然』，『無所爲』只是見得自家合當做，不是要人道好。如甲兵、錢穀、籩豆、有司，到當自家理會便理會，不是爲别人了理會。如割股、廬墓，一則是不忍其親之病，一則是不忍其親之死，這都是爲己。若因要人知了去恁地，便是爲人。」器遠問：「子房以家世相韓，故從少年結士，欲爲韓報仇，這是有所爲否？」曰：「他當初只一心欲爲國報仇，只見這是個臣子合當做底事，不是爲别人，不是要人知。」賀孫。

行夫問：「南軒云：『爲己者，無所爲而然也。』這是見得凡事皆吾所當爲，非求人知，不求人譽，無倚無靠之謂否？〔八六〕」曰：「有所爲者，是爲人也。這須是見得天下之事實是己所當爲，非吾性分之外所能有，然後爲之而無爲人之弊耳。且如『哭死而哀，非爲生者』。今人弔人之喪，若以爲亡者平日與吾善厚，真個可悼，哭之發於中心，此固出於自然者。又有一般人欲亡者家人知我如此而哭者，便不是，這便是爲人。又如人做一件善事，是自家自肯去做，非待人教自家做方勉[八七]做，此便不是爲人也。」道夫曰：「先生所説錢穀、甲兵、割股、廬墓，已甚分明，在人所見如何爾。」又問：「割股一事如何？」曰：「割股固自不是。若是誠心爲之，不求人知，亦庶幾。今有以此要譽者。」因舉一事爲問，先生詢究，駭愕者久之，再問：「如今都不問如何，都不只自認自家不是，然其曲折亦甚難處。」久之，[八八]乃始正色直辭曰：「只是自家過計了。設使後來如何，自家也未到得如此。天下事惟其直而已。試問鄉鄰，自家平日是甚麽樣人。官司推究亦自可見。」行夫曰：「亦著下獄使錢，得個費力去。」曰：「世上那解免得全不霑濕。如先所説，是不安於義理之慮。若安於義理之慮，但見義理之當爲，便恁滴水滴凍做去，都無後來許多事。」道夫。

## 傳一章

然則其曰克明德云云[八九]一段

問：「『克明德』，『克，能也』。或問中却作能『致其克之之功』，又似『克治』之『克』，如何？」曰：「此『克』字雖訓『能』字，然『克』字重如『能』字。『能』字無力，『克』字有力。便見得是他人不能，而文王獨能之。若只作『能明德』，語意便都弱了。凡字有訓義一般而聲響頓異，便見得力[九〇]、無力之分，如『克』之與『能』是也。如云『克宅厥心』、『克明俊德』之類可見。」僩。

## 顧諟天之明命云云[九一]一段

問：「或問說明命處云：『全體大用，無時不發見於日用之間。』日用間如何是全體大用處？」曰：「『赤子匍匐將入井，皆有怵惕惻隱之心』，舉此一節，體用亦可見，體與用不相離。如這是體，起來運行便是用。如喜怒是用，所以能喜怒者便是體。」淳。寓同。[九二]

問：「或問：『常目在之，真若見其「參於前，倚於衡」也，則「成性存存」而道義出矣。』常反覆思之而未會其意。如中庸言『如在其上，如在其左右』。是言鬼神之德如此其盛也，猶曰鬼神者，身外之物也。今之所謂德者，乃天之所以命我而具於一心之微。初豈有形體之可見？今乃曰真若見其參於前而倚於衡。[九三]不知其所見者果何物邪？」曰：「此豈有物可見！但是凡人不知省察，常行日用每與是德相忘，亦不自知其有是也。今所謂『顧諟』者，只是心裏常常存着此理在。一出言則言必有當然之則，不可失也；一行事則事必有當然之則，不可失也。不過如此耳。初豈實有一物之可以見其形象邪！」處謙。

問：「顧諟明命一條[九四]引『成性存存，道義出矣』，何如？」曰：「自天之所命謂之明命，我這裏得之於己謂之明德。只是一個道理。人只要存得這些在這裏。纔存得在這裏，則事君必會忠，事親必會孝，見孺子入井[九五]則怵惕之心便發，見穿窬之類則羞惡之心便發，合恭敬處便自然會恭敬，合辭遜處便自然會辭遜。須要常存得此心，則便見得此性發出底都是道理。若不存得這些，待做出，那個會合道理！」賀孫。

## 是三者固皆自明之事一段

問：「『顧諟』一句，或問復以爲見『天之未始不爲人，而人之未始不爲天』，何也？」曰：「只是言人之性本無不善，而其日用之間莫不有當然之則。則，所謂天理也。人若每事做得是，則便合天理。天人本只一理。若理會得此意，則天何嘗大，人何嘗小也！」處謙。

問「天未始不爲人，而人未始不爲天」。曰：「天即人，人即天。人之始生，得於天也；既生此人，則天又在人矣。凡語言動作視聽皆天也。只今説話，天便在這裏。顧諟，是常要看教光明粲爛，照在目前。」僩。

## 傳二章

### 或問盤之有銘云云[九六]一段

德元問：「湯之盤銘，見於何書？」曰：「只是[九七]見於大學。[九八]成湯工夫全是在『敬』字上。看得[九九]來，大段是一個修飭底人，故當時人説他做工夫處亦説得大段地着。如禹『克勤於邦，克儉於家』之類，却是大綱説。到湯，便説『檢身若不及』。」文蔚云：「『以義制事，以禮制心』、『不邇聲色，不殖貨利』等語，可見日新之功。」曰：「固是。某於或問中所以特地詳載者，非説[一〇〇]道人不知，亦欲學者經心耳。」文蔚。

問：「丹[一〇一]書曰：『敬勝怠者吉，怠勝敬者滅；義勝欲者從，欲勝義者凶。』『從』字意如何？」曰：「從，順也。敬便竪起，怠便放倒。以理從事是義，不以理從事便是欲。這處敬與義是個體、用，亦猶[一〇二]坤卦説敬、義。」因舉「賊仁者謂之賊，賊義者謂之殘」，問在坐如何説。王云：「賊仁，是害心之理；賊義，是於所行處傷其理。」曰：「如此説，便是告子義在外了。義在内，非在外。義是度事之宜，是心度之。然此處何以别？蓋賊仁之罪重，殘義之罪輕。仁義都是心之天理。仁是根本，賊仁則大倫大法虧滅了，便是殺人底人一般。義，就一節一事不合宜，便傷義，似手足上傷損一般，所傷者小，猶可補。」〔一〇三〕寓。

## 傳三章

### 復引淇澳之詩云云〔一〇四〕一段

「大學言〔一〇五〕『瑟兮僩兮者，恂慄也』，『僩』字舊訓寬大。某看經、子所載，或從『忄』、或從『扌』之不同，然皆云有武毅之貌，所以某注中直以武毅言之。」道夫云：「如此注，則方與『瑟』之『恂』字及下文『恂慄』之說相合。」曰：「且如『恂』字，鄭氏讀爲『峻』。某始者言此只是『恂恂如也』之『恂』，何必如此？及讀莊子，見所謂『木處則惴慄恂懼』，然後知鄭氏之音爲當。如此等處，某於或問中不及載也。要之，如這般處，須是讀得書多，然後方見得。」道夫。

問：「引淇奧詩如〔一〇六〕『切磋琢磨』是學者事，而『盛德至善』，或問乃指聖人言之，何也？」曰：「後面說得來大，非聖人不能。此是連上文『文王於緝熙敬止』說。然聖人也不是插手掉臂做到那處，也須學。〔一〇七〕如孔子所謂『德之不修，學之不講，聞義不能徙，不善不能改，是吾憂也』，此有甚緊要？聖人却憂者，何故？惟其憂之，所以爲聖人。所謂『生而知之者』，便只是知得此而已。故曰：『惟聖罔念作狂，惟狂克念作聖。』」寓。〔一〇八〕

「『如切如磋者，道學也』；『如琢如磨者，自修也』。既學而猶慮其未至，則復講習討論以求之，猶治骨角者，既切而復磋之。切得一個樸在這裏，似亦可矣，又磋之使至於滑澤，這是治骨角者之至善也。既修而猶慮其未至，則又省察克治以終之，猶治玉石者，既琢而復磨之。琢是琢得一個樸在這裏，似亦得矣，又磨之使至於精細，這是治玉石之至善也。取此而喻君子之於至善，既格物以求知所止矣，又且用力以求得其所止焉。正心、誠意，便是道學、自修。『瑟兮僩兮，赫兮咺兮』，到這裏睟面盎背、發見於外，便是道學、自修之驗也。」道夫云：「所以或問中有始終條理之別者，良爲此爾。」曰：「然。」道夫。

「如切如磋，道學也」，却以爲始條理之事；「如琢如磨，自修也」，却以爲終條理之事，皆是要切[一〇九]工夫精密。道學是起頭處，修身是成就處。中間工夫，既講求又復講求，既克治又復克治，此所謂已精而求其益精，已密而求其益密也。謨。

周問：「切磋是始條理，琢磨是終條理。終條理較密否？」曰：「始終條理都要密，講貫而益講貫，修飭而益修飭。」淳。

問：「琢磨後，更有瑟僩赫咺，何故爲終條理之事？」曰：「那不是做工夫處，是成就了氣象恁地。『穆穆文王』亦是氣象也。」寓。淳録同。[一一〇]

## 【校勘記】

［一］大學　成化本爲「大學四」。

［二］成化本此下另取一行有「經一章」三字。

［三］大學之道　成化本無。

［四］公近日　成化本無。

［五］但恐未然　成化本無。

［六］先生舉一二處令友仁説　成化本無。

［七］此條文蔚録成化本無，但於卷十四載魏椿録曰：「明德如八窗玲瓏，致知、格物各從其所明處去。今人不曾做得小學工夫，一旦學大學，是以無下手處。今且當自持敬始，使端確純一静專，然後能致知格物。」

［八］者　成化本無。

［九］認　王本作「恁」。

［一〇］且如一處　成化本爲「如主一處」。

［一一］别更　成化本無。

［一二］緩慢　成化本爲「戲慢」。

〔一三〕亦須逐一去看然到極處不過如此只是這個　成化本爲「但是我恁地説他個無形無狀去何處證驗只去切己理會此等事久自會得」。
〔一四〕義剛　成化本無。且此條載於卷一百十六「訓義剛」。
〔一五〕或問……尹氏之説　成化本爲「或問舉伊川及謝氏尹氏之説」。
〔一六〕看　成化本作「着」。
〔一七〕有　成化本無。
〔一八〕時　成化本無。
〔一九〕救　朱本、王本作「放」。
〔二〇〕横某　朱本爲「横渠」。
〔二一〕此條升卿録成化本無。
〔二二〕攙　成化本此處空缺。
〔二三〕曾兄　成化本卷一百十六同，卷一百二十作「曾」。
〔二四〕又問　成化本卷一百十六同，卷一百二十爲「曾又問」。
〔二五〕恭敬立　成化本卷一百十六、一百二十皆爲「恐敬立」。
〔二六〕到他　成化本卷一百十六無，卷一百二十作「到」。
〔二七〕此條語録成化本重出，載於卷一百十六「訓祖道」和一百二十，卷一百二十下注有「卓」，即黄卓所録。

［二八］然則此篇所謂在明明德在新民一段　成化本爲「此篇所謂在明明德一段」。

［二九］淳粹　王本爲「純粹」。

［三〇］成化本此下注曰：「論歷代。」且此條載於卷一百三十四。

［三一］或問中　成化本無。

［三二］成化本此下有「袁機仲正來争辨」。

［三三］便　成化本無。

［三四］成化本此下有「又」。

［三五］夔孫　成化本作「僩」。

［三六］然皆　成化本無。

［三七］此條人傑録成化本載於卷五。

［三八］此條甘節録成化本載於卷六。萬理粲然　朱本爲「萬物粲然」。

［三九］或問中　成化本無。

［四〇］只　成化本無。

［四一］底心　成化本下有「底心」。

［四二］文集　成化本無。

〔四三〕去 成化本無。
〔四四〕而吾之 成化本無。
〔四五〕又 成化本無。
〔四六〕得 成化本無。
〔四七〕以其義理精微之極姑以至善目之之語 成化本爲「義理精微之極」。
〔四八〕去 成化本無。
〔四九〕直須争教到底 成化本爲「直争教到底」。
〔五〇〕或問 成化本「或問」前有「問」。
〔五一〕德元 成化本爲「郭德元」。
〔五二〕先生前此數日作王通論其間有此語 成化本爲「卓録云又有略知二者之當務顧乃安於小成因於近利而不求止於至善之所在者如前日所論王通之事是也」。
〔五三〕卓録同……故能動人如此 成化本無此注，但卷一百二十七另載一條卓録。經比勘，除「又問秦漢以下」成化本爲「才卿問秦漢以下」外，其他文字與此注同。
〔五四〕以下 成化本無。
〔五五〕看如何 成化本無。
〔五六〕公且看 成化本無。

〔五七〕成化本此下有「也不是無等級」。
〔五八〕只如志學至而立相似而立至不惑相似　成化本作「只如志學至立相似立至不惑相似」。
〔五九〕淳　成化本作「寓」。
〔六〇〕淳寓同　成化本作「寓」。
〔六一〕伯羽謂　成化本無。
〔六二〕或問知者妙衆理而宰萬物者也　成化本無。
〔六三〕成化本此下注曰：「或録此下云：『便只是理纔知得。』」
〔六四〕成化本此下注曰：「或録云：『纔知得底便是自家先有之道理也，只是無知則道無安頓處，故須知然後道理有所湊泊也。如夏熱冬寒，君仁臣敬，非知，如何知得！』」
〔六五〕成化本此下注曰：「或録云：『蓋知得此理也。』」
〔六六〕或録云……蓋知得此理也　成化本無。
〔六七〕知則心之神明妙衆理而宰萬物者也　成化本無。
〔六八〕知者妙衆理而宰萬物者也　成化本爲「宰萬物」。
〔六九〕宰　成化本無。
〔七〇〕中　成化本無。
〔七一〕當然之則……所以然之故　成化本無。

〔七二〕自然用如此　成化本無。
〔七三〕行之　成化本無。
〔七四〕初有陰陽有陰陽便有四象金木水火土　成化本爲「金木水火土初有陰陽有陰陽便有四象」。
〔七五〕自它原頭處便如此了　成化本無。
〔七六〕則　成化本無。
〔七七〕發生　成化本爲「天地發生」。
〔七八〕茅　成化本作「芽」。
〔七九〕生發　成化本爲「生長」。
〔八〇〕生意　成化本爲「生生之意」。
〔八一〕便　成化本無。
〔八二〕引　成化本無。
〔八三〕知覺如何　成化本爲「知覺如何分」。
〔八四〕卓　成化本作「倜」。
〔八五〕只　成化本爲「只是」。
〔八六〕南軒云……無倚無靠之謂否　成化本爲「爲己者無所爲而然」。
〔八七〕勉　成化本爲「勉强」。

〔八八〕再問……久之　成化本無。

〔八九〕云云　成化本無。

〔九〇〕力　成化本爲「有力」。

〔九一〕云云　成化本無。

〔九二〕此條淳録成化本無，但卷十七載徐□録曰：　問：「『全體大用，無時不發見於日用之間』，如何是體？如何是用？」曰：「體與用不相離。且如身是體，要起行去便是用。『赤子匍匐將入井，皆有怵惕惻隱之心』，只此一端，體、用便可見。如喜怒哀樂是用，所以喜怒哀樂是體。」　並於此下注曰：「淳録云：『所以能喜怒者便是體。』」

〔九三〕常反覆思之……而倚於衡　成化本無。

〔九四〕顧諟明命一條　成化本無。

〔九五〕入井　成化本無。

〔九六〕云云　成化本無。

〔九七〕是　成化本無。

〔九八〕成化本此下有「又曰」。

〔九九〕得　成化本無。

〔一〇〇〕説　成化本無。

［一〇一］丹　朱本作「周」。
［一〇二］猶　成化本作「由」。
［一〇三］因舉賊仁者謂之賊……所傷者小猶可補　成化本卷十七無，但卷五十一載陳淳録與此部分内容相近：　先生舉「賊仁者謂之賊，賊義者謂之殘」，問何以別。近思云：「賊仁，是害心之理；　賊義，是見於所行處傷其理。」曰：「以義爲見於所行，便是告子義外矣。義在内，不在外。義所以度事，亦是心度之。然此果何以別？蓋賊之罪重，殘之罪輕。仁義皆是心。仁是天理根本處，賊仁則大倫大法虧滅了，便是殺人底人一般。義是就一節一事上言，一事上不合宜，便是傷義。似手足上損傷一般，所傷者小，尚可以補。」
［一〇四］云云　成化本無。
［一〇五］大學言　成化本無。
［一〇六］引淇奥詩如　成化本無。
［一〇七］也須學　成化本爲「也須學始得」。
［一〇八］寓　成化本爲「淳寓同」。
［一〇九］切　成化本無。
［一一〇］淳録同　成化本無。

# 晦庵先生朱文公語類卷第十八

## 大學[一]　或問下[二]

### 獨其所謂格物致知者云云[三]一段

先生爲道夫讀格物説，舉遺書云「或問學何爲而可以有覺也」[四]，伊川[五]曰「能致其知，則思自然明，至於久而後有覺」，是積累之多自有個覺悟時節。「勉强學問」，所以致其知也。「聞見博而智益明」，則其效著矣。「學而無覺，則亦何以學爲也哉」，此程子曉人至切處。道夫。

伊川云「知非一概，其爲淺深有甚相絶者」云云。先生曰：「此語説得極分明。至論知之淺深，則從前未有人説到此，而程子發之。且虎能傷人，人所共知而懼之。有見於色者，以其知之深於衆人也。學者之於道，能如此人之於虎，真有以知之，則自有不容已者矣。[六]」道夫。

又有[七]問：「進修之術何先者？程子曰『莫先於正心誠意』。然欲誠意必先致知，而致知又在格物。[八]」先生曰：「物理無窮，故他説得來亦自多端。如讀書以講明道義，則是理存於書；如論古今人物以別其是非邪正，則是理存於古今人物；如應接事物而審處其當否，則是理存於應接事物。所存既非一物能專，則所格亦非一端而盡。如曰：『一物格而萬理通，雖顏子亦未至此，但當今日格一件，明日又格一件，積習既多，然後脱然有個貫通處。』此一項尤有意味。向非其人善問，則亦何以得之哉？」道夫。

又[九]問：「自一身之中以至萬物之理，理會得多，自當豁然有個覺處。」曰：「此一段尤其切要[一〇]，學者所當深究。」道夫云：「自一身以至萬物之理，則所謂『由中而外，自近而遠，秩然有序而不迫切』者。」曰：「然。到得豁然處，是非人力强勉而至者也。」道夫。

又[一一]問：「窮理者非謂必盡窮天下之理，又非謂止窮得一理便到，但積累多後，自當脱然有悟處。」曰：「程先生言語氣象自活，與衆人不同。」道夫。

又問「物必有理，皆所當窮」云云。曰：「此處是緊切。學者須當知夫天如何而能高，地如何而能厚，鬼神如何而爲幽顯，山岳如何而能融結，這方是格物。」道夫。

又[一二]問「致知之要當知至善之所在」云云。曰：「天下之理偪塞滿前，耳之所聞，目之所見，無非物也，若之何而窮之哉！須當察之於心，使此心之理既明，然後於物之所在從而察之，則不至於泛濫矣。」道夫。

又[一三]問「格物莫若察之於一[一四]身，其得之爲[一五]尤切」。曰：「前既説當察物理，不可專在性情；至[一六]此又言莫若得之於身尤爲切[一七]，皆是互相發處。」道夫。

又[一八]問「格物窮理，但立誠意以格之」云云[一九]。曰：「立誠意只是樸實下工夫，與經文『誠意』之説不同。」道夫。

又[二〇]問「入道莫如敬，未有致知而不在敬者」。曰：「敬則此心惺惺。」道夫。

又[二一]問「涵養須用敬，進學則在致知」。曰：「二者偏廢不得。致知須用涵養，涵養必用致知。」道夫。

又問「致知在乎所養，養知莫過於寡欲」。道夫云：「『養知莫過於寡欲』，此句最爲緊切。」曰：「便是這話難説，又須是格物方得。若一句[二二]靠着寡欲，又不得。」道夫。

先生既爲道夫讀程子致知説，復曰：「『格物』一章，正大學之頭首，宜熟，復將程先生説更逐段研究。大抵程先生説與其門人説大體不同，不知當時諸公身親聞之，却因甚恁地差了。」道夫。

知便要知得極，致知是推致到極處，窮究徹底，真見得決[二三]如此。程子説虎傷人之譬，甚好。這如[二四]一個物，四陲四角皆知得盡，前頭更無去處，外面更無去處，方始是格到那物極處。淳。

「人各有個知識，須是推致而極其至。不然半上落下，終不濟事。須是真知。」問：「固有人明得此理，而涵養未到，却爲私意所奪。」曰：「只爲明得不盡。若明得盡，私意自然留不得。若半青半黄、未能透徹，便是尚有查滓，非所謂真知也。」問：「須是涵養到心體無不盡處方善。不然知之雖至，行之終恐不盡也。」曰：「只爲知不至。今人行到五分，便是它只知得五分，見識只識到那地位。譬諸穿窬，稍是個人便不肯做，蓋真知穿窬之不善也。虎傷事亦然。」德明。

問：「『一理通則萬理通』，其説如何？」曰：「伊川嘗云『雖顔子亦未到此』。天下豈有一理通，解[二五]萬理皆通！也須積累將去。如顔子高明，不過聞一以[二六]知十，亦是大段聰明了。學問却有漸，無急迫之理。有人嘗説，學問只用窮究一個大處，則其他皆通。如某正不敢如此説，須是逐旋做將去。不成只用窮究一個，其他更不用管便都理會得？豈有此理！爲此説者將謂是天理，不知却是人欲。」明作。

叔文問：「正心、誠意，莫須操存否？」曰：「也須見得後方始操得。不然，只恁空手[二七]終不濟事。蓋謹守則在此，一合眼則便走了。須是格物，蓋物格則理明，理明則誠一而心自正矣。不然，則戢戢而生，如何守得他住。」問：「格物最是難事，如何便[二八]盡格得？」曰：「伊川[二九]謂：『今日格一件，明日又格一件，積習既多，然後脱然有貫通處。』某嘗謂，他此語便是真實做工夫來。他也不説格一件後便會通，也不説盡格得天下物理後方始通。只云『積習既多，然後脱然有個貫通處』。」又曰：「今却不用慮其他，只是個『知至而後意誠』，這一轉較難。」道夫。

問：「伊川云：『今日格得一件，明日格得一件。』莫太執着否？」曰：「人日用間自是不察耳。若體察當格之物，一日之間儘有之。」寓。

又曰：〔三〇〕「『積習既多，自當脱然有貫通處』，乃是零零碎碎湊合將來，不知不覺，自然醒悟。其始固須用力，及其得之也，又却不假用力。此個事不可欲速，『欲速則不達』，須是慢慢做去。」人傑。

問：「伊川所説〔三一〕工夫如何？」曰：「如讀書，今日看一段，明日看一段。又如今日理會一事，明日理會一事，積習多後自然貫通。」德明。德功云：「釋氏説斫樹木，今日斫，明日斫，到樹倒時只一斫便了。」

窮理者，因其所已知而及其所未知，因其所已達而及其所未達。人之良知，本所固有。然不能窮理者，只是足於已知已達，而不能窮其未知未達，故見得一截，不曾又見得一截，此其所以於理未精也。然仍須工夫日日增加。今日既格得一物，明日又格得一物，工夫更不住地做。如左脚進得一步，右脚又進一步；右脚進得一步，左脚又進，接續不已，自然貫通。洽。

問：「陸先生不取伊川格物之説。若以爲隨事討論，則精神易弊，不若但求之心，心明則無所不照，其説亦似省力。」曰：「不去隨事討論後，聽他胡做，話便信口説，脚便信步行，冥冥地去，都不管他。」義剛云：「平時明知此事不是，臨時却做錯了，隨即又悔。此畢竟是精神短後照燭不逮。」曰：「只是斷制不下。且如有一個人牽你出去街上行，不成不管後，只聽他牽去。須是知道那裏不可去，我不要隨他去。」義剛云：「事卒然在面前，卒然斷制不下，這須是精神强始得。」曰：「所以格物便是要閑時理會，不是要臨時理會。如水火，人知其不可蹈，自是不去蹈，何曾有人錯去蹈水火來！若是平時看得分明時，卒然到面前，須解斷制。若理會不得時，也須臨事時與盡心理會。十分斷制不下，則亦無奈何，然亦豈可道曉不得後但聽他。如今有十人，須看他那個好，那個不好。好人也有做得不是，不好人也有做得是底。如有五件事，看他處得那件是，那件不是。處得是，又有曲折處。而今人讀書，全一例説好底固不是，但取聖人書而以爲後世底皆不足信也不是。如聖人之言自是純粹，但後世人也有説得是底，如漢仲舒之徒，説得是底還他是。然也有不是處，也自可見。須是如此去窮方是，但所謂格物也是格未曉底，已自曉底又何用格。如伊川所謂『今日格一件，明日格一件』，也是説那難理會底。」義剛。

黄毅然問：「程子説『今日格一件，明日格一件』，而先生説要隨事理會。恐精力短，如何？」曰：「也須用理會。不成精力短後，話便信口開，行便信脚步，冥冥地去，都不管他。」又問：「無事時見得是如此，臨事又做錯了，如何？」曰：「只是斷置不分明，所以格物便要閑時理會，不是要臨時理會。閑時看得道理分曉，則事來時斷置自易。格物只是理會未理會得底，不是從頭都要理會。如水火，人自是知其不可蹈，何曾有錯去蹈水火。格物只是理會當蹈水火與不當蹈水火，臨事時斷置教分曉。程子所謂『今日格一件，明日格一件』，亦是如此。且如看文字，聖賢説話粹，無可疑者，若後世諸儒之言喚做都不是，也不得。有好底，有不好底。好底裏面也有不好處，不好底裏面也有好處。有這一事説得是，那一件説得不是；有這一句説得是，那一句説得不是，都要恁地分別。如臨事，亦要如此理會那個是，那個不是。若道理明時自分曉。有一般説，漢唐來都是；有一般説，漢唐來都不是，恁地也不得。且如董仲舒、賈誼説話，何曾有都不是底，何曾有都是底。須是要見得他[三二]那個議論不是，如此方喚做格物。如今將一個物事來，是與不是見得不定，便是自家這裏道理不通透。若道理明，則這樣處自通透。」淳。[三三]

行甫[三四]問：「明道言致知云：『夫人一身之中以至萬物之理，理會得多，自然有個覺悟處。』」曰：「一身之中是仁義禮智，惻隱羞惡，辭遜是非，與夫耳目手足視聽言動，皆所當理會。至若萬物之榮悴[三五]與夫動植小大，這底是可以如何使，那底是可以如何用，車之可以行陸，舟之可以行水，皆所當理會。」又問：「天地之所以高深，鬼神之所以幽顯。」曰：「公且説，天是如何後[三六]高？蓋天只是氣，非獨是高。只今人在地上，便只見如此高。要之，他連那地下亦是天。天只管轉來旋去，天大了，故旋得許多渣滓在中間。世間無一個物事恁地大，故地恁地大。地只是氣之渣滓，故厚而深。鬼神之幽顯，自今觀之，他是以鬼爲幽，以神爲顯。鬼者，陰也；

神者，陽也。氣之屈者謂之鬼，氣之只管恁地來者謂之神。『洋洋然如在其上』，『焄蒿悽愴，此百萬[三七]之精也，神之著也』，這便是那發生之精神。神者是生底，以至長大，故見其顯，便是氣之伸者。今人謂人之死爲鬼，是死後收斂，無形無跡，不可理會，便是那氣之屈底。」道夫問：「横渠所謂『二氣之良能』，良能便是那會屈伸底否？」曰：「然。」道夫。

器遠問：「格物當窮究萬物之理令歸一，如何？」曰：「事事物物各自有理，如何硬要捏合得！只是纔遇一事，即就一事究竟其理，少間多了自然會貫通。如一案有許多器用，逐一理會得，少間便自見得都是案上合有底物事。若是要看一件曉未得，又去看一樣，看那個未了，又看一樣，到後一齊都曉不得。如人讀書，初未理會得，却不去究心理會。問他易如何，便説中間説話與書甚處相類。問他書如何，便云與詩甚處相類。一齊都没理會。所以程子説：『所謂窮理者，非欲盡窮天下之理，又非是止窮得一理便到，但積累多後自當脱然有悟處。』此語最親切。」賀孫。

問：「知至若論極盡處，則聖賢亦未可謂之知至。如孔子不能證夏商之禮，孟子未學諸侯喪禮與未詳周室班爵之制之類否？」曰：「然。如何要一切知得。然知至只是到脱然貫通處，雖未能事事都知得，然理會得已極多，萬一有插[三八]一件差異底事來，也都識得他破。只是貫通，便不知底亦通將去。某舊來亦如此疑，後來看程子説：『格物非謂欲盡窮天下之物，又非謂只窮得一理便到，但積累多後自脱然有悟處。』方理會得。」僩。

問：「程子言：『今日格一件，明日格一件，積習既久，自當脱然有貫通處。』又言：『格物非謂盡窮天下之理，但於一事上窮盡，其他可以類推。』二説如何？」曰：「既是教類推，不是窮盡一事便了。且如孝，盡得個孝底道理，故忠可移於君，又須去盡得忠。以至於兄弟、夫婦、朋友，從此推之無不盡窮，始得。且如炭，又有白底，又有黑底。只窮得黑，不窮得白，亦不得。且如水雖是冷而濕者，然亦有許多樣，只認冷濕一件也不是格。但如今下手，且須從近處做去。若幽奧紛拏，却留向後面做。所以先要讀書，理會道理。蓋先學得在這裏，到臨時應事接物，撞着便有用處。且如火爐，理會得一角了，又須都理會得三角，又須都理會得上下四邊，方是物格。若一處不通，便非物格也。」又曰：「格物不可只理會文義，須便[三九]實下工夫格將去始得。」履孫。[四〇]

明道云：「窮理者，非謂必盡窮天下之理，又非謂止窮得一理便到，但積累多後，自當脱然有悟處。」又曰：「自一身之中以至萬物之理，理會得多，自當豁然有個覺處。」今人務博者却要盡窮天下之理，務約者又謂「反身而誠」，則天下之物無不在我者，皆不是。如一百件事，理會得五六十件了，這三四十件雖未理會，也大概是如此。向來某在某處，有訟田者，契數十本，中間一段作僞。自崇寧政和間至今不決，將正契及公案藏匿，皆不可考。某只索四畔衆契比驗，前後所斷情僞更不能逃者。窮理亦只是如此。淳。

問程子格物之説。曰：「須合而觀之，所謂『不必盡窮天下之物』者，如十事已窮得八九，則其一二雖未窮得，將來湊會，都自見得。又如四旁已窮得，中央雖未窮得，畢竟是在中間了，將來貫通，自能見得。程子謂『但積累多後，自當脱然有悟處』，此語最好。若以爲一草一木亦皆有理，今日來[四一]又一一窮這草木是如何，明日來[四二]又一一窮這草木是如何，則不勝其繁矣。蓋當時也只是逐人告之如此。」夔孫。

問：「程子謂致知節目如何？」曰：「如此理會也未可。須存得此心，却逐節子思索，自然有個覺處，如諺所謂『冷灰裏豆爆』。」季札。

問：「伊川論致知處云：『若一事上窮不得，且別窮一事。』竊謂致之爲言，推而至之以至於盡也。於窮不得處正當努力，豈可遷延逃避，別窮一事耶？至於所謂『但得一道而入，則可以類推而通其餘矣』。夫專心致志，猶慮其未能盡知，况敢望以其易而通其難者乎？」曰：「這是言隨人之量，非曰遷延逃避也。蓋於此處既理會不得，若專一守在這裏却轉昏了。須着別窮一事，又或可以因此而明彼也。」道夫。

仁甫問：「伊川説『若一事窮不得，須別窮一事』，與延平李先生説如何？[四三]」曰：「這説自有一項難窮底事，如造化、禮樂、度數等事，是卒急難曉，只得且放住。且如所説春秋書『元年春王正月』，這如何要窮曉得？若使孔子復生，也便未易理會在。這[四四]須是且就合理會、易[四五]所在理會。延平説是窮理之要。若平常遇事，這一件理會未透又理會第二件，第二件理會未得又理會第三件，恁地終身不長進。」賀孫。

問：「程子『若一事上窮不得，且別窮一事』之説，與中庸『弗得弗措』相發明否？」曰：「看來有一樣底。若『弗得弗措』，一向思量這個，少間便會擔閣了。若謂窮一事不得，便掉了別窮一事，又輕忽了，也不得。程子爲見學者有恁地底，不得已説此話。」䕫孫。

陶安國問：「或問中[四六]『千蹊萬徑，皆可適國』，國，恐是譬理之一源處。不知從一事上便可窮得到一源處否？」曰：「也未解便如此，只要以類而推。理固是一理，然其間曲折甚多，須是把這個做樣子，却從這裏推去始得。且如事親，固當盡其事之之道，若得於親時是如何，不得於親時又當如何。以此而推之於事君，則知得於君時是如何，不得於君時又當如何。推以事長亦是如此。自此推去，莫不皆然。」時舉。

行大問：「『萬物各具一理，而萬理同出一源』，此所以可推而無不通也。」曰：「近而一身之中，遠而八荒之外，微而一草一木之衆，莫不各具此理。如此四人在坐，各有這個道理，某不用假借於公，公不用求於某，仲思與廷秀亦不用自相假借。然雖各自有這[四七]一個理，又却同出於一個理爾。如排數器水相似：這盂也是這樣水，那盂也是這樣水，各各滿足，不待求假於外。

然打破放裏，却也只是個水。此所以可推而無不通也。所以謂格得多後自能貫通者，只爲是一理。釋氏云：『一月普現一切水，一切水月一月攝。』這是那釋氏也窺見得他[四八]這些道理。濂溪通書只是説這一事。」道夫。

德元問：「萬物各具一理，而萬理同出一原。」曰：「萬物皆有此理，理皆同出一原，但所居之位不同，則其理之用不一。如爲君須仁，爲臣須敬，爲子須孝，爲父須慈。物物各具此理，而物物各異其用，然莫非一理之流行也。聖人所以『窮理盡性而至於命』，凡世間所有之物，莫不窮極其理，所以處置得物物各得其所，無一事一物不得其宜。除是無此物，方無此理；既有此物，聖人無有不盡其理者也。所謂『惟至誠贊天地之化育，則可與天地參者也』。」僩。

問：「或問[四九]『觀物察己，還因見物反求諸己』，此説亦是。程子非之，何也？」曰：「這理是天下公共之理，人人都一般，初無物我之分。不可道我是一般道理，人又是一般道理，將來相比。如赤子入井皆有怵惕。知得人有這個，便知自家亦有這個，[五〇]更不消比並自知。」寓。

格物、致知，彼我相對而言耳。格物所以致知。於這一物上窮得一分之理，即我之知亦知得一分；於物之理窮二分，即我之知亦知得二分；於物之理窮得愈多，則我之知愈廣。其實只是一理，「纔明彼，即曉此」。所以大學説「致知在格物」，又不説「欲致其知者在格其物」。蓋致知便在格物中，非格之外别有致處也。又曰：「格物之理所以致我之知。」僩。

問：「或問『致知』章引程子所謂『泛然徒欲以觀萬物之理，譬如大軍之遊騎，出太遠而無所歸』，〔五一〕莫只是要切己看否？」曰：「只要從近去。」士毅。

且窮實理，令有切己工夫。若只泛窮天下萬物之理，不務切己，即是遺書所謂「遊騎無所歸」矣。德明。遺書第七卷云：「兵陣須先立定家計，然後以遊騎旋旋量力分外面與敵人合，此便是合內外之道。若遊騎太遠，却歸不得。」又曰：「致知便知止於至善，『爲人子止於孝，爲人父止於慈』之類，不須外面。只務觀理，泛然正如遊騎無所歸也。」〔五二〕

問：「格物，莫是天下之事皆當理會，然後方可？」曰：「不必如此。聖人正怕人如此。聖人云：『吾少也賤，故多能鄙事。』又云：『君子多乎哉？不多也。』又云：『多聞，擇其善者而從之，多見而識之，知之次也。』聖人恐人走作這心無所歸着，故程子云：『如大軍之遊騎，出太遠而無所歸也。』」卓。

問：〔五三〕「程子謂『一草一木，皆所當窮』。又謂『恐如大軍遊騎，出太遠而無所歸』。何也？」曰：「便是此等語說得好，平正，不向一邊去。」淳。

或問格物問得太煩。曰：「若只此聯纏說，濟得自家甚事。某最怕人如此。人心是個神明不測物事，今合是如何理會？這耳目鼻口手足，合是如何安頓？如父子、君臣、夫婦、朋友，合是如何區處？就切近處且逐旋理會。程先生謂：『一草一木亦皆有理，不可不察。』又曰：『徒欲泛然觀萬物之理，恐如大軍之遊騎，出太遠而無所歸。』又曰：『格物莫若察之於身，其得尤切。』莫急於教人，然且就身上理會。凡纖悉細大，固着逐一理會。然更看自家力量了得底如何。」寓。

傅問：「而今格物，不知可以就吾心之發見理會得否？」曰：「公依舊是要安排，而今只且就事物上格去。如讀書便就文字上格，聽人説話便就説話上格，接物便就接物上格。精粗大小都要格它。久後會通，粗底便是精，小底便是大，這便是理之一本處。而今只管要從發見處理會。且如見赤子入井，便有怵惕、惻隱之心，這個便是發了，更如何理會。若須待它自然發了方理會它，一年都能理會得多少。聖賢不是教人去黑淬淬裏守着，而今且大着心胸，大開着門，端身正坐以觀事物之來便格它。」夔孫。[五四]

問：「格物雖是格天下萬物之理，天地之高深，鬼神之幽顯，微而至於一草一木之間，物物皆格，然後可也。然而用工之始，伊川所謂『莫若察之吾身者爲急也』。不知一身之中當如何用力，莫亦隨事而致察否？」曰：「次第亦是如此，但如今且從頭做將去。若初學，又如何便去討天地高深、鬼神幽顯得？且如人説一件事，明日得工夫時也便去做了。逐一件理會去，久之自然通貫，但除了不是當閑底物事，皆當格也。」又曰：「物既格，則知自至。」履孫。

李德之問：「或問中『致知』章引程子云：『窮理格物，須立誠意以格之。』誠意如何却在致知之先？[五五]」曰：「這個誠意，只是要着實用力，所以下『立』字。」蓋卿。

問：「『知至而後意誠』，而程子又云『格物窮理，立誠意以格之』。何也？」[五六]曰：「此『誠』字說較淺，未說到深處，只是確定[五七]其志，樸實去做工夫，如胡氏『立志以定其本』便是此意。」淳。[五八]

問：「中庸言自明而誠，今先生教人以誠格物，何故？」曰：「誠只是一個誠，只爭個緩頓[五九]。」去僞。

伊川謂「學莫先於致知，未有致知而不在敬者」。致知是主善而師之也，敬是克一而協之也。伯羽。

敬則心存，心存則理具於此而得失可驗，故曰「未有致知而不在敬者」。道夫。

問：「程子云『未有致知而不在敬者』，蓋敬則胸次虛明，然後能格物而判其是非。」曰：「雖是如此，然亦須格物，不使一毫私欲得以爲之蔽，然後胸次方得明[六〇]。只一個持敬，也易得做病。若只持敬，不時時提撕着，亦易以昏困。須是提撕，纔見有私欲底意思來便屏去，且謹守着，到得復來又屏去。時時提撕，私意當自去也。」德明。

問：「春間幸聞格物之論，謂事至物來便格取一個是非，覺有下手處。」曰：「春間說得亦太迫切。只是伊川說得好。」問：「如何迫切？」曰：「取效太速，相次易生出病。伊川教人只說敬，敬則便自見得一個是非。」德明。

問：「春間所論致知格物，便見得一個是非，工夫有依據。秋間却有未安，太迫切。〔六一〕何也？」曰：「看來亦有病，侵過了正心、誠意地步多。只是一『敬』字好。伊川只説敬，又所論格物、致知，多是説〔六二〕讀書講學，不專如春間所論偏在一邊。今若只理會正心、誠意，〔六三〕却有局促之病；只説致知、格物，〔六四〕又却似泛濫。古人語言自是周浹，兼今日學者所謂格物却無一個端緒，只似尋物去格。如齊宣王因見牛而發不忍之心，此蓋端緒也，便就此廣充，直到無一物不被其澤方是。致與格，只是推致窮格到盡處。凡人各有個見識，不可謂他全不知。如『孩提之童，無不知愛其親；及其長也，無不知敬其兄』，以至善惡是非之際亦甚分曉，但不推致充廣，故其見識終只如此。須是因此端緒從而窮格之耳。未見端倪發見之時，且得恭敬涵養；有個端倪發見，直是窮格去，亦不是鑿空尋事物去格也。」又曰：「涵養於未發見之先，窮格於已發見之後。」德明。

問：「格物，或問論之已詳。不必分大小先後，但是以敬爲本後，遇在面前底便格否？」曰：「是。但也須是從近處格將去。」義剛。

問：「格物，敬爲主，如何？」曰：「敬者，徹上徹下工夫。」祖道。

世間之物無不有理，皆須格過。古人自幼便識其具，且如事親事君之禮，鐘鼓鏗鏘之節，進退揖遜之儀，皆目熟其事，躬親其禮。及其長也，不過只是窮此理，因而漸及於天地、鬼神、日月、陰陽、草木、鳥獸之理，所以用工也易。今人皆無此等禮數可以講習，只靠先聖遺經自去推究，所以要人格物主敬，便將此心去體會古人道理，循而行之。如事親孝，自家既知所以孝，便將此孝心依古禮而行之；事君敬，便將此敬心依聖經所説之禮而行之。一一須要窮過，自然浹洽貫通。如論語一書，當時門人弟子記聖人言行，動容周旋，揖遜進退，至爲纖悉。如鄉黨一篇，可見當時此等禮數皆在。至孟子時則漸已放棄，如孟子一書，其説已寬，亦[六五]但論其大理而已。僩。[六六]

任道弟問或問：「涵養又在致知之先？」曰：「涵養是合下在先。古人從少[六七]以敬涵養，父兄漸漸教之讀書識義理。今若説待涵養了方去理會致知，也無期限。須是兩下用工，也着涵養，也着致知。伊川多説敬，敬則此心不放，事事皆從此做去。」因言：「此心至靈，細入毫芒纖芥之間便知便覺，六合之大莫不在此。又如古初去今是幾千萬年，若此念纔發便到那裏；下面方來又不知是幾千萬年，若此念纔發便也到那裏。這個神明不測，至虚至靈，是甚次第。然人莫不有此心，多是但知有利欲，被利欲將這個心包了。起居動作只是有甚可喜物事，有甚可好物事，一念纔動便是這個物事。」賀孫。廣同而略：[六八]「存養、致知先後。[六九]曰：『程先生謂：「存養須是敬，進學則在致知。」又曰：「未有致知而不在敬者。」蓋古人纔生下兒子，便有存養他底道理。父兄漸漸教他讀書識義理。今人先欠了此一段，故學者先須存養。然存養便當去窮理。若説道，俟我存養得却去窮理，則無期矣。』因言人心至靈，雖千萬里之遠、千百世之上，一念纔發便到那裏。神妙如此，却不去養他。自旦至暮只管展轉於利欲中，都不知覺。」

先生問竇：「看格物之義如何？」云：「須先涵養清明，然後能格物。」曰：「亦不必專執此説。事到面前，須與他分别去。到得無事，又且持敬。看自家這裏敬與不敬如何，若是不敬底意思來便與屏徹去。久之，私欲自留不得。且要切己做工夫。且如今一坐之頃便有許多語話，豈不是動？纔不語話便是静。一動一静，循環無已，便就此窮格，無有空闕時，不可作二事看。某向時亦曾説，未有事時且涵養，到得有事却將此去應物，却成兩截事。今只如此格物，便只是一事。且如『言忠信，行篤敬』，只見得言行合如此，下一句『蠻貊之邦行矣』便未須理會。及其久也只見得合如此言、合如此行，亦不知其爲忠信篤敬如何，而忠信篤敬自在裏許，方好。」德明。從周録云：「先生問：『如何理會致知、格物？』曰：『涵養主一之義，使心地虛明，物來當自知未然之理。』曰：『恁地則兩截了。』」

行夫問「致知在乎所養，養知莫過於寡欲」。曰：「二者自是個兩頭説話，本若相干，[七〇]但得其道則交相爲養，失其道則交相爲害。」道夫。

問：[七一]「『養知莫過於寡欲』，是既知後便如此養否？」曰：「此不分先後。未知之前若不養之，此知如何發得。既知之後若不養，則又差了。不可道未知之前便不必如此。[七二]」

淳。[七三]

遺書晁氏客語卷中，所記[七四]張思叔記程先生語云「思欲格物，則固已近道矣」，是何也？以收其心而不放也。[七五]此段[七六]甚好，當收入近思録。僩。

問：「暢潛道記一篇多有不是處。如説格物數段，如云『思欲格物則固已近道』，言皆緩慢。」曰：「它不合作文章，意思亦是，只是走作。」又問：「如云『可以意得，不可以言傳』，此乃學佛之過。下一段云『因物有遷』數語，似得之。」曰：「然。」先生舉一段云：「極好。」記夜氣。又問：「它把致知爲本亦未是。」曰：「他便把終始本末作一事了。」可學。

問：「致知下面更有節次。程子説知處只就知上説，如何？」曰：「既知則自然行得，不待勉强。却是『知』字上重。」可學。

先生問：「看致知説如何？」云：「程子説得確實平易，讀着意味愈長。」先生曰：「且是教人有下手處。」又曰：「須是如公子細看方得，貪多不濟事。」[七七]道夫。

先生問：「兩日看何書？」對：「看或問『致知』一段猶未了。」曰：「此是最初下手處，理會得此一章分明，後面便容易去[七八]。程子於此段節目甚多，皆是因人資質説，故有説向外處，有説向内處。要知學者用功，六分内面、四分外面便好，一半已難，若六分外面則尤不可。今有一等人甚明，且於道理亦分曉，却只偲地者，只是向外做工夫。」士毅。[七九]

「致知」一章，此是大學最初下手處。若理會得透徹，後面便容易，故程子此處說得節目甚多，皆是因人之資質了說。[八〇]雖若不同，其實一也。見人之敏者，太去理會外事，則教之使去父慈、子孝處理會。曰：「若不務此，而徒欲泛然以觀物[八一]之理，則吾恐其『如大軍之遊騎，出太遠而無所歸』。」若是人專只去裏面理會，則教之以「求之性情[八二]固切於身，然一草一木亦皆有理」。要之，內事、外事皆是自己合當理會底，但須是六七分去裏面理會，三四分去外面理會方可。若是工夫中半時亦[八三]自不可，况在外工夫多、在內工夫少，此尤不可也。廣。

問：「伊川說格物、致知許多項，當如何看？」曰：「說得已自分曉。如初間說知覺及誠敬，固不可不勉。然『天下之理，必先知之而後有以行之』，這許多說不可不格物、致知。中間說物物當格，及反之吾身之說，却是指出格物個地頭如此。」又云：「此項兼兩意，又見節次格處。自『立誠意以格之』以下，却是做工夫合如此。」又云：「用誠敬涵養爲格物致知之本。」賀孫。

或問或問載[八四]程子致知、格物之說不同。曰：「當時答問，各就其人而言之。今須是合就許多不同處來看作一意爲佳。且如既言『不必盡窮天下之物』，又云『一草一木亦皆有理』。今若於一草一木上理會，有甚了期，但其間有『積習多後，自當脫然有貫通處』者爲切當耳。今以十事言之，且〔八五〕理會得七八件，則那兩三件觸類可通。若四旁都理會得，則中間所未通者，其道理亦是如此，蓋長短小大自有準則。如忽然遇一件事來時，必知某事合如此，某事合如彼，則此方來之事亦有可見者矣。聖賢於難處之事，只以數語盡其曲折，後人皆不能易者，以其於此理素明故也。」又云：「所謂格物者，常人於此理或能知一二分，即其一二分之所知者推之，直要推到十分，窮得來無去處，方是格物。」人傑。

侍坐，〔八六〕先生曰：「公讀大學了，如何是『致知、格物』？」說不當意。先生曰：「看文字須看他緊要處。且如大段落，自有個緊要處，正要人看。如作一篇詩，亦自有個緊要處。『格物』一章，前面說許多，便是藥料。它自有個炮爁炙煿道理，這藥方可合，若不識個炮爁炙煿道理，如何合得藥！藥方亦爲無用。且將此意歸安下處思量來，早來說。〔八七〕」泳。

「夜來蒙先生舉藥方爲喻，〔八八〕退而深思，因悟致知、格物之旨。或問首敘程夫子之說，中間條陳始末，反覆甚備，末後又舉延平之教。千言萬語，只是欲學者此心常在道理上窮究。若此心不在道理上窮究，則心自心，理自理，邈然更不相干。所謂道理者，即程夫子與先生已說了。試問如何是窮究？先生或問中間一段『求之文字，索之講論，考之事爲，察之念慮』等事皆是也。既是如此窮究，則仁之愛、義之宜、禮之理、智之通皆在此矣。推而及於身之所用，則聽聰、視明、貌恭、言從。又至於身之所接，則父子之親、君臣之義、夫婦之別、長幼之序、朋友之信，以至天之所以高、地之所以厚、鬼神之所以幽顯，又至草木鳥獸，一事一物，莫不皆有一定之理。今日明日積累既多，則胸中自然貫通。如此，則心即理，理即心，動容周旋，無不中理矣。先生所謂『衆理之精粗無不到』者，詣其極而無餘之謂也；『吾心之光明照察無不周』者，全體大用無不明，隨所詣而無不盡之謂。書之所謂睿，董子之所謂明，伊川之所謂説虎者之真知，皆是。此謂格物，此謂知之至也。」先生曰：「是如此。」泳。

蜚卿問：「誠敬寡欲以立其本，如何？」曰：「但將不誠處看，便見得誠；將不敬處看，便見得敬；將多欲來看，便見得寡欲。」道夫。

問由中而外、自近而遠。曰：「某之意只是説欲致其知者，須先存得此心。此心既存，却看這個道理是如何。又推之於身，又推之於物，只管一層展開一層，又見得許多道理。」又曰：「如『足容重，手容恭，目容端，口容止，聲容静，頭容直，氣容肅，立容德，色容莊』，這便是一身之則所當然者。曲禮三百，威儀三千，皆是人所合當做而不得不然者，非是聖人安排這物事約束人。如洪範亦曰『貌曰恭，言曰從，視曰明，聽曰聰，思曰睿』，以至於『睿作聖』。夫子亦謂『君子有九思』，此皆人之所不可已者。」道夫。

或曰：〔八九〕「或問云：『萬物生於天地之間，不能一日而相無，而亦不可相無也。』如何？」曰：「萬物生於天地，人如何少得他，亦如何使他無得？意只是如此。」去僞。〔九〇〕

## 然則吾子之意亦可得而悉聞一段

問「上帝降衷」。曰：「衷，只是中也。」又曰：「是恰好處。如折衷，是折兩者之半而取中之義。」卓。

陶安國問：「『降衷』之『衷』與『受中』之『中』，二字義如何？」曰：「左氏云：『始終而衷舉之。』又曰：『衷甲以見。』看此『衷』字義，本是『衷甲以見』之義，爲其在裏而當中也。然『中』字大概因過不及而立名，如『六藝折衷於夫子』，蓋是折兩頭而取其中之義。後人云『折衷，善也』，[九一]却說得未親切。」銖。

問：「或問中謂『口鼻耳目四肢之用』是如何？」曰：「『貌曰恭，言曰從』，視明，聽聰。」

問：[九二]「『君臣、父子、夫婦、長幼、朋友之常』如何？」曰：「事君忠，事親孝。」節。

問：「天道流行，發育萬物，人物之生，莫不得其所以生者以爲一身之主，是此性隨所生處便在否？」曰：「一物各具一太極。」問：「此生之道，其實也是仁義禮智信？」曰：「只是一個道理界破看。以一歲言之，有春夏秋冬；以乾言之，有元亨利貞；以一月言之，有晦朔弦望；以一日言之，有旦晝暮夜。」[九三]

德元問：「或問[九四]詩所謂秉彝，書所謂降衷一段，其名雖異，要之皆是一理。」曰：「誠是一理，豈可無分別！且如何謂之降衷？」云：「衷是善也。」曰：「若然，何不言降善而言降衷？『衷』字，看來只是個無過不及之『中』[九五]，是個[九六]恰好底道理。天之生人物，個個有這[九七]一副當恰好、無過不及底道理降與你。與程子所謂天然自有之中、劉子所謂民受天地之中相似，與詩所謂秉彝、張子所謂萬物之一原又不同。須各曉其名字訓義之所以異，方見其所謂同。[九八]衷，只是中，今人言折衷。去聲。折衷[九九]者，以中爲準則而取正也。『天生烝民，有物有則』，『則』字却似『衷』字。天之生此物，必有個當然之則，故民執之以爲常道，所以無不好此懿德。物物有則，蓋君有君之則，臣有臣之則：『爲人君，止於仁』，君之則也；『爲人臣，止於敬』，臣之則也。如耳有耳之則，目有目之則：『視遠惟明』，目之則也；『聽德惟聰』，耳之則也。『從作乂』，言之則也；『恭作肅』，貌之則也。四支百骸，萬物萬事，莫不各有當然之則，子細推之，皆可見。」又曰：「凡看道理，須是細心看他名義分位之不同。通天下固同此一理，然聖賢所說有許多般樣，須是一一通曉，分別得出始得。若只儱侗說了，盡不見他裏面好處。如一爐火，四人四面同向此火，火固只一般，然四面各不同。若說我只認曉得這是一堆火便了，這便不得，他裏面玲瓏好處無由見。如『降衷于下民』，這緊要字却在『降』字上，故自天而言則謂之降衷，自人受此衷而言則謂之性。如云『天所賦爲命，物所受爲性』，命，便是那『降』字，至物所受則謂之『性』，而不謂之『衷』，所以不同。緣各據他來處、所受處[一〇〇]而言也。『惟皇上帝降衷于下民』，此據天之所與物者而言。『若有常性』，是據民之所受者而言。『克綏厥猷』，猷即道，道者性之發用處，能安其道者惟后也。如『天命之謂性，率性之謂道，修道之謂教』三句，亦是如此。古人説得道理如此縝密，處處皆合。今人心粗，如何看得出。佛氏云：『如來爲一大事因緣故出現於世。』某常〔一〇二〕説，古之諸聖人亦是爲此一大事也。前聖後聖，心心一符，如印記相合，無纖毫不似處。」僩。〔一〇三〕

「昨夜用之説衷是道理之心，這話恁地説不得。〔一〇三〕心、性固只一理，然自有合言〔一〇四〕處，又有析而言處。須知其所以析，又知其所以合乃可。然謂性便是心則不可，謂心便是性亦不可。孟子曰『盡其心，知其性』，又曰『存其心，養其性』。聖賢説話自有分別，何嘗如此儱侗不分曉。固有儱侗一統説時，然名義各自不同。心、性之别，如以碗盛水，水須碗乃能盛，然謂碗便是水則不可。後來横渠説得極精，云『心統性、情者也』。如『降衷』之『衷』同是此理。然此字但可施於天之所降而言，而不可施於人之所受而言也。」僩。〔一〇五〕

陳問：「劉子所謂天地之中，即周子所謂太極否？」曰：「只一般，但名不同。中，只是恰好處。書『惟皇上帝降衷于下民』，〔一〇六〕亦只〔一〇七〕是恰好處。極不是中，極之爲物只是在中。如這燭臺，中央簪處便是極。從這裏比到那裏也恰好，不曾加些；從那裏比到這裏也恰好，不曾減些。」寓。淳同。〔一〇八〕

問：「『民受天地之中以生』與程子『天然自有之中』，還是一意否？」〔一〇九〕曰：「只是一意，蓋指大本之中也。此處中庸說得甚分明，他日自考之。」銖。

問：「以其理之一，故於物無不能知；以其稟之異，故於理或不能知。」曰：「氣稟之偏者，自不求所以知。若或有這心要求，便即在這裏。緣本來個仁義禮智，人人同有，只被氣稟物欲遮了。然這個理未嘗亡，纔求便得。」又曰：「這個便是難說。喚做難又不得，喚做易又不得。喚做易時，如何自堯舜禹湯文武周孔以後，如何更無一個人與相似？喚做難，又纔知覺，這個理又便在這裏。這個便須是要子細講究，須端的知得，做將去自容易。若不知得，雖然恁地把捉在這裏，今夜捉住，明朝又不見了；明朝捉住，後日又不見了。若知得到，許多蔽翳都没了。如氣稟物欲一齊打破，便日日朝朝只恁地穩穩做到聖人地位。」賀孫。

問：「『或考之事爲之著，或察之念慮之微』，看來關於事爲者，不外乎念慮；而入於念慮者，往往皆是事爲。此分爲二項，意如何？」曰：「固是都相關，然也有做在外底，也有念慮方動底。念慮方動，便須辨别那個是正，那個是不正。這只就始末上大約如此說。」問：「只就著與微上看？」曰：「有個顯，有個微。」問：「所藉以爲從事之實者，初不外乎人生日用之近；其所以爲精微要妙不可測度者，則在乎真積力久、默識心通之中。是乃夫子所謂『下學而上達』者。」曰：「只是眼前切近起居、飲食，君臣、父子、兄弟、夫婦、朋友處便是這道理，只就近處行到熟處見得自高。有人説只且據眼前這近處行便是了，這便成苟簡卑下。又有人説掉了這個，上面自有一個道理，亦不是，下梢只是謾人。聖人便只説『下學上達』，即這個便是道理，别更那有道理。只是這個熟處，自見精微。」又曰：「『堯舜之道，孝弟而已矣』，亦只是就近處做得熟便是堯舜。聖人與庸凡之分，只是個熟與不熟。庖丁解牛莫不中節，古之善書者亦造神妙。」賀孫。

問：「或問云：『天地鬼神之變、鳥獸草木之宜，莫不有以見其所當然而不容已。』此處所謂『不容已』者〔一一〇〕是如何？」曰：「春生了便秋殺，他住不得。陰極了陽便生。如人在背後，只管來相趲，如何住得。」楊至之舉「逝者如斯夫，不舍晝夜」説。曰：「此句在吾輩作如何使？明道謂此見聖人純亦不已，乃天德也。有天德便可語王道，其要只在『謹獨』。『獨』與這裏何相關？只是少有不謹便斷了。」淳。〔一一一〕

問：「或問云：『天地鬼神之變，鳥獸草木之宜，莫不知其所當然而不容已。』下『不容已』字如何？」曰：「春生秋殺，陽開陰閉，趲來趲去，自住不得。陽極了陰便生，陰極了陽便生。後面只管來相趲，如何住得。」寓。〔一一二〕

今人未嘗看見「當然而不容已」者，只是就上較量一個好惡爾。如真見得這底是我合當爲，則自有所不可已者矣。如爲臣而必忠，非是謾説如此，蓋爲臣不可以不忠；爲子而必孝，亦非是謾説如此，蓋爲子不可以不孝也。道夫。

問或問中「莫不有以見其所當然而不容已者，又當求其所以然而不可易者」。〔一一四〕先生問：「每常如何看？」廣云：「『所以然而不可易者』，是指理而言；『所當然而不容已』者，是指人心而言。」曰：「下句只是指事而言。凡事固有『所當然而不容已』者，然又當求其所以然者何故。其所以然，〔一一五〕理也。理如此，故不可易。又如人見赤子入井皆有怵惕、惻隱之心，此其事『所當然而不容已』者也。然其所以〔一一六〕者是何故，必有個道理之不可易者。今之學者但止見其〔一一七〕一邊。如去見人，只見得冠冕衣裳，却元不曾識得那人。且如爲忠、爲孝、爲仁、爲義，但只據眼前理會得個皮膚便休，都不曾理會得那徹心徹髓處。以至於天地間造化，固是陽長則生，陰消則死，然其所以然者是如何？又如天下萬事，一事各有一理，須是一一理會教徹。不成只説道：『天，吾知其高而已；地，吾知其深而已；萬物萬事，吾知其爲萬物萬事而已。』明道詩云：『道通天地有形外，思入風雲變態中。』觀他此語，須知有極至之理，非册子之上所能載者。」廣云：「大至於陰陽造化，皆是『所當然而不容已者』。所謂太極，則是『所以然而不可易者』。」曰：「固是。人須是自向裏入深去理會。此個道理，纔理會到深處，又易得似禪。須是理會到深處，又却不與禪相似方是。今之不爲禪學者，只是未曾到那深處；纔到那深處，定走入禪去也。譬如人在淮河上立，不知不覺走入番界去定也。只如程門高弟游氏，則分明是投番了。雖上蔡龜山也只在淮河上游游漾漾，終看他未破；　時時去他那下探頭探腦，心下也須疑它那下有個好處在。大凡爲學，須是四方八面都理會教通曉，仍更理會向裏來。譬如喫菓子一般：先去其皮殼，然後食其肉，又更和那中間核子都咬破始得。若不咬破，又恐裏頭更別有滋味在[一一八]。若是不去其皮殼固不可，若只去其皮殼了，不管裏面核子亦不可，恁地則無緣到得極至處。大學之道，所以在致知格物。格物，謂於事物之理各極其至，窮到盡頭。若是裏面核子未破，便是未極其至也。如今人於外面天地造物[一一九]之理都理會得，而中間核子未破，則所理會得者亦未必皆是，終有未極其至處。」因舉五峰之言，曰：「『身親格之以精其知』，雖於『致』字得向裏之意，然却恐遺了外面許多事。如某，便不敢如此說。須是內外本末、隱顯精粗，一一周遍，方始[一二〇]是儒者之學。」廣。

或問：「理之不容已者如何？」曰：「理之所當爲者自不容已。孟子最發明此理[一二一]處。如曰：『孩提之童，無不知愛其親；　及其長也，無不知敬其兄。』自是有住不得處。」人傑。

問：「或問，物有當然之則，亦必有所以然之故，如何？」曰：「如事親當孝、事兄當弟之類，便是當然之則。然事親如何却須要孝，從兄如何却須要弟，此即所以然之故。如程子云『天所以高，地所以厚』，若只言天之高、地之厚，則不是論其所以然矣。」謨。

## 近世大儒有爲格物致知之説者云云一段

或問中近世大儒格物致知之説曰：「『格，猶扞也、禦也，能扞禦外物而後能知至道。』温公。『必窮物之理同出於一，爲格物。』吕與叔。『窮理只是尋個是處。』上蔡。『天下之物不可勝窮，然皆備於我而非從外得。』龜山。『「今日格一件，明日格一件」爲非程子之言。』和靖。『物物致察，而宛轉歸己。』胡文定。『即事即物，不厭不棄，而身親格之。』」五峰。

吕與叔説許多一了，理自無可得窮，説甚格物。泳。

吕與叔謂：「凡物皆出於一，又格個甚麽？」固是出於一，只緣散了，千岐萬徑。今日窮理，所以要收拾歸於一。泳。

「『尋個是處』，謝上蔡之説。理之所在，公是公，非固要尋，若似是而非者，亦要理會。」先生曰：「窮理便要理會。」泳。〔一二二〕

上蔡説：「窮理只尋個是處，以恕爲本。」窮理自是我不曉這道理，所以要窮，如何説得「恕」字？他當初説「恕」字，大概只是説要推我之心以窮理，便礙理了。龜山説「反身而誠」却大段好，須是反身乃見得道理分明。如孝如弟，須見得孝弟，我元有在這裏。若能反身，争多少事。他又却説：「萬物皆備於我，不須外面求。」此却錯了。「身親格之」，説得「親」字急迫。格自是格，[一一三]不成倩人格！賜。

「窮理是尋個是處，然必以恕爲本」，但恕乃求仁之方，試看窮理如何着得「恕」字？窮理蓋是合下工夫，恕則在窮理之後。胡文定載顯道語云：「恕則窮理之要。」某理會，安頓此語不得。賀孫。賜同。[一一四]

「今日格一件，明日格一件」，乃楊遵道所録，不應龜山不知。泳。

以「今日格一件，明日格一件」爲非伊川之言者，和靖也。和靖且是深信程子者，想是此等説話不曾聞得，或是其心不以爲然，故於此説有所不領會耳。謝子「尋個是處」之説甚好，與呂與叔「必窮萬物之理同出於一爲格物，知萬物同出乎一理爲知至」，其所見大段不同。但尋個是處者，須是於其一二分是處，直窮到十分是處方可。人傑。

胡文定「宛轉歸己」之説，這是隔陌多少。記得一僧徒作一文，有此一語。泳。

龜山説：「只『反身而誠』，便天地萬物之理在我。」胡文定却言「物物致察，宛轉歸己」，見雲雷知經綸，見山下出泉知果行之類。惟伊川言「不可只窮一理，亦不能遍窮天下萬物之理」。某謂須有先後緩急，久之亦要窮盡。如正蒙是盡窮萬物之理。德明。

問：「物物致察與物物而格何別？」曰：「文定所謂物物致察，只求之於外。如所謂『察天行以自强，察地勢以厚德』，祇因其物之如是而求之耳。初不知天如何而健，地如何而順也。」道夫云：「所謂宛轉歸己，此等言語似失之巧。」曰：「若宛轉之説，則是理本非己有，乃强委曲牽合使他〔一二五〕入來爾。許多説，只有上蔡所謂『窮理只是尋個是處』爲得之。」道夫云：「龜山『反身而誠』之説，只是摸空説了。」曰：「都無一個着實處。」道夫云：「却似甚快。」曰：「若果如此，則聖賢都易做了。」又問：「他既如此説，其下工夫時亦須有個窒礙。」曰：「也無做處。如龜山於天下事極明得，如言治道與官府政事，至纖至細處亦曉得。到這裏却恁説，次第他把來做兩截看了。」道夫。

黄問「立志以定其本，居敬以持其志。志立乎事物之表，敬行乎事物之內〔一二六〕」。曰：「人之爲事，必先立志以爲本，志不立則不能爲得事。雖能立志，苟不能居敬以持之，此心亦泛然而無主，悠悠終日，亦只是虛言。立志必須高出事物之表，而居敬則常存於事物之中，令此敬與事物皆不相違。言也須敬，動也須敬，坐也須敬，此心之敬〔一二七〕頃刻去他不得。」卓。

五峰説格物〔一二八〕「立志以定其本，居敬以持其志。志立乎事物之表，敬行乎事物之內，而知乃可精」者，這段語本説得極精。然却有病者，只説得向裏來，不曾説得外面，所以語意頗傷急迫。蓋致知本是廣大，須用説得表裏內外周遍兼該方得。其曰「志立乎事物之表，敬行乎事物之內」，此語極好。而曰「而知乃可精」，便有局蹙〔一二九〕氣象，他便要就這裏便精其知。殊不知致知之道不如此急迫，須是寬其程限，大其度量，久久自然通貫。他言語只説得裏面一邊極精，遺了外面一邊，所以其規模之大不如程子。且看程子所説：「今日格一件，明日格一件，積久自然貫通。」此言該内外，寬緩不迫，有涵泳從容之意，所謂「語小天下莫能破，語大天下莫能載」也。僩。

問：「五峰所謂〔一三〇〕『立志以定其本』，莫是言學便以道爲志，言人便以聖爲志之意否？」曰：「固是。但凡事須當立志，不可謂今日做些子，明日便休。」又問「敬行乎事物之内」。曰：「這個便是細密處，事事要這些子在。『志立乎事物之表』，立志便要卓然在這事物之上。看是甚麽，都不能奪得他，又不恁地細細碎碎，這便是『志立乎事物之表』。所以今江西諸公多説甚大志，開口便要説聖説賢，説天説地，傲睨萬物，目視霄漢，更不肯下人。」問：「如此，則『居敬以持其志』都無了。」曰：「豈復有此！據他纔説甚敬，便壞了那個。」又曰：「五峰説得這數句甚好，但只不是正格物時工夫，却是格物已前事，而今却須恁地。」道夫。

先生問：「大學看得如何？」云：「大綱只是明德〔一三一〕，而着力在格物上。」曰：「着力處大段在這裏，更熟看，要見血脈相貫穿。程子格物幾處，更子細玩味，他説更不可易。某當初亦未曉得。如吕、如謝、如楊尹諸公説都見好，後來都段段録出排在那裏，句句將來比對，逐字秤停過，方見得程子説攧撲不破。諸公説挨着便成粉碎了。」問：「胡氏説何謂太迫？」曰：「説得來局蹙，不恁地寬舒，如將繩索絣在這裏〔一三二〕，也只看道理未熟。如程子説便寬舒。他説『立志以定其本，[一三三]居敬以持其志，志立乎事物之表，敬行乎事物之內，而知乃可精』。知未到精處方是可精，此是說格物以前底事。徐此下有「下面言『目流於色則知自反，以理視』云云」十五字。[一三四]後面說[一三五]又是格物以後底事。中間正好用工曲折處都不曾說，便是局蹙了。」淳。寓同，差詳。[一三六]

問：「先生舊解致知，欲人明心之全體。新改本却削去，只說理，何也？」曰：「理即是此心之理。檢束此心使無紛擾之病，即此理存也。苟惟不然，豈得爲理哉？」[一三七]「先生說格物引五峰復齋記曰『格之之道，必立志以定其本，居敬以持其志』云云，先生以爲不免有急迫意思，何也？」曰：「五峰只說立志居敬，至於格物却不說。其言語自是深險，而無顯然明白氣象，非急迫而何！」問：「思量義理，亦得有苦切意思，如何？」曰：「古人格物致知，何曾教人如此。若看得滋味，自是歡喜，要住不得。若只以狹心求之，易得如此。若能高立着心，不牽惹世俗一般滋味，以此去看義理，但見有好意思了。」問：「所謂『一草一木亦皆有理』，不知當如何格？」曰：「此推而言之，雖一草木亦有理存焉。一草一木豈不可格。如麻、麥、稻、粱甚時種，甚時收，地之肥，地之磽，厚薄不同，此宜植某物，亦皆有理。」問：「致知自粗而推至於精，自近而推至於遠。不知所推之事如世間甚事？」曰：「自『無穿窬之心』，推之至於可[一三八]以不言餂之類；自『無欲害人之心』，推之舉天下皆在所愛，至如一飯以奉親，至於保四海、通神明，皆此心也。」寓。

問：「延平謂『爲學之初且當常存此心，勿爲他事所勝。凡遇一事，即當且就此事反復推尋以究其極。待此一事融釋脱落，然後别窮一事，久之自當有洒然處』，與伊川『今日格一件，明日格一件』之語不同，如何？」曰：「這話不如伊川説『今日』、『明日』恁地急。黄[一三九]録但云：「伊川説得較快。」這説是教人若遇一事，即且就上理會教爛熟離析，不待擘開，自然分解。久之自當有洒然處，自是見得快活。某常説道，天下事無他，只是個熟與不熟。若只一時恁地約摸得，都不與自家相干，久後皆忘却。只如借得人家事一般，少間被人取將去，又濟自家甚事。」賀孫。[一四〇]

廷老問：「先生所舉李先生之言，以爲爲學之初云云。[一四一]此説如何？」曰：「爲學之初只得如此。且如楊之爲我，墨之兼愛，而[一四二]顔子居陋巷，禹稷之三過其門而不入。禹稷則似乎墨氏之兼愛；顔子當天下如此壞亂時節，却自簞瓢陋巷，則似乎楊氏之爲我然也。須知道聖賢也有處與他相似，其實却不如此，中間有多少商量。舉此一端即便可見。」道夫。

李堯卿問：「延平言窮理工夫，先生以爲不若伊川規模之大，條理之密。莫是延平教人窮此一事，必待其融釋脱落然後别窮一事，設若此事未窮，遂爲此事所拘。不若程子『若窮此事未得且别窮』之言爲大否？」曰：「程子之言誠善。窮一事未透又便别窮一事，亦不得。彼謂有甚不通者，不得已而如此耳。不可便執此説，容易改换，却致工夫不專一也。」處謙。

諸公致知、格物之説皆失了伊川意。此正是入門款，於此既差則他可知矣。㽦。

這個道理自孔孟既没便無人理會得，只有韓文公曾説來，又只説到正心、誠意，而遺了格物、致知。及至程子始推廣其説，工夫精密，無復遺慮。然程子既没，諸門人説得便差，都説從别處去，與致知、格物都不相干，是不曾精曉得程子之説耳。只有五峰説得精，其病猶如此。亦緣當時諸公所聞於程子者語意不全，或只聞一時之語，或只聞得一邊，所以其説多差。後來却是集諸家語録，湊起衆説，此段工夫方始渾全。則當時門人親炙者未爲全幸，生於先生之後者未爲不幸。蓋得見諸家記録全書，得以詳考，所以其法畢備。又曰：「格物、致知，其後[一四三]上蔡説得稍好。」僩。

或問：「如何是反身窮理？」曰：「反身是着實之謂，向自家體分上求。[一四四]格物只是就事上理會，知至便是此心透徹。」廣。[一四五]

## 傳六章

因説自欺，[一四六]曰：「欺人亦是自欺，此又是自欺之甚者。便教盡天地[一四七]只有自家一人，也只是自欺。如此者多矣，到得那欺人時大故郎當。若論自欺細處：且如爲善，自家也知得是合當爲，也勉强去做，只是心裏也有些便不消如此做也不妨底意思；如不爲不善，心裏也知得不當爲而不爲，雖是不爲，然心中也又有些便爲也不妨底意思。此便是自欺，便是好善不

『如好好色』，惡惡不『如惡惡臭』。便做九分九釐九毫要爲善，只那一毫不要爲底便是自欺，便是意不實矣。或問中說得極分曉。」僩。

問：「或問『誠意』章末，舊引程子自慊之說，今何除之？」曰：「此言說得亦過。」淳。

先之問：「『誠意』章或問云『孟子所論浩然之氣，其原蓋出於此。』何也？」曰：「人只是慊快充足，仰不愧，俯不怍，則其氣自直，便自日長以至於充塞天地。雖是刀鋸在前、鼎鑊在後也不怕。」賀孫。

問「實其心所發，[一四八]欲其一於理而無所雜」。曰：「只爲一便誠，二便雜。『如惡惡臭，如好好色』，一故也。『小人閑居爲不善止著其善』，二故也。只要看這些便分曉。二者爲是真底物事却着些假攙放裏，便是[一四九]詐僞。如這一盞茶，一味是茶便是真，纔有些別底滋味便是有物夾雜了，便是二。」夔孫。[一五〇]

## 傳七章

或問：「忿懥、恐懼、好樂、憂患四者，人之所不能無，何以謂心不得其正？」[一五一]曰：「四者心之所有，但不可使之有所私爾。纔有所私便不能化，梗在胸中。且如忿懥、恐懼有當然者，若定要他無，直是用[一五二]死方得，但不可先有此心耳。今人多是纔忿懥，雖有可喜之事亦所不喜；纔喜，雖有當怒之事亦不復怒，便是蹉過事理了，便是[一五三]『視而不見，聽而不聞，食而不知其味』了。蓋這物事纔私便不去，只管在胸中推盪，終不消釋。設使此心如太虛然，則應接萬務，各止其所，而我無所與，則便視而見，聽而聞，食而真知其味矣。看此一段，只是要人不可先有此心耳。譬如衡之爲器，本所以平物也，今若先有一物在上，則又如何稱。」頃之，復曰：「要之，這原頭却在那致知上。知至而意誠，則『如好好色，如惡惡臭』，好者端的是好，惡者端的是惡。某常云，此處是學者一個關，過得此關方始是實。」又曰：「某嘗謂此一節甚異。若知不至，則方説惡不可作，又有一個心以爲爲之亦無害；以爲善不可不爲，又有一個心以爲不爲亦無大段[一五四]緊要。譬如草木，從下面生出一個芽子，這便是不能純一，這便是知不至之所爲。」或問公私之别。曰：「今小譬之。譬如一事，若係公衆便心下不大段管，若係私己便只管橫在胸中念念不忘。只此便是公私之辨。」道夫。[一五五]

問：「七章謂[一五六]喜怒憂懼，人心所不能無。如忿懥乃戾氣，豈可有也？」曰：「忿又重於怒心，然此處須看文勢大意，但此心先有忿懥時，這下面便不得其正。如鏡有人形在裏面，第二人來便照不得。如秤子釘盤星上加一錢，則稱一錢物便成兩錢重了。心若先有怒時，更有當怒底事來，便成兩分怒了；有當喜底事來，又減却半分喜了。但[一五七]先有好樂也如此，先有憂患也如此。若把忿懥做可疑，則下面憂患、好樂等皆可疑。」問：「八章謂『五者有當然之則』，如敖惰之心則豈可有也？」曰：「此處亦當看文勢大意。敖惰，只是一般人所爲得人厭棄，不起人敬畏之心。若把敖惰做不當有，則親愛、敬畏等也不當有。」淳。〔一五八〕

問：「心正，是兼言體、用之正否？」曰：「不可。只道體正，應物便不正〔一五九〕。此心之體，如衡之平一般。所謂正，又在這下了。衡平在這裏，隨物而應，無不正。」淳。〔一六〇〕寓録云：「陳問：『或問云：「此心之體寂然不動，如鏡之空，如衡之平，何不得其正之有！」此是言其體之正。又「心之應物，皆出於至公而無不正矣」，此又是言其用之正。所謂心正者，是兼體、用言之否？』曰：『不可。只道體正，應物未必便正。此心之體，如衡之平。所謂正，又在那下。衡平在這裏，隨物而應，無不正。』又云：『「如衡之平」下少幾個字：感物而發無不正。』」

問：「正心必先誠意，而或問有云『必先持志、守氣以正其心』，何也？」曰：「此只是就心上説。思慮不放肆便是持志，動作不放肆便是守氣。守氣是『無暴其氣』，只是不放肆。」寓。

鍾唐傑問：「或問云：『意既誠矣，而心猶有動焉，然後可以責其不正而復乎正。』意之既誠，何爲而〔一六一〕心猶有動？」曰：「意雖已誠，而此心持守之不固，是以有動。到這裏猶自三分是小人，正要做工夫。且意未誠時，譬猶人之犯私罪也；意既誠而心猶動，譬猶人之犯公罪也。亦甚有間矣。」蓋卿。

或問：「大學或問曰〔一六二〕『意既誠矣，而心猶有動焉，然後可以責其不正而復乎正』，是如何？」曰：「若是意未誠時，只是一個虛僞無實之人，更問甚心之正與不正！唯是意已誠實，然後方可見得忿懥、恐懼、好樂、憂患有偏重處，即便隨而正之也。」廣。

## 傳八章[一六三]

## 傳九章

問：「仁讓言家，貪戾言人，或問以爲『善必積而後成，惡雖小而可懼』。發明此意，深足以警人當爲善而去惡矣。然所引書云『德罔小，不德罔大』，則疑下一句正合本文，而上一句不或反乎？」曰：「『爾惟德罔小』，正言其不可小也，則庶乎『萬邦惟慶』。正與大學相合。」處謙。

或問：「先吏部說：『有諸己而後求諸人，無諸己而後非諸人。』」曰：「這是說尋常人。若自家有諸己，又何必求諸人；無諸己，又何必非諸人。如孔子說『躬自厚而薄責於人』，『攻其惡，毋攻人之惡』。至於大學之說，是有天下國家者勢不可以不責他。然又須自家有諸己，然後可以求人之善；無諸己，然後可以非人之惡。」[一六四]

范公忠恕之說曰[一六五]「以恕己之心恕人」，此句未善。若曰「以愛己之心愛人」方無病。蓋恕是個推出去底，今收入來做恕己，便成忽略了。道夫。

范忠宣公[一六六]「恕己之心恕人」這一句自好，只是聖賢說恕，不曾如是倒說了。不若橫渠説「以責人之心責己，愛己之心愛人」，則是見他人不善，我亦當無是不善；我有是善，亦要他人有是善。推此計度之心，此乃恕也。於己，不當下「恕」字。泳。

問：「赤子之心是已發。或問〔一六七〕云『人之初生，固純一而未發』，何也？」曰：「赤子之心雖是已發，然也有未發時。如飢便啼，渴便叫，恁地而已，不似大人恁地勞攘。赤子之心亦涵兩頭意，程子向來只指一邊言之。」寓。

## 傳十章

問：「或問以所占之地言之，則隨所在如此否？」曰：「上下也如此，前後也如此，左右也如此。古人小處亦可見，如『並坐不横肱』，恐妨礙左邊人，又妨礙右邊人。如此，則左右俱不相妨，此便是以左之心交於右，以右之心交於左。如『户開亦開，户闔亦闔，有後入者，闔而勿遂』。前人之開，所以待後之來，自家亦當依他恁地開；前人之闔，恐後人有妨所議，自家亦當依他恁地闔，此是不以後來而變乎前之意。如後面更有人來，則吾不當盡闔了門，此又〔一六八〕不以先〔一六九〕而拒乎後之意。如此則前後處得都好，便是以前之心先於後，以後之心從於前。」問：「『凡事事物物皆要如此否？』」曰：「是。如我事親，便也要使人皆得事親；我敬長慈幼，便也要使人皆得敬長慈幼。此章上面説：『上老老而民興孝，上長長而民興弟，上卹孤而民不倍。』是民之感化如此，可見天下人人心都一般。君子既知人都有此心，所以有絜矩之道，要人人都得盡其心。若我之事其親，備四海九州之美[一七〇]，却使民之父母凍餓，藜藿糟糠不給；我之敬長慈幼，却使天下之人兄弟妻子離散，便不是絜矩。中庸一段，所求乎子之事我如此，而我之事父却未能如此，所求乎臣之事我如此，而我之事君却未能如此，及所求乎弟、所求乎朋友等，此意上下左右前後及中央做七個人看，[一七一]便自分曉。」淳。[一七二]

## 【校勘記】

[一] 大學　成化本爲「大學五」。

[二] 成化本此下另爲一行有「傳五章」三字。

[三] 云云　成化本無。

[四] 舉遺書云或問學何爲而可以有覺也　成化本爲「舉遺書或問學何爲而可以有覺一段」。

[五] 伊川　成化本無。

[六] 而程子發之……不容己者矣　成化本無。

[七] 又有　成化本無。

［八］程子曰莫先於正心誠意……致知又在格物　成化本爲「云云」。

［九］又　成化本無。

［一〇］切要　成化本爲「要切」。

［一一］又　成化本無。

［一二］又　成化本無。

［一三］又　成化本無。

［一四］一　成化本無。

［一五］爲　成化本無。

［一六］至　成化本無。

［一七］尤爲切　成化本爲「爲尤切」。

［一八］又　成化本無。

［一九］云云　成化本無。

［二〇］又　成化本無。

［二一］又　成化本無。

［二二］句　成化本作「向」。

［二三］決　成化本爲「決定」。

〔二四〕這如　成化本爲「如這」。
〔二五〕解　成化本爲「便解」。
〔二六〕以　成化本無。
〔二七〕手　成化本作「守」。
〔二八〕便　成化本無。
〔二九〕伊川　成化本爲「程子」。
〔三〇〕又曰　成化本無。
〔三一〕伊川所説　成化本爲「伊川説今日格一件明日格一件」。
〔三二〕成化本此下有「那個議論是」。
〔三三〕成化本此下注曰：「黄自録詳，别出。」
〔三四〕行甫　成化本爲「行夫」。
〔三五〕倅　成化本爲「猝」。
〔三六〕後　朱本作「獨」。
〔三七〕百萬　成化本爲「百物」。
〔三八〕插　成化本爲「插生」。
〔三九〕便　成化本無。

〔四〇〕履孫　成化本爲「夔孫」。

〔四一〕來　成化本無。

〔四二〕來　成化本無。

〔四三〕與延平李先生説如何　成化本爲「與延平之説如何」。

〔四四〕這　成化本無。

〔四五〕易　王本作「底」。

〔四六〕或問中　成化本無。

〔四七〕這　成化本無。

〔四八〕他　成化本無。

〔四九〕或問　成化本無。

〔五〇〕知得人有這個，便知自家亦有這個　成化本爲「知得人有此心便知自家亦有此心」。

〔五一〕或問致知章……而無所歸　成化本爲「程子謂如大軍遊騎無所歸」。

〔五二〕遺書第七卷云……無所歸也　成化本無。

〔五三〕問　成化本爲「周問」。

〔五四〕此條夔孫録成化本載於卷十五。

〔五五〕或問中致知章……在致知之先　成化本为「立誠意以格之」。

〔五六〕知至而後意誠……何也　成化本爲「立誠意以格之」。
〔五七〕成化本此下注曰：「徐録作『堅確』。」
〔五八〕成化本此下有「寓同」。
〔五九〕頓　朱本作「頰」。
〔六〇〕明　成化本爲「虚明」。
〔六一〕秋間却有未安太迫切　成化本爲「秋間却以爲太迫切」。
〔六二〕説　成化本無。
〔六三〕成化本此下注曰：「池録作『四端情性』。」
〔六四〕成化本此下注曰：「池録作『讀書講學』，一作『博窮衆理』。」
〔六五〕亦　成化本爲「亦有」。
〔六六〕此條僩録成化本載於卷十五。
〔六七〕少　成化本作「小」。
〔六八〕廣同而略　成化本爲「廣録云」。
〔六九〕存養致知先後　成化本爲「或問存養致知先後」。
〔七〇〕本若相干　成化本爲「本若無相干」。
〔七一〕問　成化本爲「楊子順問」。

［七二］不可道未知之前便不必如此　成化本無。

［七三］成化本此下有「寓同」。

［七四］所記　成化本無。

［七五］是何也以收其心而不放也　成化本無。

［七六］此段　成化本爲「一段」。

［七七］又曰須是如公子細看方得貪多不濟事　成化本無。

［七八］去　成化本無。

［七九］成化本此下有「廣録詳」。

［八〇］皆是因人之資質了説　成化本爲「皆是因人之資質耳」。

［八一］物　成化本爲「萬物」。

［八二］性情　成化本爲「情性」。

［八三］亦　成化本作「已」。

［八四］或問載　成化本無。

［八五］且　成化本作「若」。

［八六］侍坐　成化本無。

［八七］且將此意歸安下處思量來早來説　成化本無。

〔八八〕夜來蒙先生舉藥方爲喻　成化本爲「次日禀云夜來蒙舉藥方爲喻」。

〔八九〕或曰　成化本無。

〔九〇〕去僞　成化本爲「舊去」。

〔九一〕後人云折衷善也　成化本爲「後人以衷爲善」。

〔九二〕問　成化本爲「又問」。

〔九三〕成化本此下有「節」。

〔九四〕或問　成化本無。

〔九五〕之中　成化本無。

〔九六〕是個　成化本無。

〔九七〕這　成化本無。

〔九八〕成化本此下注曰：「一云：『若説降衷便是秉彝則不可，若説便是萬物一原則又不可。萬物一原，自説萬物皆出此也。若統論道理，固是一般，聖賢何故説許多名字？』」

〔九九〕折衷　成化本無。

〔一〇〇〕來處所受處　成化本爲「來處與所受處」。

〔一〇一〕常　成化本作「嘗」。

〔一〇二〕個　成化本無。

［一〇三］昨夜用之説衷是道理之心這話恁地説不得　成化本爲「劉用之曰衷字是兼心説如云衷誠、丹衷是也言天與我以是心也曰恁地説不得」。
［一〇四］合言　成化本爲「合而言」。
［一〇五］此條僩録與上一條僩録，成化本合爲一條。且成化本此下注曰：「池録作二段。」
［一〇六］書惟皇上帝降衷于下民　成化本爲「上帝降衷」。
［一〇七］只　成化本無。
［一〇八］淳同　成化本無。
［一〇九］民受天地之中以生與程子天然自有之中還是一意否　成化本爲「天地之中與程子天然自有之中是一意否」。
［一一〇］此處所謂不容已者　成化本爲「所謂不容已」。
［一一一］楊至之舉逝者如斯夫……便斷了　成化本無。
［一一二］成化本此下注曰：「寓録云：『春生秋殺，陽開陰閉，趲來趲去，自住不得。』」
［一一三］此條寓録成化本無，且因此條内容與上一條淳録相近，故成化本以部分寓録爲注附於淳録後。見本卷第一〇七條校勘記。
［一一四］問或問中……而不可易者　成化本爲「或問莫不有以見其所當然而不容已與其所以然而不可易者」。

〔一一五〕其所以然　成化本爲「其所以然者」。
〔一一六〕所以　成化本爲「所以如此」。
〔一一七〕其　成化本無。
〔一一八〕更別有滋味在　成化本爲「别更有滋味在」，朱本爲「别有多滋味在」。
〔一一九〕造物　成化本爲「造化」。
〔一二〇〕始　成化本無。
〔一二一〕理　成化本無。
〔一二二〕此條泳録成化本無。
〔一二三〕格自是格　成化本爲「格自是自家格」。
〔一二四〕賜同　成化本無。
〔一二五〕他　成化本無。
〔一二六〕志立乎事物之表敬行乎事物之内　成化本無。
〔一二七〕此心之敬　成化本無。
〔一二八〕格物　成化本無。
〔一二九〕蹙　朱本作「促」。
〔一三〇〕五峰所謂　成化本無。

［一三一］明德　成化本爲「明明德」。

［一三二］絣在這裏　成化本爲「絣在這裏一般」。

［一三三］成化本此下有「是始者立個根基」。考五峰集卷三，無「是始者立個根基」。

［一三四］徐此下有下面言目流於色則知自反以理視云云十五字　成化本無。

［一三五］說　成化本爲「所說」。

［一三六］淳寓同差詳　成化本作「寓」。

［一三七］成化本此下有「問」。

［一三八］可　成化本無。

［一三九］黄　成化本作「卓」。「卓」即黄卓。

［一四〇］成化本此下注曰：「卓同。」

［一四一］先生所舉李先生之言以爲爲學之初云云　成化本爲「李先生以爲爲學之初凡遇一事當且就此事反覆推尋以究其理」。

［一四二］而　成化本無。

［一四三］其後　成化本爲「其次」。

［一四四］或問如何是反身窮理……自家體分上求　成化本無。

［一四五］此條廣録成化本載於卷十五。

［一四六］因説自欺　成化本爲「因説自欺欺人」。
［一四七］天地　成化本爲「大地」。
［一四八］實其心所發　成化本爲「實其心之所發」。
［一四九］是　成化本作「成」。
［一五〇］此條夔孫録成化本載於卷十五。
［一五一］或問忿懥……心不得其正　成化本無。
［一五二］用　王本作「至」。
［一五三］是　成化本無。
［一五四］大段　成化本無。
［一五五］此條道夫録成化本載於卷十六。
［一五六］七章謂　成化本無。
［一五七］但　成化本無。
［一五八］成化本此下注曰：「寓録略。」且此條載於卷十六。又，底本卷十六載淳録曰：問：「修身章謂：『五者有當然之則。』如敖惰之心，則豈可有？」曰：「此處亦當看文勢大意。敖惰，只是一般人所爲，得人厭棄，不起人敬畏心。若把敖惰做不當有，則親愛、敬畏也不當有。」
［一五九］便不正　成化本爲「未必便正」。

〔一六〇〕此條淳録成化本無。
〔一六一〕而　成化本無。
〔一六二〕大學或問曰　成化本無。
〔一六三〕傳八章　成化本無。各本亦無。
〔一六四〕成化本此下有「賀孫」。
〔一六五〕忠恕之説曰　成化本無。
〔一六六〕范忠宣公　成化本爲「范公」。
〔一六七〕或問　成化本爲「大學或問」。
〔一六八〕又　成化本爲「又是」。
〔一六九〕先　成化本爲「先入」。
〔一七〇〕美　成化本爲「美味」。
〔一七一〕及所求乎弟所求乎朋友等此意上下左右前後及中央做七個人看　成化本爲「及所求乎弟所求乎朋友亦是此意上下左右前後及中央做七個人看」。
〔一七二〕成化本此下注曰：「寓同。」

# 晦庵先生朱文公語類卷第十九

## 論語一

### 語孟綱領

語、孟工夫少，得效多；六經工夫多，得效少。大雅。[一]

語、孟用三二年工夫看，亦須兼看大學及書詩，所謂「興於詩」。諸經諸史大抵皆不可不讀。德明。

某論語集注已改，寫出，方寫一兩面。[二]公讀令大學十分熟了，却取去看。論語、孟子都是大學中肉菜，先後淺深，參差互見。若不把大學做個巨綱了，[三]卒亦未易看得。賀孫。

或云：「論語不如中庸。」先生曰：「只是一理，若看得透方知無異。論語是每日零碎問。譬如大海也是水，一勺也是水。所說千言萬語皆是一理。須是透得，則推之其他道理皆通。」又曰：「聖賢所説只一般，只是一個『擇善固執之』。論語則說『學而時習之』，孟子則說『明善誠身』，下得字各自精細，真實工夫只一般。須是知其所以不同，方知其所謂同也。而今須是窮究得一物事透徹方知。如入個門方知門裏房舍間架，若不親入其門户，在外遥望，説我皆知得，則門裏事如何知得。」僩。按此條與池本異，乃士毅舊所傳。黄卓録同而略。[四]

讀書。[五]「凡讀書須有次序。且如一章之[六]句，先理會上句[七]待通透，次理會第二、第三句，皆分曉，然後將全章反覆紬繹玩味。未[八]通透却看前輩講解，更第二番讀過。須見得自家身分上有長進處方是[九]有益。如語孟二書，若欲[一〇]便恁地讀過，只二[一一]日可了。若要將來做切己事玩味體察，一日多有數段耳，一兩段耳。[一二]看講解[一三]不可專徇它説，不求是否[一四]，便道前賢言語皆的當。如遺書中語，豈無一二[一五]過當處，亦時[一六]有説不及處。亦不可[一七]初看時便先斷以己意，前賢之説皆不可入，此正當今學者之病。[一八]」某要人先讀大學以定其規模，次讀論語以立其根本，次讀孟子以觀其發越處[一九]，次讀中庸以求聖人[二〇]之微妙處。大學一篇有等級次第，總作一處，易曉，宜先看。論語却實，但言語散見，初看亦難。孟子有感激興發人心處。中庸却[二一]難讀，須[二二]看三書後方宜讀之。寓。[二三]

論語易曉，孟子有難曉處。語、孟、中庸、大學是熱[二四]飯，看其他經是打禾爲飯。節。

古書多至後面便不分曉，語孟亦然。節。

孔門教人甚寬，今日理會些子，明日又理會些子，久則自貫通。如耕荒田，今日耕些子，明日又耕些子，久則自周匝。雖有不到處，亦不出這理。節。

夫子教人，零零星星，說來說去，合來合去，合成一個大物事。節。[二五]

節[二六]問：「孔子教人就事上做工夫，孟子教人就心上做工夫，何故不同？」曰：「聖賢教人，立個門户，各自不同。」節。

「孔子教人極直截，孟子較費力。孟子必要充廣，孔子教人合下便有下手處。」節[二七]問：「孔子何故不令人充廣？」曰：「『居處恭，執事敬』，非充廣而何？」節。

孔子教人只言「居處恭，執事敬，與人忠」，含畜得意思在其中，使人自求之。到孟子便指出了性善，早不似聖人了。祖道。

孔子之言多且是泛說做工夫，如「居處恭，執事敬」、「言忠信，行篤敬」之類，未說此是要你[二八]理會甚麽物。待學者自做得工夫透徹，却就其中見得體段是如此。至孟子則恐人不理會得，又攢進一着說，如「惻隱之心」與「學問之道，求放心」之類，說得漸漸親切。今人將孔孟之言都只恁地草率看[二九]。雉。

看文字且須看其平易正當處。孔孟教人，句句是樸實頭。「人能充無受爾汝之實」，「實」字將作「心」字看。須是我心中有不受爾汝之實處，如仁義是也。祖道。

孟子比孔子時說得高。然「孟子道性善，言必稱堯舜」，又見孟子說得實。因論南軒奏議有過當處。方子。

鄧子禮問：「孟子恁地，而公孫、萬章之徒皆無所得。」曰：「它只是逐孟子上上下下，不曾自去理會。」又曰：「孔子於門人恁地提撕警覺，尚有多少病痛！」賀孫。[三〇]

孟子要熟讀，論語却費思索。孟子熟讀易見，蓋緣是它有許多答問發揚。賀孫。[三一]

周問孟子。先生曰：[三二]「看孟子與論語不同，論語要冷看，孟子要熟讀。論語逐文逐意各是一義，故用子細静觀。孟子成大段，首尾通貫，熟讀文義自見，不可逐一句一字上理會也。」雉。

有人[三三]言：「理會得論語便是孔子，理會得七篇便是孟子。」初不以爲然。[三四]子細看來[三五]亦是如此。蓋論語中言語，真能窮究極其纖悉，無不透徹，如從孔子肚裏穿過，孔子肝肺盡知了，豈不是孔子！七篇中言語，真能窮究透徹無一不盡，如從孟子肚裏穿過，孟子肺肝盡知了，豈不是孟子！淳。

先生問：「論語近讀得如何？昨日所讀底今日再讀，見得如何？」榦曰：「尚看未熟。」先生曰：「這也使急不得，也不可慢。所謂急不得者，功效不可急；所謂不可慢者，工夫不可慢。」榦。

論語難讀。日只可看一二段，不可只道理會文義得了便了。須是子細玩味，以自[三六]身體之，見前後晦明生熟不同，方是切實。賀孫。

論讀書之法。擇之云：「嘗作課程，看論語日不得過一段。」先生曰：「明者可讀兩段或三段。如此亦所以治躁心。近日學者病在好高，讀論語，未問學而時習便說一貫；孟子，未言梁王問利便說盡心；易，未看六十四卦便先讀繫辭。」德明。

論語一日只看一段，大故明白底則看兩段，須是專一。自早至夜，雖不讀亦當涵泳，當[三七]在胸次。如有一件事未了相似，到晚却把來商量。但一日積一段，日日如此，年歲間自是裏面通貫，道理分明。幹。

論語，愈看愈見得[三八]滋味出。若欲草草去看，儘說得通，恐未能有益。凡看文字，須看古人下字意思是如何。且如前輩作文，一篇中，須看它用意在那裏。舉杜子美詩云：「更覺良工用心苦。」一般人看畫，只見得是畫一般；識底人看，便見得它精神妙處，知得它用心苦也。寓。

先生謂飛卿：「看公所疑，是看論語未子細。這讀書是要得義理通，不是要做趕課程模樣。若一項未通，只[三九]且就上思索教通透方得。初間疑處，只管看來，自會通解。若便寫在策上，心下便放却，於心下便無所得。某若有未通解處，自放心不得，朝朝日日，只覺有一事在這裏。」賀孫。[四〇]

「『學問之道無它，求其放心而已。』又曰：『有是四端於我者，知皆廣而充之。』孟子說得最好。人之一心，在外者又要收入來，在内者又要推出去。孟子一部書皆是此意。」又以手作推之狀，曰：「推，須是用力如此。」又曰：「立天之道曰陰與陽，立地之道曰柔與剛，立人之道曰仁與義。」又曰：「世間只有個闔闢内外，人須自體察取。」祖道。人傑録云：「心在外者要收向裏，心在内者却推出去。孟子云，學問求放心，四端廣而充之。一部孟子皆是此意。大抵一收一放、一闔一闢，道理森然。」〔四一〕

聖人言語皆天理自然，本坦易明白在那裏。只被人不虚心去看，只管外面捉摸。及看不得，遂〔四二〕將自己身上一般意思説出來，把做聖人意思。看論語，就裏面詳細處須要看得十分透徹，無有不盡。〔四三〕淳。〔四四〕

先生問：「論語如何看？」淳曰：「見得聖人言行，極天理之實而無一毫之妄。學者之用工，尤當極其實而不容有一毫之妄。」曰：「大綱也是如此。然就裏面詳細處，須要十分透徹，無一不盡。」淳。

李公晦問「忠恕」。先生曰：「初讀書時且從易處看，待得熟後難者自易理會。如捉賊先擒盡弱者，則賊魁自有〔四五〕這裏，不容脱也。且看論語前面所説分曉處。」蓋卿。〔四六〕

問王子充問學。先生曰：「聖人教人只是個論語，漢魏諸儒只是訓詁。論語須〔四七〕玩味。今人讀書傷快，須是熟方得。」曰：「論語莫也須揀個緊要底看否？」曰：「不可。須從頭看，無精無粗，無淺無深，且都玩味得熟，道理自然出。」曰：「讀書未見得切，須見之行事方切。」曰：

「不然。且如論語第一便教人學，便孝弟求仁，〔四八〕便戒人巧言令色，便三省，也可謂甚切。」榦。

莫云論語中有緊要底、有泛説底，且要着力緊要底，便是揀別。若如此，則孟子一部可删者多矣。聖賢言語，粗説細説，皆著理會交〔四九〕徹透。蓋道體至廣至大，故有説得易處，説得難處，〔五〇〕説得小處。若不盡見必定有窒礙處。若是〔五一〕謂只「言忠信，行篤敬」便可，則自漢唐以來豈是無此等人？因甚道統之傳却不曾得？亦可見矣。營。

人之爲學也是難。若不從文字上做工夫，又茫然不知下手處；若是字字而求，句句而論，而不於身心上著切體認，則又無所益。且如説「我欲仁，斯仁至矣」，何故孔門許多第子〔五二〕，聖人竟不曾以仁許之？雖以顔子之賢而尚不違於三月之後，而〔五三〕聖人乃曰「我欲斯至」。盍亦於日用體驗，我若欲仁，其心如何？仁之至不至，其意又如何？又如説非禮勿視聽言動，盍亦每事省察何者爲禮〔五四〕，何者爲非禮，而吾又何以能勿視勿聽？若每日如此讀書，庶幾看得道理自我心而得，不爲徒言也。處謙。

問論孟疑處。曰：「今人讀書有疑皆非真疑。某雖説了，只做一場話説過，於切己工夫何益！向年在南康都不曾與〔五五〕諸公説。」晦夫。〔五六〕

講習孔孟書。孔孟往矣，口不能言。須以此心比孔孟之心，將孔孟心作自己心。要須自家説時，孔孟點頭道是，方得。不可謂孔孟不會説話，一向任己見説將去。若如此説，則説〔五七〕孟子時不成説孟子，只是説「王子」也！又若更不逐事細看，但以一個字包括，此又不可。此名「包子」，又不是孟子也！力行。

孟子，全讀方見得意思貫。某因讀孟子見得古人作文法，亦有似今人間架。〔五八〕

先生告學者云：〔五九〕「孟子之書明白親切，無甚可疑者。只要日日讀〔六〇〕，須教它在吾肚中先千百轉，便自然純熟。某初看時要逐句去看它，便覺得意思迫。〔六一〕到〔六二〕放寬看，却有條理。然此書不特是義理精明，又且是甚次第底〔六三〕文章。某因讀，亦知作文。〔六四〕」植。

讀孟子非惟看它義理，熟讀之便曉作文之法：首尾照應，血脈通貫，語意反覆，明白峻潔，無一字閑。人若能如此作文，便是第一等文章。僩。

集注且須熟讀，記得。方子。〔六五〕

或述孟子集注意義以問。曰：「也〔六六〕大概如此，只是要熟，須是日日認過。」述大學以問。曰：「也只如此，只是要日日認過。讀新底子，〔六七〕反轉看舊底，教十分熟後，自別有意思。」又曰：「如雞伏卵，只管日日伏，自會成。」賀孫。

讀書別無法，只管看，便是法。正如挨〔六八〕人相似，挨來挨去，〔六九〕自然曉得。〔七〇〕自家都未要先立意見，且虛心只管看，看來看去，自然曉得。某那集注都詳備，只是要看〔七一〕無一字閑，那個無緊要閑底字越要看。自家意裏説是閑字，那個正是緊要字。〔七二〕

前輩解説，恐後學難曉，故集注盡撮其要，説[七三]盡了，不須更去注脚外又添一段説話。只把這個熟看自然曉得，莫枉費心去外面思量。

集注乃集義之精髓。道夫。[七四]

因説「吾與回言終日，不違如愚」[七五]一章，先生曰：「便是許多緊要底言語都不曾説得出來[七六]，公把做閑看了。[七七]且説精義是許多[七八]，而集注能有幾何言語！一字是一字，其間有一字當百十字底。[七九]聖人言語明白，[八〇]不須解説。只爲學者看不見便休，所以做出注解，與學者省一半力。注解上看不得，如何看得聖人意出來！[八一]」又云：「凡看文字，端坐熟讀，久之，[八二]於文字邊自有細字迸出來，方是自家見得。[八三]若自家果是着心見它道理不得，則聖賢爲欺我矣。[八四]而今只於外面捉摸個影説將去，這個不喚做學。[八五]聖人言語只熟讀玩味，道理自不難見。[八六]如老蘇輩只讀孟韓二子，便翻繹得許多文章[八七]。且如攻城，四面牢壯，若攻得一面破時，這城子已是自家底了，終[八八]不待更攻得那三面方入得去。初學固是要看大學、論、孟。先須[八九]讀得大學一書透徹，其他書都不費力，觸處便見，所以如破城云。[九〇]」喟然歎者久之，曰：「自有這個道理，説與人不信！」林賜録同而略，今附於下。云：「或説『吾與回言』一章，先生曰：『便是許多緊要底言語都不曾説得。且説精義有許多言語，而集注能有幾多語！一字是一字，有一字當百十字，公都把做等閑看了。聖人言語本自明白，不須解説。只爲學者看不見，所以做出注解，注解上更看不出，如何看得聖人意出！』又曰：『凡看文字，端坐熟讀，久久於正文中自迸出小字注脚來方是見得。若只於外面捉摸個影子說，終不濟事。聖人言語只熟讀玩味，道理自不難見。若果曾着心而看它道理不出，則聖賢爲欺我矣。且如老蘇輩只讀二子，便翻繹得許多文章出來。譬如攻城，四面牢壯，只消攻得一面破時，這城便自是自家底了，終不待更攻那三面。初學固是先要看大學語孟。若先讀得大學一書透徹，它書都不費力，觸類便見。」〔九一〕

問：「孟子比論語却易看，但其間數段極難曉。」曰：「只盡心篇語簡了，便難理會。且如『養氣』一章，被它說長了，極分曉，只是人不熟讀。」問曰：「論語浩博，須作年歲間讀，然中間切要處先理會，如何？」曰：「近來〔九二〕作論語略解，以精義太詳，說得没緊要處，多似空費工夫，故作此書。而今看得，若不看精義只看略解，終是不浹洽。」因舉五峰舊見龜山問爲學之方。龜山曰：「且看論語。」五峰問：「論語中何者爲要？」龜山不對。久之，曰：「熟讀。」先生因曰：「如今且只得挨將去。」榦。

諸朋友而今〔九三〕若先看集義，恐未易分別得，又費了工夫。不如看集注，又恐太易了。這事難說。不奈何，且須看集注教熟了，可更看集義。集義多有好處，某却不編出者，這處却好商量，却好子細看所以去取之意如何。須是看得集義，方始無疑。某舊日只恐集義中有未曉得義理，費盡心力，看來看去，近日方始都無疑了。賀孫。

論孟〔九四〕集注如秤上稱來無異，不高些，不低些。自是學者不肯用工看。如看得透，存養熟，可謂甚生氣質。友仁。

語吳仁父曰：「某語孟集注，添一字不得，減一字不得，公子細看。」又記[九五]曰：「不多一個，不少一個。[九六]」節。

集注中有兩説相似而少異者，亦要相資。有説全別者，是未定也。淳。

或問：「集解其間[九七]有兩存者，何者爲長？」曰：「使某見得長底時，豈復存其短底？只爲是二説皆通，故并存之。然必有一説合得聖人之本意，但不可知爾。」復曰：「大率兩説，前一説勝。」銖。

節[九八]問：「孟子、論語[九九]集注，先生[一〇〇]引前輩之説而增損改易本文，其意如何？」曰：「其説有病，不欲更就下面安注脚。」又問：「先生注下[一〇一]解文義處，或用『者』字，或用『謂』字，或用『猶』字，或直言，其輕重之意如何？」曰：「直言者[一〇二]，直訓如此。猶是[一〇三]者，猶是如此。」節[一〇四]又問「者」、「謂」如何。曰：「是恁地。」節。

論語集注蓋某十年前本，爲朋友間傳去，鄉人遂不告而刊。及知覺，則已分裂四出而不可收矣。其間多所未穩，煞誤看讀。要之，聖賢言語正大明白，本不須恁地傳注。正所謂「記其一而遺其百，得其粗而遺其精」者也。按此條當是未改定時語，附於後。[一〇五]道夫。

問：「近看論語精義，不知讀書[一〇六]之當有何法？」曰：「別無方法，但虛心熟讀而審擇之

耳。」人傑。〔一〇七〕

問：「要看甚文字？」榦曰：「欲看論語精義，不知如何看？」〔一〇八〕曰：「只是逐段子細玩味。公記得書否？若記不得亦玩味不得。橫渠云『讀書須是成誦』。」又曰：「某近看學者須是專一。譬如一〔一〇九〕服藥，須是專服一藥方見有效。」榦。

問：「論語〔一一〇〕精義有説得高遠處，不知如何看。」曰：「也須都子細看，取予却在自家。若以爲高遠而略之，便鹵莽了。」榦。

讀書且須熟讀玩味，不必立説，且理會古人説教通透。如語孟集解〔一一一〕中所載諸先生語，須是熟讀，一一記放心下，時時將來玩味，久久自然理會得。今有一般學者，見人恁麽説，不窮究它説是如何，也去立一説來攙説，何益於事？只贏得一個理會不得爾。廣。

讀書須痛下工夫，須要細看。心粗性急終不濟事。如看論語精義，且只將諸説相比並看，自然比得正道理出來。如識高者，初見一條便能判其是非。如未能，且細看，如看按款相似。雖未能便斷得它按，然已是經心盡知其情矣。只管如此，將來粗急之心亦磨礱得細密了。橫渠云：「文欲密察，心欲洪放。」若不痛做工夫，終是難入。德明。

看精義須寛着心，不可看殺了。二先生説自有相關透處，如伊川云「有主則實」，又云「有主則虛」。如孟子云「生於其心，害於其政；發於其政，害於其事」，又云「作於其心，害於其事；

作於其事，害於其政」。自當隨文、〔一一二〕隨事看，各有通徹處。德明。

「讀論語須將精義看一段，次看第二段，〔一一三〕將兩段比較孰得孰失、孰是孰非，又將第三段比較如前，又總一章之說而盡比較之。其間須有一說合聖人之意，或有兩說、有三說、有四五說皆是，又就其中比較疏密。如此便是格物，及看得此一章透徹則知便至。或自未有見識，只得就這裏挨。一章之中，程子之說多是，門人之說多非。然初看時，不可先萌此心，門人所說亦多有好處。」蜚卿曰：「若〔一一四〕只將程子之說爲主，如何？」曰：「不可，只得以理爲主，然後看它底。看得一章直是透徹了，然後看第二章，亦如此法。若看得三四篇，此心便熟，數篇之後迎刃而解矣。某嘗苦口與學者言〔一一五〕，說得口破，少有依某去着力做工夫者。且如格物致知之章，程子與門人之說，某初讀之皆不敢疑。後來編出細看，見得程子諸說雖不同，意未嘗不貫。其門人之說與先生蓋有大不同者矣。」道夫。〔一一六〕

上蔡論語解，言語極多。看得透時，它只有一兩字是緊要。賜。

讀書考義理，似是而非者難辨。且如精義中，惟程先生說得當確〔一一七〕。至其門人，非惟不盡得夫子之意，雖程子之意亦多失之。今讀語、孟，不可便道精義都不是，都廢了。須借它做個階梯去尋求，將來自見道理。知得它是非，方是自己所得處。如張無垢文字淺近，却易見也。

問：「如何辨得似是而非？」曰：「遺書所謂義理栽培〔一一八〕是也。如此用工，久之自能辨得。」

遺書第二卷云：「學者識得仁體實有諸己，要義理栽培。如求經義，皆栽培之意。」[一一九]德明。

問：「精義中尹氏說多與二程同，何也？」先生曰：「二程說得已明，尹氏只說出處[一二〇]。」又[一二一]問：「謝氏之說多華掞。」先生曰：「胡侍郎嘗教人看謝氏論語，以其文字上多有發越處。」敬仲。

論語中，程先生及和靖說只於本文添一兩字，甚平淡，然意味深長，須當子細[一二二]，要見得它意味方好。淳。

學者解論語多是硬說，須習熟然後有個入頭處。季札。

賀孫[一二三]問伊川說「讀書當觀聖人所以作經之意，與聖人所以用心」一條。曰：「此條程先生說讀書，最爲親切。今人不會讀書是如何？只緣不曾求聖人之意，纔拈得些小，便把自意硬入放裏面，便[一二四]胡說亂說。故教它就聖人意上求，看如何。」問：「『易其氣』是如何？」曰：「只是放教寬慢。今人多要硬把捉教住，如何[一二五]有個難理會處，便要刻畫百端討出來，枉費心力。少刻只說得自底，那裏見聖人意！」又曰：「固是要思索[一二六]那曾恁地！」又舉「其闕疑」[一二七]一句，歎美之。賀孫。[一二八]

先生嘗語[一二九]程子讀論、孟切己之說，且如「學而時習之」，切己看時曾時習與否，句句如此求之，則有益矣。余正甫云：「看中庸、大學只得其綱而無目，如衣服只有領子。」過當時不曾應，後欲問：「謂之綱者，以其目而得名；　謂之領者，以其衣而得名。若無目，則不得謂之綱矣。故先生編禮，欲以中庸、大學、學記等篇置之卷端爲禮本。」正甫未之從。過。

問：「孔子言語句句是自然，孟子言語句句是事實。」曰：「孔子言語一似没緊要説出來，自是包含無限道理，無些滲漏。如云『道之以政，齊之以刑；　道之以德，齊之以禮』數句，孔子。初不曾着氣力，只似没緊要説出來，自是委曲詳盡，説盡道理，更走它底不得。若孟子便用着氣力，依文按本，據事實説無限言語，方説得出。此所以爲聖賢之别也。孟子説話，初間定用兩句説起個頭，下面便分開兩段説去，正如而今人做文字相似。」僩。

問：「齊景公欲封孔子以尼谿之田，晏嬰不可。楚昭王欲封孔子以書社之地，子西不可。使無晏嬰、子西，則夫子還受之否？」曰：「既仕其國，則須有采地，受之可也。」人傑。〔一三〇〕

## 【校勘記】

〔一〕成化本此下注曰：「以下六經四子。」

〔二〕寫出方寫一兩面　成化本無。

〔三〕巨綱了　王本爲「匡殼子」。

〔四〕按此條與池本異乃士毅舊所傳黄卓録同而略　成化本無。
〔五〕讀書　成化本無。
〔六〕之　成化本作「三」。
〔七〕上句　成化本爲「上一句」。
〔八〕未　成化本爲「如未」。
〔九〕是　成化本作「爲」。
〔一〇〕欲　成化本無。
〔一一〕二　成化本爲「一二」。
〔一二〕一日多有數段耳一兩段耳　成化本爲「一日多看得數段或一兩段耳」。
〔一三〕看講解　成化本爲「又云看講解」。
〔一四〕否　成化本作「非」。
〔一五〕一二　成化本無。
〔一六〕時　成化本無。
〔一七〕亦不可　成化本爲「又云」。
〔一八〕成化本此下有「不可不知」。
〔一九〕處　成化本無。

〔二〇〕聖人　成化本爲「古人」。
〔二一〕却　成化本作「亦」。
〔二二〕須　成化本無。
〔二三〕此條寓録成化本分爲兩條：「凡讀書須有次序……此正當今學者之病」載於卷十一；「某要人先讀大學……方宜讀之」載於卷十四。
〔二四〕熱　成化本作「熟」。
〔二五〕成化本此下注曰：「以下孔孟教人。」
〔二六〕節　成化本無。
〔二七〕節　成化本無。
〔二八〕你　成化本無。
〔二九〕看　成化本爲「看過了」。
〔三〇〕此條賀孫録成化本載於卷九十三。
〔三一〕成化本此下注曰：「讀語孟。」
〔三二〕周問孟子先生曰　成化本無。
〔三三〕有人　成化本爲「人有」。
〔三四〕初不以爲然　成化本無。

〔三五〕來　成化本無。

〔三六〕自　成化本無。

〔三七〕常　成化本作「常」。

〔三八〕得　成化本無。

〔三九〕只　成化本無。

〔四〇〕此條賀孫録成化本載於卷一百十八。

〔四一〕成化本此下又附賜録曰：賜録云：「因説仁義，曰：『只有孟子説得好。如曰「學問之道無他，求其放心而已」，此是從外面收入裏來。如曰「人之有是四端，知皆擴而充之」，又要從裏面發出去。凡此出入往來皆由個心。』又曰：『所謂「立天之道曰陰與陽，立地之道曰柔與剛，立人之道曰仁與義」，都是恁地』。」

〔四二〕遂　成化本作「便」。

〔四三〕看論語就裏面詳細處須要看得十分透徹無有不盡　成化本無。

〔四四〕此條淳録成化本載於卷十一。

〔四五〕有　王本作「在」。

〔四六〕此條蓋卿録成化本載於卷一百十四。

〔四七〕須　成化本爲「須是」。

〔四八〕便孝弟求仁　成化本爲「便是孝第求仁」。

〔四九〕交　成化本作「教」。

〔五〇〕成化本此下有「説得大處」。

〔五一〕是　成化本無。

〔五二〕第子　成化本爲「弟子」。

〔五三〕而　成化本無。

〔五四〕何者爲禮　成化本無。

〔五五〕與　成化本作「無」，王本作「爲」。

〔五六〕晦夫　成化本無。成化本此下有「次日，求教切己工夫。曰：『且如論語説「孝弟爲仁之本」，因甚後便可以爲仁之本？「巧言令色鮮矣仁」，却爲甚不鮮禮、不鮮義而但鮮仁？須是如此去着實體認，莫要纔看一遍不通便掉下了。蓋道本無形象，須體認之可矣』。此下又注曰：「以下訓煇。」」

〔五七〕則説　成化本無。

〔五八〕成化本此下有「淳」。

〔五九〕先生告學者云　成化本無。

〔六〇〕讀　成化本爲「熟讀」。

〔六一〕迫　成化本爲「淺迫」。

〔六二〕到　成化本爲「到後來」。
〔六三〕底　成化本無。
〔六四〕作文　成化本爲「作文之法」。
〔六五〕成化本此下注曰：「集注。」
〔六六〕也　成化本無。
〔六七〕新底子　成化本爲「新底了」。
〔六八〕挨　成化本作「𢿣」。
〔六九〕挨來挨去　成化本爲「捱來捱去」。
〔七〇〕自然曉得　成化本無。
〔七一〕要看　成化本爲「要人看」。
〔七二〕成化本此下有「上蔡云『人不可無根』，便是難。所謂根者，只管看，便是根，不是外面別討個根來」。
其後又注有「僩」。
〔七三〕説　成化本爲「已説」。
〔七四〕成化本此下注曰：「集注、集義。」
〔七五〕吾與回言終日不違如愚　成化本爲「吾與回言」。
〔七六〕來　成化本無。

［七七］公把做閑看了　成化本無。
［七八］許多　成化本爲「許多言語」。
［七九］成化本此下有「公都把做等閑看了」。
［八〇］明白　成化本爲「本自明白」。
［八一］注解上更看不得如何看得聖人意出來　成化本爲「若注解上更看不出却如何看得聖人意出」。
［八二］久之　成化本爲「久久」。
［八三］於文字邊自有細字迸出來方是自家見得　成化本爲「於正文邊自有細字注脚迸出來方是自家見得親切」。
［八四］若自家果是着心見它道理不得則聖賢爲欺我矣　成化本無。
［八五］而今只於外面捉摸個影説將去這個不唤做學　成化本爲「若只於外面捉摸個影子説終不濟事」。
［八六］成化本此下有「若果曾著心而看他道理不出，則聖賢爲欺我矣」。
［八七］成化本此下有「出來」。
［八八］終　成化本無。
［八九］先須　成化本作「若」。
［九〇］所以如破城云　成化本無。
［九一］林錫録同而略……觸類便見　成化本無。

〔九二〕近來　成化本爲「某近來」。
〔九三〕而今　成化本無。
〔九四〕論孟　成化本爲「論語」。
〔九五〕記　成化本無。
〔九六〕不多一個不少一個　成化本爲「不多一個字不少一個字」。
〔九七〕集解其間　成化本爲「集注」。
〔九八〕節　成化本無。
〔九九〕孟子論語　成化本無。
〔一〇〇〕先生　成化本無。
〔一〇一〕先生注下　成化本無。
〔一〇二〕者　成化本無。
〔一〇三〕是　成化本無。
〔一〇四〕節　成化本無。
〔一〇五〕按此條當是未改定時語附於後　成化本無。
〔一〇六〕書　成化本無。
〔一〇七〕成化本此下注曰：「集義。」

〔一〇八〕問要看甚文字……不知如何看　成化本爲「問要看精義不知如何看」。

〔一〇九〕一　成化本無。

〔一一〇〕論語　成化本無。

〔一一一〕語孟集解　成化本爲「語孟集義」。

〔一一二〕成化本此下有「隨時」。

〔一一三〕讀論語須將精義看一段次看第二段　成化本爲「讀論語須將精義看先看一段次看第二段」

〔一一四〕若　成化本無。

〔一一五〕言　成化本無。

〔一一六〕道夫　成化本作「驤」。

〔一一七〕當確　成化本爲「確當」。

〔一一八〕成化本此下有「者」。

〔一一九〕遺書第二卷云……皆栽培之意　成化本無。

〔一二〇〕處　成化本無。

〔一二一〕又　成化本無。

〔一二二〕成化本此下有「看」。

〔一二三〕賀孫　成化本無。

〔一二四〕便　成化本無。

〔一二五〕何　成化本無。

〔一二六〕成化本此下有「思索」。

〔一二七〕其闕疑　成化本爲「闕其疑」。

〔一二八〕成化本此下注曰：「集注讀論孟法。」

〔一二九〕語　成化本作「舉」。

〔一三〇〕成化本此下注曰：「集注序説。」

# 晦庵先生朱文公語類卷第二十

## 論語二

### 學而篇上

入道之門，是將自家身己入那道理中去，漸漸相親，久之與己爲一。而今人道理在這裏，自家身在外面，全不曾相干涉。僩。

#### 學而時習之章

「這個道理本是天之所以與我者，不爲聖賢而有餘，不爲愚不肖而不足，但其間節目須當講學以明之。此所以讀他[一]聖賢之書，須當知他下工[二]處。今人只據他説一兩字，便認以爲聖賢之所以爲聖賢者止此而已，都不窮究着實，殊不濟事。且如論語相似：讀『學而時習之』，須求其當所謂學者，[三]如何謂之時習？玩[四]時習，如何便能説？『有朋自遠方來』，朋友因甚而來自遠方？我又何自而樂？須著一一與他考究。似此用工，初間雖覺得生而[五]費力，久後讀書甚易爲功，却亦濟事。」道夫。[六]

劉問「學而時習之」。先生曰：「今且理會個『學』是學個甚底，然後理會『習』字、『時』字。蓋人只有一個心，天下之理皆聚於此，此是主張自家一身者。若心不在，那裏得理來！惟學之久則心與理一，而周流泛應，無不曲當矣。且說爲學有多少事，孟子只說『學問之道，求其放心而已矣』。蓋爲學之事雖多有頭項，而爲學之道則只在求放心而已。心若不在，更有甚事！」雉。[七]

或謂「學而時習」不是詩、書、禮、樂，固不是詩、書、禮、樂，然無詩、書、禮、樂亦不得。聖人之學與俗學不同，亦只争這些個[八]子。聖賢教人讀書，只要知所以爲學之道。俗學讀書便只是讀書，更不理會爲學之道是如何。淳。

先生問：「驟看論語有所疑否？」曰：「某看讀所注『學而時習之』云：『學之爲言效也。』『效』字所包甚廣。」[九]曰：「『效』字所包甚廣，也[一〇]是如此。博學、謹思、審問、明辨、篤行，皆學效之事也。」道夫。[一一]

容問：「集注謂學也者效於人以明善，而人之立志便當效聖人否？」曰：「未便説到聖人，人凡有可效處皆效之。」容。[一二]

或問「學而時習之」。曰：「學是學別人，行是自家行。習是行未熟，須在此習行之也。」[一三]

吴知先問「學而時習」章[一四]。先生曰：「『學』是未理會得底道理[一五]便去學。『習』是已學了底[一六]又去重學，[一七]只是這[一八]一件事。譬鳥數飛，只是這一樣飛。習，只是飛了又飛。」銖曰：「『鷹乃學習』正是此義。[一九]」先生曰：「然。只爲目昏，看文字不得。如此等處，添入集注中更好，但今不暇理會也。[二〇]且如曾子三省處，看來是當下便省，省得不有不是處便改。不是事過後方始省，省了却又休也。只是合下省得便與他理會耳。[二一]」銖。

節[二二]問：「如何是習[二三]？」曰：「如寫一個『上』字，寫了一個，又寫一個，又寫一個。」當時先生亦逐一書此「上」字於掌中。[二四]

且如今日説這一段文字了，諸公[二五]明日又思之；一番思了，又第二、第三番思之，便是時習。今學者纔説了便休。學蒙。

問：「時習是温尋其義理，抑習其所行？」曰：「此句所包廣。只是學做此一件事，便須習此一件事。且如學『克己復禮』，便須朝朝暮暮習這『克己復禮』。學，效也，是效其人。未能孔子，便效孔子；未能周公，便效周公。巫、醫亦然。」淳。

方叔弟問：「平居時習，而習中每覺有愧，何也？」答曰：「如此，只是工夫不接續也。要習須常令工夫接續則得。」又問尋求古人意思。答曰：「某嘗謂學者須是信，又須不信。久之却自尋得個可信底道理，則是真信也。」大雅。

「學而時習之」，雖是講學、力行平説，然看他文意，講學意思終較多。觀「則以學文」、「雖曰未學」則可見。伯羽。

讀書、講論、修飭，皆要時習。銖。

學習須是只管在心，常常習。若習得專一，定是脱然通釋〔二六〕。賀孫。

問學習之意。曰：「只是公平時無那知底習一着，纔説過，便掉了。」賀孫。〔二七〕

國秀問：「學而時習之〔二八〕。格物、致知是學，誠意、正心是習；學是知，習是行否？」曰：「伊川先生云：『時復細繹〔二九〕，浹洽於中，則説也。』這未説到行。知，自有知底學，自有知底習；行，自有行底學，自有行底習。如小兒寫字，知得字合恁地寫，這是學；便須將心思量安排，這是習。待將筆去寫成幾個字，這是行底學；今日寫一紙，明日寫一紙，又明日寫一紙，這是行底習。人於知上不習，便要去行，如何得！人於知上不習，非獨是知得不分曉，終不能有諸已。」賀孫。

問：「集注『學而時習』章載〔三〇〕程子二説，一云『時復思繹』，是就知上習；『所學在我』，是就行上習。不知是否？〔三一〕」先生曰：「是如此。」柄。

「學而時習之」。先生云：［三二］「如『坐如尸，立如齊』，學時是知得『坐如尸，立如齊』。及做時，坐常是如尸，立常是如齊，此是習之事也。」卓。

上蔡謂：「『坐如尸』，坐時習；『立如齊』，立時習。」只是籠絡統［三三］説成一個物，恁地習。以見立言最難。某謂須坐常常照管教如尸，方始是習；立常常照管教如齊，方始是習。逐件中各有一個習，若恁散説便寬了。淳。

「學而時習之」，若伊川之説，則專在思索而無力行之功；如上蔡之説，則專於力行而廢講究之義，似皆偏了。道夫。

寓［三四］問：「『學而時習之』，［三五］程云：『習，重習也。時復思繹，浹洽於中，則説也。』寓［三六］看來只就義理處説。後添入上蔡『坐如尸』一段，此又就躬行處説，然後盡時習之意。」先生曰：「某備兩説，某意可見。兩［三七］者各只説得一邊，尋繹義理與居處皆當習，可也。」後又問：「『習，鳥數飛也』，如何是數飛之義？」曰：「此是説文。『習』字從『羽』，月令『鷹乃學習』，『學習』［三八］只是飛來飛去也。」寓。

問：「『學而時習之』，伊川説『習』字就思上説，范氏、游氏説都就行上説。集注多用思量［三九］而附謝氏『坐如尸，立如齊』一段，爲習於行。據賀孫看，不思而行則未必中道；思得慣熟了却行，無不當者。」曰：「伊川意是説習於思。天下事若不先思，如何會行得！説習於行者，亦不是外於思。思與行亦不可分説。」賀孫。

「學而時習之」，須是自己時習，然後知心裏説處。祖道。〔四〇〕

或問「不亦説乎」一章。〔四一〕先生曰：「不但只是學道有説處。今人學寫字，初間寫不好，到後來一旦寫得好時，豈不歡喜？又如人習射，初間都射不中，到後來射得中時，豈不歡喜？大抵學到説時，已是進一進了。只説後便自住不得。且如人過險處，過不得，得人扶持將過。纔過得險處了，見一條平坦路，便自歡喜行將去矣。」時舉。

問：「『不亦説乎』，〔四二〕集注謂『中心喜悦，其進自不能已』。」先生曰：「所以欲諸公將文字熟讀，方始經心，方是〔四三〕謂之習。習是常常去習。今人所以或作或輟者，只緣是不曾到説處，若到説處自住不得。看來夫子只用説『學而時習』一句，下面事自節節可見。」明作。

問：「『有朋自遠方來，不亦樂乎』，〔四四〕莫是爲學之驗否？」曰：「不必以驗言。大抵朋友遠來，能相信從，吾既與他共知得這個道理，自是樂也。」或問：「説與樂如何？」曰：「説是自家心裏喜説，人却不知；樂則發散於外也。」謨。〔四五〕

鄭齊卿問「以善及人而信從者衆，故可樂」。曰：「舊嘗看『信從者衆，足以驗己之有得』。然已既有得，何待人之信從始爲可樂。須知己之有得，亦欲他人之皆得。然信從者但一二，亦未能愜吾之意。至於信之從之者衆，則豈不可樂？」又曰：「此段工夫專在時習上做。時習而至於説，則自不能已，後面工夫節節自有來。」人傑。

問：「『學而』一段，程子云〔四六〕『以善及人而信從者衆』，是樂其善之可以及人乎，是樂其信從者衆乎？」曰：「樂其信從者衆也。大抵私小底人或有所見，則不肯告人，持以自多。君子存心廣大，己有所得，足以及人。若己能之，以教諸人，而人不能，是多少可悶！今既信從者自遠而至，其衆如是，安得不樂！」又云：「緊要在『學而時習之』，到説處自不能已。今人學而不能久，只是不到可説處。到學而不能自已，則久久自有此理。」祖道。

問「有朋自遠方來」集注云「以善及人而信從者衆，故樂」。〔四七〕先生曰：「須是自家有這善方可及人。無這善，如何及得人。看聖人所言，多少寬大氣象！常人褊迫，但聞得些善言，寫得些文字，便自寶藏之以爲己物，皆他人所不得知者，成甚模樣！今不必説朋來遠方是以善及人。如自家寫得片文隻字而歸，人有求者，須當告之，此便是以善及人處。只是待他求方可告之，不可登門而告之。若登門而告之是往教也，便不可如此。」卓。

容〔四八〕問：「『以善及人而信從者衆』。語初學，將自謀不暇，何以及得人？」曰：「謂如傳得師友些好説話、好文字歸與朋友，亦唤做及人。如有好説話，得好文字，緊緊藏在籠篋中，如何做〔四九〕得及人。」容。

或問：「『有朋自遠方來』，程先生云：『推己之善以及人。』有舜善與人同底意。」先生云：

「不必如此思量推廣添將去，且就此上看。此中人[五〇]學問大率病根在此，不特近時爲然。自彪德美來已如此，蓋三十餘年矣。向來記得與他説中庸鬼神之事，他[五一]須要説此非功用之鬼神，乃妙用之鬼神，衮纏説去，更無了期，只是向高乘虚接渺説了。此正如看屋，不向屋裏看其間架如何，好惡如何，堂奥如何，只在外略一綽過，便説更有一個好屋在，又説上面更有一重好屋在。又如喫飯，不喫在肚裏，却向上家討一椀來比，下家討一椀來比，濟得甚事！且如讀書，直是將一般書子細沈潛去理會。有一看而不曉者，有再看而不曉者，其中亦有再看而可曉者。看得來多，不可曉者自可曉。果是不曉致疑，方問人。今來人[五二]所問皆是不曾子細看書，又不曾從頭至尾看，只是中間接起一句一字，未備入訓禮[五三]發問。此皆是應故事來問底，於己何益，將來何用？此最學者大病。」[五四]

問：「集注首篇『有朋自遠方來』一節，引楊氏云：『朋來，人知之也。以人知而樂，不知而愠，則亦不足以爲君子矣。』柄竊謂『不亦樂』者，乃樂於及人，而非樂於人知。恐此語不免有病否？」先生曰：「今當去之。」柄。[五五]

吴仁父問論語首章注云「非樂不足以語君子」處。[五六]先生曰：「惟樂後方能進這一步。不樂則何以爲君子？」時舉因[五七]云：「説在己，樂有與衆共之之意。」先生曰：「要知只要所學者在我，故説。人只争這一句。若果能悦，則樂與不愠自可以次而進矣。」時舉。按董銖録同。[五八]

「説在心，樂主發散在外」，説是中心自喜説，樂便是説之發於外者。僩。〔五九〕

問「説在心，樂主發散在外」。曰：〔六〇〕「説是感於外而發於中，樂則充於中而溢於外。」道夫。

「人不知而不愠，不亦君子乎」，自是不相干涉，要他知做甚麼！自家爲學之初便是不要人知了，至此而後真能不要人知爾。若煆鍊未能得十分如此成熟，心裏固有時被它動。及到這裏，方真個能人不我知而不愠也。僩。〔六一〕

「人不知而不愠。」爲善乃是自己當然事，於人何與。譬如喫飯乃是要得自家飽，我既在家中喫飯了，何必問外人知與不知，蓋與人初不相干也。壽仁。〔六二〕

問「人不知而不愠」。〔六三〕「令〔六四〕人有一善便欲人知，不知則便有不樂之意。不特此也，且〔六五〕人有善而人或不知之，初不干己事而亦爲之不平，况其不知己乎！此不知不愠，所以爲難。」時舉。

或問「人不知而不愠」。曰：〔六六〕「尹氏云：『學在己，知不知在人，何愠之有！』此等句極好。君子之心如一泓清水，更不起些微波。」人傑。

或問「不亦樂乎」與「人不知而不愠」。先生曰：「樂公而愠私。君子有公共之樂，無私己之怨。」時舉。〔六七〕

問：「『學而時習之，不亦説乎』，到熟後自然説否？」曰：「見得漸漸分曉，行得漸漸熟，便説。」又問：「『人不知而不慍』，此是所得深後，外物不足爲輕重。學到此方始是成否？」曰：「此事極難。慍非勃然而怒之謂，只有些小不快活處便是。」余正叔〔六八〕曰：「上蔡言，此一章是成德事。」。〔六九〕「到『人不知而不慍』處，方是成德。」文蔚。

聖賢言語平鋪地説在裏。如夫子説「學而時習之」，自家是學何事，便須著時習。習之果能説否？「有朋自遠方來」，果能樂不樂？今人之學，所以求人知之，不見知果能不慍否？道夫。〔七〇〕

黄問：「『學而』首章是始、中、終之序否？」曰：「此章須看如何是『學而時習之』便『不亦説乎』，如何是『有朋自遠方來』便『不亦樂乎』，如何是『人不知而不慍』便『不亦君子乎』。裏面有許多意思曲折，如何只要將三字來包了。若然，則只消此三字，更不用許多話。向日君舉在三山請某人學中講説此，謂第一節是心與理一，第二節是己與人一，第三節是人與天一，以爲奇論，可謂作怪。」淳。〔七一〕

或問謂朋來講習之樂爲樂。先生曰：「不似伊川説得大。蓋此個道理天下所公共，我獨曉之而人曉不得，也自悶人。若『有朋自遠方來』則信向者衆，故可樂。若以講習爲樂，則此有資於彼而後樂，則其爲樂也小矣。這個地位大故是高了。『人不知而不慍』説得容易，只到那地位自是難了。不愠不是大故怒，但心裏略有些不平底意思便是愠了。此非得之深、養之厚者，何[七二]能如此。」夔孫。以下總論集注諸説。[七三]

「『不亦説乎』，[七四]范説云：『習在己而有得於内，朋友在人而有得於外。』恐此語未穩。」先生問：「如何？」某[七五]云：「得雖在人，而得之者在我，又安有内外之别？」先生曰：「此説大段不是，正與告子義外之説一般。」卓。

再見，因呈所撰論語精義備説。觀一二章畢，即曰：「大抵看聖賢語言，不必須作課程，但平心定氣熟看，將來自有得處。今看老兄此書，只是拶成文字，無[七六]不求自得。且如『學而時習之』一章，諸家説各有長處，亦有短處。如云『鷹乃學習』之謂，與『時復思繹浹洽於中則説矣』，此程説最是的當處。如云『以善及人而信從者衆，故可樂』，此程説正得夫子意。如云『學在己，知不知在人』，尹子之言當矣。如游説「宜其令聞廣譽施其身，而人乃不知焉。是有命，『不知命無以爲君子』」，此最是語病。果如此説，則是君子爲人所不知，退而安之於命，付之無可奈何，却如何見得真不愠處出來。且聖人之意儘有高遠處，轉窮究轉有深義。今作就此書，則遂不復看精義矣。自此隔下了，見識止如此，上面一截道理更不復見矣。大抵看聖賢語言須徐徐俟之，待其可疑而後疑之。如庖丁解牛，他只尋罅隙處，游刃以往而衆理自解，芒刃亦不鈍。今一看文字便就上百端生事，謂之起疑。且解牛而用斧鑿，鑿開成痕，所以刃屢鈍。如此，如何見得聖賢之本意？且前輩講求非不熟，初學須是自處於無能，遵稟他前輩説話，漸見實處。今一看未見意趣，便争手奪脚，近前争説一分。以某觀之，今之作文者，但口不敢説耳，其意直是謂聖賢説未有[七七]至，他要説出聖賢一頭地去[七八]。曾不知於自己本無所益。鄉曾[七九]令老兄虚心平氣看聖人語言，不意今如此支離。大抵中年以後爲學且須愛惜精神。如某在官所，亦不敢屑屑留情細務者，正恐耗了精神，忽有大事來則無以待之。」大雅。

問「學而」一章。先生曰：「看精義，須看諸先生説『學』字誰説得好，『時習』字誰説得好，『説』字誰説得好。須是[八〇]恁地看。」林擴之問：「多把『習』字作『行』字説，如何？」先生曰：「看古人[八一]『學』字、『習』字，大意只是講習，亦不必須並[八二]行。」榦問：「謝氏、游氏説『習』字似分曉。」先生曰：「據正文意是[八三]講習。游、謝説乃推廣『習』字，畢竟也在裏面。游氏説得雖好，取正文便較迂曲些。」問：「伊川解『不亦説』作『説在心』，范氏作『説自外至』，似相反。」先生曰：「這在人自忖度。」榦曰：「既是『思繹浹洽於中』，則説必是在内。」先生曰：「范氏這一句較疏。説自是在心，説便如暗歡喜相似。樂便是個發越通暢底氣象。」問：「范氏下面『樂由中出』與伊川『發越[八四]在外』之説却同。」曰：「然。」問：「范氏以『不亦説乎』作『比於説，猶未正夫説』，如何？」曰：「不必如此説。」問：「范氏[八五]皆以『人不知而不慍，不亦君子乎』作『不知命無以爲君子』説[八六]。如何？」曰：「此也是小可事，也未説到命處。爲學之意本不欲人知，『學在己，知不知在人，何慍之有』。」問：「謝氏『知我者希』之説如何？」曰：「此老子語也。亦不必如此説。」榦。

## 有子曰其爲人也孝弟章

「其爲人也孝弟」，此説資質好底人，其心和順柔遜，必不好犯上，仁便從此生。鮮是少，對下文「未之有也」，上下文勢如此。若「巧言令色，鮮矣仁」，「鮮」字則是絶無。「君子務本，本立而道生」，此兩句泛説，凡事是如此，與上下不相干。下文却言「孝弟也者」，方是應上文也，故集注着個「大凡」也。明作。

或説：「世間孝弟底人，發於他事，無不和順。」先生曰：「固是。人若不孝弟，便是這道理中間斷了，下面更生不去，承接不來了，所以説孝弟仁之本。」李敬子曰：「世間又有一種孝慈人，却無剛斷。」先生曰：「人有幾多般，此屬氣禀。如唐明皇爲人，於父子、夫婦、君臣分上煞無狀，却終始愛兄弟不衰，只緣寧王讓他位，所以如此。這一節感動，終始友愛不衰。」或謂明皇因寧王而後能如此。先生曰：「也是他裏面有這道理，方始感發得出來。若其中元無此理，如何會感發得？」僩。

問：「干犯在上之人，如『疾行先長者』之類？」曰：「然。干犯便是那小底亂，到得『作亂』

則爲争鬭悖逆之事矣。」問：「人子之諫父母，或貽父母之怒，此不爲干犯否？」曰：「此是孝裏面事，安得爲犯？然諫時又自『下氣怡色柔聲以諫』，亦非淩犯也。」又問：「諫争於君，如『事君有犯無隱』，如『勿欺也而犯之』，此『犯』字如何？」曰：「此『犯』字又説得輕。如君有不是，須直與他説，此之謂『犯』。然[八七]人臣之諫君，亦有個宛轉底道理。若暴揚其惡，言語不遜，叫喚狂悖，此便是干犯矣，故曰『人臣之事君當孰諫』。」僩。

寓[八八]問：「『其爲人也孝悌，而好犯上者，鮮矣』，[八九]有犯上[九〇]已自不好，又何至『作亂』？可見其益遠孝弟之所爲。」曰：「只言其無此事。論來犯上乃是少有拂意便是犯，不必至陵犯處乃爲犯也。若作亂，謂之『未有也』，絶無可知。」寓。按劉一之録同。[九一]

「犯上者鮮矣」是對那「未之有」而言，故有淺深。若「鮮矣仁」則是專言，這非只是少，直是無了，但聖人言得慢耳。義剛。

「犯上者鮮矣」之「鮮」與「鮮矣仁」之「鮮」不同。「鮮矣仁」是絶無了，「好犯上者鮮」則猶有在，下面「未之有也」方是都無。僩。

問：「『君子務本』，注云：『凡事專用於根本。』如此，則『孝悌爲仁之本』乃是舉其一端而言否？」曰：「文意[九二]本是説孝悌。上面『務本』是且引來。上面且泛言，下面是收入來説。」曰：「如君臣、父子、夫婦、兄弟等，皆是本處否？[九三]」曰：「孝弟較親切。『事親孝，故忠可移

於君；事兄悌[九四]，故順可移於長』，便是本。」淳。[九五]

問「本立道生」。曰：「此甚分明。曰如人能孝能弟，能[九六]漸漸和於一家，以至親戚，以至故舊，漸漸通透。」賀孫。

孝弟固見[九七]於仁。以其先發，故爲仁之本。[九八]可學。[九九]

先生問：「看論語第二章如何？」答曰：「聖人於本字上大段有意思。仁者，人之所得以爲心，而孝弟則良心也。」先生曰：「孝弟是良心，仁便不是良心？」答曰：「俱是一心，[一〇〇]但孝弟是良心之發見爾[一〇一]，因其良心之發見，爲仁甚易。」先生曰：「此説固好，但無執着。觀此文意，以[一〇二]是云其爲人孝弟，則和遜温柔，必能齊家。既能齊家，[一〇三]則推之可以仁民。務者，朝夕爲此，且把這一個作一把頭處。」可學。

某又[一〇四]問：「『孝弟也者，其爲仁之本與』，[一〇五]是事父母兄既盡道，乃立得個根本，則推而仁民愛物，方行得有條理。」先生曰：「固是，但孝弟是合當底事，不是要仁民愛物方從孝弟做去。」某[一〇六]云：「如草木之有本根，方始枝葉繁茂。」先生云：「固是，但有本根則枝葉自然繁茂，不是要得枝葉繁茂方始去培植本根。」[一〇七]

或問「孝弟也者，其爲仁之太與」[一〇八]。曰：「這個仁是愛底意思，行愛自孝弟始。」又曰：「親親、仁民、愛物，三者是爲仁之事。親親是第一件事，故『孝弟也者，其爲仁之本與』。」又曰：「知得事親不可不孝、事長不可不弟，是爲義之本；　知事親事長之節文，爲禮之本；　知事親事長，爲智之本。」張仁叟問：「義亦可爲心之德？」先生曰：「義不可爲心之德。仁是專德，便是難説，某也只説到這裏。」又曰行仁之事。又曰：「此『仁』字是偏言底，不是專言底。」又曰：「此仁是心[一〇九]之一事。」節。

問「孝弟也者，其爲仁之本」[一一〇]。曰：「此是推行仁道，如『發政施仁』之『仁』同，非『克己復禮爲仁』之本[一一一]，故伊川謂之『行仁』。學者之爲仁，只一念相應便是仁。然也只是這一個道理。『爲仁之本』就事上説，『克己復禮』就心上説。」又論「本」字云：「此便只是大學『其本亂而末治者否矣』意思。理一而分殊，雖貴乎一視同仁，然不自親始也不得。」伯羽。

問：「孝弟仁之本。今人亦有孝弟底而不盡仁，何故？莫是志不立？」先生曰：「亦其端本不究，所謂『由之而不知，習矣而不察』。彼不知孝弟便是仁，却把孝弟作一般善人，且如此過，却昏了。」又問：「伊川言『仁是本，孝弟是用』，所謂用，莫是孝弟之心油然而生，發見於外？」先生曰：「仁是理，孝弟是事。有是仁後有是孝弟。」可學。

直卿説「孝弟爲仁之本」，云：「孔門以求仁爲先，學者須是先理會得一個『心』字。上古聖賢，自堯舜以來便是説『人心道心』。先生集注所謂『心之德，愛之理』，須理會得是個甚底物，學問方始有安頓處。」先生曰：「仁義禮智，自天之生人便有此四件，如此[一一二]火爐便有四角，天便有四時，地便有四方，日便有晝夜昏旦。天下道理千枝萬葉、千條萬緒，都是這四者做出來。四者之用，便自各有許多般樣。且如仁主於愛，便有愛親、愛故舊、愛朋友底許多般道理。義主於敬，如貴貴，則自敬君而下，以至『與上大夫、下大夫言』許多般；如尊賢，便有『師之者、友之者』許多般。禮、智亦然，但是愛親愛兄是行仁之本。仁便是本了，上面更無本。如水之流，必過第一池，然後過第二池、第三池。未有不先過第一池，而能及第二、第三者。仁便是水之原，而孝弟便是第一池。不惟仁如此，而爲義、禮、智亦必以此爲本也。」夔孫。

問：「『孝弟爲仁之本』，便是『物有本末，事有終始，知所先後』之意？」曰：「然。」過。

求教切己工夫。〔一一三〕曰：「且如論語說『孝弟爲仁之本』，因甚後便可以爲仁之本？『巧言令色鮮矣仁』，却爲甚不鮮禮、不鮮義，而但鮮仁？須是如此去着實體認，莫要纔看一遍不通便掉下了。蓋道本無形象，須體認之可矣。」晦夫。〔一一四〕

問：「『孝弟爲仁之本』，此是專言之仁，偏言之仁？」先生曰：「此方是偏言之仁，然二者亦都相關。說著偏言底，專言底便在裏面；說專言底，則偏言底便在裏面。雖是相關，又要看得界限分明。如此章所言，只是從愛上說，如云『惻隱之心仁之端』正是此類。至於說『克己復禮爲仁』、『仁者其言也訒』、『居處恭，執事敬，與人忠』、『仁，人心也』，此是說專言之仁，又自不同。然雖說專言之仁，所謂偏言之仁亦在裏面。孟子曰：『仁之實，事親是也。』此便是都相關說，又要人自看得界限分明。」僩。

問「孝弟爲仁之本」。先生曰：「論仁，則仁是孝弟之本；行仁，則當自孝弟始。」又云：「孟子曰：『仁之實，事親是也；義之實，從兄是也；智之實，知斯二者弗去是也；禮之實，節文斯二者是也；樂之實，樂斯二者是也。』以此觀之，豈特孝弟爲仁之本，四端皆本於孝弟而後見也。然四端又在學者子細省察。」祖道。

問：「有子以『孝弟爲仁之本』，是孝弟皆由於仁矣。孟子却說『仁之實，事親是也；義之實，從兄是也』，却以弟屬義，何也？」曰：「孝於父母，更無商量。」僩。

論語只說仁，中庸只說智。聖人拈起來底便說，不可以例求。泳。〔一一五〕

「仁者愛之理」，理是根，愛是苗。仁之愛如糖之甜、醋之酸，愛是那滋味。方子。

愛是情，愛之理是仁。仁者，愛之理；愛者，仁之事。仁者，愛之體；愛者，仁之用。伯羽。〔一一六〕

仁是未發，愛是已發。節。

仁父問「仁者愛之理」。曰：「這一句，只將心性情看便分明。一身之中渾然自有個主宰者，心也。有仁義禮智，則是性；發爲惻隱、羞惡、辭遜、是非，則是情。惻隱，愛也，仁之端也。仁是體，愛是用。南軒間見某說亦疑，後子細看了却曉得。〔一一七〕」又曰：「『愛之理』，愛自仁出也。然亦不可離了愛去說仁。」問韓愈「博愛之謂仁」，曰：「是指情爲性了。」問：「周子說『愛曰仁』，與博愛之說如何？」曰：「『愛曰仁』，猶曰『惻隱之心，仁之端也』，是就愛處指出仁。若『博愛之謂仁』之謂，便是把博愛做仁了，終不同。」問：「張無垢說『仁者，覺也』。」曰：「覺是智，以覺爲仁則是以智爲仁。覺也是仁裏面物事，只是便把做仁不得。」賀孫。

說「仁者，愛之理」，先生曰：「仁自是個和柔底物事。譬如物之初生，自較和柔；及至夏間長茂，方始稍堅硬；秋則收結成實，冬則斂藏。然四時生氣無不該貫。如程子說生意處，非是說以生意爲仁，只是說生物則〔一一八〕能發動，死物則都不能。譬如穀種，蒸殺則不能生也。」又曰：「以穀種譬之，一粒穀，春則發生，夏則成苗，秋則結實，冬則收藏，生意依舊包在裏面。每個殼子裏有一個生意藏在裏面，種而後生也。仁義禮智亦然。」又曰：「仁與禮，自是有個發生底意思；義與智，自是有個收斂底意思。」雉。

「愛之理」能包四德，如孟子言四端，首言「不忍人之心」，便是不忍人之心能包四端也。伯羽。

仁者〔一一九〕愛之理。愛是仁之用，未發時只喚做仁。仁却無形影，既發後方喚做愛。愛却有形影，未發而言仁，可以包義、禮、智；既發而言惻隱，可以包恭敬、辭遜、是非。四端者，端如萌芽相似，惻隱方是從仁裏面發出來底端。程子曰：「因其惻隱，知其有仁。」因其外面發出來處便必是仁。〔一二〇〕植。

節告歸。〔一二一〕問曰：「先生前日以『爲仁之本與』之『仁』是偏言底，是愛之理。以節愚見〔一二二〕觀之，似是仁之事，非愛之理。」先生曰：「親親、仁民、愛物，是做這愛之理。」節〔一二三〕又問：「節常以『專言則包四者』推之，於體上推不去，於用上則推得去。如無春，則無夏、秋、冬。至於體，則有時合下齊有，却如何包得四者？」先生曰：「便是難説。」又曰：「用是恁地時，體亦是恁地。」節復問曰：〔一二四〕「直卿已前説：『仁、義、禮、智皆是仁，仁是仁中至〔一二五〕切要底。』此説如何？」先生曰：「全謂之仁亦可。只是偏言底是仁之本位。」節。

楊問：「『仁者，愛之理。』孔子言多矣，如『克己』等類，『愛』之一字恐不足以盡之。」曰：「這許多，所以全得那愛，所以能愛。如『克己復禮』，如『居處恭，執事敬』，此處未便是仁，所以喚醒那仁。私欲昏蔽，這裏便死了，没這仁了。」淳。〔一二六〕

問：「『仁者心之德』，義、禮、智亦可爲心之德否？」曰：「皆是心之德，只是仁專此心之德。」淳。〔一二七〕

仁只是個愛底道理，此所以爲「心之德」。〔一二八〕

問「『仁者，〔一二九〕心之德，愛之理』，如何？〔一三〇〕」先生曰：「愛是個動物事，理是個静物事。」〔一三一〕

愛是惻隱。惻隱是情，其理則謂之仁。「心之德」，德又只是愛。謂之心之德，却是愛之本柄。賀孫。

「心之德」是統言，「愛之理」是就仁義禮智上分説。如義便是宜之理，禮便是别之理，智便是知之理，但理會得愛之理，便理會得心之德。又曰：「愛雖是情，愛之理是仁也。仁者，愛之理；愛者，仁之事。仁者，愛之體；愛者，仁之用。」道夫。

「心之德」是兼四端言之，「愛之理」只是就仁體段説。其發爲愛，其理則仁也。仁兼四端者，都是這些生意流行。賀孫。

問：「『仁者，愛之理，心之德。』不知愛之理是統言，心之德是就心上言否？」曰：「『心之德』却是統言，『愛之理』是就仁義禮智上分言。如言『義者宜之理，禮者讓之理，智者知之理』相似。『心之德』似伊川云『專言包四者』，『愛之理』似『偏言則一事』。理會得『愛之理』便理會得『心之德』。」伯羽。[一三二]

「其爲人也孝弟」章，「心之德，愛之理」。戴禮記[一三三]云：「『仁者，仁此者也；義者，宜此者也；禮者，履此者也；智者，知此者也。』只是以孝弟爲主。仁、義、禮、智，只是行此孝弟也。」先生云：「某尋常與朋友説，仁爲孝弟之本，義、禮、智亦然。義只是知事親如此孝、事長如此弟，禮亦是有事親事長之禮，知只是知得孝弟之道如此。然仁爲心之德，則全得三者而有之。」又云：「此言『心之德』，如程先生『兼[一三四]言則包四者』是也；『愛之理』，如所謂『偏言則一事』者也。」又云：「仁之所以包四者，只是感動處便見。有感而動時，皆自仁中發出來。仁如水之流也，及流而成大池、小池、方池、圓池，雖不同，皆由此水而爲之也。[一三五]」卓。

問仁。先生曰：[一三六]「『愛之理』是『偏言則一事』，『心之德』是『專言則包四者』。故合而言之，則四者皆心之德，而仁爲之主；分而言之，則仁是愛之理，義是宜之理，禮是恭敬、辭遜之理，知是分別是非之理也。」時舉。

安卿問：「仁包四者，就初意上看？就生意上看？」曰：「統是個生意。四時雖異，生意則同。劈頭是春生，到夏張旺，是張旺那生底；秋來成遂，是成遂那生底；冬來堅實，亦只堅實那生底。草木未華實，去摧折他便割斷了生意，便死了，如何會到成實！如穀有兩分未熟，只成七八分穀。仁、義、禮、智都只是個生意。當惻隱而不惻隱便無生意，便死了；羞惡固是義，當羞惡而無羞惡，這生意亦死了。以至當辭遜而失其辭遜，是非而失其是非，心便死了，全無那活底意思。」楊問：「『仁者，愛之理。』看孔門答問仁多矣，如『克己』等類，『愛』字恐未足以盡之。」曰：「必着許多，所以全得那愛，所以能愛。如『克己復禮』，如『居處恭，執事敬』，這處豈便是仁？所以喚醒那仁。這裏須省[一三七]覺，若私欲昏蔽，這裏便死了，沒這仁了。」又問：「『心之德』，義、禮、智皆在否？」曰：「皆是。但仁一[一三八]『心之德』，所統又大。」[一三九]林安卿[一四〇]

問：「『心之德』，以專言；『愛之理』，以偏言。」曰：「固是。『愛之理』即是『心之德』，不是『心之德』了，又別有個『愛之理』。偏言、專言亦不是兩個仁。小處也只在大裏面。[一四一]以[一四二]粗譬之，仁恰似今福州太守兼帶福建路安撫使。以安撫使言之，則統一路軍[一四三]；以太守言之，泉州太守、漳州太守都是一般太守，但福州較大耳。然太守即是這安撫使，隨地施爲。[一四四]」按淳自爲一條，反略，今附云：淳問：「心之德是專言，愛之理是偏言否？」曰：「固是。然愛之理亦是心之德底，不是心之德了又別有個愛之理。嘗粗譬之，仁似福州太守兼帶福建路安撫使一般，自其安撫使言則統一路州軍，自其太守言，則與漳州太守無異，均太守也，但彼較大耳。然太守亦即是安撫使。仁只是一個仁，不是有一個大底仁，其中又有一個小底仁。」○按卓此條皆淳問，今淳自爲四條，各類入。今既合爲一，不敢删去，故並存之。[一四五]

仁者，心之德，愛之理。只是一個仁，但說得有大小。心之德如福建安撫使，愛之理如福州知州，只是一個人。賜。[一四六]

先生云：「『仁者愛之理』，是將仁來分作四段看。仁便是『愛之理』，至於愛人愛物，皆是此理。義便是宜之理，禮便是恭敬之理，智便是分別是非之理。理不可見，因其愛與宜，恭敬與是非，而知有仁、義、禮、智之理在其中，乃所謂『心之德』，乃是仁能包四者，便是流行處，所謂『保合太和』是也。仁是個生理，若是不仁便死了。人未嘗不仁，只是爲私欲所昏，纔『克己復禮』，仁依舊在。」榦[一四七]　曰：「私欲不是別有個私欲，只心之偏處便是。」汪正甫問：「三仕三已未爲仁，管仲又却稱仁，是如何？」先生曰：「三仕三已是獨自底，管仲出來，畢竟是做得仁之功。且如有〔一四八〕一個人坐亡立化，有一個人伏〔一四九〕節死義，畢竟還伏〔一五〇〕節死義底是，坐亡立化濟得甚事！」晏亞夫問「殺身成仁，求生害仁」。先生曰：「求生，畢竟是心不安。理當死即得殺身，身雖死而理即在。」亞夫云：「要將言仁處類聚看。」先生曰：「若如此便是趕，轉〔一五一〕縛得急，却不好。只依次序看，若理會得一段，〔一五二〕覺見得意思轉好。」坐間因説文中子。〔一五三〕先生曰：「文中子論時事及文史處儘有可觀。於文取陸機，史取陳壽。曾將陸機文來看，見也平正。〔一五四〕」。

問「仁者，〔一五五〕愛之理，心之德」。先生曰：「理便是性。緣裏面有這愛之理，所以發出來無不愛。程子曰：『心如穀種，其生之性乃仁也。』『生之性』便是『愛之理』也。嘗譬如一個物有四面：一面青，一面紅，一面白，一面黑。青屬東方，則仁也；紅屬南方，禮也；白屬西方，義也；黑屬北方，智也。然這個物生時，却從東方左邊生起，故寅卯辰屬東方便是這仁，萬物得這生氣方生。及至巳午未南方，萬物盛大，便是這生氣已充滿。及申酉戌西方，則物又只有許多限量，生滿了，更生不去，故生氣到此自是收斂。若更生去，則無收殺了。又至亥子丑北方，生氣都收藏。然雖是收斂，早是又在裏面發動了，故聖人説『復見天地之心』，可見生氣之不息也。所以仁貫四端，只如此看便見。」僩。

問「仁者心之德，愛之理」。先生曰：「『愛之理』便是『心之德』。公且春〔一五六〕氣上看。如春夏秋冬，須看他四時界限，又却看春如何包得三時。四時之氣温涼寒熱，涼與寒既不能生物，夏氣又熱，亦非生物之時。惟春氣温厚，乃見天地生物之心，到夏是生氣之長，秋是生氣之斂，冬是生氣之藏。若春無生物之意，後面三時都無了。此仁所以包得義、禮、智也，明道先生所以言義、禮、智皆仁也。今且粗譬喻，福州知州便是福建路安撫使，更無一個小底做知州，大底做安撫也。今學者須是先自講明得一個仁，若理會得後，在心術上看也是此理，在事物看也是此理。若不先見得此仁，則心術上言仁與事物上言仁判然不同了。」又言：「學者『克己復禮』上做工夫，到私欲盡後，便粹然是天地生物之心，須常要有那温厚底意思方好。」時舉。按此條潘植録。〔一五七〕

或問：「仁者心之德，如何？〔一五八〕」先生曰：「義、禮、智皆心之所有，仁則渾然。分而言之，仁主乎愛；合而言之，包是三者。」或問：「仁有生意，如何？」先生曰：「只此生意是活物。〔一五九〕必有此心乃能知羞惡，必有此心乃能知是非。此心不生，又烏能辭遜、羞惡、是非哉？且如春之生物也，至於夏之長則是生者長，秋之遂亦是生者遂，冬之成亦是生者成也。百穀之熟，方及七八分，若斬斷其根，則生者喪矣，其穀亦不得〔一六〇〕七八分；若生者不喪，須及十分。收而藏之，生者似息矣，只明年種之又復有生。諸子問仁不同，而今曰『愛之理』云者，『克己復禮』亦要只存得此愛，非以『克己復禮』是仁。『友其士之仁者，事其大夫之賢者』亦只是要見得此愛。其餘皆然。」力行。

謨[一六一]問：「『仁者，愛之理，心之德』，[一六二]『愛之理』實具於心，『心之德』發而爲愛否？」先生曰：「解釋文義則可，實下功夫當如何？」某[一六三]曰：「據其已發之愛，則知其爲『心之德』；指其未發之仁，則知其爲『愛之理』。莫是如此否？」[一六四]先生曰：「某記少時與人講論此等道理，見得未真，又不敢斷定，觸處問人，自爲疑惑，皆是臆度所致，至今思之可笑。須是就自己實做工夫處，分明見得這個道理，意味自別。如『克己復禮』則如何爲仁？『居處恭，執事敬』與『出門如見大賓』之類亦然。『克己復禮』本非仁，却須從『克己復禮』中尋究仁在何處，親切貼身體驗出來，不須向外處求。」謨曰：「平居持養，只克去己私便是本心之德，流行發見無非愛而已。」先生曰：「此語近之。正如疏導溝渠，初爲物所壅蔽，纔疏導得通，則水自流行。『克己復禮』便是疏導意思，流行處便是仁。」謨。

先生嘗曰：「『仁者心之德，愛之理。』論、孟中有專就『心之德』上説者，如『克己復禮』，『承祭、見賓』，與答樊遲『居處恭』，『仁人心也』之類。有就『愛之理』上説者，如『孝弟爲仁之本』，與『愛人』、『惻隱之心』之類。」過續與朋友講此，因曰：「就人心之德説者，有是『心之德』。」陳廉夫云：「如此轉語方得。」先生嘗説：「如有所譽者，其有所試矣。」蔡季通曰：「如『雍也可使南面』，是也。」先生極然之。楊至之嘗疑先生「君子而時中」解處，恐不必説「而又」字，先生曰：「只是未理會此意。」過曰：「正如程子易傳云『正不必中，中嘗[一六五]重於正』之意。」先生曰：「固是。既君子，又須時中；彼既小人矣，又無忌憚。」先生語輔漢卿曰：「所看文字，於理會得底更去看，又好。」過。

「孝悌爲仁之本」注中，程子所説三段須要看得分曉。仁就性上説，孝悌就事上説。僩。[一六六]

仁是性，孝弟是用。用便是情，情是發出來底。論性，則以仁爲孝弟之本；論行仁，則孝弟爲仁之本。如親親、仁民、愛物，皆是行仁底事，但須先從孝弟做起，舍此便不是本。所載「程子曰」兩段分曉可觀。語録所載他説，却未須看。如語録所載「盡得孝弟便是仁」，此一段最難曉，不知何故如此説。人有此心，以其有是德也。此心不在，便不是仁。巧言令色，此雖未是大段姦惡底人，然心已務外，只求人悦，便到惡處亦不難。程子謂[一六七]「知巧言令色之非仁，則知仁矣」，此説極盡。若能反觀此心，纔收拾得不走作務外，便自可見[一六八]。此[一六九]與前章「程子曰」兩條若理會得，則論語一書，凡説[一七〇]仁處皆可通矣。論語首章載時習，便列兩章説仁次之，其意深矣！明作。[一七一]

「『爲仁以孝弟爲本，論性則以仁爲孝弟之本』。[一七二]『爲仁以孝弟爲本』，即是[一七三]所謂

『親親而仁民，仁民而愛物』。『論性則以仁爲孝弟之本』，『孩提之童，無不知愛其親；及其長也，無不知敬其兄』，是皆發於心德之自然，故『論性以仁爲孝弟之本』。『爲仁以孝弟爲本』，這個『仁』字是指其周遍及物者言之。『以仁爲孝弟之本』，這個『仁』字是指其本體發動處言之。據賀孫看如此，不知是否？〔一七四〕」曰：「是。道理都自仁裏發出。首先是發出爲愛，愛莫切於愛親，其次便到弟其兄，又其次便到事君以及於他，皆從這裏出。如水相似，愛是個源頭，漸漸流出。」賀孫。

問：「孝根原是從仁來。仁者，愛也。愛莫大於愛親，於是乎有孝之名。既曰孝，則又當知其所以孝。子之身得之於父母，『父母全而生之，子全而歸之』，故孝不特是承順養志爲孝，又當保其所受之身體，全其所受之德性，無忝乎父母所生始得，所以『爲人子止於孝』。」曰：「凡論道理，須是論到極處。」以手指心曰：「本只是一個仁，愛念動出來便是孝。」因舉〔一七五〕程子謂：「『爲仁以孝弟爲本，論性則以仁爲孝弟之本。仁是性，孝弟是用。性中只有個仁、義、禮、智四者〔一七六〕，曷嘗有孝弟來。』『譬如一粒粟，生出爲苗。仁是粟，孝弟是苗，便是仁爲孝弟之本。又如木有根，有榦，有枝，有葉，親親是根，仁民是榦，愛物是枝葉，便是行仁以孝弟爲本，是以親親爲根本。〔一七七〕』」淳。

居父問「孝弟爲仁之本」。因云：〔一七八〕「『由孝弟可以至仁』一段，是劉安節記，最全備。」

賀孫[一七九]問：「把孝弟喚做仁之本，却是把枝葉做本根。」先生曰：「然。」賀孫。

問：「『孝弟爲仁之本』，或人之問：『由孝弟可以至仁』，是仁在孝弟之中；程子謂『行仁自孝弟始』，是仁在孝弟之外。」先生曰：「如何看此不子細！程先生所答煞分曉。據或人之問，仁不在孝弟之中，乃在孝弟之外，如自建陽去方行到信州。程子正說在孝弟之中，只一個物事。如公所說程子之意，孝弟與仁却是兩個物事，豈有此理！」直卿曰：「正是倒看却。」先生曰：「孝弟不是仁，更把甚麼做仁！」因遍問坐間云云，先生曰：[一八〇]「前日戲與趙子欽說，須畫一個圈子，就中更畫大小次第作圈。中間圈子寫一『性』字，自第二圈以下，分界作四去，各寫『仁』、『義』、『禮』、『智』四字。『仁』之下寫『惻隱』，『惻隱』下寫『事親』，『事親』下寫『仁民』，『仁民』下寫『愛物』。『義』下寫『羞惡』，『羞惡』下寫『從兄』，『從兄』下寫『尊賢』，『尊賢』下寫『貴貴』。於『禮』下寫『辭遜』，『辭遜』下寫『節文』。『智』下寫『是非』，『是非』下寫『辨別』。」直卿又謂：「但將仁作仁愛看便可見。程子說『仁主於愛』，此語最切。」先生曰：「要從裏面說來[一八一]。仁是性，發出來是情，便是孝弟。孝弟仁之用，以至仁民愛物，只是這個仁。『行仁自孝弟始』，便是從裏面行將去，這只是一個物事。今人看道理，多要說做裏面去，不要說從外面來，不可曉。深處還他深，淺處還他淺。」[一八二]

「孝弟，仁之本」，程氏謂「行仁自孝弟始」。[一八三]蓋仁自事親、從兄，以至親親、仁民，仁民、愛物，無非仁。然從[一八四]初自事親、從兄行起，非是便能以仁遍天下。只見孺子入井，這裏便有惻隱欲救之心，只恁地做得[一八五]將去。故曰「安土敦乎仁，故能愛」，只是就這裏當愛者便愛。蓋卿。

陸伯振云：「象山以有子之説爲未然。仁，乃孝弟之本也。有子説：『君子務本，本立而道生。』起頭説得重，却得。『孝弟也者，其爲仁之本與』，却説得輕了。」先生曰：「上兩句泛説，下兩句却説行仁當自孝弟始。所以程子云：『謂孝弟爲行仁之本，則不可。[一八六]』所謂『親親而仁民』也。聖賢言仁不同。此是説『爲仁』。若『巧言令色，鮮矣仁』，却是近裏説。」因言：「有子説數段話，都説得反覆曲折，惟『盍徹』一段説得直截耳。想是一個重厚和易底人，當時弟子皆服之，所以夫子没後，『欲以所事夫子者事之』也。檀弓篇恐是子游弟子所記，其中多説子游之知禮。」人傑。[一八七]

仁是本，孝弟是用，本不可得而測度。節。[一八八]

先生問節曰：「吉甫且説道如何是仁是性，孝弟是用？」節對曰：「以愚見觀之，所以當愛底是仁。」[一八九]先生曰：「不是恁地[一九〇]。」節又曰：[一九一]「仁是孝弟之母子，有仁方發得孝弟出來，無仁則何處得孝弟！」先生應。節次日復問曰：[一九二]「先生夜來[一九三]以節言所以當愛底不是，節再思之，未達不是之由。[一九四]」曰：「『當』字不是。」又曰：「未説着愛。[一九五]如目能視，雖瞑目不動，却能視。仁非愛，却他〔一九六〕能愛。」又曰：「愛非仁，愛之理是仁；心非仁，心之德是仁。」節。

舉程子說云：「『性中只有個仁、義、禮、智，何嘗有孝弟來』，說得甚險。自未知者觀之，其說亦異矣。然百行各有所屬，孝弟是屬於仁者也。」因問仁包四者之義。曰：「仁是個生底意思，如四時之有春。彼其長於夏，遂於秋，成於冬，雖各具氣候，然春生之氣皆通貫於其中。仁便有個動而善之意。如動而有禮，凡其辭遜皆禮也；然動而爲禮之善者，則仁也。曰義，曰智，莫不皆然。又如慈愛、恭敬、果毅、知覺之屬，則又四者之小界分也。譬如『普天之下，莫非王土』，固也。然王畿之內是王者所居，大而諸路，王畿之所轄也；小而州縣市鎮，又諸路之所轄也。若王者而居州鎮，亦是王土，然非其所居矣。」又云：「智亦可以包四者，知在先故也。」人傑。

問：「有子曰：『其爲人也孝弟，而好犯上者，鮮矣。不好犯上而好作亂者，未之有也。君子務本，本立而道生，孝弟也者，其爲仁之本歟。』〔一九七〕明道曰：『孝弟有不中理，或至犯上。』既曰孝弟，如何又有不中理？」曰：「且如父有爭子，一不中理則不能承意，遂至於犯上。」問：「明道曰『孝弟本其所以生，乃爲仁之本』，如何？」曰：「此是不忘其所由生底意。〔一九八〕其他『愛』字皆推向外去，此個『愛』字便推向裏來。玩味此句〔一九九〕儘好。」問：「『或人問伊川曰：「孝弟爲仁之本」，此是由孝弟可以至仁否？』伊川曰：『非也。』不知如何。」曰：「仁不可言『至』。言至仁〔二〇〇〕者，義理之言，不是地位之言，地位則可以言至。又不是孝弟在這裏，仁在那裏，便由孝弟以至仁。無此理。如所謂『何事於仁，必也聖乎』，聖，却是地位之言。程先生便只説道：『盡得仁，斯盡得孝弟；盡得孝弟，便是仁。』又曰：『孝弟，仁之一事。』」問曰：「仁是義理之言，蓋以仁是自家元本有底否？」曰：「固是。但行之亦有次序，所以莫先於孝弟。」問：「伊川曰『仁是性也』，仁便是性否？」曰：「『仁，性也』、『仁，人心也』，皆如所謂『乾卦』相似。卦便有乾坤之類，性與心便有仁、義、禮、智，却不是把性與心便作仁看。性，其理；情，其用。心者，兼性情而言；兼性情而言者，包括乎性情也。孝弟者，性之用也。惻隱、羞惡、辭遜、是非，皆情也。」問：「伊川何以謂『仁是性』？孟子何以謂『仁人心』？」曰：「要就人身上説得親切，莫如就『心』説。心者，兼體、用而言。程先生〔二〇一〕曰：『仁是性，惻隱是情。』若孟子，便只是〔二〇二〕説心。程子是分別體、用而言；孟子是兼體、用而言。」問：「伊川曰『仁主乎愛』，愛便是仁否？」曰：「『仁主乎愛』者，仁發出來便做那慈愛底事。某嘗説『仁主乎愛』，仁須用『愛』字説，被諸友四面攻道不是。呂伯恭亦云：『説得來太易了。』愛與惻隱本是仁底事，仁本不難見，緣諸儒説得來淺近了，故二程先生〔二〇三〕便説道，仁不是如此説。後人又却説得來高遠没理會了。」又曰：「天之生物便有春夏秋冬，陰陽剛柔，元亨利貞。以氣言則春夏秋冬，以德言則元亨利貞，在人則爲仁義禮智。是個坯樸裏便有這底。天下未嘗有性外之物。仁則爲慈愛之類，義則爲剛斷之類，禮則爲謙遜，智則爲明辨，信便是真個仁義禮智，不是假，之謂[二〇四]信。」[二〇五]又[二〇六]曰：「程先生易傳說：『四德之元猶五常之仁，專言則包四者，偏言之則主一事。』如『仁者必有勇』，便義也在裏面；『知覺謂之仁』，便智也在裏面。如『孝弟爲仁之本』，便只是主一事，主愛而言。如『巧言令色，鮮矣仁』、『而親仁』[二〇七]皆偏言也。如『克己復禮爲仁』却是專言。纔有私欲，[二〇八]義、禮、智都是私，愛也是私愛。譬如一路數州必有一帥，自一路而言，便是一帥；自一州而言，只是一州之事。然而帥府之屬縣便較易治，若要治屬郡之縣却隔一手了，故仁只主愛而言。」又曰：「仁、義、禮、智共把來[二〇九]，便見得仁。譬如四分[二一〇]分作四處住，看了三個，則那一個定是仁。不看那三個，只去求一個，如何討得着！」又曰：「『仁主乎愛』如燈有光，若把光做燈又不得。謝氏說曰：『若不知仁，則只[二一一]「克己復禮」而已。』豈有知『克己復禮』而不知仁者！謝氏這話都不甚穩。」問：「知覺是仁否？」曰：「仁然後有知覺。」問：「知覺可以求仁否？」曰：「不可。」問：「謝氏曰[二一二]『知此心則知仁』，何也？」曰：「便是這些話心煩人，二先生却不如此說。」[二一三]問：「四肢痿痺爲不仁，莫把四肢喻萬物否？」曰：「不特喻萬物，他有數處說，有喻萬物底，有只是頃刻不相應便是不仁。如病風人一肢不仁，兩肢不仁，爲其不省悟也。似此等語被上蔡說便似忒過了，他專把省察做事。省察固是好，如『三省吾身』，只是自省，看這事合恁地、不合恁地，却不似上蔡諸公說道去那上面察探。要見這道理，道理自在那裏，何用如此等候察探他。且如上蔡説『仁，孝弟爲仁之本[二一四]』，有[二一五]曰『試察吾事親、從兄時，此心如之何』，便都似剩了。仁者便有所知覺，不仁者便無所知覺，恁地却説得。若曰『心有知覺之謂仁』却不得。『仁』字最難言，故孔子罕言仁。仁自在那裏，夫子却不曾説，只是教人非禮勿視聽言動與『居處恭，執事敬，與人忠』，便是説得仁前面話；『仁者其言也訒』、『仁者先難而後獲』、『仁者樂山』之類，這[二一六]便是説得仁後面話。只是這中間便着理會仁之體。仁義禮智，只把元亨利貞、春夏秋冬看便見。知覺自是智之事，在四德是『貞』字。而知所以近乎仁者，便是四端循環處。若無這智，便起這仁不得。」問曰：「嘗見[二一七]先生作克己齋銘，有曰『求之於機警危迫之際』。想正爲此設。」曰：「後來也改却，不欲説到那裏。然而他説仁，説知覺，分明是説禪了。」又曰：「如湖南五峰多説『人要識心』。心自是個識底，却又把甚[二一八]底去識此心。且如人眼自是見物，却如何見得眼！故學者只要去其物欲之蔽，此心便明。如人用藥以治眼，然後眼明。他而今便把孟子愛牛入井做主説，却不知孟子也。[二一九]他此説蓋爲有那一般極愚昧底人，便着恁地向他説道是心本如此，不曾便把做主[二二〇]。諸公於此便要等候探知這心，却恐不如此。」榦。[二二一]

或疑上蔡「孝弟非仁也」一句。先生曰：「孝弟滿體是仁。內自一念之微，以至萬物各得其所，皆仁也。孝弟是其和合做底事，若説孝弟非仁，不知何從得來？上蔡之意蓋謂別有一物是仁，如此則是性外有物也。」或曰：「『知此心，則知仁矣』，此語好。」先生曰：「聖門只説爲仁，不説仁。〔二二三〕上蔡一變而爲張子韶。上蔡所以〔二二三〕不敢衝突者，張子韶出來盡衝突了。〔二二四〕又〔二二五〕近年陸子静又衝突出張子韶之上。〔二二六〕」方子。

問：「謝氏以覺訓仁，謂仁爲活物，要於日用中覺得這個活物，便見仁體。而先生不取其説，何也？」曰：「若見〔二二七〕識得仁體，則所謂覺，所謂活物皆可通也，但他説得自有病痛，必竟如何是覺？又如何是活物？又却别將此個意思去覺那個活物，方寸紛擾，何以爲仁？如説『克己復禮』，己在何處？克又如何？豈可以活物覺之而已也！」謨。〔二二八〕

上蔡説孝弟非仁也。孔門只説爲仁，上蔡却説知仁，只要見得此心便以爲仁。上蔡之説一轉而爲張子韶，張子韶一轉而爲陸子静。上蔡所不敢衝突者，張子韶盡衝突；張子韶所不敢衝突者，陸子静盡衝突。蓋卿。〔二二九〕

上蔡以知覺言。知□理方是。〔二三〇〕且如一件事是合做與不合做，覺得這個方是仁。唤着便應接〔二三一〕，抉着便痛，這是心之流注在血氣上底。覺得那理之是非，這方是流注在理上底。唤着不應，抉着不痛，這固是死人，固是不仁。唤得應，抉着痛，只這便是仁，則誰個不會如此？須是分作三截看：那不聞痛癢底是不仁；只覺得痛癢，不覺得理底，雖會於那一等，也不便是仁；須是覺道〔二三二〕理方是。植。〔二三三〕

問：「『孝弟是爲[二三四]仁之本』，則上面『生』字恐着不得否？」曰：「亦是仁民愛物，都從親親上生去。孝弟也是仁，仁民愛物也是仁。只孝弟是初頭事，從這裏做起。」淳[二三五]問：「『爲仁』只是推行仁愛以及物，不是去做那仁否？」曰：「只是推行仁愛以及物，不是就這上求仁。如謝氏説『就良心生求[二三六]』，便是求仁。程子説，初看未曉，似悶人；看熟了，真攧撲不破。」淳。

問「孝弟爲仁之本」處[二三七]。先生曰：「上蔡謂『事親、從兄時，可以知得仁』，是大不然。蓋爲仁便是要做這一件事，從孝弟上做將去。若曰『就事親從兄上知得仁』，都[二三八]却是只借孝弟來要知個仁而已，不是要爲仁也。上蔡之病患在以覺爲仁，但以覺爲仁，只將針來刺股上，纔覺得痛，亦可謂之仁矣。此大不然也。」時舉。

## 巧言令色鮮矣仁章

或問「巧言令色，鮮矣仁」。先生曰：「只心在外便是不仁也。[二三九]不是別更有仁。」雉。

或問「巧言令色，鮮矣仁」。曰：「他自使去了，此心在外，如何得仁？」祖道。[二四〇]

或問：「『巧言令色』，以巧言爲言不誠者。」[二四一]先生曰：「據某所見，巧言即所謂花言巧語，如今世舉子弄筆端做文字者便是。看做這般模樣時，其心還在腔子裏否？」文蔚。

「巧言令色，鮮矣仁」，只争一個爲己、爲人。且如「動容貌，正顏色」，是合當如此，亦何事？[二四二]但[二四三]做這模樣務以悦人，則不可。僩。[二四四]

問：「『巧言令色，鮮矣仁』，記言『辭欲巧』，詩言『令儀令色』者，何也？」答[二四五]曰：「看文字不當如此。記言『辭欲巧』非是要人機巧，蓋欲其辭之委曲耳。如語言『夫子爲衛君』，答曰『吾將問之』，入曰『伯夷、叔齊何人也』之類是也。詩言『令色』與此不同，[二四六]詩人所謂『令色』者，仲山甫之正道，自然如此，非是做作恁地。何不看取上文？上文云[二四七]『仲山甫之德，令儀令色』，此德之形於外者如此，與『鮮矣仁』者不干事。」祖道。按周謨録同。[二四八]

問：「巧言令色是詐僞否？」先生曰：「諸家之説都無詐僞意思，但馳心於外便是不仁。若至誠巧令，尤遠於仁矣。」人傑。

「巧言令色，鮮矣仁」，聖人説得直截。專言鮮則絶無可知，但辭不迫切，有含容之意。若云「鮮矣仁」者猶有些在，則失聖人之意矣。人傑。

淳[二四九]問：「『巧言令色，[二五〇]鮮矣仁』，集注以爲絶無仁，恐未至絶無處否？」曰：「人多解此[二五一]作尚有些個仁，便粘滯、咬不斷了。子細看，巧言令色，心皆逐物於外，大體是無仁了。縱有些個仁，亦成甚麽！所以程子以巧言令色爲非仁。『絶無』二字，便是述程子之意。」淳。

早時南升在先生樓下，與直卿對坐，商量論語。見先生出來，即着涼衫，揖，先生令坐喫湯。

某云：「看論語中有未通處，欲先與直卿商議。」先生云：「也好。」續云：「公若不向說，某無緣知公不理會得甚處。公何不發問？」某對以「細碎處，又不敢問」。先生曰：「但說不妨。」某即云：「恰與直卿商量『巧言令色，鮮矣仁』。『鮮』字，先生云『絶無』。未曉此意。」[二二五二]先生曰：「只是心在時便是仁。若巧言令色之人，一向逐外，則心便不在，安得謂之仁！『顏子三月不違仁』，也只是心在。」因舉[二二五三]伊川云「知巧言令色之非仁，則知仁矣」，謂之非仁，則絶無可知。南升。

道夫[二二五四]問：「夫子『巧言令色，鮮矣仁』，而程子却說非仁，[二二五五]何也？」曰：「『鮮』字若對上面說，如『不好犯上而好作亂者鮮』，這便是少。若只單說，便是『無』了。巧言令色又去那裏討仁！」道夫。

問：「『巧言令色，鮮矣仁』一章，[二二五六]諸先生說都似迂曲，不知何說爲正？」先生曰：「便是這一章都主愛[二二五七]。惟楊氏後說近之，然不似程說好，更子細玩味。」問：「游氏說『誠』字，如何？」曰：「他却說成『巧言令色鮮矣誠』，不是『鮮矣仁』。說仁，須到那仁處便安排一個『仁』字安頓放教恰好，只消一字亦得。不然，則三四字亦得。又須把前後說來相參，子細玩味，看道理貫通與不貫通，便見得。如洙泗言仁一書，却只總來恁地看，却不如逐段看了來相參，自然見得。」先生因問曰：「曾理會得伊川曰『論性則仁爲孝弟之本』否？」榦曰：「有這性便有這仁，仁發出來方做孝弟。」先生曰：「但把這底看『巧言令色鮮矣仁』便見得。且如巧言令色人，盡是私欲，許多有底便都不見了。私慾之害豈特是仁，和義、禮、智都不見了。」問：「何以不曰『鮮矣義禮智』而只曰『鮮矣仁』？」曰：「程先生曰：『五常之仁如四德之元，偏言之則主一事，專言之則包四者。』」先生又曰：「仁與不仁只就向外向裏看便見得。且如這事合恁地方中理，必可以求仁，亦不至於害仁。如只要人知得恁地，便是向外。」問：「謝氏說如何？」曰：「謝氏此一段如亂絲，須逐一剔撥得言語異同，『巧』『令』字如何不同，又須見得有個總會處。且如『辭欲巧』，便與『遜以出之』一般。『逞顏色』與『仲山甫之德〔二五八〕，令儀令色』，都是自然合如此，不是旋做底。『惡訐以爲直』也是個巧言令色底意思。巧言令色便要人道好，他便要人道直。『色厲而内荏』又是令色之尤者也。」榦。總論集義諸說。〔二五九〕

## 【校勘記】

〔一〕他　成化本無。

〔二〕工　成化本爲「工夫」。

〔三〕須求其當所謂學者　成化本爲「須求其所謂學者如何」。

［四］玩　成化本作「既」。
［五］而　成化本作「受」。
［六］此條道夫録成化本載於卷十四。且成化本於「這個道理」前有：　問：「明德、至善，莫是一個否？」曰：「至善是明德中有此極至處。如君止於仁，臣止於敬，父止於慈，子止於孝，與國人交止於信，此所謂『在止於至善』。只是又當知如何而爲止於仁，如何而止於敬，如何而止於慈孝、與國人交之信。這裏便用究竟一個下工夫處。」景紹曰：「止，莫是止於此而不過否？」曰：「固是。過與不及皆不濟事。但仁敬慈孝，誰能到得這裏？聞有不及者矣，未聞有過於此者也。如舜之命契，不過是欲使『父子有親，君臣有義，夫婦有别，長幼有序，朋友有信』，只是此五者。至於後來聖賢千言萬語，只是欲明此而已。」
［七］成化本此下注曰：「學習。」
［八］個　成化本無。
［九］先生問……所包甚廣　成化本爲「問注云學之爲言效也效字所包甚廣」。
［一〇］效字所包甚廣也　成化本無。
［一一］道夫　成化本作「驤」。且此下注曰：「容録云：『人凡有可效處，皆當效之。』」
［一二］此條容録成化本無，但因其與上一條道夫録内容相近，故以容録部分内容作爲注附於道夫録中。參本卷第十條校勘記。
［一三］成化本此下注有「履」。

〔一四〕學而時習章　成化本爲「學習二字」。
〔一五〕是未理會得底道理　成化本爲「是未理會得時」。
〔一六〕底　成化本無。
〔一七〕成化本此下有「非是學得了，頓放在一處，却又去習也」。
〔一八〕這　成化本無。
〔一九〕譬鳥數飛……正是此義　成化本爲「如鳥數飛只是飛了又飛所謂鷹乃學習是也」。
〔二〇〕先生曰……不暇理會也　成化本爲「先生因言此等處添入集注中更好」。
〔二一〕且如曾子三省處……便與他理會耳　成化本爲「曾子三省看來是當下便省得纔有不是處便改不是事過後方始去改省了却又休也只是合下省得便與它改」。且這部分董銖録專爲一條，載於卷二十一。
〔二二〕節　成化本無。
〔二三〕習　成化本爲「時習」。
〔二四〕成化本此下注有「節」。
〔二五〕諸公　成化本無。
〔二六〕釋　成化本作「解」。
〔二七〕此條賀孫録成化本無。
〔二八〕學而時習之　成化本無。

［二九］細繹　成化本爲「紬繹」，朱本爲「思繹」。
［三〇］集注學而時習章載　成化本無。
［三一］不知是否　成化本作「否」。
［三二］學而時習之先生云　成化本無。
［三三］籠絡統　成化本爲「儱侗」。
［三四］寓　成化本無。
［三五］學而時習之　成化本無。
［三六］寓　成化本無。
［三七］兩　成化本爲「兩段」。
［三八］學習　成化本無。
［三九］思量　成化本爲「思意」。
［四〇］成化本此下注有「説」。
［四一］一章　成化本無。
［四二］不亦説乎　成化本無。
［四三］方是　成化本爲「方始」。
［四四］不亦樂乎　成化本無。

〔四五〕成化本此下注曰：「朋自遠方來。」
〔四六〕學而一段程子云　成化本無。
〔四七〕問有朋自遠方來集注云以善及人而信從者衆故樂　成化本爲「問以善及人而信從者衆」。
〔四八〕容　成化本無。
〔四九〕做　成化本無。
〔五〇〕人　成化本無。
〔五一〕他　朱本作「也」。
〔五二〕人　成化本無。
〔五三〕未備入訓禮　成化本爲「來備禮」，且爲大字。
〔五四〕成化本此下注有「謙」。
〔五五〕此條柄録成化本無。
〔五六〕吴仁父問論語首章注云非樂不足以語君子處　成化本爲「吴仁父問非樂不足以語君子」。
〔五七〕因　成化本無。
〔五八〕按董銖録同　成化本無。
〔五九〕成化本此下注曰：「説樂。」
〔六〇〕問説在心樂主發散在外曰　成化本無。

［六一］成化本此下注曰：「人不知不愠。」

［六二］壽仁　成化本爲「拱壽」。

［六三］成化本此下有「曰」。

［六四］令　成化本作「今」。

［六五］且　成化本無。

［六六］或問人不知而不愠曰　成化本無。

［六七］成化本此下注曰：「樂，不愠。」

［六八］余正叔　成化本爲「正叔」。

［六九］成化本此下有「曰：習亦未是成德事」。

［七〇］成化本此下注曰：「總論。」

［七一］成化本此下注曰：「黄録詳，别出。」且成化本此下載黄義剛録曰：　問：「『學而』首章，把作始、中、終之序看時，如何？」曰：「道理也是恁地，然也不消恁地説。而今且去看『學而時習之』是如何，『有朋自遠方來』是如何。若把始、中、終三個字括了時便是了，更讀個甚麽！公有一病，好去求奇。如適間説文子，只是他有這一長，故謚之以『文』，未見其他不好處。今公却恁地去看。這一個字如何解包得許多意思？大概江西人好拗、人説臭，他須要説香。如告子不如孟子，若只恁地説時，便人與我一般。我須道告子强似孟子。王介甫嘗作一篇兵論在書院中硯下。是時他已參政。劉貢父見之，值客，直入書院，見其

文，遂言庶官見執政不應直入其書院，且出。少頃廳上相見，問劉近作，劉遂將適間之文意換了言語答他。王大不樂，退而碎其紙。蓋有兩個道此，則是我説不奇，故如此。」因言：「福州嘗有姓林者，解『學而時習』是心與理爲一，『有朋自遠方來』是己與人爲一，『人不知而不慍』是人與天爲一。君舉大奇之，這有甚好處？要是它們科舉之習未除，故説得如此。」此條黄義剛録底本無。

［七二］何　朱本作「不」。

［七三］以下總論集注諸説　成化本爲「義剛録同，見訓揚」。檢卷一百十九黄義剛所録「包顯道領生徒十四人來」一條中載有部分内容與此條相近，曰：一生説「時習」章。先生曰：「只是熟，故説。到説時自不肯休了。而今人所以恁地作輟者，只是未熟。『以善及人，而信從者衆』，此説地步闊。蓋此道理天下所公共，我獨曉之而人不曉得，也自悶。今『有朋自遠方來』則從者衆，故可樂。這個自是地位大段高了。『人不知而不愠』也是難。愠不是大段怒，但心裏略有不平底意便是愠。此非得之深、養之厚，何以至此？」

［七四］不亦説乎　成化本無。

［七五］某　成化本作「卓」。

［七六］無　成化本作「元」。

［七七］未有　成化本爲「有未」。

［七八］去　成化本無。

〔七九〕曾　成化本無。
〔八〇〕是　成化本無。
〔八一〕古人　成化本爲「古人説」。
〔八二〕並　成化本作「是」。
〔八三〕是　成化本爲「只是」。
〔八四〕發越　成化本爲「發散」。
〔八五〕范氏　成化本爲「范氏游氏」。
〔八六〕説　朱本作「乎」。
〔八七〕然　朱本作「上」。
〔八八〕寓　成化本無。
〔八九〕其爲人也孝悌而好犯上者鮮矣　成化本無
〔九〇〕犯上　成化本爲「犯上者」。
〔九一〕按劉一之録同　成化本無。
〔九二〕文意　成化本無。
〔九三〕如君臣父子夫婦兄弟等皆是本處否　成化本爲「君臣父子夫婦兄弟皆是本否」。
〔九四〕悌　成化本作「弟」。

[九五] 淳　成化本作「寓」。
[九六] 能　成化本無。
[九七] 見　成化本作「具」。
[九八] 故爲仁之本　成化本爲「故是行仁之本」。
[九九] 成化本此下注曰：「以下孝弟仁之本。」
[一〇〇] 先生問……俱是一心　成化本作「問」。
[一〇一] 爾　成化本無。
[一〇二] 以　成化本作「只」。
[一〇三] 既能齊家　成化本無。
[一〇四] 某又　成化本無。
[一〇五] 孝弟也者其爲仁之本與　成化本爲「孝弟爲仁之本」。
[一〇六] 某　成化本爲「可學」。
[一〇七] 成化本此下注有「南升」。此條中「某云」，成化本爲「可學云」，據此似可推知爲可學録。
[一〇八] 孝弟也者其爲仁之太與　成化本爲「孝弟爲仁之本」。
[一〇九] 心　成化本作「仁」。
[一一〇] 孝弟也者其爲仁之本　成化本爲「孝弟爲仁之本」。

〔一一一〕本　成化本作「仁」。

〔一一二〕此　成化本無。

〔一一三〕求教切己工夫　成化本爲「問論孟疑處曰今人讀書有疑皆非真疑某雖説了只做一場話説過於切己工夫何益向年在南康都不曾無諸公説次日求教切己工夫」。

〔一一四〕晦夫　成化本爲「以下訓煇」，且此條載於卷一百十九。

〔一一五〕此條泳録成化本載於卷十九。

〔一一六〕此條伯羽録成化本無。

〔一一七〕南軒問見某説亦疑後子細看了却曉得　成化本無。

〔一一八〕則　成化本作「皆」。

〔一一九〕者　成化本作「是」。

〔一二〇〕因其外面發出來處便必是仁　成化本爲「因其外面發出來底便知是性在裏面」。

〔一二一〕節告歸　成化本無。

〔一二二〕愚見　成化本無。

〔一二三〕節　成化本無。

〔一二四〕節復問曰　成化本作「問」。

〔一二五〕至　成化本作「之」。

〔一二六〕此條陳淳録成化本無。
〔一二七〕成化本此下注曰：「心之德。」
〔一二八〕成化本此下注曰：「泳。愛之理，心之德。」
〔一二九〕仁者　成化本無。
〔一三〇〕如何　成化本無。
〔一三一〕成化本此下注有「賀孫」。
〔一三二〕此條伯羽録成化本無。
〔一三三〕戴禮記云　成化本爲「戴云」。
〔一三四〕兼　成化本作「專」。
〔一三五〕雖不同皆由此水而爲之也　成化本爲「池雖不同皆由水而爲之也」。
〔一三六〕問仁先生曰　成化本無。
〔一三七〕省　成化本作「醒」。
〔一三八〕一　成化本爲「專一」。
〔一三九〕統又大　據成化本補。
〔一四〇〕林安卿　成化本爲「安卿」。
〔一四一〕成化本此下注曰：「淳録云：『仁只是一個仁，不是有一個大底仁，其中又有一個小底仁。』」

〔一四二〕以　成化本作「嘗」。

〔一四三〕路軍　成化本爲「路州軍」。

〔一四四〕隨地施爲　成化本爲「隨地施用而見」。且此條語録分爲兩條：「安卿問……全無那活底意思」作爲注，附於陳淳録後，載於卷九十五；「楊問仁者愛之理……隨地施用而見」載於卷二十。

〔一四五〕按淳自爲一條……故並存之　成化本作「寓」。據注文稱「卓此條皆淳問」，似可推知此條所據爲黄卓録。

〔一四六〕此條賜録成化本無。

〔一四七〕幹　成化本爲「直卿」。

〔一四八〕有　成化本無。

〔一四九〕伏　朱本作「仗」。

〔一五〇〕伏　朱本作「仗」。

〔一五一〕轉　成化本無。

〔一五二〕若理會得一段　成化本爲「若理會得一段了相似忘却忽又理會一段」。

〔一五三〕坐間因説文中子　成化本無。

〔一五四〕見也平正　成化本作「也是平正」，且此條分爲二條：「仁者愛之理……覺見得意思轉好」載於卷二十；「文中子論時事……也是平正」載於卷一百三十七。這兩條末尾皆注有「南升」。

［一五五］仁者　成化本無。

［一五六］春　成化本無。

［一五七］按此條潘植録　成化本無。此句語意不完整，下有約兩行小字的空缺，疑此下原附潘植録爲注，但因據以抄寫的底本有殘缺，而僅留此六字。

［一五八］如何　成化本無。

［一五九］只此生意是活物　成化本爲「只此生意心是活物必有此心乃能知辭遜」。

［一六〇］不得　成化本爲「只得」。

［一六一］謨　成化本無。

［一六二］仁者愛之理心之德　成化本無。

［一六三］某　成化本無。

［一六四］莫是如此否　成化本無。

［一六五］嘗　成化本無。

［一六六］成化本此下注曰：「集注。程子説。」

［一六七］謂　成化本作「曰」。

［一六八］見　成化本無。

［一六九］此　成化本無。

［一七〇］說　成化本作「論」。

［一七一］此條明作録成化本分爲二條：「仁是性……不知何故如此説」爲一條；「人有此心……其意深矣」又作一條。皆載於卷二十。

［一七二］爲仁以孝弟爲本論性則以仁爲孝弟之本　成化本無。

［一七三］是　成化本無。

［一七四］據賀孫看如此不知是否　成化本作「否」。

［一七五］因舉　成化本無。

［一七六］四者　成化本無。

［一七七］是以親親爲根本　成化本無。

［一七八］居父問孝弟爲仁之本因云　成化本無。

［一七九］賀孫　成化本無。

［一八〇］因遍問坐間云云先生曰　成化本無。

［一八一］來　成化本爲「出來」。

［一八二］成化本此下注有「寓」。

［一八三］孝弟仁之本程氏謂行仁自孝弟始　成化本爲「行仁自孝弟始」。

［一八四］從　成化本無。

〔一八五〕得　成化本無。

〔一八六〕謂孝弟爲行仁之本則不可　成化本爲「謂孝弟爲行仁之本則可謂是仁之本則不可」。底本有脱誤。

〔一八七〕此條人傑録成化本卷二十僅存「陸伯振云……欲以所事夫子者事之也」，而「檀弓篇恐是子游弟子所記，其中多説子游之知禮」，成化本只存「多説子游之知禮」一句，附於卷八十七必大録後。

〔一八八〕此條節録成化本無。

〔一八九〕先生問節曰……所以當愛底是仁　成化本爲「問節如何仁是性孝弟是用曰所以當愛底是仁」。

〔一九〇〕恁地　成化本無。

〔一九一〕節又曰　成化本作「曰」。

〔一九二〕節次日復問曰　成化本爲「次日問曰」。

〔一九三〕夜來　成化本無。

〔一九四〕節再思之未達不是之由　成化本爲「未達」。

〔一九五〕成化本此下有「他會愛」。

〔一九六〕却他　成化本爲「他却」。

〔一九七〕有子曰……其爲仁之本歟　成化本無。

〔一九八〕成化本此下有「故下文便接『孰不爲事，事親事之本』來説」。

［一九九］此句　成化本爲「此語」。

［二〇〇］言至仁　成化本作「仁」。

［二〇一］程先生　成化本爲「程子」。

［二〇二］是　成化本無。

［二〇三］二程先生　成化本爲「二先生」。

［二〇四］之謂　成化本爲「謂之」。

［二〇五］成化本此下有「問：如何不道『鮮矣義禮智』，只道『鮮矣仁』」。

［二〇六］又　成化本無。

［二〇七］而親仁　成化本爲「泛愛衆而親仁」。

［二〇八］成化本此下有「則」。

［二〇九］來　成化本爲「來看」。

［二一〇］分　成化本作「人」。

［二一一］只　成化本爲「只知」。

［二一二］成化本此下有「試察吾事親從兄之時，此心如之何」。

［二一三］成化本此下有：問：「謝氏曰：『人心之不僞者，莫如事親、從兄。』如何？」曰：「人心本無僞，如何只道事親從兄是不僞？」曰：「恐只以孝弟是人之誠心否？」曰：「也不然。人心那個是不誠底？皆是

誠。如四端不言信，蓋四端皆是誠實底。」
〔二一四〕孝弟爲仁之本　成化本無。
〔二一五〕有　成化本無。
〔二一六〕這　成化本無。
〔二一七〕嘗見　成化本無。
〔二一八〕甚　底本闕，據成化本補。
〔二一九〕也　成化本無。
〔二二〇〕便把做主　成化本爲「把做主説」。
〔二二一〕成化本此下注有「集義」。
〔二二二〕不説仁　成化本爲「不説知仁」，且此下注曰：「或録云『上蔡説仁只從知覺上説，不就爲仁處説。聖人分明説「克己復禮爲仁」，不曾説知覺底意。上蔡一變』云云。蓋卿録云『孔門只説爲仁，上蔡却説知仁。只要見得此心便以爲仁。上蔡一轉』云云。」
〔二二三〕所以　成化本作「所」。
〔二二四〕成化本此下注曰：「蓋卿録云：『子韶一轉而爲陸子静』。」
〔二二五〕又　成化本無。
〔二二六〕成化本此下注曰：「蓋卿録云：『子韶所不敢衝突者，子静盡衝突。』」

〔二二二七〕見　成化本作「是」。

〔二二二八〕此條謨録成化本載於卷一百一。

〔二二二九〕此條蓋卿録成化本無，因其與此前第二二條方子録内容相近，而以此條蓋卿録部分内容作爲注，附於方子録中。參本卷第二二五、二二七、二二九條校勘記。

〔二二三〇〕上蔡以知覺言知□理方是　成化本爲「上蔡以知覺言仁只知覺得那應事接物底如何便唤做仁須是知覺那理方是」。

〔二二三一〕接　成化本無。

〔二二三二〕道　成化本作「這」。

〔二二三三〕此條植録成化本載於卷一百一。

〔二二三四〕爲　成化本作「行」。

〔二二三五〕淳　成化本無。

〔二二三六〕求　成化本作「來」。

〔二二三七〕處　成化本無。

〔二二三八〕都　成化本無。

〔二二三九〕成化本此下注曰：「祖道録云：『他自使去了，此心在外，如何得仁？』」

〔二二四〇〕此條祖道録成化本無，因與上一條雉録内容相近，而以祖道録部分作爲注，附於雉録中。

〔二四一〕或問巧言令色以巧言爲言不誠者　成化本爲「或以巧言爲言不誠」。
〔二四二〕亦何事　成化本爲「何害於事」。疑底本脱「害」。
〔二四三〕但　成化本作「若」。
〔二四四〕僩　成化本無。
〔二四五〕答　成化本無。
〔二四六〕詩言令色與此不同　成化本無。
〔二四七〕上文云　成化本無。
〔二四八〕祖道按周謨録同　成化本爲「去僞」。
〔二四九〕淳　成化本無。
〔二五〇〕巧言令色　成化本無。
〔二五一〕此　成化本無。
〔二五二〕早時南升在先生樓下……未曉此意　成化本爲「問鮮矣仁先生云絶無何也」。
〔二五三〕因舉　成化本無。
〔二五四〕道夫　成化本無。
〔二五五〕夫子巧言令色鮮矣仁而程子却説非仁　成化本爲「鮮矣仁程子却説非仁」。
〔二五六〕巧言令色鮮矣仁一章　成化本爲「鮮矣仁章」。

〔二五七〕主愛　成化本爲「生受」。

〔二五八〕德　成化本無。

〔二五九〕總論集義諸説　成化本無。

# 晦庵先生朱文公語類卷第二十一

## 論語三

### 學而篇中

#### 曾子曰吾日三省吾身章

周伯壽問：「『爲人謀而不忠』三句，不知是此三事最緊要，或是偶於此照管不到？」先生云：「豈不是緊要！若爲人謀而不忠，既受人之託，若不盡心與他理會，則不惟欺人，乃是自欺。且説道爲人謀而不忠後，這裏是幾多病痛！此便是謹獨底道理。」李李無「若爲」以下至此二十九字。[一] 無「謹獨」以下五字。[二] 蓋卿。按李方子所録同而略。[三]

問：「曾子三省，忠信如何？[四]」先生曰：「此三省自是切己底事。爲人處如何不要忠！一纔不忠便是欺矣。到信，却[五]就事上去看，謂如一件事如此，爲人子細斟酌利害，直似己事，至誠理會，此便是忠。如這事我看得如此，與他説亦是如此，只此便是信。程先生云：『循物無違之謂信。』極好，不須做體、用説。」[六]

蜚卿言：「曾子三省，固無非忠信學習之事。然人之一身，大倫之目，自爲人謀、交朋友之外，得無猶在所省乎？」先生曰：「曾子也不是截然不省別底，只是見得此三事上實有纖毫未到處。其他處固不可不自省，特此三事較急耳。大凡看文字，須看取平，莫有些小偏重處，然也用時候到。曾子三省，只是他這些未熟。如今人記書，熟底非全不記，但未熟底比似這個較用着心力照管。這也是他打不過處。」又云：「爲人謀而忠也自是難底事。大凡人爲己謀便盡，爲人謀便未必盡。」直卿因舉先生舊説云：「人在山路避人，必須立己於路後，讓人於路前。此爲人謀之不忠也，如此等處蹉過多少。」道夫。

恪[七]問曾子三省。曰：「此是他自見得身分上有欠闕處，[八]故將三者日[九]省之。若今人欠闕處多，却不曾自知得。」恪。按李季札録同。[一〇]

問：「曾子何爲獨以三者自省？」曰：「蓋他自覺猶於此欠闕。」[一一]

周伯壽[一二]問：「曾子所以[一三]只以此三者自省，如何？」答曰：「蓋是來到這裏打不過。」又問忠信。答曰：「忠，以心言；信，以事言。青是青，黄是黄，這便是信。未有忠而不信，信而不忠，故明道曰：『忠信，内外也。』這『内外』二字極好。」節。

三省固非聖人之事，然是曾子晚年進德工夫，蓋亦[一四]微有這些子查滓去未盡耳。在學者則當隨事省察，非但此三目[一五]而已。鎬。

問：「三省忠信，是聞一貫之後，抑未聞之前？」曰：「不見得。然未一貫前也要得忠信，既一貫後也要忠信。此是徹頭徹尾。」淳。

爲人謀時，竭盡自己之心，這一[一六]個便是忠。節問曰：[一七]「如此，則忠只是個待人底道理？」答曰：「且如自家事親有不盡處，亦是不忠。」節。[一八]

讀論語[一九]「爲人謀而不忠乎」，爲他人謀一件事，須自[二〇]盡自家伎倆與他思量，便盡己之心。不得鹵莽滅裂，姑爲它謀。如烏喙是殺人之藥，須向他道是殺人，不得説道有毒。如火，須向他道會焚灼人，不得説道只是熱。如今人爲己謀必盡，爲他人謀便[二一]不曾着心，謾爾如此便是不忠。泳。

問：「『爲人謀而不忠乎』，[二二]爲人謀有二意：一是爲人謀那事；一是這件事爲己謀則如此，爲人謀則如彼。」答曰：「只是一個爲人謀，那裏有兩個？文勢只説爲人謀，何須更將爲己來合插此項看。爲謀[二三]不忠，如何便有罪過？曾子便知人於爲己謀定是忠，更不必説。只爲人謀易得不忠。爲人謀如爲己謀，便是忠；不如爲己謀，便是不忠。如前面有虎狼，不堪去，説與人不須去，便是忠。若道去也得，不去也得，便是不忠。文勢如此，何必拗轉枝蔓。看文字自理會一直路去，豈不知有千蹊萬徑，不如且只就一直路去，久久自然通透。如精義，諸老先生説非不好，只是説得忒寬，易使人向别處去。某所以做個集注，便要人且［二四］只恁地思量文義。曉得了只管玩味，便見聖人意思出來。」寓。按陳淳録同。［二五］

「爲人謀而不忠」，謀是主一事説。「朋友交而不信」，是泛説。人自爲謀必盡其心，到得爲他人謀便不子細，致誤他事，便是不忠。若爲人謀事一似爲己，爲盡心。夔孫。［二六］

問：「『爲人謀而不忠，與朋友交而不信』，其本心不是要不忠不信，必是此事於我身上有少利害相關，纔討較利害之心，便遂至於不忠不信。到不忠信處，乃是已失其本心矣。」［二七］。先生云：「人之本心固是不要不忠信，但纔見是别人事便自不如己事切了。若是計較利害，猶只是因利害上起，這個病猶是輕。惟是未計較利害時已自有私意，這個病却最重。往往是纔有這個軀殼了便自私了，佛氏所謂流注想者是也。所謂流注者，便是不知不覺流射做那裏去，但其端甚微，直是要省察。」［二八］

潘子善問：「『爲人謀而不忠，與朋友交而不信』，人之爲人謀，與人交，豈不欲忠信？只是較計之心勝，所以如此。」［二九］先生云：「未消説計較，只是爲别人做事自不着意，這個病根最深於計較。伊川云：『人纔有形，便有彼己，所以難與道合。』釋氏所謂流注想，如水流注下去，纔有形便有此事，這處須用省察。」時舉。按徐寓録同。［三〇］

淳[三一]問：「爲人謀、交朋友是應接事物之時，若未爲人謀、未交朋友之時所謂忠信便如何做工夫？」曰：「程子謂『舜「雞鳴而起，孳孳爲善」，若未接物時如何爲善？只是主於敬。』此亦只是存養此心存[三二]這裏，照管勿差失，[三三]便是『戒謹乎其所不覩，恐懼乎其所不聞』，『不動而敬，不言而信』處。」淳。按徐寓同而少略。[三四]

「與朋友交而不信乎？」凡事要實[三五]用自家實底心與之交。有便道有，無便道無。[三六]

問「傳不習乎」。曰：「傳人以己所未嘗習之事。然有兩說。」榦。[三七]

因詹父問曾子曰「吾日三省吾身：爲人謀而不忠乎？與朋友交而不信乎」一段，先生曰：「何不説『爲人謀而不忠，與朋友交而不忠』？必分忠、信，何也？忠、信還同不同？」節。[三八]

忠信，實理也。[三九]

忠信只是一字[四〇]，但是發於心而自盡，則爲忠；驗於理而不違，則爲信。忠是信之本，信是忠之發。義剛。

問「忠信」二字。曰：「忠則只是盡己，與事上忠同體。信不過是一個『實』字意思，但説處不同。若只將做有諸己説，未是。」祖道。

忠信只是一事，而相爲內外始終本末。有於己爲忠，見於物爲信。做一事説也得，做兩字[四一]説也得。僩。

問：「曾子忠信，却於外面理會？」曰：「此是『修辭立其誠』之意。」曰：「莫是內面工夫已到？」曰：「內外只是一理。事雖見於外，而心實在內。告子義外便錯了。」可學。

信是言行相顧之謂。道夫。

節[四二]問：「『盡己之謂忠』，不知盡己之甚麼？」答曰：「盡己之心。」又曰：「今人好說『且恁地』，便是不忠。」[四三]

林子武問「盡己之謂忠」。曰：「『盡己』字本是『忠』字之注脚。今又要討『盡己』注脚，如此是隔幾重？何不試思，自家爲人謀時己曾盡不曾？便須見得盡己底意思也。」閎祖。[四四]

問「盡己爲忠[四五]」。先生曰：「盡己只是盡自家之心，不要有一毫不盡。如有人謀事，[四六]須是與他說這事當做不當做。[四七]不可說道這事恐也不可做，或做也不妨。此便是不盡忠矣。信便是那忠字見於事者，[四八]只是一物。未有忠而不信者，亦未有信而不出於忠者。只是忠則專就發己處說，信則說得來周遍於事上，所以說『忠信，內外也』。[四九]」問「忠信爲傳習之本」。曰：「人若不忠信更無可說，習個甚麼！」僩。

問「盡己之謂忠」。先生曰：「盡時須是十分盡得方始[五〇]是盡。若七分盡得，三分未盡，也不是忠。」又問：「忠是人心實理。於事父謂之孝，處朋友謂之信，獨於事君謂之忠，何也？」先生曰：「父子、兄弟、朋友等[五一]皆是分義相親，至於事君則分際甚嚴，人每若有不得已之意，非有出於中〔五二〕心之誠者，故聖人以事君盡禮〔五三〕言之。」又問：「忠與誠如何？」先生曰：「忠與誠皆是實理。一心之謂誠，盡心之謂忠。誠是心之本主，忠又是誠之用處。用者，只是心中微見得用。」卓。

問：「盡己之忠，此是學者之忠，聖人莫便是此忠否？」曰：「固是。學者是學聖人而未至者，聖人是爲學而極至者。只是一個自然，一個勉强爾。惟自然故久而不變，惟勉强故有時而放失。」因舉程子說：「孟子若做孔子事，儘做得，只是未能如聖人。」龜山言：「孔子似知州，孟子似通判權州。」「此喻甚好。通判權州也做得，只是不久長。」處謙。

或問：「學者盡己之忠，如何比得聖人至誠不息？」先生曰：「只是這一個物，但有精粗。衆人有衆人底忠，學者有學者底忠，賢者有賢者底忠，聖人有聖人底忠。衆人只是樸實頭，不欺瞞人，亦謂之忠。」黄直卿〔五四〕云：「『己』字便是『至誠』字，『盡』字便是『不息』字。『至誠』便是『維天之命』，『不息』便是『於穆不已』。」學蒙。

未有忠而不信，未有信而不忠者。「盡己之謂忠，以實之謂信。」以，用也。泳。〔五五〕

文振問「盡己之謂忠，以實之謂信」。曰：「忠信只是一理。自中心發出來便是忠，着實便是信。謂如與人説話須説到底。〔五六〕見得恁地了，只説一事〔五七〕不肯説盡便是不忠。有這事説這事，無這事須説無，便是信。只是一個道〔五八〕理，自其發於心謂之忠，驗於事謂之信。」〔五九〕恪。

按李季札録同。[六〇]

林正卿問「盡己之謂忠，以實之謂信」。曰：「自心中[六一]而發出者，忠也；施於物而無不實者，信也。且如甲謂之甲，乙謂之乙，信也；以甲爲乙，則非信矣。與『發己自盡，循物無違』之義同。」又問：「『維天之命，於穆不已，忠也』，與盡己之忠如何？」曰：「不同。曾子答門人一貫之問，借此義以形容之耳。」人傑。

問：「『盡己之謂忠，以實之謂信』，信既是實，先生前又説道忠是實心，不知如何分別。」曰：「忠是就心上説，信是指事上説。如今人要做一件事，是忠；做出在外，是信。如今人問火之性是如何，向他説熱便是忠，火性是熱便是信。心之所發既實，則見於事上皆是實。若中心不實，則見於事上便不實，所謂『不誠無物』。若心不實，發出來更有甚麽物事？」賀孫。

問：「尹氏謂：『曾子守約，故動必求諸心[六二]。』莫也須博學而後守之以約否？」曰：「『參也魯』，其爲人質實，心不大段在外，[六三]故雖所學之博，而守依舊自約。」道夫。

曾子守約，不是守那約，言所守者約耳。僩。[六四]

先生曰：「尋常[六五]説『守約』二字極未穩當[六六]。如云『守氣不如守約』，分明將『約』字做一物了，遂以『約』字對『氣』字。所謂『守約』者，所守者約耳。」謨。按金去僞録同。[六七]

曾子之學，大率力行之意多。曾子[六八]守約是於樸實頭省力[六九]處用功。方子。[七〇]

「『爲人謀而不忠乎』，人以事相謀，須是子細量度，善則令做，不善則勿令做，方是盡己。若胡亂應去便是不忠。或謂人非欲不忠於人，緣計較利所在〔七一〕，纔要自家利，少間便成不忠於人。」先生曰：「未說到利處。大率人情，處自己事時甚着緊，把他人便全不相干，大段緩了，所以爲不忠。人須是去却此心方可。」又問：「集注以忠信爲傳習之本，如何？」先生曰：「若無誠實，人如何能傳習？」〔七二〕又〔七三〕問：「『諸子之學愈遠而失真』，莫是只是〔七四〕言語上做工夫，不如曾子用心於内，所以差否？」先生曰：「只爲不曾識得聖人言語。若識得聖人言語，便曉得天下道理，曉得理便能切己用工如曾子也。」明作。〔七五〕

某一日看得〔七六〕曾子三省處集注說亦有病，如省察已做底事。曾子省察，只當下便省察，俯視拱手而曰：「爲人謀而不忠乎？」節。

忠就心上看，信就事上看。「忠信，外内〔七七〕也」，集注上除此一句便〔七八〕甚害事。方子。〔七九〕

問：「伊川謂『曾子三省，忠信而已』，不知此說盡得一章意否？」「伊川之意似以『傳不習』爲不習而傳與人，是亦不忠信者。」問：「如此說，莫倒了語意否？」曰：「然。但以上文例推之，也却恁地。要之，亦不須如此說。大抵學而篇數章皆是以忠信爲本，而後濟之以學。」道夫。〔八〇〕

木之〔八一〕問「循物無違之〔八二〕信」。曰：「物便是事物。信主言而說，蓋對忠而說。在己無不盡之心爲忠，在人無不實之言爲信。」木之。

或問：「『循物無違謂信』，物是性中之物否？」曰：「那個是性外之物？凡言物皆是面前物。而[八三]今人要高似聖人了，便嫌聖人説眼前物爲太卑，須要抬貼[八四]起了説。如所謂『有物有則』之『物』，亦只是這眼前物。語言，物也；而信乃則也。君臣，物也；仁與忠乃則也。」學蒙。

「循物無違」，即是「以實」，但説得較詳。閎祖。

「循物無違謂信。」物之大曰大，小曰小，此之謂循物無違。物之大曰小，小曰大，此之謂違於物。僩。

問「發己自盡爲忠」。曰：「發己是從這道理、從己[八五]上發生出來。盡是盡己之誠，不是盡己之理，與孟子盡心不同。如十分話，對人只説七分，便是不盡。」問「循物無違爲[八六]信」。曰：「『盡己之謂忠，以實之謂信』，此語已都包了。如盞便唤做盞，楪便唤做楪。若將楪唤做盞，便違背了。忠是體，信是用。自發己自盡者言之，則名謂之[八七]忠而無不信矣，自循物無違者言之，則名爲信而無不出於忠矣。」淳。

問：「忠信，集注云[八八]『發己自盡爲忠，循物無違爲信』。不知如何即循物無違？」[八九]先生曰：「只是依物而實言之。忠信只是一個道理。發於己者自然竭盡便是忠，見諸言者以實便是信。循物無違，如這卓子，黄底便道是黄，黑者便道是黑，這便是無違。程子曰：『一心之謂誠，盡心之謂忠，存於中者之謂孚，見於外〔九〇〕者之謂信。』」卓。

或問「發己自盡爲忠，循物無違謂信」。曰：「忠信只是一事，只是就這一物上見有兩端。如人問自家這件事是否，此事本是則答之以是，則是發己自盡，此之謂忠。其事本是而自家答之以是，則是循物無違，是之謂信。不忠不信者反是。只是發於己者既忠，則見於物者便信，一事而有兩端之義也。」僩。

問：「『發己自盡爲忠』，何以不言反己？」答曰：「若言反己，是全不見用處，如何接得下句來！推發此心更無餘蘊便是忠處，恕自在其中。如今俗語云『逢人只説三分話』，只此便是不忠。循體事物而無所乖違，是之謂信。後來伊川先生往往見此説尚晦，故更云：『盡己之謂忠，以實之謂信。』便是穩當分明。」大雅。

問：「明道謂『發己自盡爲忠，循物無違謂信。表裏之謂也』，〔九一〕何謂『發己自盡』？」曰：「且如某今病得七分，對人説只道得〔九二〕三兩分，這便是發於己者不能盡。」「何謂『循物無違』？」曰：「正如恰方自〔九三〕病相似。他本只是七分，或添作十分，或減作五分，這便不是循物，便是有違。要之，兩個只是一理。忠是存諸内，信是形諸外。忠則必信，信則必是曾忠，〔九四〕所以謂『表裏之謂』也。」問：「伊川謂『盡己之謂忠，以實之謂信。忠信，内外也』，也〔九五〕只是這意。」曰：「然。明道之語周於事物之理，便恁地圓轉；伊川之語嚴，故截然方正。大抵字義到二程説得方釋然。只如『忠信』二字，先儒何嘗説得到此。伊川語解有一處云：『一心之謂誠，盡心之謂忠，存於中之謂孚，見於事之謂信。』被他秤停得也不多半個字，也不少半個字。如他平時不喜人説文章，如易傳序之類，固是説道理。如其他小小記文之類，今取而讀之，也不多一個字，也不少一個字。」徐居父[九六]曰：「『盡己之謂忠』，今有人不可以盡告，則又當如何？」曰：「聖人到這裏又却有義。且如有人對自家説那人，那人復自來問自家，儻其人凶惡，若盡以[九七]告之必至殺人，夫豈可哉！到這裏又却是一個道理，所以聖人道『信近於義，言可復也』。蓋信不近義，則不可以復。」道夫。[九八]

仲思問：「曾子三省，明道先生説『發己自盡謂忠，循物無違謂信』，[九九]如何是『發己自盡』？」答曰：「發於己而自盡其實。」先生因足疾，舉足言曰：「足有四分痛，便説四分痛，與人説三分，便不是發己自盡。」又問「循物無違」。答曰：「亦譬之足。實是病足，行不得便説行不得，行得便説行得。此謂循其物而無違。」楊舉伊川言「盡己之謂忠，以實之謂信」。先生曰：「伊川之説簡潔明通，較又發越也。」寓因謂[一〇〇]問：「忠信，實有是事故實有是言，則謂之忠信。今世間一等人，不可與露心腹處，只得隱護其語，如此亦爲忠信之權乎？」先生曰：「聖人到這處却有個義存焉。有可説與不可説，又當權其輕重。如不當説而説與[一〇一]，那人好殺，便説與[一〇二]這人當殺，須便去殺他始得。『信近於義，言可復也』，信不近義，豈所謂信？」因説：

「伊川講解一字不苟。如論語中一項有四説，極的當：『一心之謂誠，盡心之謂忠，存於中之謂孚，見於事之謂信。』直是不可移易。如忠恕處，前輩説甚多，惟程先生甚分曉。」因問：「雜[一〇三]注説忠恕，謂『盡己之謂忠，推己之謂恕』，此借學者之事以明之。在聖人則『至誠無息』，而萬物各得其所也。如此，則忠恕却有兩用，不知如何？」答曰：「皆只是這一個。學者是這個忠恕，聖人亦只是這個忠恕，天地亦只是這個忠恕，但聖人熟，學者生。聖人自胸中流出，學者須着勉强。然看此『忠恕』二字，本爲學者做工夫處説。子思所謂『違道不遠』，正謂此也。曾子懼門人不知夫子之道，故舉學者之事以明之，是即此之淺近而明彼之高深也。」寓。

問：「『曾子曰：吾日三省吾身：爲人謀而不忠乎？與朋友交而不信乎？傳不習乎？』[一〇四]明道、伊川以忠信爲表裏内外，何也？」曰：「『盡己之謂忠』，見於事而爲信，將彼己看亦得。發於我而自盡者，忠也。他人見得便是信。」問曰：「莫也[一〇五]只是一事否？」曰：「只是一個道理。」問：「有説『信』字，又不説『忠』字，如何？」曰：「便兼表裏而言。」問：「有説『忠』字而不説『信』字，如何？」曰：「信非忠不能，忠則必信矣。」人[一〇六]曰：「且如這事自家見得十分，只向人説三分，不説那七分，便是不信。如何是循物無違！有人問今日在甚處來，便合向他説在大中寺來。故程先生曰：『一心之謂誠，盡心之謂忠，存於中之謂孚，見於事之謂信。』」問：「伊川曰『以實之謂信』，何也？」曰：「此就事而言，故曾子言信便就交際上説。」問：「范氏以不忠作『有我與人』，以不信作『誠意不至』；游氏以忠爲『操心』，以信爲『立行』；楊氏以不忠作『違仁』，以不信作『違道』，三説皆推廣，非正意。」先生不説不同。[一〇七]「然『操心』、『立行』底較得，『誠意不至』、『有我與人』底寬，『違道』[一〇八]底疏」。榦。[一〇九]

謝先生解論語有過處。如曾子「爲人謀而不忠」，只説「爲人謀」，而上蔡更説「平居靜慮所以處人」，使學者用工不專，故説論語、孟子，惟明道、伊川二君子[一一〇]之言無弊。和靖雖差低，而却無前弊。易曰：「學以聚之，問以辨之，寬以居之，仁以行之。」子張曰：「執德不洪[一一一]，信道不篤。」學聚問辨矣，而繼之以寬居；信道篤矣，而先之以執德洪。人心不可促迫，須令着得一善又着得一善。善之來無窮，而吾心受之有餘地方好。若着一般，第二般來便未見[一一二]着得，如此則無緣心廣而道積也。洽。

容[一一三]問：「曾子用心於内，工夫已到，又恐爲人謀而未忠，朋友交而不信，傳而未習，日加省察，求欲以盡乎人也。」先生細思少定，曰：「如何分内外得？游氏之説正如此。爲人謀不忠便是己有未盡處，去那裏分作内外？果如此，則『多學而識之者歟』！」容。

問：「『盡物之謂信』，盡物只是『循物無違』意否？」曰：「是。」淳。

# 道千乘之國章

「道千乘之國。」道，治也。作開導，無義理。「道之以政」，方可訓開導也。人傑。

因說：「『千乘之國』，疏云，方三百一十六里，有畸零，算不徹。」曰：「此等只要理會過，識得古人制度大意。如至微細，亦不必大段費力也。」閎祖。

問：「『敬事而信』，切〔一一四〕疑此敬是小心畏謹之謂，非『主一無適』之謂。如何？〔一一五〕」曰：「遇事臨深履薄而爲之，不敢輕，不敢慢，乃是『主一無適』。」問昏禮。曰：「舊有成書，今失之。大抵親迎以前從温公，婦入門以後從伊川，中間小節雖有更改，亦不多。」〔一一六〕伯羽。

若是敬而不愛，便不是真愛；愛而不敬，要不是真敬。敬非嚴威儼恪之謂，若認此爲敬則誤矣。敬，只是把做事，小心畏謹，不敢慢耳。伯羽。〔一一七〕

「敬事而信」，是「節用愛人，使民以時」之本。敬又是信之本。閎祖。

是晚，同諸朋友在樓下侍坐。某問「道千乘之國」一章：「敬事，是每遇事時必須專一其心，要得這事理會到徹底方休。信其民，是事事欲得實。及節用、愛人、使民以時。此五者皆治國之要，然行之亦有次第，又當以敬爲本。」先生答曰：「五者皆要，如何只說兩件？」因云：〔一一八〕「楊龜山〔一一九〕說此處極好看。今若治國不本此五者，則君臣上下漠然無干涉，何以爲本〔一二〇〕！」某〔一二一〕又問：「須是先有此五者，方可議及禮樂刑政。」先生云：「且要就此五者反覆推尋，看古人治國之勢要。此五者極好看。若每章翻來覆去看得分明，若看十章，敢道〔一二二〕便有長進！」〔一二三〕

鄭文振〔一二四〕説「道千乘之國」。答曰：「龜山云：『上不敬則下慢，上不信則下疑。下慢而疑，事不立矣。』這般所在最説得好。〔一二五〕須要〔一二六〕此五者是要緊。古先〔一二七〕聖王所以必如此者，蓋有是五者而後上之意接於下，下情〔一二八〕方始得親於上。上下相關，方始可以爲國。〔一二九〕若無此五者，則君抗然於上，而民蓋不知所向。有此五者，方始得上下交接。」賀孫。

游問：「『道千乘之國』一章，楊氏所謂『未及爲政』是如何？」答云：「孟子説『不違農時』，則言王道之始，未大段是政事在。」時舉。〔一三〇〕

問：「『道千乘之國』，楊氏云『未及爲政也』。」先生曰：「然此亦是政事。如『敬事而信』，便是敬那政事也。節用，有節用之政事；愛人，有愛人之政事；使民，有使民之政事。這一段是那做底。子細思了，若無敬，看甚事做不〔一三一〕成？不敬則不信，不信則不能『節用愛人』，不『節用愛人』則不能『使民以時』矣。所以都在那『敬』字上，若不敬，則雖欲信不可得。如出一令、發一號，自家把不當事忘了，便是不信。然又敬須信，若徒能敬而號令施於民者無信，則爲徒敬矣。不信固不能節用，然徒信而不能節用，亦不濟事。不節用固不能愛人，然徒能節用而不愛人，則此財爲誰守邪？不愛人固不能『使民以時』，然徒能愛人而不能『使民以時』，雖有愛人之心而人不被其惠矣。要之，根本工夫都在『敬』字。若能敬則下面許多事方照管得到。自古聖賢，自堯舜以來便説這個『敬』字。孔子曰『修己以敬』，此是最緊處。」僩。

子升兄〔一三二〕問：「『道千乘之國』一章，〔一三三〕集注云：『五者相因，各有次序。』意見未分曉。〔一三四〕」曰：「聖人言語自是有倫序，不應胡亂説去。敬了方會信，信了方會節用，節用了方會愛人，愛人了方會『使民以時』。又敬了須是信，信了須是節用，節用了須是愛人，愛人須是『使民以時』。如後面『弟子入則孝，出則悌，謹而信』之類，皆似此有次第。」又問：「學而一篇多興〔一三五〕務本之意。獨此章言及爲政是如何？」曰：「此便是爲政之本。如『尊五美，屏四惡』、『行夏之時，乘殷之輅，服周之冕』之類，無此基本，如何做去？」木之。

子升兄〔一三六〕問：「夜來所説『千乘之國』，〔一三七〕如何信了方能節用？」曰：「無信，如何做事？如朝更夕改，雖商鞅之徒亦不可爲政。要之，下面三事須以敬信爲主。」木之云：「如此，凡事都着信，不止與節用相繫屬。」曰：「固是。」木之。

問：「集注『敬事而信』，〔一三八〕五事反復相因，各有次第。如何？〔一三九〕」先生曰：「始初須是敬方能信，能信方真個是節用，真個節用方是愛人，能真個愛人方是〔一四〇〕『使民以時』。然世固有能敬於己而失信於人者，故敬了又用信；亦有能信於人而自縱奢侈者，故信了又用節用；亦有自儉嗇而不能推愛他人者，故節用了用[一四一]愛人；愛人了又用『使民以時』，使民不以時，却是徒然也。」明作。

「道千乘之國」，五者相因，這只消從上順説。人須是事事敬方會信，纔信便當定如此，若恁地慢忽便没十[一四二]成。今日恁地，明日不恁地，到要節用，今日儉，明日奢，便不是節用。不會節用便急征重斂，如何得愛民？既無愛民之心，如何自會「使民以時」？這是相因之説。又一説：雖則是敬，又須着信於民，只恁地守個敬不得。雖是信，又須着務節儉。雖會節儉，又須着有愛民之心，終不成自儉嗇而愛不及民，如隋文帝之所爲。雖則是愛民，又須着課農業，不奪其時。賀孫。

問：「『敬事而信』章，五者相承，各有次序。是能如此而後能如彼[一四三]耶？」曰：「能恁地便自然，[一四四]然[一四五]下句又是轉説。節用了更説[一四六]當愛人，愛人了更[一四七]『使民以時』。有一般人敬而不能信，有一般人能節用，只是吝嗇，却不能愛人。故能敬便自然信，而敬又不可以不信。聖人言語，自上説下來也恁地，自下説上去也恁地。聖人言語都如此。」曰：「信與節用，何[一四八]相關？」曰：「信是的確。若不的確，有時節，有時又不節。」淳。

陳希真問：「『敬事而信，節用而愛人，使民以時』，[一四九]須先敬了方可以信，先節用了方可以愛人，又須是『使民以時』。是如此否？」曰：「這般處從上說下，固是一般意思；從下說上，又是一般意思。如敬事而信，固是有人凡事要誠信，然未免有不敬處，便是不實。有人却知節用，然不知愛民，則徒然鄙吝於己，本不爲民。有人知所以愛人，却不知勿奪其時。這般處與『君子不重則不威』一章，都用恁地看。」賀孫。

## 弟子入則孝章

問：「『弟子入則孝』一章，入則孝其父母，出則弟其兄長。謹謂行之有常，信謂言言實，泛愛衆謂與人相交接，則驩然有恩以相見，就其中有仁賢者又從而親近之，是弟子之職有其根本矣。[一五〇]力行有餘暇，便當學六藝之文。又不可少有怠慢。[一五一]所以學文者，[一五二]要知得事父兄如何而爲孝弟，言行如何而能謹信。」語尚未終，先生曰：「下面說得支離了。聖人本意重處在上面，言弟子之職須當如此。下面言餘力則學文矣。大凡看文字須認聖人語脈，不可分毫走作。若說支離，將來又生出病。」先生又云：「今日一日只消看治國一章已多了。」[一五三]

問「泛愛衆」。曰：「人自是當愛人，無憎嫌人底道理。」又問：「人之賢不肖，自家心中自須有個辨別，但交接之際不可不泛愛爾。」曰：「他下面便說『而親仁』了。仁者自當親，其他自當泛愛。蓋仁是個生底物事，既是生底物便是[一五四]生之理，生之理發出便是愛。纔是交接之際便須自有個恭敬，自有個意思，〔一五五〕如何漠然無情，不相親屬得？聖人説出話，兩頭都平。若只説泛愛，又流於兼愛矣。」僩。

問：「『行有餘力，則以學文〔一五六〕』，所謂有餘，莫是入孝出悌之理，行之綽綽然有餘裕否？」曰：「誰敢便道行之有餘裕？如『泛愛衆，而親仁』，何曾便時時有衆之可愛，便有仁者於此，遂得以時時得而親之？〔一五七〕居常無事時〔一五八〕則學文講藝〔一五九〕，至事與吾接則又出而應之。出孝入悌亦是當孝當弟之時。行謹言信亦是如此。他時有餘力，自當學文。」按一之録自「可愛」以上便有以下異，今附於下云：「便有仁者於此，遂得以親之。居常無事時，或無與我接着，又且只如此。或遇事當然，則又爲之，暇日而爲之乃是此意。行謹言信，亦是有可言可行時如此，乃是其暇時爲之。」〔一六〇〕

不學文，則事事做不得。節。

或問夫子言「則以學文」、子夏言「吾必謂之學矣」兩章。曰：「聖人之言由本及末，先後有序。其言平正，無險絶之意。子夏則其言傾側而不平正，險絶而不和易，狹隘而不廣大，故未免有弊。然子夏之意欲人務本，不可謂之不是，但以夫子之言比之，則見其偏之若此也。」人傑。

歐陽希遜問：「『行有餘力，則以學文』，學文在後。又云〔一六一〕『博學於文，約之以禮』，文又在先。不同，〔一六二〕如何？」曰：「『博學於文』，也不説道未有『行有餘力』以上許多事。須是先有許多了，方可以學文。且如世上有人入不孝，出不悌，執事不謹，出言不信，於衆又無愛，於仁又不能親，道要去學文，實是要去學不得。」賀孫。

問：「『行有餘力，則以學文』，〔一六三〕集注云：『力行而不學文，則無以考聖賢之成法，〔一六四〕識事理之當然。』且上五件條目皆天理人倫之極致，能力行則必能識事理之當然矣。如集注之說，則是學文又在力行之先。」先生曰：「若不學文則無以知事理之當否。如爲孝爲弟亦有不當處。孝於事親，然事父之敬與事母之愛便別了。」卓。

「『泛愛』，不是人人去愛他。只如群居，不將一等相擾害底事去聒噪他〔一六五〕，及自占便宜之類是也。無弟子之職以爲本，學得文，濟甚事！此言雖近，若〔一六六〕真個行得，亦自是大段好。文是詩、書六藝之文。詩、書是大概詩、書，六藝是禮、樂、射、御、書、數。古人少時〔一六七〕小學便有此等，今皆無之，所以難。」因說：〔一六八〕「集注：『力行而不學文，則無以考聖賢之成法，識事理之當然。』六藝如何考究得成法？」曰：「小學中，一事具得這事之理。禮樂如之，〔一六九〕所以禮樂者如此，從此上推將去，如何不可考成法？緣今人都無此學，所以無考究處。然今詩、書中考成法，前言往行亦不可考。〔一七〇〕如前輩有可法者，都是。人須是知得古人之法，方做不錯。若不學文，任意自做，安得不錯！只是不可先學文耳。子夏矯枉過正，放重一邊，又忒重了，不似此章聖人說得兩得，〔一七一〕無欠闕。如棘子成矯當時之〔一七二〕弊，從〔一七三〕得質太重。子貢又矯輮子成之弊，却道『文猶質也，質猶文也』，都偏了。惟聖人之心和平，所謂高下小大皆宜，左右前後不相悖，説得如此盡。」明作。〔一七四〕

## 賢賢易色章

問：「『賢賢易色』有兩説。」先生曰：「只變易顔色亦得，但覺説得太淺。斯須之間，人誰不能，未知他果有誠敬之心否。須從好色之説，便見得賢賢之誠處。」明作。

問：「『賢賢易色』，或以爲變易顔色，或以爲易其好色之心，二者如何？」〔一七五〕莫是待臨時易色未善？」曰：「亦不必如此説。只是下面『致其身，竭其力』太重，變易顔色太輕耳。」可學。

敬之問：「『賢賢易色』有二説：一謂變易顔色，有敬賢之誠；一謂易其好色之心，〔一七六〕」先生曰：「變易顔色，有僞爲之者。不若從上蔡説，易其好色之心，方見其誠也。」德明。

問：「『賢賢易色』，伊川云『見賢而變易顔色』，集注則從范氏之説，謂『賢人之賢，而易其好色之心』。其去取如何？」先生曰：「『吾未見好德如好色者也』，『去讒遠色，賤貨而貴德，所以勸賢也』，已分明説了。」元秉。〔一七七〕

「事父母能竭其力」，凡事當盡力爲之，不可挨推，只做七八分，留兩三分。淳。

「事君能致其身」，集注謂「不有其身」，是不爲己之私計也。明作。

或問「事君致其身」。曰：「致身，一如送這身與他，便看他將來如何使。」僩。按時舉録同。〔一七八〕

袁子節問子夏「賢賢易色」一章。〔一七九〕曰：「資質好底也會恁地。問學也只是理會許多事。」時舉。

先生南坐，某問：「『賢賢易色』是真個有好賢之心。事父母能竭其力以供子職，事君知有君而不知有身，與朋友交無一不盡情實。〔一八〇〕爲學之道只要就人倫上做得是當。今既能如此，雖或以爲未學，我必以爲已學。」先生曰：「必竟是曾學未學？」某云：「先生所謂『非其生質之美，必其務學之至』。」先生云：「看得是。」少頃，先生云：「文振今日更看甚處？」〔一八一〕某云：「今日只看此一章，更玩味楊龜山所説治國一章。〔一八二〕本欲看『君子不重不威』一章，又見稍長，不敢貪多。」先生云：「慢看不妨，只要常反覆玩味聖人旨要，尋見落着〔一八三〕處。」又云：「近覺多病，恐來日無多，欲得朋友勇猛近前，也要相傳。某之心便是公之心一般。」鄭南升。〔一八四〕

「雖曰未學」，世間也有資禀高，會做許多事底，但子夏此兩句被他説殺了，所以吴氏謂其言之有弊。明作。

問「事父母能竭其力」一章。先生曰：〔一八五〕「子夏之言不免有弊。蓋孔子上章但是平説，而子夏此章皆是説到誠處，説得重了。然而今有這樣人，若不是他學問來，又不是天資高，安能如此？但子夏説得太粗了，故謂其『辭氣抑揚太過』也。」夔孫。

問子夏「賢賢易色，事父母能竭其力，事君能致其身，與朋友交言而有信。雖曰未學，吾必謂之學矣」。先生曰：〔一八六〕「『易色』，須作『好德如好色』説。若作變易顔色，恐裏面欠了字多。這也只是敬賢之誠。」問曰：「此四事莫是個處得極至，只得如此？」曰：「否。〔一八七〕這地位儘高。」問：「伊川曰『學求如是而已』，如何？」曰：「這却和『學』字説在裏面。子夏本言却作不須學底意思。吳才老以子夏此言與子路『何必讀書』之説同，其意固善，然其弊皆至於廢學。若『行有餘力，則以學文，就有道而正焉，可謂好學』之類，云〔一八八〕爲聖人之言。此説却好。子夏既説殺了，雖是上面説務本，終不如聖人之言。」榦。

「吾必謂之學矣」，子夏此話説得激，有矯枉過直意思。聖人便不如此，且看「行有餘力，則以學文」，是多少渾成。他意只欲反求，〔一八九〕故説得如此激。如棘子成説：「君子質而已矣，何以文爲！」這便全是有激之論。子貢説：「文猶質也，質猶文也。」這也有病。質與文似不同。「一言可以喪邦，有諸」，聖人便説「言不可若是其幾」。如「唯其言而莫予違也」，又説，如其善而莫之違，固是好；如不善而莫之違，不幾乎一言而喪邦！如「禮，與其奢也，寧儉；喪，與其易也，寧戚」，雖都是偏，就其間論之，便須説奢與易有輕重。聖人説話都自恁地平。向伯恭見此説，甚以爲看得出。賀孫。

## 君子不重則不威章

「君子不重則不威。」既曰君子，何以不重不威？此是大概説君子之道如此。「主忠信」是誠實無僞，樸實頭。「主」字最重，凡事靠他做主。程子曰「不誠無物」，謂如去水南，却説去水北。實不曾去水北，便無這去水北一事。明作。

某問：「『君子不重則不威』章云：若不正其衣冠，尊其瞻視，則無威嚴，與『整齊嚴肅，其心便一』底氣象大别，必不能保守所學；『主忠信』，須用以誠實爲主，則其心方純一於爲善；取友，要得有益於己；若知有不善，便爲速改以從善，設或畏其難而悠悠以度日，則過日長而爲學無緣會進。此四者是君子自修之道，合當如此。」先生云：「也分明，但『主忠信』是道惟在忠信，[一九〇]『不誠無物』。若[一九一]不忠信，如木之無本，水之無原，更有甚底！一身都空了。今當反看自身，能盡己心乎？能不違於物乎？若未盡己之心而不違於物，則是不忠信。凡百處事接物皆是不情實且謾爲之。如此四者皆是身修之要，就其中『主忠信』又是最要。若不『主忠信』便爲[一九二]『正衣冠，尊瞻視』，只是色莊，爲學亦是且謾爲學，取朋友未必盡情，改過亦未必真能改過，故爲人須是『主忠信』。」學而一篇，再三言之。是晚，〔一九三〕黄敬之〔一九四〕問：「『形色天性』之〔一九五〕『形』是耳目口鼻之類，色是如何？」曰：「一嚬一笑皆有至理。〔一九六〕『形』字重，『色』字輕，故下面但云『惟聖人可以踐形』。」黄直卿〔一九七〕云：「形是『動容貌』，色是『正顔色』。」先生云：「固是。」〔一九八〕

問：「子曰：『君子不重則不威，學則不固。主忠信。無友不如己者。過則勿憚改。』〔一九九〕明道曰『不誠則無物』，如何？」曰：「實有此理便實有此事。且如今向人説我在東，却走西去那一邊，便成妄誕了。」問：「伊川曰『忠信者，以人言之，要之則實理』，何也？」曰：「以人言之則爲忠信，不以人言之則只是個實理。如『誠者天之道』，則只是個實理；如『惟天下之至誠』，便是以人言之。」榦。

又問：「『主忠信』集注下『不誠無物』一節如何？」〔二〇〇〕先生云：「心無形影，惟誠時方有這個〔二〇一〕事。今人做事，若初間有誠意，到半截後意思懶散，謾做將去，便只是前半截有物，後半截無了。若做到九分，這一分無誠意，便是這一分無物。」時舉。

問：「『主忠信』注，程子之言〔二〇二〕『人道惟在忠信，不誠則無物』。」曰：「凡應干事物之來，皆當盡吾誠心以應之，方始是有這個物事。且幹一件事，自家心不在這上，這一事便不成，便是没了這事。如讀書，自家心不在此，便是没這書。」賀孫。

「人道惟在忠信，不誠則〔二〇三〕無物。」物，只是眼前事物都喚做物。若誠實方有這物。若口裏説莊敬，肚裏自慢忽；口裏説誠實，肚裏自狡僞，則所接事物還似無一般。須是實見得是，實見得非，截定而不可易，方有這物。且如欲爲善又有個爲惡意思，欲爲是又有爲非意思，這只是不實，如何會有物？賀孫。

問明道言「人道惟在忠信，不誠無物」章。〔二〇四〕曰：「説道恁地又不曾真個恁地，便是『不誠無物』。説道爲善又不曾爲得善，説道惡惡又不曾不爲惡，便是無此物。『誠者物之終始，不誠無物』，如人做事，只至誠處便有始有末，纔間斷處以後便皆無物。『忠信所以進德』，是有這骨子然後能進德。如顔子『三月不違仁』，只未違以前便有始末，纔失照管處便無物矣，又須到再接續處方有終始。惟天地聖人未嘗有一息間斷，『維天之命，於穆不已』，何嘗間斷。間斷，造化便死了。故天生個人便是個人，生出個物便是個物，且不曾生個假底人物來。」仲思問：「如陰陽舛錯，雨暘失時，失時〔二〇五〕亦可謂之誠乎？」曰：「只是乖錯，不是假底，依舊是實在。人大抵〔二〇六〕只是不要外面有，裏面無。且如讀書十遍，初四遍心在，後六遍心不在，只是口頭讀過，便只第一遍至第四遍是始是終，第六遍後便只似不曾讀一般，便是無物也。」又問：「『吾不與祭，如不祭』，是『不誠無物』否？」曰：「然。」伯羽。按楊道夫録此條而略，〔二〇七〕云：「蜚卿問『人道唯在忠信，不誠無物』。曰：『説道爲善又不曾爲得善，説道惡惡又不曾不爲惡，便是無物。如人做事，只至誠做處便有始有末，纔間斷處便無物。天地造化，聖人德業，未嘗有一息之間。「雖[二〇八]天之命，於穆不已」，曷嘗間斷。有些間斷則造化便死了。故生出一個人便是一個人，生出一個物便是一個物，更無些假。』道夫問：『陰陽舛錯，雨暘不時，亦可謂之誠否？』曰：『雖恁地，亦只是舛錯，不是假，依舊是實在。人則不要外面有，裏面無。』」

「無友不如己者」，與勝己者處也。人傑。

問：「『毋友不如己』作不與不勝己友，則他人勝己者亦不與之友。」曰：「不然。人自是要得臨深以爲高。」榦。

道夫[二〇九]問：「『無友不如己者』，[二一〇]集注謂『友以輔仁，不如己則有損而無益』。信斯言也，[二一一]則[二一二]今欲擇勝我[二一三]者與之爲友，則彼必以我爲不及，而不肯與之[二一四]友矣。雖欲友之，安得而友之？」曰：「無者，禁止之辭。我但不可去尋求不如己者耳，及其來也，又焉得而却之？推此則勝己者亦自可見。」道夫。

處州[二一五]趙兄問：「『無友不如己者』，莫是言忠信之人否？不然此言豈不爲拒人乎？[二一六]」。先生曰：「不然。[二一七]凡人取友，須是求勝己者始有益。且如人學作文，須是與勝己者商量，然後有所發明。若只與不如己者商量，則好者彼或不知，不是彼或不識。我又只見其不勝己，渾無激厲之意，豈不爲害！」趙曰：「然則有不勝我者，終不可與處乎？」先生曰：「若不勝者來求於我，則不當拒之也。聖人此言但教人求友之法耳。」處謙。

問：「『無友不如己者』，伊川以爲同志，何如？」先生曰：「此求之過。大凡師則求其賢於己者，友則求其勝者，至於不肖者則當絶之。聖人此言非謂必求其勝己者。且以自家看，〔二一八〕今人取友，見其勝己者則多遠之，而不及己則好親之。此言乃所以救學者之病。」可學。

問「無友不如己者」。先生曰：「這是我去求勝己者爲友。若不如我者，他又來求我，這便是『童蒙求我，匪我求童蒙』也。前輩説這一句，多是被不如己者不與爲友底意思礙却，便説差了。其實本不相背。」時舉。

吳知先問「過則勿憚改」。先生曰：「程子所謂『知其不善則速改以從善』，曲折專在『改』〔二一九〕字上着力。若今日不改，是壞了兩日事；明日不改，是壞了四日事。今人只是憚難，過了日子。」時舉。〔二二〇〕

又曰：〔二二一〕「今爲學約而易操者莫如敬，敬則凡病皆可去，不是『不重則不威』。〔二二二〕如『不重則不威』章，敬是總腦，不渾在散句裏，必敬而後能不輕。如『主忠信』，亦先因敬，不敬則誕謾而已，何以主之？『毋友不如己』亦然。重亦不難見，如人言語簡重，舉動詳緩，則厚重可知。言語輕率，聽得便説，説則無能得了。舉動輕肆，飛揚淺露，其人輕易可知。顏子克己如紅爐上一片雪。〔二二三〕」伯羽。

## 【校勘記】

〔一〕李無若爲以下至此二十九字　成化本無。
〔二〕李無謹獨以下五字　成化本無。
〔三〕按李方子所録同而略　成化本無。
〔四〕忠信如何　成化本無。
〔五〕却　朱本作「知」。
〔六〕成化本此下注有「謙」。
〔七〕恪　成化本無。
〔八〕成化本此下注曰：「或録云：『他自覺猶於此欠闕。』」
〔九〕日　成化本無。
〔一〇〕按李季札録同　成化本無。
〔一一〕此條語録成化本無。
〔一二〕周伯壽　成化本爲「伯壽」。
〔一三〕所以　成化本無。
〔一四〕亦　成化本無。

[一五] 目 成化本作「者」。
[一六] 一 成化本無。
[一七] 節問曰 成化本作「問」。
[一八] 成化本此下注曰：「爲人謀不忠。」
[一九] 讀論語 成化本無。
[二〇] 自 成化本無。
[二一] 便 成化本無。
[二二] 爲人謀而不忠乎 成化本無。
[二三] 爲謀 成化本爲「爲人謀」。
[二四] 且 成化本無。
[二五] 按陳淳録同 成化本無。
[二六] 成化本此下注曰：「爲人謀不忠，與朋友交不信。」
[二七] 問爲人謀而不忠……乃是已失其本心矣 成化本爲「問爲人謀而不忠與朋友交云云」。討，據文意似作「計」。
[二八] 成化本此下注曰：「時舉。寓録同，別出。」
[二九] 潘子善問……所以如此 成化本爲「子善問云云」。

［三〇］時舉按徐寓録同　成化本作「寓」。
［三一］淳　成化本無。
［三二］存　成化本作「在」。
［三三］成化本此下注曰：「寓録作『令勿偏倚』。」
［三四］按徐寓同而少略　成化本爲「寓録略」。
［三五］實　朱本作「當」。
［三六］成化本此下注曰：「泳。與朋友交。」
［三七］成化本此條與本卷榦録「問明道伊川以忠信爲表裏内外……違道違仁底疏」合爲一條。
［三八］此條節録成化本無。
［三九］成化本此下注曰：「道夫。忠信。」
［四〇］字　王本作「事」。
［四一］字　王本作「事」。
［四二］節　成化本無。
［四三］成化本此下注有「節」。
［四四］成化本此下注曰：「盡己之謂忠。」
［四五］盡己爲忠　成化本爲「盡己之謂忠」。

〔四六〕如有人謀事　成化本爲「如爲人謀一事」。
〔四七〕須是與他説這事當做不當做　成化本爲「須直與它説這事合做與不合做若不合做則直與説這事決然不可爲」。
〔四八〕信便是那忠字見於事者　成化本爲「信即是忠之見於事者所以説忠信内外也」。
〔四九〕信則説得來周遍於事上所以説忠信内外也　成化本爲「信則説得來周遍事上都要如此」。
〔五〇〕始　成化本無。
〔五一〕等　成化本無。
〔五二〕中　成化本作「忠」。
〔五三〕禮　成化本作「忠」。
〔五四〕黄直卿　成化本爲「直卿」。
〔五五〕成化本此下注曰：「盡己謂忠，以實謂信。」
〔五六〕謂如與人説話須説到底　成化本爲「謂與人説話時説到底」。
〔五七〕只説一事　成化本爲「若説一半」。
〔五八〕道　成化本無。
〔五九〕成化本此下有：　又，文振説：「『發己自盡爲忠，循物無違爲信』，發己自盡便是盡己。循物無違，譬如香爐只喚做香爐，卓只喚做卓，便着實不背了。若以香爐爲卓，卓爲香爐，便是背了它，便是不着實。

〔六〇〕按李季札録同　成化本無。

〔六一〕心中　成化本爲「中心」。

〔六二〕心　成化本作「身」。

〔六三〕在外　底本闕，據成化本補。

〔六四〕此條僩録成化本載於卷五十二。

〔六五〕成化本此下有「人」。

〔六六〕當　成化本無。

〔六七〕按金去僞録同　成化本爲「去僞同」，且此條謨録載於卷五十二。

〔六八〕曾子　成化本無。

〔六九〕力　成化本爲「氣力」。

〔七〇〕成化本此下注有「佐同」。

〔七一〕利所在　成化本爲「利之所在」。

〔七二〕又問集注以忠信爲傳習之本……人如何能傳習　成化本無。

〔七三〕又　成化本無。

〔七四〕只是　成化本無。

〔七五〕此條明作録成化本分爲兩條：「爲人謀而不忠乎……人須是去却此心方可」爲一條，「問諸子之學……便能切己用工如曾子也」爲一條。此兩條皆載於卷二十一。
〔七六〕得　成化本無。
〔七七〕外内　成化本爲「内外」。
〔七八〕便　成化本無。
〔七九〕成化本此下注曰：「集注諸説。」
〔八〇〕成化本此下注有「集義」。
〔八一〕木之　成化本無。
〔八二〕之　成化本作「謂」。
〔八三〕而　成化本無。
〔八四〕抬貼　成化本作「抬」。
〔八五〕從這道理從已　成化本爲「從這已」。
〔八六〕爲　成化本作「謂」。
〔八七〕謂之　成化本作「爲」。
〔八八〕忠信集注云　成化本無。
〔八九〕不知如何即循物無違　成化本爲「如何循物無違」。
〔九〇〕外　成化本作「事」。

〔九一〕明道謂……表裏之謂也　成化本無。

〔九二〕得　成化本無。

〔九三〕自　成化本作「説」。

〔九四〕成化本此下注曰：「池本作『不信必是不曾忠』。」

〔九五〕也　成化本無。

〔九六〕徐居父　成化本爲「居父」。

〔九七〕以　成化本作「已」。

〔九八〕成化本此下注曰：「寓録别出。」

〔九九〕曾子三省明道先生説發己自盡謂忠，循物無違謂信　成化本無。

〔一〇〇〕謂　成化本無。

〔一〇一〕與　成化本無。

〔一〇二〕説與　成化本爲「與説」。

〔一〇三〕雜　成化本作「集」。

〔一〇四〕曾子曰……傳不習乎　成化本無。

〔一〇五〕也　成化本無。

〔一〇六〕人　成化本作「又」。

〔一〇七〕先生不說不同　成化本爲「先生曰三說不同」。
〔一〇八〕違道　成化本爲「違道違仁」。
〔一〇九〕此條與本卷幹録「問『傳不習乎。』曰：『傳人以己所未嘗習之事。然有兩説』」合爲一條。
〔一一〇〕二君子　成化本無。
〔一一一〕洪　成化本作「弘」。此條下同。
〔一一二〕見　成化本無。
〔一一三〕容　成化本無。
〔一一四〕切　成化本無。
〔一一五〕如何　成化本無。
〔一一六〕問昏禮……亦不多　成化本無。
〔一一七〕此條伯羽録成化本無，但卷二十三載道夫録内容相近，曰：　問：「夫子答子游、子夏問孝，意雖不同，然自今觀之，奉養而無狎恩恃愛之失，主敬而無嚴恭儼恪之偏，儘是難。」曰：「既知二失，則中間須自有個處之之理。愛而不敬，非真愛也；敬而不愛，非真敬也。敬非嚴恭儼恪之謂，以此爲敬則誤矣。只把做件事，小心畏謹便是敬。」且此下又注曰：「伯羽録云：『敬，只是把做事，小心畏謹，不敢慢道。』」
〔一一八〕是晚……因云　成化本爲「問道千乘之國章曰」。
〔一一九〕楊龜山　成化本爲「龜山」。

〔一二〇〕本　成化本作「國」。
〔一二一〕某　成化本無。
〔一二二〕道　底本闕，據成化本補。
〔一二三〕成化本此下注曰：「南升。賀孫録別出。集注。」
〔一二四〕鄭文振　成化本爲「文振」。
〔一二五〕龜山云……這般所在最説得好　成化本爲「龜山最説得好」。
〔一二六〕要　成化本作「看」。
〔一二七〕先　成化本無。
〔一二八〕下情　成化本爲「下之情」。
〔一二九〕方始可以爲國　成化本爲「方始可以爲治」。
〔一三〇〕此條時舉録成化本無，但卷二十一所載董銖録部分内容相近，曰：吴伯遊問：「『道千乘之國』三句，反覆相因，各有次第。」……又問：「楊氏謂『未及爲政』，今觀『使民以時』，又似爲政。」曰：「孟子説『不違農時』，只言王道之始，未大段是政事在。」且其後注曰：「時舉同。」
〔一三一〕不　朱本作「得」。
〔一三二〕兄　成化本無。
〔一三三〕道千乘之國一章　成化本無。

〔一三四〕意見未分曉　成化本無。
〔一三五〕興　成化本作「是」。
〔一三六〕兄　成化本無。
〔一三七〕夜來所説千乘之國　成化本無。
〔一三八〕集注敬事而信　成化本無。
〔一三九〕如何　成化本無。
〔一四〇〕是　成化本作「能」。
〔一四一〕用　成化本爲「又用」。
〔一四二〕十　朱本、王本作「有」。
〔一四三〕成化本此下有「抑既如此，更要如彼」。
〔一四四〕能恁地便自然　成化本爲「能恁地敬便自然信」。
〔一四五〕然　成化本無。
〔一四六〕説　成化本作「須」。
〔一四七〕成化本此下有「當」。
〔一四八〕何　成化本爲「有何」。
〔一四九〕敬事而信節用而愛人使民以時　成化本無。

〔一五〇〕入則孝其父母……有其根本矣　成化本無。

〔一五一〕又不可少有怠慢　成化本無。

〔一五二〕所以學文者　成化本無。

〔一五三〕先生又云今日一日只消看治國一章已多了　成化本無，但注有「南升」。

〔一五四〕是　成化本作「具」。

〔一五五〕成化本此下注曰：「池本作『思意』。」

〔一五六〕則以學文　成化本無。

〔一五七〕遂得以時時得而親之　成化本爲「得以時時親之」。

〔一五八〕時　成化本無。

〔一五九〕藝　成化本作「義」。

〔一六〇〕按一之録……乃是其暇時爲之　成化本無。

〔一六一〕又云　成化本無。

〔一六二〕不同　成化本無。

〔一六三〕行有餘力則以學文　成化本無。

〔一六四〕考聖賢之成法　成化本無。

〔一六五〕只　成化本無。不　底本闕，據成化本補。

〔一六六〕若　成化本無。

〔一六七〕少時　成化本無。

〔一六八〕因説　成化本作「問」。

〔一六九〕之　成化本作「知」。

〔一七〇〕今詩書中考成法前言往行亦不可考　成化本爲「然今詩書中可考或前言往行亦可考」。

〔一七一〕得　成化本無。

〔一七二〕之　成化本作「文」。

〔一七三〕從　成化本無。

〔一七四〕成化本此下注有「集注」。

〔一七五〕賢賢易色或以爲變易顔色或以爲易其好色之心二者如何　成化本爲「變易顔色」。

〔一七六〕一謂變易顔色有敬賢之誠一謂易其好色之心　成化本無。

〔一七七〕元秉　成化本爲「儒用」。

〔一七八〕僩按時舉録同　成化本爲「時舉」。

〔一七九〕問子夏賢賢易色一章　成化本爲「問賢賢易色章」。

〔一八〇〕先生南坐……無一不盡情實　成化本爲「問賢賢易色章」。

〔一八一〕少頃先生云文振今日更看甚處　成化本無。

［一八二］只看此一章更玩味楊龜山所説治國一章　成化本無。
［一八三］落着　成化本爲「着落」。
［一八四］鄭南升　成化本爲「南升」。
［一八五］問事父母能竭其力一章先生曰　成化本無。
［一八六］問子夏賢賢易色……先生曰　成化本無。
［一八七］否　成化本無，但「曰」前有一「否」字。
［一八八］云　成化本作「方」。
［一八九］求　成化本作「本」。
［一九〇］某問……惟在忠信　成化本爲「主忠信人道惟在忠信」。
［一九一］若　成化本爲「人若」。
［一九二］爲　成化本無。
［一九三］是晚　成化本無。
［一九四］黄敬之　成化本爲「敬之」。
［一九五］之　成化本無。
［一九六］成化本此下注曰：「時舉録云：『凡一顰一笑，一語一默，無非天理。』」
［一九七］黄直卿　成化本爲「直卿」。

〔一九八〕成化本下有「南升」，且分此條南升録爲兩條：「主忠信人道惟在忠信……再三言之」載於卷二十一；「敬之問形色天性……先生云固是」載於卷六十。
〔一九九〕子曰……過則勿憚改　成化本無。
〔二〇〇〕又問主忠信集注下不誠無物一節如何　成化本爲「問集注下不誠無物一節如何」。
〔二〇一〕個　成化本爲「物」。
〔二〇二〕主忠信注程子之言　成化本無。
〔二〇三〕則　成化本無。
〔二〇四〕問明道言人道惟在忠信不誠無物章　成化本爲「問人道惟在忠信不誠無物」。
〔二〇五〕失時　成化本無。
〔二〇六〕大抵　成化本無。
〔二〇七〕按楊道夫録此條而略　成化本爲「道夫録略」。
〔二〇八〕雖　成化本作「維」。
〔二〇九〕道夫　成化本無。
〔二一〇〕無友不如己者　成化本無。
〔二一一〕信斯言也　成化本無。
〔二一二〕則　成化本無。

［二一三］我　成化本作「己」。
［二一四］之　成化本作「我」。
［二一五］處州　成化本無。
［二一六］莫是言忠信之人否不然此言豈不爲拒人乎　成化本無。
［二一七］不然　成化本無。
［二一八］且以自家看　成化本無。
［二一九］改　成化本爲「速改」。
［二二〇］時舉　成化本爲「銖」，且此下注曰：「時舉録云：『最要在「速」字上着力。凡有過，若今日過愈深則善愈微。若從今日便改，則善可自此而積。』」
［二二一］又曰　成化本無。
［二二二］不是不重則不威　成化本無。
［二二三］顏子克己如紅爐上一片雪　成化本無。

# 晦庵先生朱文公語類卷第二十二

## 論語四

### 學而篇下

#### 慎終追遠章

「謹終追遠」，伊川云：「不止爲喪祭。」推之是如此，但本意只是爲喪祭。庚。〔一〕

王問：「『慎終追遠』，〔二〕伊川先生謂『不止喪祭』。此說如何？」曰：「指事而言，恐曾子當初只是說喪祭。推此意，則每事都在〔三〕存這些子。」雉。

「謹終追遠」是〔四〕專主喪祭而言。若看得喪祭事重時，亦自不易。只就喪祭上推，亦是多少事。或說云〔五〕天下事皆要謹終追遠，亦得。明作。

「『謹終追遠，民德歸厚』，〔六〕程子云：『推而至於天下之事皆能慎其終，不忘於遠。』如何？」曰：「事事皆要如此。『謹終』，到[七]末梢須是理會教盡，不忘於遠。遠是人易忘。且如今追封人及祖父等事，這是久遠恩澤。人多是據眼前有功者有賞，而無久而不忘底意思。這般事若能追念起來，在己之德既厚，而民心亦有所興起。」賀孫。

## 夫子温良恭儉讓章[八]

敬之問「夫子温良恭儉讓」。曰：「此子貢舉夫子可親之一節，温之一事耳。若論全體，須如『子温而厲，威而不猛，恭而安』。」德明。

問：「此一章，須於温、良、恭、儉、讓五者觀聖人德盛禮恭處，[九]温是恁地温和深厚，良是恁地簡易正直，恭是端嚴恭敬，儉是省約有節，讓是謙遜自卑。聖人盛德充溢於中，而輝光著見於外如此。當時諸侯雖汩没於利欲之中，而秉彝好德之良心未嘗不在，一見夫子德容如此，故皆問之以國政。」[一〇]先生云：「『良』字説未是。良即是良善，猶今言善人。所謂易，乃樂易、坦易之『易』。直，如世人所謂白直之『直』，無姦詐險詖底心，如所謂開口見心是也。此章亦須見得聖人不求人而人自求之意。」[一一]

或問：「良何以訓『直』[一二]？」曰：「良，如今人言無嶢崎，爲良善，無險阻密蔽。」又曰：「易，平易，和易；直，無屈曲。」節。

李問：「良如何訓『易直』？」曰：「良善之人自然易直而無險詐，猶俗言白直也。」雉。

問：〔一三〕「注云：『良，易直也』。〔一四〕何以爲易？〔一五〕」曰：「只是平易曰〔一六〕直而已。」因舉韓詩外傳有一段與樂記相似，但「易直子諒之心生矣」處，改「子諒」二字爲「慈良」，此却分明也。時舉。

寓〔一七〕問：「集注〔一八〕『良，易直也』，如何？」曰：「此心不傾險，不粗戾，自是平易簡直。樂記言『易直子諒之心』，昔人改『子諒』作『慈良』，看來『良』字却是人之初心。慈愛良善便是『元者善之長』。孟子説『惻隱之心』、『人皆有不忍人之心』，皆是這般心。聖人教人先要求此心，正爲萬善之總處。」寓。

問：「恭，一訓敬，一訓辭遜，何也？」曰：「已改了。」因曰：「恭是軟底，敬是硬底。」方子。〔一九〕

問：「儉就那處看？」曰：「儉只是用處儉，如衣冠、服飾、用度之類。」

儉謂節制，非謂儉約之謂。只是不放肆，帶斂儉〔二〇〕之意。明作。

聖人之德無不備，非是只有此五者，但是此五者皆有從厚〔二一〕謙退不自聖底意思，故人皆親信而樂告之也。夔孫。

又問〔二二〕「夫子〔二三〕温良恭儉讓」一章。曰：「最是要看得此五者是如何氣象。〔二四〕深體之於我，則見得聖人有不求人而人自即之底意思。今人自請舉以往，[二五]並是求人。雖做宰相地位也是恁地。縱不肯明求，也須暗地請託。[二六]故『學而』一篇多是先以此教人。如說[二七]『人不知而不愠』，如說[二八]『巧言令色』，如說[二九]『不患人之不己知』皆是。雖中庸亦多此意，如『衣錦尚絅』皆是。且要理會那不求底道理。」時舉。

或問：「夫子『温良恭儉讓』，夫子做到極處。顏子亦與夫子一般，但未到此地位耳。」曰：「理會文義且樸實頭，說這一句不必牽引，無益於己也。」人傑。[三〇]

龜山解夫子「温良恭儉讓」，有「暴慢、侈泰」之[三一]語。萬正淳[三二]以爲暴慢侈泰誠所當戒，而先生以爲其流至於爲人，似不然之。先生曰：「暴慢侈泰固所當戒，但不當於此言。龜山說話常有些畏罪福[三三]底意思在，不知聖人『温良恭儉讓』是自然當[三四]如此，非欲爲是以求聞政也。」賀孫。集義。[三五]

## 父在觀其志章

論「父在觀其志」，曰：「此一句已有處變意思，必有爲而言。」節。

論「父在觀其志，没觀其行」，孝子之志行也。人傑。

觀志、觀行只是大概，須是無改方見得孝。若大段悖理處又自當改，此特言其常耳。明作。

邵漢臣說「父在觀其志」一章。先生曰：「父在時，使父賢而子不肖，雖欲爲不肖之事，猶以父在而不敢爲。然雖無甚不肖之行，而其志可知矣。使子賢而父不肖，雖欲爲善事而父有所不從，時有勉强而從父之爲者。此雖未見其善行，而要其志之所存，則亦不害其爲賢矣。至於父没，則己自得爲，於是其行之善惡可於此而見矣。父在時子非無行也，而其所主在志；父没時子非無志也，其所主在行。故子曰云云也。」時舉。

或問「三年無改」。曰：「是有可改而未十分急者，只得且存之。父在則子不得專，而其志却可知。父没則子雖得專，而其不改之意又可見。此所謂孝。」祖道。

「三年無改於父之道，可謂孝矣。」道，猶事也。言道者，爲[三六]父之詞。人傑。按李儒用録同。[三七]

「三年無改」謂是半上半下底事，在所當改者，但不可先[三八]遽急改之，若有死其親之心，有揚其親之過之意。須[三九]待三年然後徐改之，使不覺時。[四〇]若是大故不好底事，則不在此限耳。夔孫。

纔說「三年無改」，便是這事有未是處了。若父之道已是，何用說無改，終身行之可也。事既非是便須用改，何待三年？孝子之心自有所不忍爾。若大段切[四一]害人底事須便改始得。若事非是而無甚妨害則慎[四二]，三年過了方改也。僩。

伯羽[四三]問：「此章上二句見守身之行，下一句見愛親之心。」曰：「也不必做兩截說，只是折轉說。上二句觀人之大概，下一句就『觀其行』細看其用心之厚薄如何。行雖善矣，父道可以未改而輕率改之，亦未善也。」伯羽。

「『父在觀其志』一段。」[四四]尹氏[四五]曰：『「三年無改」亦謂在所當改，而可以未改者爾。』此謂此事必當改，[四六]但三年之間孝子之心有所不[四七]忍耳。向時南軒却改尹說[四八]作『可以改而可以未改耳』。某與之[四九]說，若如此說則雖終身不改可也。此章之意則云，此事必當改但可以未改耳，三年過則必當改也。」先生前一夜說此，僩嘗問：[五〇]「若父有大段不是底事妨國害政者，只得便改，豈可必待三年？」曰：「若有大段不是，須是便改。」或曰：「『孟莊子之孝也，其他可能也，其不改父之臣與父之政，是難能也』，與此同否？」曰：「不同。此章是言父之所行有不善而子不忍改，乃見其孝。若莊子之父獻子，自是個賢者，其所施之政、所用之臣皆是。莊子能不改之，此其所以爲難。」問：「若然則何足以難[五一]？」曰：「子孫不能守父之業而輕改之者，多矣。莊子乃能守之，非難能而何！先儒以爲莊子之賢不及獻子，疑其不能守父之政，不能用父之臣，而莊子乃能不改，此其所以爲難能也。此說得之。」僩。

又[五二]問：「『三年無改於父之道』，只就孝子心上看。孝子之心，三年之間只思念其父，有不忍改之心。」曰：「大概是如此，但其父若有聖賢之道，雖百世不可改。此又就事上看。」直卿

云：「游氏所謂『在所當改而可以未改處』亦好看。」〔五三〕

問：「或説不改事父之道，又説不改父在所行之道，二説奚擇？」先生反而問之：「欲從何説？」曰：「不改父在所行之道恐是。」曰：「然。」遂舉游氏「可以改而未改者」：「所謂三年，云不必改者，此説却切當。若説道不可改，雖終身守之可也，豈止三年乎！此爲在所當改，而可以遲遲三年者也。自新法之行，諸公務爲緣飾，文致一詞，將此一句辨論無限，而卒莫之命〔五四〕也。」寓。「命」字疑誤。〔五五〕

或人問「父在，觀其志；父没，觀其行」。先生曰：「觀其文意，便是父在時，其子志行已自有與父不同者。然於此三年之間必能不改父道，乃見其孝。不然，所行雖善，亦未得爲孝。此必有爲而言。然緊要在看游氏、尹氏兩節意。」銖。

「三年無改」，尹氏説得心，於事上未盡。游氏於理事〔五六〕上説得好，故並載之，使互相發。壽仁。〔五七〕

## 禮之用和爲貴章

直卿言：「『禮之用，和爲貴』，今觀内則一篇，則子事父母之禮亦嚴矣。然下氣怡色，則和可知也。觀玉藻、鄉黨所載，則臣之事君，禮亦嚴矣。然一爵而言言，二爵而油油，君在與與，則和可知也。」曰：「如此則和與禮成二物矣，須是見得禮便是和乃可。如『入公門，鞠躬如也，如不容』，可謂至嚴矣！然而自肯甘心爲之，而無厭倦之意者，乃所以爲和也。至嚴之中便是至和處，不可分做兩截去看。」道夫。

先生舉[五八]問學者云：「今人行禮多只是嚴，且説[五九]如何得他和？」坐間學者答曰[六〇]皆不契。先生曰：「只是要之禮得如此[六一]，自然行之[六二]則和緩而不迫。蓋聖人制禮，無一節是强人，皆是合如此。且如孔子與上大夫言時自然誾誾，與下大夫言時自然侃侃。在學者須是知[六三]與上大夫言合用誾誾，與下大夫言合用侃侃，便自然和。嘗謂呂與叔説得數句好，云：『自斬至緦麻[六四]，衣服異等，九族之情無所憾；自公[六五]至皂隸，儀章異制，上下之分莫敢爭，皆出於性之所有，循而行之，無不中節也。』此言禮之出於自然，無一節强人。須要知得此理，則自然和。」黄有開因舉先生舊説云：「且如父坐子立，君尊臣卑，多少是嚴。若見得父合坐，子合立，君合尊，臣合卑，則無不安矣。」曰：「然。」雉。

符舜功[六六]問：「『從容不迫』，如何謂之和？」曰：「只是説行得自然如此，無那牽强底意思，便是從容不迫。那禮中自有[六七]個從容不迫，不是有禮後更添個從容不迫。若離了禮説從容不迫，便是自恣。」義剛。[六八]

「禮之用，和爲貴。」見君父自然用嚴敬，此是人情願，非由抑勒矯拂，是人心固有之固[六九]

然者，不待安排，便是和，纔出勉强便不是和。聖人品節裁限，使事事合於中正，這個當在這裏，那個當在那裏，更不得過，纔過便不是禮。若和而知限節便是禮。〔七〇〕

「禮主於敬而其用以和爲貴，然如何得他敬而和？着意做不得，纔着意嚴敬即拘迫而不安，要放寬些又流蕩而無節。須是真個識得禮之自然處，則事事物物上都有自然之節文，雖欲不如此，不可得也。故雖嚴而未嘗不和，雖和而未嘗不嚴也。」又曰：「和便有樂底意思，故和是樂之本。」閎祖。

或問「禮之用，和爲貴」。曰：「禮是嚴敬之意，但不做作而順於自然便是和。和者，不是別討個和來，只就嚴敬之中順理而安泰者便是也。禮樂亦止是如此看。」祖道。

或問：「『禮之用，和爲貴』。君臣父子之間可謂嚴矣，若不和則情不通。」曰：「不必如此說。且以人之持敬，若拘迫則不和，不和便非自然之理。」人傑。

和是自家之合有底，〔七一〕發見出來，無非自然。賀孫。

問「禮之用，和爲貴」。先生曰：「禮如此之嚴，分明是分毫不可犯，却何處有個和？須知道吾心安處便是和。如『入公門，鞠躬如也』，須是如此吾心方安，不如此便不安，纔不安便是不和也。以此見得禮中本來有個和，不是外面物事也。」又問：「『知和而和』是如何？」曰：「『知和而和』却是一向去求和，便是離了禮。且如端坐不如箕踞，徐行後長者不如疾行先長者，如到這裏更有甚禮，可知是不可行也。」時舉。

賀孫[七二]問：「集注云云，上一截將『從容不迫』説『禮之用，和爲貴』甚分明，但將『從容不迫』就下一截體驗，覺得未通。如鄉黨一書也只是從容不迫，如何却會不行？若會從容不迫，必不會無節。」曰：「只是立心要從容不迫不得。纔立心要從容不迫，少間便都放倒了。且如聖人『恭而安』，聖人只知道合着恭，自然不待勉强而安。纔説要安排個安，便添了一個。」賀孫。

問：「『知和而和』，是從容不迫。」曰：「從容不迫雖是和，然其流遂至於縱而無節。」又曰：「學者而今但存取這心，這心是個道之本領。這心若在，這義理便在。存得這心，便有個五六分道理了。若更時時拈掇起來，便有個七八分底道理。」又曰：[七三]「『小大由之』，言小事大事皆是個禮樂，合於禮便是樂。故通書云『陰陽和而有禮』，[七四]禮先而樂後。」卓。[七五]

有禮而不和，則尚是存得那本之體在。若只管和，則併本都忘了。就這兩意説，又自有輕重。義剛。

禮之和處便是禮之樂，樂有節處便是樂之禮。僩。

問：「諸先生以和爲樂，未知是否？」曰：「和似未可便説樂，然亦有樂底意思。」辛。[七六]

漢臣問：[七七]「『禮之用，和爲貴』，莫便是樂否？」[七八]曰：「和[七九]是禮中之樂，未便是樂。[八〇]如天子八佾，諸侯六，大夫四，士二，此[八一]又是樂中之禮。」時舉。[八二]

問：「『禮之用，和爲貴』，莫是禮之中便有一個和？莫是在用處？」曰：「禮雖主於嚴，其用則和。」因舉「禮主於減，樂主於盈」一節。又〔八三〕問：「禮樂二字相離不得。」曰：「也須看得各自爲一物，又非判然二物。」又曰：「天下之事嚴而不和者却少，和而不節之以禮者常多。」希遜。〔八四〕

仁甫問：「『禮之用，和爲貴』，〔八五〕集注載程子取〔八六〕樂之説，何如？」曰：「也須先是嚴敬方有和。若直是盡得敬，不會不和。臣子入朝自然極其恭敬，也自和。這不待勉强如此，只是他情願如此，便自和。君君臣臣，父父子子，兄兄弟弟，夫婦朋友各得其位，這〔八七〕自然和。若君失其所以爲君，臣失其所以爲臣，這〔八八〕如何會和？如諸公在此坐，都恁地收斂，這便是和。若退去，自放肆或乖争，便是不和。通書説：『禮，理也；樂，和也。陰陽理而後和。君君臣臣，父父子子，兄兄弟弟，夫夫婦婦，萬物各得其理然後和，故禮先而樂後。』説得最好。易裏〔八九〕説：『利者，義之和。』利只在義之和。義本是個割截裁制之物，惟施得宜則和，此所以爲利。從前人説這一句都錯。如東坡説道：『利所以爲義之和。』他把義自〔九〇〕做個慘殺之物看了，却道得利方和。利是乾卦一德，如何這一句却去説義！兼他全不識義，如他處説亦然。」又曰：「『有所不行』，只連下面説方通。如曰有所不行者，『知和而和，不以禮節之，亦不可行也』。如易裏説：『其唯聖人乎！知進退存亡而不失其正者，其惟聖人乎！』」賀孫。

問：「集注云：『和者，心以爲安而行之不迫。』後又引程子云『恭而安，別而和』二句。柄[九一]竊謂行而不迫，只説得『恭而安』，却未有『別而和』底意思。」曰：「是如此。後來集注却去了程説。」柄。

問：「伊川曰『恭而安，別而和，爲可貴』，[九二]『別』字如何？」曰：「分雖嚴而物[九三]却通，而[九四]『知和而和』，執辭不完，却疑他録有一差[九五]。」嵤。集義。

問謝先生云[九六]「禮樂之用，相反相成」。曰：「且如而今對面端嚴而坐，這便是禮。合於禮便是和。如君臣之間，君尊臣卑，其分甚嚴。若以勢觀之，自是不和。然其實却是甘心爲之，皆合於禮而理自和矣。且天子之舞八佾，諸侯六佾[九七]，大夫四佾[九八]，皆是當如此。若天子舞天子之舞，諸侯舞諸侯之舞，大夫舞大夫之舞，此便是和。若諸侯僭天子，大夫僭諸侯，此便失禮，失禮便不和。易言：『利者，義之和也。』若以理論[九九]之，義自是個斷制[一〇〇]氣象，有凜然不可犯處，似不和矣，其實却和。若臣而僭君，子而僭[一〇一]父，不安其分，便是不義，不義則不和矣。孟子云『未有仁而遺其親者也，未有義而後其君者也』，即是這意思，只是個依本分。若依得本分時，你得你底，我得我底，則自然和而有別。若『上下交征利』，則上下相攘相奪，便是不義不和，而切於求利矣。老蘇作利者義之和論，却把利別做一個物來和義，都不是了。他於理無所見，只是胡亂恁地説去。」卓。

璘近讀論語「禮之用，和爲貴」，觀諸家解多以和爲樂。璘思之，和固是樂，然便以和爲樂，恐未穩當，須於禮中自求所謂和乃可。因問之長上，或設喻以見告曰：「所謂禮者，猶天尊地卑而乾坤定，卑高以陳而貴賤位，截然甚嚴也。及其用，則天道下濟而光明，地道卑而上行，此豈非和乎？」某當時聽之甚以爲然矣。已而思之，亦恐只是影說過，畢竟禮中之和不可見。望先生有以教之。「如曲禮所陳，禮之條目甚詳，不知何者爲和乎？」先生曰：「和固不可便指爲樂，然乃樂之所由生。所設喻亦甚當。如曲禮之目皆禮也，然皆理義所宜，人情所安，行之而上下親疏各得其所，豈非和乎？」〔一〇二〕

## 信近於義章

問「信近於義，言可復也」。先生曰：「如今人與人要約，當於未言之前，先度其事之合義與不合義。合義則言，不合義則不言。言之，則其言必可踐而行之矣。今人多是〔一〇三〕不先度其事，且鶻突恁地說了，到明日却說這事不義，我不做，則是言之不可踐也。言而不踐，則是不信；踐其所言，又是不義，如此則是〔一〇四〕不先度之故。」卓。

問「言可復也」。曰：「前輩說，都是說後來事。如說出話了後，看是義與不義，方理會復與不復。若是恁地，更不消說也得。某看來是要人謹於未發，皆是未交際之先。」賀孫。

凡言，須先度是非可否。果近於義而後言，則其言可踐。恐不近於義，其言將不可復也。德明。

問：「『信近義，恭近禮』，何謂近？」曰：「近只是合。古人下字寬。今若且要就[一〇五]近上説，雖未盡合義，亦已近義了；雖未盡合禮，亦已近禮了。」寓。淳同。[一〇六]

或問：「集注説『信近義，恭近禮』但云：[一〇七]『約信而合其宜，致恭而中其節。』合其宜便是義，中其節便是禮。如何是『近義、近禮』？」曰：「此亦大綱説，如『巧言令色，鮮矣仁』之意。然只得近於義、近於禮，亦好。是便合其宜、中其節，更好。」廣。

道夫[一〇八]問：「如何得『約信而合其宜』？」曰：「只是不妄發。」曰：「萬一料事不過，則如之何？」「這却無可奈何，却是自家理不明爾。」「『致恭而中其節』，則能遠恥辱。這恥辱是在人，在己？」曰：「兼有在裏。且如見尊長而拜，禮也。我却不拜，被詰問，則無以答，這便是爲人所恥辱。有一般人不當拜而拜之，便是諂諛，這則可恥可辱者在我矣。」道夫。

「因不失其親。」[一〇九]因，如「因徐辟」之「因」。因，猶傍也。親又較厚。宗則宗主之，又較重。問注「因仍苟且」。曰：「因仍與苟且一樣字。因仍，猶因循；苟且，是且恁地做。一般人初間不謹擇，便與他交處[一一〇]。下梢他有氣勢，便道是我來宗他，豈不被他累。孔子當時若不揀擇，去主癰疽，便被壞了。」寓。淳録同。[一一一]

「因不失其親」，如〔一一二〕「親仁」之「親」。人傑。〔一一三〕

漢臣說「因不失其親，亦可宗也〔一一四〕」。曰：「與人交際，當謹之於始。若其人下來不可宗主，則今日莫要親他。若今日苟且過了，與之相親，則下來所宗，非其可宗者矣。」時舉。

「因不失其親，亦可宗也。」〔一一五〕所依不失其所可親之人，亦可宗而主之矣。主，猶「於衛〔一一六〕主顏讎由」之「主」。蓋當時羈旅之臣，所至必有主。須於其初審其所可親者，從而主之可也。賀孫。

曼亞夫問「因不失其親，亦可宗也」。〔一一七〕曰：「宗，主也，以〔一一八〕宗者可以久而宗主之。如夫子於衛主顏讎由，則可親之人。若主癰疽與寺人瘠環，便是不可親之人。此是教人接人底道理也。」時舉。

「因」、「親」、「宗」〔一一九〕三字有淺深輕重。因乃泛言，親則近之矣，宗則尊之也。如孔子於衛，或舍於寺人瘠環之家，然謂之親則不可。可學。

問「因不失其親，〔一二〇〕亦可宗也」。曰：「我所親之人，將來便可爲吾之宗主。主，如『顏讎由』之『主』。且如此人不可親，而吾乃親之。若此人他日得志，援我以進，則是我失其所主矣。陳了翁曾受蔡卞之薦，後來擺脱不得，乃是失其所親者也。」人傑。

器之問「因是依，所依不失其可親之人，亦可宗也」。〔一二一〕曰：「『因』字輕，『宗』字重。

初〔一二二〕若不子細，胡亂與之相依，下梢却是宗他了。且如做官，與個至不好底人往來，下梢忽然爲他所薦舉，便是宗他。」賀孫。

正淳問：「『亦可宗也』，是如何？〔一二三〕」曰：「如而〔一二四〕今初間與好人相親，後來受他薦舉辟差，便是着宗他。此是前不失親，後亦可宗也。」賀孫。

王問：「『因不失其所親』，集注舊連上句義禮，後本却不如此。」曰：「後來看得信與義，恭與禮，因與親，各各是一事，有此兩項。」李問「恭近於禮」。先生曰：「非止諂媚於人是取辱之道。若恭不及禮亦能取辱。且如見人有合納拜者，却止一揖；有合不拜者，又〔一二五〕反拜他，皆不近禮。不合拜固是取辱，若是〔一二六〕合拜而不拜，被他責我不拜，豈不是取辱？」先生因言，論語中有子說數章，文勢皆奥澁，難爲人解。雉。

問「信近於義」處。〔一二七〕先生曰：「此一節須作兩截看，上面『恭近於禮，信近於義，因不失其親』，是接物與人之初，下數句却是久而無弊之效，但當初合下便須著思量到無弊處也。」時舉。

此一章皆是言謹始之意。只如初與人約，便用思量他日行得，方可諾之。若輕諾之，他日言不可復。不可復，害信也。〔一二八〕「恭近於禮」，且如合當在堂上拜，却下堂下拜，被人非笑，固是辱；若合當在堂下拜，〔一二九〕却在堂上拜，被人斥罵，亦是辱。因失其親，且如此人不好，初去親他時似不害，將來主之便錯了，須是始初〔一三〇〕揀擇，見得是好，方可親他。且如趨事上位，其人或不可親，既去親了他，一旦或以舉狀與我，我受了，便用主之，主非其人，雖悔何及！大率有子説底言語奥澁難曉，裏面儘有滋味，須用子細玩味。明作。

問「信近於義」一段。曰：「未説著不必信，只是信合於宜。且如一人相約爲事，已許之，少間却不行，是不合義，不可踐矣。恭，凡致敬皆恭也。禮則辨其異。若與上大夫接，而用下大夫之恭，是不及也；與下大夫接，而用上大夫之恭，是過也。過與不及，必取辱矣。」可學。

又[一三一]問「信近於義」一章，云：「謂如與人約做一件事，須是合當做底事方謂之義，故其言可踐而行。」[一三二]先生云：「約信事甚多。今與人約做一件事，須是合當做底事方可與之約，則所約之言方可行。如不可約之事，則休與之約，謂其不可行也。」問：「『恭近於禮』，謂致敬於人，須是合當加禮之人，方可遠耻辱。[一三三]」先生云：「不是加禮。如致敬於人，當拜於堂上，乃拜於堂下，當揖却拜，皆是不中節，適以自取辱。」[一三四]「『因不失其親』，謂相賴於人，須是得個正當可親近之人，而後可以宗主。」先生云：「也是如此，更不細推之。[一三五]」某[一三六]又問：「集注『人之言行交際』一段，恐言是約信，行是致敬，交際是依人。」曰：「大綱如此説，皆交際也。『言可復』便是行。」[一三七]

古人文字皆叶韻。如「信近於義，言可復也；恭近於禮，遠耻辱也；因不失其親，亦可宗也。」宗，叶音族。淳。

楊尹叔[一三八]問：「伊川言：『信非義，近於義者，以其言可復也。恭非禮，近於禮者，以其遠恥辱也。信恭因不失近於義禮，亦可宗敬也。』此說如何？」答曰：「伊川自是如此見。[一三九]某看來[一四〇]不當如此說。且如恭，[一四一]要去致敬那人，合當拜，却自長揖，則爲不及於禮。禮數不至，人必怒之，豈不爲辱。合當與那人相揖，却去拜，則是過於禮。禮數過當，被人不答，豈不爲恥。所依者須是得其可親之人方可。如一般不好人來薦我，是爲失其所親。須是合下知得此人是如何，於其初謹之可也。[一四二]」問：「横渠說：『君子寧言之不顧，不規規於非義之信；寧身被困辱，不徇人以失禮之恭；寧孤立無助，不失親於可賤之人。』尹和靖書以自警，今墨蹟可見。不知此說如何？」曰：「伊川說得太遠，横渠說較近傍。」寓。集義。

「『信近於義』章，疑上三句是工夫。言如能近義，則有可復言之理否？」答曰：「然。人說話固要信，然不近義時，其勢不可踐，踐却便反害於信矣。」問：「横渠云：『寧言之不顧，不規規於非義之信；寧身被恥辱，不徇人以非禮之恭；寧孤立無助，不失親於可賤之人。』此却似倒看了文義矣。重在下句相似，如何？」曰：「此便是先儒舊底說。它爲惑個『也』字，故然。如某解底『也』字，便只是個『矣』字。」又問：「程先生所解是於文義不合乎，是道理未必然乎？」曰：「也是一說，但如此說都無緊要了。如横渠說底雖似，倒猶有一截工夫。程先生說底，某便曉未得。」直卿云：「他猶可也，中一句最難說。」答曰：「他有說不倒時。」伯羽又問：「謝氏說，末云：『欲免此，惟學而已，故人貴乎明善。』此雖無謹始慮終之意，然大段意好否？」首肯之，曰：「然。人固貴乎學，但學是平昔當如此，此是説事之發慮當審也。」伯羽。

問：「程先生説如何？」曰：「『信近於義』，以『言可復』，他意思要説『也』字出，恐不必如此説。」「范氏説如何？」曰：「范氏[一四三]不甚好。『恭近於禮』，恭合下便有[一四四]要近禮；『信近於義』，信合下便要近義，故其言可復，耻辱可遠。信只似與人相約，莫要待得言不可復者[一四五]，則[一四六]欲徇前言便失義，不徇便失信。恭只是不[一四七]低頭唱喏時，便看近禮與不近禮。」問：「『大人言不必信』，又如何？」曰：「此大人之事。大人不拘小節，變通不拘。且如大人不是合下便道我言須是不信，只是到那個有不必信處須着如此。學者只要合下信便近義，恭便近禮。」榦。

## 君子敏於事而謹於言章[一四八]

問：「『敏於事而謹於言』，先生謂『不敢盡言[一四九]所有餘』，如何？」曰：「言易得多，故不敢盡；行底易得不足，故須敏。」又曰：「行常苦於不足，言常苦於有餘。」希遜。[一五〇]按楊至之録同。[一五一]

問：「『食無求飽，居無求安[一五二]』一章，先生嘗語學者曰：『此須是反覆看。』其意如何？」曰：「若只不求安飽，而不謹言敏行，有甚意思！若只謹言敏行，而不就正於有道，則未免有差。若工夫不到，則雖親[一五三]有道，亦無可取正者。聖人之言周遍[一五四]無欠缺，類如此。中庸『尊德性，道問學』數語亦此意。」廣。

「事難行，故要敏；言易出，故要謹。就有道而正其言行之是非。蓋求飽求安，是其存心處；敏行謹言，是其用工處。須是正方得。」又曰：「有許多工夫，不能就有道以正其是非也不得。若無許多工夫，雖欲正亦徒然。」又曰：「『敏於事』，是合當做底事，須便要做了。」明作。

「食無求飽，居無求安」，而不敏於事，不謹於言，也未是好學。若不能恁地，則「就有道而正焉」又是正個甚麽。但能敏事謹言而不就有道而正，也不得。這裏面折一句不得。義剛。

「就有道而正焉」，若先無本領，就正個甚。然但知自做工夫而不就正於有道，未必自家見得便是。反覆兩邊看方盡。大抵看文字皆當如此。閎祖。

問：「此一章，君子一心求道猶恐不及，何暇介意飽食居處之間。『敏於事』是行之惟恐不及，汲汲然行之；『慎於言』是恐言不顧行，不敢輕出諸口。君子而如此，可謂篤志力行矣。若不就有道而質正之，則行之恐或有未善。蓋有道之人，是事物當然之理實體於事，而能精別是非者。必就正之，乃爲好學。」曰：「昨與汪正叔說[一五五]『就有道而正焉』，須是上面做得許多工夫，是[一五六]既有根本方可就正於有道。[一五七]禪家云：『三家村也有叢林。』須是自去做工夫，得七八分了方來從師，有質正，當此時一兩句便可剖判。今來此逐旋學也難。」又云：「能久從師去也好。」南升。植、時舉皆略同。〔一五八〕

問楊墨之道如何。〔一五九〕曰：「楊墨只是差〔一六〇〕些子，其末流遂至於無父無君。蓋楊氏見世間人營營於名利，埋没其身而不自知，故獨潔其身以自高，如荷蕢、接輿之徒是也。然使人皆如此潔身而自爲，則天下事教誰理會？此便是無君也。墨氏見世間人自私自利，不能及人，故欲兼天下之人而盡愛之。然不知或有一患難，在君親則當先救之，在他人則後救之。若君親與他人不分先後，則是待君親猶他人也。此〔一六一〕便是無父。此二者之所以爲禽獸也。〔一六二〕」時舉。〔一六三〕

## 貧而無諂章

富無驕，貧無諂，隨分量皆可着力。如不向此上立得定，是入門便差了。士毅。

問：〔一六四〕「『貧而無諂』一章，大意謂人必當如此。」曰：「不是説必着如此，但人且要就自身己上省察。若有諂與驕之病，且就這裏克治。」賀孫。

問「富而好禮」。曰：「只是不奢侈。凡事好循個〔一六五〕理，不恁地勉强。好，有樂意，便全不見那驕底意思。有人亦好〔一六六〕禮，只是勉强如此，不是好。」淳。

曾光祖云："『貧而無諂，富而無驕』，須是先能如此，方可以到那樂與好禮田地。"曰："不特此章如此，皆是恁地。如適來説『食無求飽』樣也是恁地。"義剛。

"『貧而無諂，富而無驕』與『樂好禮』如何？"［一六七］可學云："無諂、無驕尚有貧富之心，至樂、好禮則忘之矣。"曰："貧而諂，富而驕，最不好。添一『無』字，恰遮蓋得過。樂與好禮乃於此上加功。"可學。

問："『貧而樂』，如顏子非樂於簞瓢，自有樂否？"曰："也不消説得高。大概是貧則易諂，富則易驕。無諂無驕，是知得驕諂不好而不爲之耳。樂，是他自樂了，不自知其爲貧也；好禮，是他所好者禮而已，亦不自知其爲富也。"曰："然則二者相去甚遠乎？"曰："也在人做到處如何。樂與好禮亦自有淺深，也消得將心如此看，且知得是争一截。學之不可已也如此。"伯羽。

"貧而無諂，富而無驕"與"貧而樂，富而好禮"，此無次序。只看資質與學之所至如何。資質美者，便是［一六八］能"貧而樂，富而好禮"。如未及此，却須無諂而後能樂，能無驕而後能好禮也。謨。

童問："『貧而無諂，富而無驕，未若貧而樂，富而好禮』，是學要造其精極否？"曰："看文字要脱灑，不要粘滯。自無諂無驕者言之，須更樂與好禮方爲精極。不可道樂與好禮須要從無諂無驕上做去。蓋有人資質合下便在樂與好禮地位，又〔一六九〕不可更回來做些小〔一七〇〕無諂無驕底工夫。孔子意做兩人説，謂一般人無諂無驕，不若那一般人樂與好禮較勝他。子貢意做一人説，謂無諂無驕，不若更樂與好禮。」淳。

楊問「子貢曰〔一七一〕貧而無諂」一段。曰：「此是兩節，不可如此説。世間自有一般天資高底人，合下便能『貧而樂，富而好禮』。他已在『貧而樂，富而好禮』地位了，終不成又教他去學無諂無驕！」問：「集注説『學者不可忽下而趨高』，却似有先後不可躐等之意。」曰：「自與學者言之是如此。今人未能無諂無驕，却便要到『貧而樂，富而好禮』，如何得？聖人此語正似説兩人一般，猶言這人『貧而無諂，富而無驕』固是好，然不似那一人『貧而樂，富而好禮』更勝得他。子貢却盡得無諂無驕底了，聖人更進得他『貧而樂，富而好禮』地位。」寓。〔一七二〕

問：「子貢問貧無諂，富無驕。伊川諸説，大抵謂其貨殖非若後人之豐財，但此心未忘耳。今集注謂其先貧後富，則是亦嘗如後世之生産作業矣。」曰：「怕是如此。聖人既説貨殖，須是有些如此。看來子貢初年也是把貧與富煞當事了。」賀孫。

吴仁父問此章。曰：「後面子貢舉詩之意，不是專以此爲『貧而樂，富而好禮』底工夫。蓋見得一切事皆合如此，不可安於小成而不自勉也。」時舉。銖録同。〔一七三〕

骨、角却易開解，玉、石儘着得磨揩工夫。賀孫。〔一七四〕

不切，則磋無所施；不琢，則磨無所措。切與琢是無諂無驕，瑳與磨是樂與好禮。集注謂「超乎富貴[一七五]之外」者，蓋若爲貧而樂與富而好禮，便是不能超富貴[一七六]了。樂，自不知貧；好禮，自不知富。明作。

叔蒙問：「子貢云：『如切如磋，如琢如磨。』若只是説夫子樂與好禮之意，又何以謂之『告往知來』？」曰：「他説意思闊，非止説貧富，故云『告往知來』。」賀孫。

問：「『告往知來』，[一七七]『知來』，指何者而言？」曰：「子貢於此煞是用工夫了，聖人更進他上面一節，以見義理不止於此。然亦不止於就貧富上説，乃[一七八]講學皆如此，天下道理更闊在。」[一七九]

鄭文振問此章。曰：「『貧而無諂，富而無驕』，此便難。比他樂與好禮者，別人便説不足道，聖人只云『可也』，蓋『可也』時便也得了，只是比他樂與好禮者是分明争一等。集注中云所謂『義理無窮』者，不是説無諂無驕至樂與好禮處便是，蓋義理無窮，是説切磋琢磨處精而益精爾。」植。[一八〇]

又問：「常人貧時易至卑屈，富時易至驕。使人之無諂無驕，可謂知自守而不爲貧富所移矣。然義理無窮，向上儘有地位，不可遽止於此。『貧而樂』者，是俯仰無愧四體安舒氣象；『富而好禮』是安處善，樂循理，不止於無諂無驕而已。夫子言此，所以進子貢也。子貢便開悟，切磋琢磨，有治之已精而益求其精，至於樂與好禮則是義理之無窮，而問學自修不可少廢。」〔一八一〕曰：「公只管繩〔一八二〕某『義理無窮』一句。子貢問無諂無驕，夫子以爲僅可，然未若樂與好禮。此其淺深高下亦自分明。子貢便説切磋琢磨，方是知義理之無窮也。」黄直卿〔一八三〕云：「若謂無諂無驕爲如切如琢，樂與好禮爲如瑳如磨，則下文『告往知來』一句便説不得；切磋琢磨兩句説得來也無精采。只此小小文義間要用理會。子貢言無諂〔一八四〕無驕，孔子但云『僅可』而已，未若樂與好禮，子貢便知義理無窮。人須就學問上工夫〔一八五〕，不可少有得而遽止。詩所謂『如切如磋，如琢如磨』，治之已精而益求其精者，其此之謂乎。故子曰：『賜也可與言詩，告諸往而知來。』告其所已言者，謂處貧富之道；而知其所未言者，謂學問之功。」〔一八六〕

仲思問樂與好禮。曰：「無諂無驕，此就富貴裏用功耳。樂與好禮則大不干事。至此，蓋富亦樂，貧亦好禮，而言貧樂富好禮者，但且因貧富上而舉其重者耳。明道曰：『「貧而樂」，非「富而好禮」不能；「富而好禮」，非「貧而樂」不能。』」伯羽。集義。

## 不患人之不已知章

漢臣問：「『患不知人也。』如何知得他人？」曰：「見得道理明，自然知人。自家不識得道理破，如何知得他〔一八七〕賢否！」時舉。

仁父問此條曰[一八八]：「知己與知人對説，須是先從裏面做出。」「知人却是裏面做出。若自家不能知得人，便是自家不知得道理。」賀孫。

問：「知人是隆師親友？」曰：「小事皆然。然學做工夫到知人地位已甚高。」可學。

問「不患人之不己知，患不知人也[一八九]」。先生云：「自家德行充於中，不待人之知。若自家不知人，這個便是不知道。不知則所見不明，不能明人之賢否，所謂『不知言，無以知人也』。知言，如『詖辭知其所蔽，淫辭知其所陷，邪辭知其所離，遁辭知其所窮』。若能知言，他纔開口，自家便知得心[一九〇]裏事，這便是知言[一九一]。若宰相不能知人，則用捨之際，不能進賢而退不肖。若學者不能知人，則處朋友之際豈能擇乎？」又曰：「論語上如此言者有之[一九二]：『不病人之不己知，病其不能也』，『不患人之不己知[一九三]，求爲可知也』。聖人之言雖若同而其意皆別。此兩語意，[一九四]『病其不能』者，言我[一九五]有所不能於道。『求爲可知』者，當自求可知者[一九六]之實，然後人自知之。雖然如此，亦不是爲昭灼之行，以蘄人之必知。」卓。

## 【校勘記】

[一] 庚　成化本無。

〔二〕慎終追遠　成化本無。

〔三〕在　成化本作「要」。

〔四〕是　成化本無。

〔五〕云　成化本無。

〔六〕謹終追遠民德歸厚　成化本作「問」。

〔七〕到　成化本作「則」。

〔八〕夫子温良恭儉讓章　成化本爲「夫子至於是邦章」。

〔九〕此一章須於温良恭儉讓五者觀聖人德盛禮恭處　成化本無。

〔一〇〕聖人盛德充溢於中……故皆問之以國政　成化本無。

〔一一〕成化本此下注有「南升」。

〔一二〕直　成化本爲「易直」。

〔一三〕問　成化本爲「亞夫問」。

〔一四〕注云良易直也　成化本無。

〔一五〕何以爲易　成化本爲「良何以爲易直」。

〔一六〕曰　成化本作「白」。

〔一七〕寓　成化本無。

〔一八〕集注　成化本無。
〔一九〕此條方子録成化本無。
〔二〇〕帶斂儉　成化本爲「常收斂」。
〔二一〕厚　朱本作「後」。
〔二二〕又問　成化本爲「伯游問」。
〔二三〕夫子　成化本無。
〔二四〕最是要看得此五者是如何氣象　成化本爲「最要看得此五字温是如何氣象良是如何氣象恭儉讓又是如何」。
〔二五〕今人自請舉以往　成化本爲「今人却無非是求自請舉以往」。
〔二六〕也須暗地請託　成化本爲「也須暗地結托蓋以求人爲常而不知其爲非也」。
〔二七〕説　成化本無。
〔二八〕説　成化本無。
〔二九〕説　成化本無。
〔三〇〕此條人傑録成化本無。
〔三一〕之　成化本作「等」。
〔三二〕萬正淳　成化本爲「正淳」。

〔三三〕福　成化本作「福」，朱本作「禍」。
〔三四〕當　成化本作「常」。
〔三五〕集義　成化本無。
〔三六〕爲　成化本作「尊」。
〔三七〕按李儒用録同　成化本無。
〔三八〕先　成化本作「怨」。
〔三九〕須　成化本無。
〔四〇〕使不覺時　成化本爲「便不覺」。
〔四一〕切　成化本無。
〔四二〕慎　成化本無。
〔四三〕伯羽　成化本無。
〔四四〕父在觀其志一段　成化本無。
〔四五〕尹氏　成化本爲「游氏」。據游酢游廌山集卷一父在觀其志章：「今言無改於父之道，則在所當改而可以未改也。」尹氏即尹焞。
〔四六〕此謂此事必當改　成化本爲「謂此事當改」。
〔四七〕不　成化本作「未」。

〔四八〕尹説　成化本無。

〔四九〕之　成化本無。

〔五〇〕先生前一夜説此僴嘗問　成化本爲「僴問」。

〔五一〕難　成化本爲「爲難」。

〔五二〕又　成化本無。

〔五三〕成化本此下注曰：「南升。游氏説。」

〔五四〕命　成化本作「合」。

〔五五〕命字疑誤　成化本無。

〔五六〕理事　成化本爲「事理」。

〔五七〕壽仁　成化本爲「拱壽」。

〔五八〕舉　成化本無。

〔五九〕且説　成化本無。

〔六〇〕坐間學者答曰　成化本爲「答者」。

〔六一〕要之禮得如此　成化本爲「要知得禮合如此」。

〔六二〕自然行之　成化本爲「所以行之」。

〔六三〕知　成化本爲「知道」。

〔六四〕麻　成化本無。

〔六五〕公　成化本爲「王公」。

〔六六〕符舜功　成化本作「周舜功」。

〔六七〕有　朱本作「然」。

〔六八〕成化本此下注有「集注」。

〔六九〕固　成化本作「同」。

〔七〇〕成化本此下注有「明作」。

〔七一〕和是自家之合有底　成化本爲「禮之用和爲貴和是自家合有底」。

〔七二〕賀孫　成化本無。

〔七三〕又曰　成化本無。

〔七四〕陰陽和而有禮　成化本爲「陰陽理而後和」，且此下有「故」。

〔七五〕此條卓録成化本分爲二條：「問知和而和……便有個七八分底道理」爲一條；「小大由之……禮先而樂後」又爲一條。

〔七六〕辛　成化本無。

〔七七〕漢臣問　成化本爲「邵問」。

〔七八〕莫便是樂否　成化本爲「曰如人入神廟自然肅敬不是强爲之禮之用自然有和意又問和便是樂否」。

〔七九〕和　成化本作「也」。

〔八〇〕成化本此下有「樂中亦有禮」。

〔八一〕此　成化本無。

〔八二〕時舉　成化本無。

〔八三〕又　成化本無。

〔八四〕希遜　成化本爲「謙之」。

〔八五〕禮之用和爲貴　成化本無。

〔八六〕取　成化本作「禮」。

〔八七〕這　成化本無。

〔八八〕這　成化本無。

〔八九〕裏　成化本無。

〔九〇〕自　成化本無。

〔九一〕柄　成化本無。

〔九二〕恭而安別而和爲可貴　成化本爲「別而和」。

〔九三〕物　成化本作「情」。

〔九四〕而　成化本作「如」。

〔九五〕他録有一差　成化本爲「記録有差」。
〔九六〕謝先生云　成化本無。
〔九七〕佾　成化本無。
〔九八〕佾　成化本無。
〔九九〕論　成化本作「言」。
〔一〇〇〕成化本此下有「底」。
〔一〇一〕僭　成化本作「犯」。
〔一〇二〕此條成化本無。
〔一〇三〕人多是　成化本無。
〔一〇四〕如此則是　成化本作「是」。
〔一〇五〕今若且要就　成化本爲「今且就」。
〔一〇六〕淳同　成化本爲「以下信恭」。
〔一〇七〕集注説信近義恭近禮但云　成化本爲「集注云」。
〔一〇八〕道夫　成化本無。
〔一〇九〕因不失其親　成化本無。
〔一一〇〕處　成化本無。

〔一一一〕淳録同　成化本無。

〔一一二〕如　成化本爲「親如」。

〔一一三〕成化本此下注曰：「以下因親可宗。」

〔一一四〕亦可宗也　成化本無。

〔一一五〕因不失其親亦可宗也　成化本無。

〔一一六〕於衛　成化本無。

〔一一七〕蔓亞夫問因不失其親亦可宗也　成化本無。

〔一一八〕以　成化本作「所」。

〔一一九〕因親宗　成化本爲「因不失其親亦可宗也」。

〔一二〇〕因不失其親　成化本無。

〔一二一〕器之問因是依所依不失其可親之人亦可宗也　成化本無。

〔一二二〕初　成化本爲「初間」。

〔一二三〕是如何　成化本無。

〔一二四〕而　成化本無。

〔一二五〕又　成化本無。

〔一二六〕是　成化本無。

〔一二七〕問信近於義處　成化本無。
〔一二八〕不可復害信也　成化本爲「便害信也」，且此下注曰：「必大録云：『若不看義之可行，便與他約，次第行不得，便成脱空。』」
〔一二九〕若合當在堂不拜　成化本爲「合當堂下拜」。
〔一三〇〕始初　成化本無。
〔一三一〕又　成化本無。
〔一三二〕云謂如與人約做一件事須是合當做底事方謂之義故其言可踐而行　成化本無。
〔一三三〕方可遠耻辱　成化本無。
〔一三四〕成化本此下有「問」。
〔一三五〕更不細推之　成化本爲「更子細推去」。
〔一三六〕某　成化本無。
〔一三七〕成化本此下注有「南升」。
〔一三八〕楊尹叔　成化本爲「楊允叔」。
〔一三九〕伊川自是如此見　成化本無。
〔一四〇〕來　成化本無。
〔一四一〕且如恭　成化本爲「聖人言語不恁地連纏」。

〔一四二〕成化本此下有「若失其可親之人而宗之，將來必生悔吝」。

〔一四三〕范氏　成化本爲「范説」。

〔一四四〕有　成化本無。

〔一四五〕者　成化本作「時」。

〔一四六〕則　成化本無。

〔一四七〕不　成化本無。

〔一四八〕君子敏於事而謹於言章　成化本爲「君子食無求飽章」。

〔一四九〕言　成化本作「其」。

〔一五〇〕希遜　成化本爲「謙之」。

〔一五一〕按楊至之録同　成化本無。

〔一五二〕居無求安　成化本無。

〔一五三〕親　成化本作「就」。

〔一五四〕周遍　成化本爲「周備」。

〔一五五〕問此一章……昨與汪正叔説　成化本無。

〔一五六〕是　成化本無。

〔一五七〕成化本此下注曰：「或録云：『學者須先有根本，方有可正也。』」

〔一五八〕 植時舉皆略同　成化本無。

〔一五九〕 問楊墨之道如何　成化本爲「敬之問楊墨」。

〔一六〇〕 差　成化本作「差了」。

〔一六一〕 此　成化本無。

〔一六二〕 成化本此下有「孟子之辯，只緣是放過不得。今人見佛老家之説者，或以爲其説似勝吾儒之説；或又以爲彼雖説得不是，不用管他。此皆是看他不破，故不能與之辯。若真個見得是害人心，亂吾道，豈容不與之辯？所謂孟子好辯者，非好辯也，自是住不得也」。

〔一六三〕 時舉　成化本爲「南升」，且此條載於卷五十五。

〔一六四〕 問　成化本爲「希真問」。

〔一六五〕 個　成化本無。

〔一六六〕 好　成化本作「合」。

〔一六七〕 貧而無諂富而無驕與樂好禮如何　成化本無。

〔一六八〕 是　成化本作「自」。

〔一六九〕 又　成化本無。

〔一七〇〕 些小　成化本無。

〔一七一〕 子貢曰　成化本無。

〔一七二〕成化本此下注曰：「上條疑同聞。集注非今本。」

〔一七三〕銖録同　成化本無。

〔一七四〕此條賀孫録成化本載於卷十六。

〔一七五〕富貴　成化本爲「貧富」。

〔一七六〕富貴　成化本爲「貧富」。

〔一七七〕告往知來　成化本無。

〔一七八〕乃　成化本無。

〔一七九〕成化本此下注有「寓」。

〔一八〇〕此條潘植録成化本無，但卷二十二載僩録與其内容相近，曰：文振問「貧而無諂」一章。曰：「『貧而無諂，富而無驕』，比他樂與好禮者，别人便説不足道，聖人只云『可也』，蓋『可也』時便也得了，只是比樂與好禮者分明争一等。諂者必不能好禮。若於諂與驕中求樂與好禮，此如適越北其轅，反行求及前人，無可至之理。集注中所謂『義理無窮』者，不是説無諂無驕至樂與好禮處便是義理無窮，自是説切磋琢磨處精而益精爾。」

〔一八一〕又問常人貧時易至卑屈……而問學自修不可少廢　成化本爲「問貧而無諂章」。

〔一八二〕繩　成化本作「纏」。

〔一八三〕黄直卿　成化本爲「直卿」。

［一八四］無諂　成化本無。
［一八五］工夫　成化本爲「做工夫」。
［一八六］成化本此下注曰：「南升。倪録别出。」
［一八七］他　成化本爲「他人」。
［一八八］曰　成化本作「已」，朱本作「以」。
［一八九］患不知人也　成化本作「章」。
［一九〇］心　成化本爲「他心」。
［一九一］言　成化本作「人」。
［一九二］之　成化本作「三」。據下文所列「不病人之不己知，病其不能也」與「不患人不己知，求爲可知也」兩條及「此兩語意」之句，作「三」似誤。
［一九三］人之不己知　成化本爲「莫己知」。
［一九四］此兩語意　成化本無。
［一九五］我　成化本爲「病我」。
［一九六］者　成化本無。

# 晦庵先生朱文公語類卷第二十三

## 論語五

## 爲政篇上

### 爲政以德章

節[一]問："『爲政以德』，莫是以其德爲政否？"曰："不必泥這『以』字。『爲政以德』，只如爲政有德相似。"節。

曼亞夫[二]問："集注：『行道有得於身之謂德。』如布衣之士有此德，只發而爲行；在上之人有此德，便發之於政，更不待又去政上鋪排也。"。[三]曰："固是。[四]人之有德發之[五]政，如水便有[六]個濕底物事，火便是個熱底物事。有是德便有是政。"[七]

德與政非兩事。只是以德爲本則能使民歸，若是"所令反其所好"，則民不從。義剛。

鄭文振[八]問：「『爲政以德』，莫是以身率之？」曰：「不是强去牽[九]它。須知道未爲政前先有是德。若道『以身率之』，此語便粗了。」時舉。[一〇]

問：「『爲政以德』，謂爲政即以吾所以自明其明德者，乃是以身率之，故不用作爲而天下自然歸向。」曰：「以身率之，此句説得粗了。德是得之於我者。更思此意。」[一一]

或問「爲政以德」。先生曰：「『爲政以德』，不是欲以德去爲政，亦不是塊然全無所作爲，但德修於己而人自感化。然感化不在政事上，却在德上。蓋政者，所以正人之不正，豈無所作爲。但人所以歸往，乃以其德耳。故不待作爲而天下歸之，如衆星之拱北極也。」銖。

舊説「德者，行道而有得於身」，今作「得於心而不失」。[一二] 如此較牢固，真個是得而不走失了。淳。[一三]

集注中「德者，[一四]行道而有得於身」，「身」當改作「心」。諸經注皆如此。又曰：「古人製字皆不苟。如『德』字中間從心，便是曉此理。」僩。

問[一五]北辰。曰：「北辰是那中間無星處，這些子不動，是天之樞紐。北辰無星，緣是人要取此爲極，不可無個記認了，故就其傍取一小星謂之極星。這是天之樞紐，如那門笋子樣。要曉時，北辰只是輪藏心，[一六]藏在外面動，這裏面心都不動。」義剛問：「極星動不動？」曰：「極星動[一七]。只是它近那辰後，雖動而不覺。如那射糖盤子樣，那北辰便是中心樁子，極星便是那椿子邊底[一八]，雖也隨那盤子轉，却近那椿子後[一九]，轉得看着[二〇]不覺。今人以管去窺那極星，那有一星[二一]動來動去，只在那[二二]管裏面，不動出去底[二三]。向來人説北極便是北辰，皆只説北極不動。至本朝人方去推得是北極只在北辰頭邊，而極星依舊動。又一説，那空無星辰底謂之辰。[二四]康節説日月星辰自是四件，辰是一件。天上分爲十二段，即十二辰。辰，天壤也。此説也[二五]是。它這[二六]每一辰各有幾度，謂如日月宿於角幾度，即到[二七]宿處是辰也，故曰日月所會之處爲辰。」又曰：「天轉，也非東而西，也非循環磨轉，却[二八]側轉。」義剛言：「樓上渾儀可見。」曰：「是。」黄直卿[二九]舉鄭司農五表日景之説。曰：「其説不是，不如鄭康成[三〇]。」又曰：「南極在地下中處，南北極相對。天雖轉，極則[三一]在中不動。」義剛問：「如説『南極見，老人壽』，則是南極也解見時。」曰：「南極不見。是南邊自有一個[三二]老人星，南極高時解浮得起來。」義剛。

問：「北辰是甚星？集注以爲『北極之中星，天之樞也』，上蔡以爲『天之機也』。以其居中，故謂之「北極」。以其周建於十二辰之舍，故謂之「北辰」』。不知是否？」曰：「以上蔡之明敏，於此處却不深考。北辰即北極也，以其居中不動而言是天之樞軸。天形如鷄子旋轉，極如一物，横亘居中，兩頭秤定。一頭在北上，是爲北極，居中不動，衆星環向也。一頭在南，是爲南極，在地下，人不可見。」因舉先生感興詩云：「『感此南北極，樞軸遥相當』，即是此極否？」曰：「然。」又問：「太一有常居，太一是甚星？」答曰：「此在史記中，説太一星是帝座，即北極也。以星神位言之，謂之太一；以其所居之處言之，謂之北極。太一如人主，極如帝都也。」

「詩言『三辰環侍傍』，三辰謂何？」曰：「此以日、月、星言也。」寓。

問：「謝氏云：『以其居中，故謂之北極。』先生云非是，何也？」曰：「所謂以其所建周於十二辰者，自是北斗。史記載北極有五星，太一常居中，是極星也。辰非星，只是星中間界分也。其極星亦微動，惟辰不動，乃天之中，猶磨之心也。沈存中謂始以管窺，其極星不入管，後旋大其管，方見極星存〔三三〕管弦〔三四〕上轉，是極星不動也。〔三五〕」一之。

「爲政以德」，非是不用刑罰號令，但以德先之耳。以德先之，則政皆是德。謝上蔡〔三六〕説：「辰非是北辰，乃天之北極。天如水車，北辰乃軸處。水車動而軸未嘗動。」上蔡所云乃北斗。北斗同衆星一日一周天，安得謂之居其所！可學。

問：「『爲政以德』，集注謂〔三七〕『無爲而天下歸之』。」曰：「以身率人，自是不勞力。禮樂刑政，固不能廢。只是本分做去，不以智術籠絡天下，所以無爲。」明作。

問集注謂無爲。〔三八〕曰：「聖人合做處也只得做，如何不做得？只是不生事擾民，但爲德而民自歸之，非是説行此德便要民歸我。如齊桓晉文做此事便要民如此，如大蒐以示禮，伐原以示信之類。但聖人行德於上而民自歸之，非有心欲民之服也。」僩。

問：〔三九〕「老子言無爲之意，莫是如此否？」曰：「不必老子之言無爲。孔子嘗言：『無爲而治者，其舜也與！夫何爲哉？恭己正南面而已矣。』老子所謂無爲，便是全不事事。聖人所謂無爲者，未嘗不爲，依舊是『恭己正南面而已矣』，是『己正而物正』、『篤恭而天下平』也。後世天下不治者，皆是不能篤恭盡敬。若能盡其恭敬，則視必明，聽必聰，而天下之治豈有不理！」卓。〔四〇〕

子善問：「『「爲政以德」，然後無爲。』聖人豈是全無所爲邪？」曰：「聖人不是全無一事。如舜做許多事，豈是無事。但民心歸向處，只在德上，却不在事上。許多事却〔四一〕都從德上出。若無德而徒欲〔四二〕去事上理會，勞其心志，只是不服。『爲政以德』，一似燈相似，油多便燈自明。」恪。按葉賀孫録云：〔四三〕「子善問『「爲政以德」然後無爲』。曰：『此不是全然不爲，但以德則自然感化，不見其有爲之迹耳。』」當是一時同聞而録有詳略。〔四四〕

先生〔四五〕問邵漢臣：「公看論語無所疑？如云『爲政以德』，程先生謂『爲政以德，然後無爲』，此是如何？〔四六〕」漢臣對：「德者，有道於身之謂，自然人自感化。」曰：「看此語，程先生説得也未盡。只説無爲，還當無爲而治，無爲而不治？這合着得『政者，正也。子帥以正，則莫敢不正』，而天下歸之，却方與『譬如〔四七〕北辰居其所而衆星拱〔四八〕之』相似。」邵因舉集注中所備録者。曰：「下面有許多話，却亦自分曉。」賀孫。

## 詩三百章

孔子所謂「思無邪」，止是一個「正」字。儒用。〔四九〕

林問「思無邪」。答曰：「人之踐履處可以無過失，若思慮亦至於無邪，則是徹底誠實，安得不謂之誠？」人傑。

若是常人言，只道一個「思無邪」便了，便略了那「詩三百」。聖人須是從詩三百逐一篇理會了，然後理會得〔五〇〕「思無邪」，此所謂下學而上達也。今人止務上達，自要免得下學。如説道「灑掃應對進退」便有天道，都不去做那「灑掃應對進退」之事。到得灑掃則不安於灑掃，進退則不安於進退，應對則不安於應對。那裏面曲折去處都鶻突無理會了。這個須是去做，到得熟了自然貫通，到這裏方是一貫。古人由之而不知，今人不由而但求知，不習而但求察。賀孫。

徐寓〔五一〕問「思無邪」。曰：「非言作詩之人『思無邪』也。蓋謂三百篇之詩，所善〔五二〕者皆可以爲法，而所刺者皆可以爲戒，讀之者『思無邪』耳。作之者非一人，安能『思無邪』乎？只是要正人心。統而言之，三百篇只是一個『思無邪』；析而言之，則一篇之中自有一個『思無邪』。」道夫。

問：「『思無邪』，莫是作詩者發於情性之正否？」曰：「若關雎、鹿鳴、文王、大明等詩，固

可謂之是性情之正。若桑中、蝃蝀等詩，謂之性情之正可乎？只是要得讀詩者『思無邪』。」〔五三〕

居父問「思無邪」。答曰：「三百篇詩，只是要得人『思無邪』。『思無邪』三字代得三百篇之意。」賀孫。

或問「思無邪」。曰：「此詩之立教如此，可以感發人之善心，可以懲創人之逸志。」祖道。

問「思無邪」。曰：「若言作詩者『思無邪』，則其間有邪底多。蓋詩之功用能使人無邪也。」問「齊以禮」。曰：「『賢者俯就，不肖者企及』，刑亦然。」〔五四〕

問〔五五〕「思無邪」。先生曰：「人言夫子刪詩，看來只是採得許多詩，夫子不曾刪去，往往只是刊定而已。聖人當來刊定，好底詩便要吟咏，興發人之善心；不好底詩便要起人羞惡之心，皆要人『思無邪』。蓋『思無邪』是魯頌中一語，聖人却言三百篇詩惟魯頌中一言足以盡之。」時舉。

「聖人言詩之教，只要得人『思無邪』。其他篇篇是這意思，惟是此一句包説得盡。某看詩，要人只將詩正文讀，自見其意。今人都緣這序，少間只要説得序通，却將詩意來合序説，却不要説教詩通。人多是如此看。〔五六〕呂子約得〔五七〕一番説道：『近看詩有所得。』待取來看，都〔五八〕只是説得序通。某意間非獨將序下文去了，首句甚麽也亦去了，某看來大段有不是處。〔五九〕且如漢廣詩下面幾句猶似説得通，上一句説『德廣所及』也，是説甚麽？又如説『賓之初筵，衛武公刺時也』，韓詩却[六〇]說是衛武公自悔。國語說抑[六一]之詩看來只是武公自悔。國語說武公年九十，猶箴警於國曰：『群臣無以我老耄而舍我，必朝夕端恪以交戒我！』看這意思只是悔過之詩。如抑之詩，序謂『衛武公刺厲王，亦以自警也』。後來又考見武公時厲王已死，又爲之說是追刺。凡詩說美惡是要那人知，如何追刺？以意度之只是自警。他只緣[六二]要篇篇有美刺，故如此說，又說道『亦以自警』。兼是說正雅、變雅，看變雅中亦自煞有好詩，不消分變雅亦得。如楚茨、信南山、甫田、大田諸篇，不待看序，自見得是祭祀及稼穡田政分明。到序說出來便道是『傷今思古』，陳古刺今，這[六三]那裏見得！且[六四]如卷阿是說召康公戒成王，如何便到後面民勞、板、蕩刺厲王。中間一截是幾時，却無一事係美刺。只緣他須要有美有刺，美便是成康時君，刺只是幽厲，所以其說皆有可疑。」問曰：「怕是聖人删定，故中間一截無存者。」曰：「怕不會删去[六五]得許多。如太史公說古詩三千篇，孔子删定三百，怕不會删定[六六]得如此多。只是不消看序，看正文自見得。[六七]」賀孫。[六八]

先生云：「文振今日更看甚文字？」問：「詩三百篇雖美、刺、哀、怨之不同，然皆由情性之正而發之於辭，故蔽之曰『思無邪』。」先生云：「且看集注所說。」以下論集注。[六九]

道夫[七〇]問：「集注以爲『凡言善者，足以感發人之善心；言惡者，足以懲創人之逸志』，而諸家乃專主作詩者而言，何也？」曰：「詩有善有惡，頭面最多，而惟『思無邪』一句，足以該之。上至於聖人，下至於淫奔之事，聖人皆存之者，所以欲使讀者知所懲勸。其言『思無邪』者，以其有邪也。」直卿曰：「詩之善惡，如藥之參苓、巴豆，而『思無邪』乃藥之單方，足以當是藥之善惡者也。」曰：「然。」道夫曰：「如此，則施之六經可也，何必詩？」曰：「它經不必言。」又曰：「詩恰如春秋。春秋皆亂世之事，而聖人一切財[七一]之以天理。」道夫。

問：「夫子言三百篇詩，可以興善而懲惡，其用皆要使人『思無邪』而已。夫子言此，欲使學詩者於此求之。」先生久之方云：「不曾見得縫罅處，只是渾淪說了。」又令再說。某云：「三百篇詩皆出於情性之正，故善者可以興起人之善心，惡者可以懲創人之逸志，其用皆要使人『思無邪』。謂夫子取此三百篇，欲使學詩者皆得其情性之正，故曰『思無邪』。」先生云：「便是看得集注意不出。某不曾說是詩人皆出於情性之正。若是詩人皆出於情性之正，某須說了。此只有一句，集注中却反覆說兩三段，須用曉其意。昨夜公說是詩人皆得情性之正，某便知公理會不得。」某請問：「緣某未曉得三百篇之旨，所以看得不分曉。願先生指教。[七二]」曰：「便是三百篇之詩，不皆出於情性之正。如關雎、二南詩，四牡、鹿鳴詩，文王、大明詩，是出於情性之正。桑中、鶉之奔奔等詩，豈是出於情性之正？人言夫子删詩，看來只是採得許多詩，往往只是刊定。聖人當來刊定，好底詩便吟咏，興發人之善心，不好底詩便要起人羞惡之心。」[七三]

又[七四]問「思無邪」之義。曰：「此只是三百篇中[七五]可蔽以詩中此言。所謂『無邪』者，讀詩之大體，善者可以勸，而惡者可以戒。若以爲皆賢人所作，賢人決不肯爲此。若只一鄉一里中有個恁事[七六]人，專一作此怨刺，恐亦不静。至於皆欲被之弦歌，用之宗廟，如鄭衛之詩，豈不褻瀆！用以祭幽厲褒姒可也。施之賓客燕享，亦待好賓客不得，須衛靈陳襄[七七]乃可耳。所謂『詩可以興』者，使人興起，有所感發，有所懲創。『可以觀』者，見一時之習俗如此，所以聖人存之不盡删去，便盡見當時風俗媺惡，非謂皆賢人所作耳。」又曰：「詩之小序[七八]皆是後人託之，仍是不識義理，不曉事。如山東學究者，是取之左傳史記中所不取之君，隨其謚之美惡，有得惡謚及傳中載其人之事者，凡一時惡詩盡以歸之。最是鄭忽可憐，凡[七九]惡詩皆刺之。伯恭又欲主張大序，鍛煉得鄭忽罪不勝誅。鄭忽却不是狡，若是狡時，它却須結齊國之援，有以鉗制祭仲之徒，決不至於失國也。謚法中『頃』字不好[八〇]，便將柏舟一詩，硬差排頃公[八一]，便云『賢人不遇，小人在側』，更無分疏處。芄蘭之詩便指陳幽公，便以『愿而無立志』言之。[八二]如子衿只是淫奔之詩，[八三]褰裳詩中『子惠思我，褰裳涉溱』至『狂童之狂也且』，豈不是淫奔之辭！只緣本傳[八四]中韓宣子引『豈無他人乎』，便將做國人思大國之正己也。殊[八五]不知古人引詩，借[八六]其言以寓己意，初不理會上下文義，偶一時引之耳。伯恭只詩綱領一項[八七]便載上蔡之說。上蔡費盡辭說，只解得個『怨而不怒』。纔先引此，便是先瞎了一部文字眼目！」僴。[八八]

問所謂「其言微婉，各因一事而發」。曰：「一事，如淫奔之詩只刺淫奔之事。[八九]『思無邪』，却凡事無所不包也。」又曰：「陳少南要廢魯頌，忒煞輕率。他作序却引『思無邪』之説。若廢了魯頌，却没這一句。」[九〇]

先生坐定云：「文振看甚處？」某云：「昨日看『一言以蔽之』，以爲夫子之言，所以看集注之意不出。今看來只是『思無邪』之一言。」[九一]先生云：[九二]「詩三百篇，雖桑中、鶉奔等詩，亦要使人『思無邪』。只魯頌『思無邪』一句，可以當得三百篇之義。猶云三百篇詩雖各因事而發，其用歸於使人『思無邪』，然未若『思無邪』一句説得直截分別。」[九三]

或問：「『思無邪』如何是『直指全體』？」曰：「詩三百篇皆無邪思，然但逐事無邪爾，唯此一言舉全體言之。」因曰：「『夏之日，冬之夜，百歲之後，居[九四]于其居。冬之夜，夏之日，百歲之後，歸于其室。』此亦無邪思也。[九五]『出其東門，有女如雲。雖則如雲，匪我思存。縞衣綦巾，聊樂我員。』此亦無邪思也。爲子而賦凱風，亦無邪思也；爲臣而賦北風，亦無邪思也，但不曾説破爾。惟『思無邪』一句，便分明説破。」或曰：「如淫奔之詩如何？」曰：「淫奔之詩固邪矣，然反之則非邪也。故云[九六]説『其善者可以感發人之善心，惡者可以懲創人之逸志』。」廣。

賀孫[九七]問：「『思無邪』，子細思之，只是要讀詩者思無邪。」曰：「舊人説似不通。中間如許多淫亂之風，如何要『思無邪』得！如『止乎禮義』，中間許多不正詩，如何得[九八]會止乎禮義？只怕它[九九]當時大約説許多中格詩，却不指許多[一〇〇]淫亂底説。某看來，詩三百篇，其説好底也要教人『思無邪』，説不好底也要教人『思無邪』。只是其它便就一事上各見其意。然事事有此意，但只[一〇一]是『思無邪』一句，方盡得許多意。」問：「『直指全體』是如何？」曰：「只是説『思無邪』一語，直截見得詩教之本意，是全備得許多零碎底意。」賀孫。

因言「思無邪」與「意誠」，曰：「有此種則此物方生，無此種生個甚麽。所謂『種』者，實然也。如水之必濕，火之必燒，自是住不得。『思無邪』，表裏皆誠也。若外爲善而所思有不善，則不誠矣。爲善而不終，今日爲之而明日廢忘，則不誠矣。中間微有些核子消化不破，則不誠矣。」又曰：「『思無邪』有兩般。伊川『誠也』之説也粗。」僩。

問：[一〇二]「『思無邪』，伊川説作『誠』。」[一〇三]「是在思上發出。詩人之思皆性情[一〇四]也。性情本出於正，豈有假僞得來底？思便是性情，無邪便是正。以此觀之，詩三百篇皆出於性情之正。」卓。

程子曰：「思無邪，誠也。」誠是實，此心之所思皆實也。明作。[一〇五]

伊川曰：「思無邪，誠也。」每常只泛看過。子細思量極有義理。蓋行無邪，未是誠；思無邪，乃可爲誠也。賀孫。

問「思無邪」。先生曰：「不但是行要無邪，思也要無邪。誠者合内外之道，便是表裏如一，内實如此，外也實如此，故程子曰：『思無邪，誠也。』」時舉。

問：「『思無邪，誠也。』非獨是行無邪，直是思無邪方是誠。」曰：「公且未要說到這裏。且就詩三百如何『一言以蔽之曰思無邪』？集注說：『要使人得性情之正。』情性是貼思，正是貼無邪。此如做時文相似，只恁地貼方分曉。若好善惡惡皆出於正便會無邪，若果是正自無虛僞，自無邪。若有時他[一〇六]自入不得。」賀孫。

因潘子善問論語[一〇七]「詩三百」章，遂語諸生：「伊川解『思無邪』一句，如何只看[一〇八]一個『誠也』？伊川非是不會說，只着此字[一〇九]，不可不深思。大凡看文字，這般所在須教看得出。「思無邪，誠也」，是表裏皆無邪，徹底無毫髮之不正。世人固有修飾於外，而其中未必能純正。惟至於思亦無邪，斯可謂之誠。」賀孫。

問：「『思無邪，誠也』如何看？」[一一〇]對曰：[一一一]「所思皆無邪，則便是實理。」曰：「下『實理』字不得，只得下『實心』字。言無邪也未見得是實，行無邪也未見得是實，惟是[一一二]『思無邪』則見得透底是實。」義剛。

「思無邪」，不必說是詩人之思及讀書之思。大凡人思皆當「思無邪」。如「毋不敬」，不必說是說禮者及看禮記者當如此。大凡人皆當「毋不敬」。人傑。[一一三]

「『思無邪』乃是要使讀詩人『思無邪』耳。讀三百篇詩，善爲可法，惡爲可戒，故使人『思無邪』也。若以爲作詩者『思無邪』，則桑中、溱洧之詩果無邪耶？」曰：[一一四]「某詩傳去却[一一五]

小序，以爲此漢儒所作耳。如桑中、溱洧之類，皆是淫奔之人所作，非詩人作此以譏刺其人也，聖人存之以見風俗如此不好，以爲戒耳。〔一一六〕呂伯恭以爲『放鄭聲』矣，則其詩必不存。某以爲放是放其聲，不用之郊廟賓客耳，其詩則固存也。〔一一七〕至於國風，逐國風俗不同，當是周之樂師存之〔一一八〕列國風耳，此〔一一九〕皆正詩也。如二南詩〔一二〇〕固正矣，鄭衛詩分明是有『鄭衛』字，安得謂之正乎？興化鄭樵漁仲〔一二一〕詩辨：「將仲子只是淫奔之詩，非刺仲子之詩也。」某自幼便知其說之是。然太史公謂三百篇之〔一二二〕詩聖人刪之，使皆可弦歌。伯恭泥此，以爲皆好。蓋太史之評自未必是，何必泥乎！」滕璘。〔一二三〕

問：「『思無邪』如何？」曰：「不必說是詩人思及讀詩者之思。大凡人思皆當無邪。此一句出處，正是說爲孔子見得此一句皆當三百篇之義，故舉以爲說。」謨。〔一二四〕

問「思無邪」。曰：「只此一言，盡當得三百篇之義。讀詩者，只要得『思無邪』耳。看得透，每篇各是一個『思無邪』，總三百篇亦只是一個『思無邪』。『毋不敬』，禮之所以爲教；『思無邪』，詩之所以爲教。」〔一二五〕

寓問：「『詩三百一言以蔽之，曰思無邪。』不知如何蔽之以思無邪？」〔一二六〕曰：「前輩多就詩人上說『思無邪』，『發乎情，止乎禮義』。某疑不然。不知教詩人如何得『思無邪』。謂〔一二七〕如文王之詩，稱頌盛德盛美處，皆吾所當法；如言邪辟失道之人，皆吾所當戒，是使讀詩者求無邪思。分而言之，三百篇各是一個『思無邪』；合三百篇而言，總是一個『思無邪』。」問：「聖人六經中[一二八]皆可爲戒，何獨詩也？」曰：「固是如此。然詩中因情而起則有思，欲其思出於正，故獨指『思無邪』以示教焉。」問：「詩說『思無邪』與曲禮說『毋不敬』，意同否？」曰：「『毋不敬』是用功處，所謂『正心、誠意』也。『思無邪』，思至此自然無邪，功深力到處，所謂『心正、意誠』也。若學者當求無邪思，而於正心誠意處着力。然不先致知，則正心誠意之功何所施？所謂敬者，何處頓放？今人但守得[一二九]一個『敬』字，全不去擇義，所以應事接物處皆顛倒了。中庸『博學之，審問之，謹思之，明辨之，篤行之』，孟子『博學而詳說之，將以反說約也』，顏子『博我以文，約我以禮』，從上聖賢教人，未有不先自致知始。」[一三〇]

楊士訓尹叔問「思無邪」、「毋不敬」。曰：「禮言『毋不敬』，是正心、誠意之事；詩言『思無邪』，是心正、意誠之事。蓋毋者，禁止之辭。自[一三一]無不敬，則亦心正、意誠之事矣。」又曰：「孔子曰『博學於文，約之以禮』，顏子曰『博我以文，約我以禮』，孟子曰『博學而詳說之，將以反說約也』。今若祇守着兩句，如何做得？須是讀了三百篇有所興起感發，然後可以[一三二]謂之『思無邪』；真個『坐如尸，立如齊』，而後可以言『毋不敬』。」道夫。

上蔡說「思無邪」一條未甚親切。東萊詩記編在擗初頭。看它意，只說得個「詩可以怨」底意思[一三三]，如何說「思無邪」！賀孫。[一三四]

「思無邪」，如正風、雅、頌等語〔一三五〕，可以起人善心。如變風等詩極有不好者，可以使人知戒懼不敢做。大段好詩是〔一三六〕大夫作，那一等不好詩只是閭巷小人作。前輩多說是作詩之思，不是如此。其間多有淫奔不好底詩，不成也是無邪思？上蔡舉數詩，只說得個「可以怨」一句，意思狹甚。若要盡得「可以興」以下數句，須是「思無邪」一語甚闊。呂伯恭做讀詩記首載謝氏一段說話，這一部詩便被此壞盡意思。夫「善者可以感發得人之善心，惡者可以懲創得人之逸志」。今使人讀好底詩固是知勸，若讀不好底詩便悚然戒懼，知得此心本不欲如此者，是此心之失。所以讀詩者，使人心無邪也，此是詩之功用如此。明作。

僩〔一三七〕問：「周氏說『思無邪』皆無心而思。無心，恐無緣有思。」曰：「不成三代直道而行，人皆無心而思？此是從引『三代直道』便誤認了。」僩。

## 道之以政章

問「道之以政」。曰：「聖人之意只爲當時專用政刑治民，不用德禮，所以有此言。謂政刑但使之遠罪而已，若是格其非心，非德禮不可。聖人爲天下，何曾廢刑政來？」恪。

「道之以德」是躬行其實以爲民先。如必自盡其孝而後可以教民孝，自盡其弟而後可以教民弟。如此類，「宜其家人而後可以教國人，宜兄宜弟而後可以教國人」。賀孫。

或問「齊之以禮」。曰：「『道之以德』是有以感人之善心。若不着禮以爲之規矩，如何齊得它？須是以禮齊之，使賢者知所止，不肖者有所跂及。」問「格」字。曰：「『格』[一三八]是合格、及格之『格』，使之合法度而已。」祖道。

問「道之以德，齊之以禮」。曰：「資質好底便化，不好底須立個制度，教人在裏面，件件是禮。後世專用『以刑』。然不用刑亦無此理，但聖人先以德禮，到合用處亦不容已。『有耻且格』，只將『格』字做『至』字看，至是真個有到處。如『王假有廟』，『格于上帝』之『格』。如遷善遠罪，真個是遠罪，有勉强做底便是不至。」季札。

問：「『道之以德』，猶可致力。『齊之以禮』，州縣如何做得？」曰：「便是如今都蕩然無此家具了，便也難得相應它[一三九]。古人比、閭之法，比有長，閭有師，便真個能行禮以帥之。民都是教了底人，故教人可以流通。如一大圳水分做[一四〇]數小圳去，無不流通。後世有聖賢作，必不肯只恁休。須法古，從底做起始得。」一之。

先之以法制禁令，是合下有猜疑關防之意，故民不從。又却「齊之以刑」，民不見德而畏戒[一四一]，但圖目前苟免於刑，而爲惡之心未嘗不在。先之以明德，則有固有之心者，必觀感而化。然稟有厚薄，感有淺深，又「齊之以禮」，使之以[一四二]規矩準繩之可守，則民耻於不善而有以至於善。[一四三]

「道之以政，齊之以刑，民免而無恥；　道之以德，齊之以禮，有恥且格」，此謂庶民耳。若所謂士者，「行己有恥」，不待上之命也。鎬。

聖人亦不曾徒用刑政。到德禮既行，天下既治，亦不曾不用政刑。故書說「刑期於無刑」，只是存心期於無，而刑初非可廢。又曰：「欽哉！惟刑之恤哉！」只是說「恤刑」。賀孫。[一四四]

問子曰[一四五]「道之以政，齊之以刑，民免而無恥；[一四六]道之以德，齊之以禮，有恥且格[一四七]」。先生曰：「近見一朋友讀道德功術策，前一篇說得不是，盡說術作不好。後一篇却說得是。」曰：「有道德則功術乃道德之功、道德之術，無道德則功術方不好。某嘗見一宰相說『上甚有愛人之心，不合被近日諸公愛把恢復來說了』。某應之曰：『公說得便不是。公何不曰：「愛人乃所以爲恢復，恢復非愛人不能？」』」榦因問：「政刑德禮四者如何說？」曰：「此正與道德功術一般。有德禮則政刑在其中，不可專道政刑做不好底，但不得專用政刑。」榦。

問「道之以德，齊之以禮」。[一四八]先生曰：[一四九]「『道之以德』者，是自身上做出去使之知所向慕。『齊之以禮』者，是使之知其冠昏喪祭之儀、尊卑小大之別，教化知所趨。既知德禮之善則有恥而格於善，若道齊之以刑政則不能化其心，而但使之少革。到得政刑少弛，依舊又不知恥矣。」問：「政刑莫只是伯者之事？」曰：「專用政刑，則是伯者之爲矣。」問：「如晉之伐[一五〇]原以示信，大蒐以示禮，此是信禮否？」曰：「此是做信禮[一五一]之名以欺人，故舉而用之，非誠心也。如湯之於葛，葛云『無以供粢盛』，湯使亳[一五二]往爲之耕；葛云『無以供犧牲』，湯使之遺牛羊。[一五三]至於不得已而後征之，非是以此餌之而圖以殺之也。」又云：「司馬遷云文王之治岐，『耕者九一，仕者世禄』，皆是降德陰[一五四]以分紂之天下。其[一五五]不知文王之心誠於爲民[一五六]若此。」又云：「漢高祖取天下所謂仁義者，豈有誠心哉！其意本非爲[一五七]項羽背約。及到新城遇三老董公遮道之言，方得[一五八]假此之名以正彼人[一五九]之罪。所謂縞素發喪之舉，其意何在？似此之謀，看當時未必不是欲項羽殺之而後罪之也。」卓。[一六〇]

「道之以德」，集注云「淺深厚薄之不一」，本[一六一]謂其間資稟信向不齊如此，雖是感之以德，自有不肯信向底，亦有太過底，故齊一之以禮。禮是五禮，所謂吉、凶、軍、賓、嘉，須令一齊如此。所謂「賢者俯而就，不肖者企而及」，正如「齊之以刑」亦然。先立個法制如此，若不盡從便以刑罰齊之。集注後面餘意，是説聖人謂不可專恃刑政，然有德禮而無刑政又做不得。聖人説話無一字無意味。如只説「齊之以德，道之以禮」便不是了。明作。[一六二]

「道之以德，齊之以禮」，觀感得深而厚者固好。若其[一六三]淺而薄者，須是[一六四]有禮以齊之，則民將視吾之禮，必耻於不善而至於善矣。人傑。

問：「『道之以政，齊之以刑』，范氏説『則民無所不至』，語亦過否？」曰：「若只在[一六五]靠政刑去治民，則民是會無所不至。」又問：「呂氏説云：『政刑能使懦者畏，不能使强者革，此之謂失其本心。』亦怕未如此。」曰：「這説亦是偏了。若專任政刑，不獨是弱者怕，强者也會怕。到得有德禮時，非獨使强者革，弱者也會革。」因仁父問侯氏云「刑政霸者之事」，曰：「專用刑政只是霸者事。」問：「威文亦須有德禮，如左傳所云。」曰：「它只是借德禮之名出做事，如大蒐以示之禮，伐原以示之信，出定襄王以示之義。它那曾有躬行德禮之實？這正是有所爲而爲之也。聖人是見得自家合着恁地躬行，那待臨時去做些？又如漢高祖爲義帝發喪，那曾出於誠心？只是因董公説，分明借這些欺天下。看它來意也只要項羽殺了它，却一意與項羽做頭底。」賀孫。〔一六六〕

## 吾十有五而志于學章

或問「十五志學」章，曰「聖人是生知安行」云云。曰：「且莫説聖人，只於己分上説〔一六七〕如何是『志學』，如何是『立』，如何是『不惑』，如何是『知天命』，如何是『耳順』，如何是『從心所欲，不踰矩』，且理會這幾個字教分曉。某所以逐句下只解其字義，直至後面方説聖人分上事。今且説如何是『志學』？」云：「心有所之謂之志，學〔一六八〕則其心專一向這個道理上去。」曰：「説文義，大概也只如此説，然更有意思在。世間千歧萬路，聖人爲甚不向別路去，只向這一路來？志是心之深處，故醫家謂志屬腎。如今學者誰不爲學，只是不可謂之『志於學』，如果能『志於學』則自住不得。『學而時習之』，說後[一六九]自然一步趲一步去。如人當寒月自然向有火處去，當[一七〇]暑月自然向有風處去。事君便從敬上去，事親便從孝上去。雖中間有難行處亦不憚其難，直做教徹。」廣云：「人不志學有兩種：一是全未有知耳[一七一]，不肯爲學者；一是雖已知得又却說道『但得本莫愁末』了，遂不肯學者。」曰：「後一種古無此，只是近年方有之。却是有兩種：一種是全未有知者；一種是雖知得了後却若存若亡，不肯至誠去做者。然知之而不肯爲，亦只是未嘗知之耳。」又曰：「知之[一七二]要向個所在去便是志，到得那所在了方始能立，立得牢了方能向上去。」廣。

問聖人十年工夫。曰：「不須理會這個，且理會『志於學』。能志學，許多科級須着還我。」季札。

徐林元昭問：「夫子十五志學，還有所見否？」曰：「也須略見。」可學。[一七三]

問志學與立。曰：「志是要求個道，猶是兩件物事。到立時便是脚下已踏着了也。」時舉。

周問：「『三十而立』，注[一七四]『無所事志』，何也？」曰：「志方是趁向恁地，去求討未得。到此則志盡矣，無用志了。」淳。

問：[一七五]「立者，立於斯道也。如何？」[一七六]曰：「立，只是外物動摇不得。」賀孫。[一七七]

或問：「『三十而立，四十而不惑』，集注云：『立，守之固也。』然恐未有[一七八]不惑而能守者。」曰：「此有三節：自志學至於立，是知所向，而大綱把捉得定，守之事也。不惑是就把捉裏面理會得明，知之事也，於此則能進。自不惑至耳順，是知之極也，不踰矩是不待守而自固者，守之極也。」伯羽。

問：「孔子『三十而立』，似與孟子『四十不動心』同，如何？」曰：「『四十而不惑』却相似。」處謙。

「四十而不惑」，於事上不惑。「五十而知天命」，知所從來。德明。

問〔一七九〕「四十不惑，五十知天命」。曰：「此兩句亦自〔一八〇〕相離不得。不惑是隨事物上見這道理合是如此，天命〔一八一〕是知這道理所以然。如父子之親，須知其所以親只緣元是一個人。凡事事物物上，須是見它本原一綫來處，便是天命。」時舉。

問：「先生教某不惑與知命處，不惑是謂不惑於事物，知命謂知其理之當然，如或問所謂『理之當然而不容已者』。某覺見，豈有聖人既能不惑於事物矣，又至於十年之久，然後知其理之當然？」曰：「公而〔一八二〕今且據聖人之言如此，且如此去看，不可恁地較遲速遠近。若做工夫未到那貫通處，如何見〔一八三〕得聖人次第。如伊川說虎傷人，須是真見得似那虎傷底方是。」卓。

寓〔一八四〕問：「『五十而知天命』，集注云：『天命，即天道也，事物所以當然之故也。』如何是『所以當然之故』？」曰：「如孝親悌長，此當然之事。推其所以然處因甚如此，學者未便會知此理。聖人學力到[一八五]，此理洞然。它人用力久亦須會到。」[一八六]

謝氏謂：「『知天命』者，『知其性之所自來』與『其理之所自出』。」人傑。[一八七]

問：「自十五而入大學，心心念念便在於求道；『三十而立』是立得根脚定，固執而不變。[一八八]『四十而不惑』是於事物當然之理，如君之仁、臣之敬、父之慈、子之孝之類，皆曉之而不疑。『五十而知天命』是天道流行，付[一八九]與萬物，在人則所受之性，所謂仁義禮智，渾然無不該之全體；知者，知之而無不盡。」[一九〇]

十五志于學，三十守得定，四十見得精詳無疑，五十知天命。天命是這許多柄子，天命是源頭，是[一九一]來處。又曰：「因甚恁地知得來處？」節。

問：「『六十而耳順』，在人之最末，何也？」曰：「聽最是人所不着力。所聞皆是道理，無一事不是，可見其義精仁熟如此。」一之。

淳[一九二]問：「聖人生知安行，所謂志學至從心等道理，自幼合下皆已完具。但童年未便俱發，其事迹未便盡見，隨所到處方見否？[一九三]」。曰：「聖人此語固是爲學者立法，然當初必亦是有這般意思，聖人自覺見自有進處，故如此說。聖人自說心中事，而今也不可知，只做得不可知待之。」曰：「立，是大綱處把得定否？」曰：「立，是事物侵奪它不得，須子細看志是如何，立是如何。」問：「伊川謂『知天命而未至命，從心方至命』。此說如何？」曰：「亦是。這知天命是從不惑來。不惑是見道理恁地灼然，知天命是知個原處〔一九四〕恁地徹。」淳。〔一九五〕

文蔚問：〔一九六〕「『吾十有五而志於學』，至『七十而從心不踰矩』，只是志學，〔一九七〕便是一個骨子。後來許多節目只就這上進工夫。三十而立却是持守。到得四十不惑，五十知天命，六十耳順則知之深，持守不須着力，見得日用間自是合當如此。〔一九八〕『從心所欲不踰矩』則又熟矣，〔一九九〕自從容中道也。」答曰：「固是。志學時便是知了，只是個小底知；不惑、知天命、耳順却是個大底知。立，便是從心不踰矩底根子；從心不踰矩便是立底事，只是到這裏熟，却是個大底立。」文蔚。

又問〔二〇〇〕「志于學」一〔二〇一〕章。先生因云：〔二〇二〕「就志學上便討個立底意思來，就立上便討個不惑底意思來。人自志學之後，十五年工夫方能有立。立比不惑時，立尚是個持守底意思，不惑便是事理不惑了。然不惑方是事理不惑，則〔二〇三〕知天命又是天之所以命我者無不知也。須看那過接處，過得甚巧。」〔二〇四〕

叔蒙問：「看來此章要緊在『志』上，只在『志』字。舊看得都慢了，今看得此字甚切。今人誰不說有志，無長進處皆是無志。〔二〇五〕」曰：「固是。到聖人三十時，這志又交卸了。」又問：「志學是求知事物當然之理，到五十而知天命否？〔二〇六〕」曰：「初來是知事物合着如此，到知命却是和個原頭都知了。」器之問：「此章，聖人自是言一生工夫效驗次第如此，不似大學格物、誠意、正心、修身是隨處就實做工夫處否？」曰：「是。聖人將許多鋪攤在七十歲内，看來合下已自耳順不踰矩了。」〔二〇七〕

「七十從心所欲不踰矩」，〔二〇八〕聖人亦大約將平生爲學進德處分許多段説。十五志于學，此學自是徹始徹終。到四十不惑已自有耳順、從心不踰矩意思，但久而益熟。年止七十，若更加數十歲也只是這個，終不然到七十便畫住了。賀孫。

志學至從心所欲不踰矩，只是一理。先自人事做，做來做去，就上自長。如事父孝，事君忠，忠孝〔二〇九〕初時也只忠孝，後來便知所以孝，所以忠，移動不得。四十不惑是於人事間不惑，五十知皆自天命來。程伊川〔二一〇〕説「『以先知覺後知，以先覺覺後覺』，知是知此事，覺是覺此理」，亦此意。如行之而著，習矣而察，聖賢所説皆有兩節，不可躐等。從周。

或〔二一一〕問：「『吾十有五而志于學』〔二一二〕一章，知、行如何分？」曰：「志學亦是要行，而以知爲重；三十而立亦是本於知，而以行爲重。志學是知之始，不惑與知天命、耳順是知之至；『三十而立』是行之始，『從心所欲不踰矩』是行之至。如此分看。」銖。

問「吾十有五而志于學」。〔二一三〕曰：「志于學，是一面學一面力行。至『三十而立』，則行之效也。學與不惑、知天命、耳順相似，立與從心不踰矩相似。」又問：「『四十而不惑』，何更待

『五十而知天命』？」曰：「知天命是知得微妙，而非常人之所可測度矣。耳順則凡耳聞者便皆是道理而無凝滯。伊川云：『知天命則猶思而得，到得[二一四]耳順則不思而得矣。』」僩。

劉潛夫問：「『從心所欲不踰矩』，莫是聖人極致處否？」曰：「不須如此說，但當思聖人十五志學，所志者何事；三十而立，所立者何事；四十而不惑，不惑之意如何；五十而[二一五]知天命，知得了是如何；六十而[二一六]耳順，如何是耳順。每每如此省察，體之於身，庶幾有益。且說如今學者，逐日便能檢防省察，猶患所欲之越乎規矩也。今聖人但從心所欲，自不踰矩，且說[二一七]是甚次第！」又曰：「志學方是大略見得如此，到不惑時則是於應事時件件不惑。然此數者皆聖人之立，聖人之不惑。學者便當取吾之所以用功處真切體認，庶幾有益。」處謙。

「吾十有五而志于學」[二一八]一章，全在志于學上，當思自家是志於學與否？學是學個甚？如此存心念念不放，自[二一九]有所得也。三十而立謂把捉得定，世間事物皆搖動我不得，如富貴、威武、貧賤是也。不惑謂識得這個道理，合東便東，合西便西，瞭然於中。知天命便是不惑到知處，是知其所以然，如事親必孝、事君必忠之類。耳順是「不思而得」，如臨事迎刃而解，自然中節，不待思索。所欲不踰矩是「不勉而中」。季札。

「『六十而耳順』是纔聽得一件事，便知道理合是如何，更不思而得。『七十而從心所欲不踰矩』是心之本體瑩然明靜，無一毫私欲，隨所發用，莫非至理，自不過於法度。自十五而入大學，在明明德，便就本心上做涵養省察工夫，中間進德，自有次第，不可躐等，又不可廢怠。至七十而後天理昭融，内外合一。〔二二〇〕」曰：「須是見得自家曾不惑，曾知天命否，方是切己。」又云：「天命處，未消説在人之性。且説是付與萬物，乃是事物所以當然之故。如父之慈、子之孝，須知父子只是一個人，慈孝是天之所以與我者。」〔二二一〕

璘〔二二二〕問「耳順」。曰：「到得此時，是於道理爛熟了，聞人言語更不用思量得，纔聞言便曉，只是道理爛熟耳。『志學』字最有力，須是志念常在於學方得。立則是能立於道理也，然事至猶有時而惑在。不惑則知事物當然之理矣，然此事此物當然之理必有所從來。知天命是知其所從來也。上蔡云『知性之所自出，理之所自來』，最好。」璘。

問：「『七十從心』一節，畢竟是如何？」曰：「聖人生知，理固已明，亦必待十五而志于學。但此處亦非全如是，亦非全無實，但須自覺有生熟之分。」可學。

蜚卿問「吾十有五而志于學」〔二二三〕一段。曰：「聖人也略有個規摹與人同。如志學也是衆人知學時，及其立與不惑也有個迹相似。若不指定謂聖人必恁地，固不得；若説聖人全無事乎學只脱空説，也不得。但聖人便自有聖人底事。」道夫。

或問：「論語〔二二四〕自志學、而立，至從心所欲；大學〔二二五〕自致知、誠意，至治國、平天下。二者次第等級各不同，何也？」曰：「論語所云乃進學之次第，大學所云乃論學之規模。」柄。

「『三十而立』是心自定了，事物不能動摇，然猶是守住。至不惑則見得事自如此，更不用守。至知天命則又深一節。如『父子有親，君臣有義』固是合當親、合當義，至知得天初命我時便有個親、有個義在。又如『命有德，討有罪』皆是天理合如此。耳順則又是上面一齊曉得，無所不通矣。」又問：「『四十不惑』是知之明，『五十知天命』是知極其精，『六十耳順』是知之之至。」曰：「不惑是事上知，知天命是理上知，耳順是事理皆通，入耳無不順。今學者致知儘有次第節目，胡氏『不失本心』一段極好，儘用子細玩味。聖人千言萬語只是要人收拾得個本心，不要失了。日用間着力屏去私欲，扶持此心出來。理是此心之所當知，事是此心之所當爲，不要埋没了它可惜。只如修身、齊家、治國、平天下，至大至公，皆要此心爲之。」又云：「人心皆自有許多道理，不待逐旋安排入來。〔二二六〕聖人立許多節目，只要人剔刮將自家心裏許多道理出來而已。」明作。〔二二七〕

淳〔二二八〕問：「聖人凡謙詞，是聖人亦有意於爲謙，抑平時自不見其能，只是人見其爲謙耳？」曰：「聖人也是那意思，不恁地自滿。」淳舉東萊説：「聖人無謙。本無限量，不曾滿。」曰：「此説也略有些意思，然都把聖人做絶無此，也不得。聖人也〔二二九〕常有此般心在。如『勞而不伐，有功而不德』，分明是有功有勞，却不曾伐。」淳。

問「吾十有五志于學」。〔二三〇〕曰：「横渠用做實説，伊川用做假設説。聖人不到得十年方一進，亦不解懸空說這一段。大概聖人元是個聖人了，它自恁地實做將去。它底志學異乎衆人之志學，它底立異乎衆人底立，它底不惑異乎衆人之不惑。」[一三一]

問：「橫渠說『不踰矩』如何？」曰：「不知它引夢周公如何？是它自立一說，竟理會不得。」問：「范公說『從心所以養血氣』，如何？」曰：「更没理會。」榦。

問子曰「吾十有五而志于學，三十而立，四十而不惑，五十而知天命，六十而耳順，七十而從心所欲不踰矩」與「窮理盡性而至於命」。[一三二] 曰：「這事遠，難說。某嘗解孟子『瞽瞍底豫而天下之爲父子者定』，曰：『知此者爲盡心，能此者爲盡性。』」問：「窮理，莫是自志學時便只是這個道理，到耳順時便是工夫到處？」曰：「窮理只自十五，至四十不惑時，已自不大段要窮了。『三十而立』時便是個鋪模定了，不惑時便是見得理明也。知天命時又知得理之所自出也，耳順時見得[一三三] 熟也，『從心所欲不踰矩』時又是爛熟也。」問：「所學者便是格物至平天下底事，而立至不踰矩，便是進學節次否？」曰：「然。」問：「橫渠說『五十窮理盡性至天之命，六十盡人物之性』，如何？」曰：「據『五十而知天命』，則只是知得盡性而已。」又問：「盡性，恐是盡己之性，然後盡人物之性否？」曰：「只一個性，不須如此看。」又曰：「自聖人言之，窮理盡性至命，合下便恁地。自學者言之，且如讀書也是窮理，如何便說到盡性、至命處？易中是說聖人事。論語『知天命』且說知得如此，未說到行得盡處。如孟子說『盡心、知性、知天』，這便是說

知；『存心、養性』至『所以立命』，這便是説盡性、至命。要説知天命分曉，只把孟子『盡心、知性』説。」榦。〔二三四〕

問「五十知天命」。曰：「上蔡云『性之所自來，理之所自出』，此兩句甚好。〔二三五〕子貢謂夫子言性與天道，性便是自家底，天道便是上面腦子〔二三六〕。上面腦子，〔二三七〕下面便有許多物事。徹底如此。太極圖便是這個物事。箕子爲武王陳洪範，先言五行，次言五事。蓋在天則爲五行，在人則爲五事。知之者，須是知得個模樣形體如何。某舊見李先生云『且静坐體認作何形象』。〔二三八〕此個道理大則包括乾坤，提挈造化；細則入毫釐絲忽裏去，無遠不周，無微不到，但須是見得個周到底是何物。」賜。〔二三九〕

## 孟懿子問孝章〔二四〇〕

問「無違」。曰：「未見得聖人之意在。且説不以禮蓋亦多端：有苟且以事親而違禮，有以僭事親而違禮。自有個道理不可違越。聖人雖所以告懿子者，意在三家僭禮，然語意渾全，又若不專爲三家發也。」銖。

孟懿子問孝，〔二四一〕子曰「無違」，此亦通上下而言。三家僭禮自犯違了。不當爲而爲固爲不孝，若當爲而不爲亦不孝也。詳味「無違」一語，一齊都包在裏許了〔二四二〕。集注所謂「語意渾然者，所以爲聖人之言」。明作。

問：「『生事以禮』章，胡氏謂『爲其所得爲』是如何？」曰：「只是合得做底。諸侯以諸侯之禮事其親，大夫以大夫之禮事其親，便是合得做底。然此句也在人看如何。孔子當初是就三家僭禮說，較精彩，在三家身上又切。當初却有胡氏說底意思。今[二二四三]論之，有一般人因陋就簡，不能以禮事其親；又有一般人牽於私意，却不合禮。」淳。

「生事葬祭之必以禮，聖人說得本闊，人人可用，不特爲三家僭禮而設。然就孟懿子身上看時，亦有些意思如此，故某於末後亦說及云[二二四四]『非專爲此而發也』。至龜山又却不[二二四五]說那不及禮者，皆是倚於偏，此最釋經之大病。」因言：「人之[二二四六]冠昏喪祭一切苟簡徇俗，都不知所謂禮者，又如何責得它違與不違。古禮固難行，然近世一二名[二二四七]公所定之禮，及朝廷五禮新書之類，人家儻能相與講習，時舉而行之，不爲無補。」又云：「周禮忒煞繁細，亦自難行。今所編禮書，只欲使人知之而已。觀孔子欲從先進，與寧儉寧戚之意，往往得時得[二二四八]位，亦[二二四九]必不盡循周禮。必須參酌古今，別自[二二五〇]制爲禮以行之。所以告顔子者亦可見。世固有人硬欲行古禮者，然後世情文不相稱。」廣因言書儀中冠禮最簡易可行。曰：「不獨書儀，古冠禮亦自簡易。頃年見欽夫刊行所編禮，止有昏、喪、祭之[二二五一]禮，因問之。曰：『冠禮覺難行。』某云：『豈可以難行故闕之！兼四禮中冠禮最易行，又是自家事，由己而已。若昏禮便關涉兩家，自家要行，他家又不要行，便自掣肘。又如喪祭之禮皆繁細之甚。且如人遭喪，方哀苦中，那得工夫去講行許多禮數。祭禮亦然，行時且是用人多。昨見某人硬自去行，自家固自曉得，而所用執事之人皆不曾講習。觀之者笑，且莫管，至於執事者亦皆忍笑不得。似恁行禮，濟得甚事！此皆是情文不相稱處，不如不行之爲愈。』」廣。

## 孟武伯問孝章〔二五二〕

叔蒙問：「『父母唯其疾之憂』，注二說，前一說未安。」曰：「它是問孝。如此，可以爲孝矣。」賀孫。〔二五三〕

「父母唯其疾之憂」，前說爲佳。後說只說得一截，蓋只照〔二五四〕管得不義，不曾照管得疾了。明作。

問：「集注中新說意旨如何？」曰：「舊說似不說背面，却說背後一句相似，全用上添一句。新説雖用下添一句，然常得父母之心如此，便也自不爲不孝。故雖添句，已不多添。」一之。

## 子游問孝章〔二五五〕

「不敬，何以別乎？」敬，大概是把當事，聽無聲，視無形。色難，是大段恭順，積得厚者[二五六]，能形見，所以爲難，勉强不得。此二者是因子游子夏之所短而進之。能養、服勞，只是外面工夫，遮得人耳目所及者。如今人和養與服勞都無了，且得如此，然後就上面更進將去。大率學者且要儘從小處做起，正如起屋未須理會架屋，且先立個基趾定方得。明作。

問：「孟武伯問孝，夫子言之『父母愛子之心無所不至，惟恐其有疾而以是憂』。且疾病，人所未免，而猶以爲憂。人子者必須以父母之心爲心，須是謹守其身，不至於貽父母之憂，而後爲孝。告子游以能養不足爲孝，當以敬爲主，恐其狎恩恃愛，而隋於不敬，其失爲甚大。告子夏以服勞侍奉不足爲孝，須當有和愉之色，恐其行之以直義，而非孝子深愛其親之道。[二五七]」曰：「須當體察能養與服勞如何，不足爲孝敬和[二五八]模樣如何。説得[二五九]不濟事。」[二六〇]

## 子夏問孝章[二六一]

問：「『色難。』此是承順父母之色，或是自己和顏順色以致愛於親爲難？」曰：「人子胸中纔有些不愛於親之意，便有不順氣象，此所以爲愛親之色爲難。」寓。一之録同。[二六二]

問：「『曾』字，或訓則，或訓嘗，何也？又詩中『憯』字訓曾，不知一音耶？[二六三]」曰：「除了人姓，皆當音在增反。凡字義云『某之爲言，某也』者，則是音義皆略相近。『嘗』與『則』意亦略同。」廣。

問：「『色難』有數説，不知孰是？」曰：「從楊氏『愉色婉容』較好。如以爲承順顔色，則就本文上又添得字來多了。然而楊氏説文學處又較[二六四]遠了，如此章本文説處也不道是文太多，但是誠敬不足耳。孔門之所謂文學，又非今日文學之比，但子游爲人則愛有餘而敬不足，子夏則敬有餘而愛不足，故告之不同。」問：「如何見得二子如此？」曰：「且如灑掃應對，子游便忽略了，子夏便只就這上做工夫。」又曰：「謝氏説此章甚差。」榦。

或問：「『父母唯其疾之憂』，何故以告武伯？」曰：「這許多所答，也是當時那許多人各有那般疾[二六五]痛，故隨而救之。」又曰：「其他所答，固是皆切於學者。看此句較切，其他只是就道理上説如此。却是這句分外於身心上指出，若能知愛其身，必知所以愛其父母。」賀孫。

問：「孟懿子問孝，夫子使之不背於理，自生事至死、葬、祭皆一於禮，蓋禮是天理之節文，行之在人則有等殺。若不以己所當得之禮而事親，是以非禮事親也。故夫子言此，所以警孟氏之僭禮也。然程子謂告懿子者，告衆人也。恐是此言固是警懿子，然而凡爲人子者皆須當爲所得爲，以事其親而後爲孝？[二六六]」曰：「聖人之言皆是人所通行得底，不比他人説得[二六七]時，只就一人面上説得，其餘人皆做不得。所謂生事葬祭，須一於禮，此是人人皆當如此。然其間亦是警孟氏，不可不知也。」[二六八]

叔蒙問：「『孟懿子問孝，子曰「無違」。』集注云：『此爲懿子發者，告衆人者也。』若看答孟武子子游語，亦可謂之告衆人。」曰：「『無違』意思闊。若其它所告，却就其人所患意思多。然聖人雖是告衆人意思，若就孟懿子身上看，自是大段切。雖是專就一人身上説，若於衆人身上看，亦未嘗無益。」賀孫。〔二六九〕

或問：「武伯多可憂之事，如何見得？」曰：「觀聖人恁地説，則知其人之如此矣。」廣。

子游是個簡易人，於節文有未至處。多識子夏之門人，與「喪致乎哀而止」。廣。〔二七〇〕

問：「『子夏能直義』，如何見它直義處？」曰：「觀子夏所謂『可者與之，不可者拒之』，孟子亦曰『孟施舍似曾子，北宮黝似子夏』，是〔二七一〕個持身謹、規矩嚴底人。」廣。

問：「孔子答問孝，四章雖不同，意則一。」曰：「如何？」過〔二七二〕曰：「彼之問孝皆有意乎事親者。孔子只〔二七三〕欲其於情性者〔二七四〕覺察，不使之偏失〔二七五〕，則其孝皆平正而無病矣。」答曰：「如此看，恰好。」過。

問：「子游見處高明而工夫則疏。子夏較謹守法度，依本子做。」「觀答爲政、問孝之語可見。惟高明而疏故必用敬，惟依本做故必用有愛一作「勇」。〔二七六〕心。又觀二人『灑掃應對』之論，與子夏『博學篤志』之論，亦可見。」伯羽。

道夫〔二七七〕問：「夫子答子游、子夏問孝，意雖不同，然自今觀之，奉養而無狎恩恃愛之失，主敬而無嚴恭儼恪之偏，儘是難。」曰：「既知二失，則中間須自有個處之之理。愛而不敬非真

愛也，敬而不愛非真敬也。敬非嚴恭[二七八]之謂，以此爲敬則誤矣。只把做件事，小心畏謹，便是敬。」道夫。[二七九]

子夏之病乃子游之藥，子游之病乃子夏之藥。若以色難告子游，以敬告子夏，則以水濟水，[二八〇]故聖人藥各中其病。壽仁。[二八一]

## 【校勘記】

[一] 節　成化本無。

[二] 曼亞夫　成化本爲「亞夫」。

[三] 集注行道有得於身之謂德……更不待又去政上鋪排也　成化本爲「爲政以德云云」。

[四] 固是　成化本無。

[五] 之　成化本爲「之於」。

[六] 有　成化本作「是」。

[七] 成化本此下有「植」。

[八] 鄭文振　成化本爲「文振」。

〔九〕牽　成化本作「率」。
〔一〇〕成化本此下注曰：「鄭録云：『德是得之於我者。更思此意。』」
〔一一〕此條成化本無，但上條時舉録尾所注與此條末二句相似，可知此條乃鄭南升所録。
〔一二〕失　成化本此下有「諸書未及改，此是通例。安卿曰：『得於心而不失』，可包得『行道而有得於身』。曰」。
〔一三〕淳　王本爲「義剛」。
〔一四〕集注中德者　成化本無。
〔一五〕問　成化本爲「安卿問」。
〔一六〕要曉時北辰只是輪藏心　成化本爲「只似個輪藏心」。
〔一七〕動　成化本爲「也動」。
〔一八〕那椿子邊底　成化本爲「近椿底點子」。
〔一九〕後　成化本無。
〔二〇〕看着　成化本無。
〔二一〕那有一星　成化本爲「見其」。
〔二二〕那　成化本無。
〔二三〕底　成化本無。

〔二四〕那空無星辰底謂之辰　成化本爲「那空無星處皆謂之辰」。
〔二五〕也　成化本無。
〔二六〕它這　成化本無。
〔二七〕到　成化本作「所」。
〔二八〕却　成化本爲「却是」。
〔二九〕黄直卿　成化本爲「直卿」。
〔三〇〕鄭康成　成化本爲「鄭康成之説」。
〔三一〕則　成化本作「却」。
〔三二〕個　成化本無。
〔三三〕存　成化本作「在」。
〔三四〕弦　成化本作「絃」。
〔三五〕是極星不動也　成化本無。
〔三六〕謝上蔡　成化本爲「上蔡」。
〔三七〕爲政以德集注謂　成化本無。
〔三八〕問集注謂無爲　成化本爲「爲政以德如何無爲」。
〔三九〕問　成化本此下有「爲政以德」。

〔四〇〕成化本此下注曰：「賀孫録云：『老子所謂無爲只是簡忽，聖人所謂無爲却是付之當然之理。如曰：「無爲而治者，其舜也與！夫何爲哉？恭己正南面而已。」這是甚麽樣本領！豈可與老氏同日而語。』」

按此部分賀孫録底本載於卷四十四。

〔四一〕却　成化本無。

〔四二〕欲　成化本無。

〔四三〕按葉賀孫録云　成化本爲「賀孫録云」。

〔四四〕當是一時同聞而録有詳略　成化本無。

〔四五〕先生　成化本無。

〔四六〕公看論語無所疑……此是如何　成化本爲「爲政以德然後無爲是如何」。

〔四七〕如　成化本無。

〔四八〕拱　成化本作「共」。

〔四九〕此條儒用録成化本無。

〔五〇〕得　成化本無。

〔五一〕徐寓　成化本作「徐」。

〔五二〕善　成化本作「美」。

〔五三〕此條成化本無。

［五四］此條成化本無。
［五五］問　成化本爲「文振問」。
［五六］人多是如此看　成化本無。
［五七］得　成化本無。
［五八］都　朱本作「却」。
［五九］某看來大段有不是處　成化本無。
［六〇］却　成化本無。
［六一］國語説抑　成化本無。抑，據下文文意補。
［六二］只緣　成化本無。
［六三］這　成化本無。
［六四］且　成化本無。
［六五］去　成化本無。
［六六］定　成化本無。
［六七］只是不消看序看正文自見得　成化本無。
［六八］此條賀孫録，成化本於「聖人言詩之教」前還有賀孫與朱子的兩問兩答。底本另作一條，參本卷「賀孫問『思無邪』……是全備得許多零碎底意」。

［六九］此條成化本無。
［七〇］道夫　成化本無。
［七一］財　朱本作「裁」。
［七二］夫子言此……願先生指教　成化本爲「云云」。
［七三］成化本此下有「又曰：『詩三百篇，雖桑中、鶉奔等詩，亦要使人「思無邪」，只魯頌「思無邪」一句可以當得三百篇之義。猶云三百篇詩雖各因事而發，其用歸於使人「思無邪」，然未若「思無邪」一句説得直截分别」。」底本此部分内容另爲一條，參本卷「先生坐定云……然未若『思無邪』一句説得直截分别」。
［七四］又　成化本此上有「問：『讀詩記序中雅、鄭、邪、正之説未明。』曰：『向來看詩中鄭詩、邶、鄘、衛詩便是鄭、衛之音，其詩大段邪淫。伯恭直以謂詩皆賢人所作，皆可歌之宗廟，用之賓客，此甚不然。如國風中亦多有邪淫者。』」
［七五］中　成化本無。
［七六］事　成化本作「地」。
［七七］襄　成化本作「幽」。
［七八］又曰詩之小序　成化本爲「大序説止乎禮義亦可疑小序尤不可信」。
［七九］凡　成化本此下有「鄭風中」。
［八〇］頌字不好　成化本爲「如墮覆社稷曰頌」。

〔八一〕頃公　成化本爲「爲衛頃公」。

〔八二〕芃蘭之詩便指陳幽公便以愿而無立志言之　成化本爲「愿而無立曰僖衡門之詩便以誘陳僖愿而無立志言之」。

〔八三〕詩　成化本此下有「豈是學校中氣象」。

〔八四〕本傳　成化本爲「左傳」。

〔八五〕殊　成化本無。

〔八六〕借　成化本爲「但借」。

〔八七〕一項　成化本爲「第一條」。

〔八八〕此條㽦録成化本載於卷八十。

〔八九〕事　成化本此下有「如暴虐之詩只刺暴虐之事」。

〔九〇〕成化本此下注有「寓」。

〔九一〕先生坐定云……只是思無邪之一言　成化本無。

〔九二〕先生云　成化本爲「又曰」。

〔九三〕成化本此下注曰：「南升。時舉録别出。」

〔九四〕居　朱本及今傳本詩葛生作「歸」。

〔九五〕此亦無邪思也　成化本爲「此曰邪思」。

［九六］云　成化本作「某」。
［九七］賀孫　成化本無。
［九八］得　成化本無。
［九九］只怕它　成化本作「怕」。
［一〇〇］多　成化本無。
［一〇一］只　成化本無。
［一〇二］問　成化本爲「李兄問」。
［一〇三］成化本此下有「是否曰誠」。底本似脱。
［一〇四］性情　成化本爲「情性」。此條下同。
［一〇五］成化本此下注有曰：「程子説。」
［一〇六］他　王本作「也」。
［一〇七］論語　成化本無。
［一〇八］看　成化本作「着」。
［一〇九］字　成化本爲「二字」。
［一一〇］如何看　成化本無。
［一一一］對曰　成化本無。

〔一一二〕是　成化本無。

〔一一三〕成化本此下注曰：「去僞録云：『此一句出處，止是説爲孔子見得此一句皆當三百篇之義，故舉以爲説。』餘同。」

〔一一四〕曰　成化本無。

〔一一五〕却　成化本無。

〔一一六〕以爲戒耳　成化本爲「至於做出此詩來，使讀者有所愧耻而以爲戒耳」。

〔一一七〕也　成化本此下有「如周禮有官以掌四夷之樂，蓋不以爲用，亦存之而已。伯恭以爲三百篇皆正詩，皆好人所作。某以爲正聲乃正雅也」。

〔一一八〕之　成化本無。

〔一一九〕此　成化本作「非」。

〔一二〇〕詩　成化本無。

〔一二一〕興化鄭樵漁仲　成化本爲「鄭漁仲」。

〔一二二〕之　成化本無。

〔一二三〕滕璘　成化本作「璘」。

〔一二四〕此條謨録成化本無，成化本人傑録與此略同。

〔一二五〕成化本此下注曰：「寓。范氏説。」

〔一二六〕寓問詩三百一言以蔽之曰思無邪不知如何蔽之以思無邪　成化本爲「問思無邪」。
〔一二七〕謂　成化本無。
〔一二八〕中　成化本無。
〔一二九〕得　成化本無。
〔一三〇〕成化本此下注有「寓」。
〔一三一〕自　成化本爲「若自」。
〔一三二〕以　成化本無。
〔一三三〕思　成化本無。
〔一三四〕成化本此下注有「集義」。
〔一三五〕語　朱本作「詩」。
〔一三六〕是　成化本作「者」。
〔一三七〕當　成化本無。
〔一三八〕格　成化本無。
〔一三九〕它　成化本無。
〔一四〇〕做　成化本無。
〔一四一〕戒　成化本作「威」。

〔一四二〕以　成化本作「有」。

〔一四三〕成化本此下注曰：「南升。論全章。」

〔一四四〕此條賀孫録成化本載於卷七十八。

〔一四五〕子曰　成化本無。

〔一四六〕民免而無恥　成化本無。

〔一四七〕有恥且格　成化本無。

〔一四八〕問道之以德齊之以禮　成化本無。

〔一四九〕先生曰　成化本無。

〔一五〇〕如晉之伐　成化本爲「晉伐」。

〔一五一〕做信禮　成化本爲「假禮信」。

〔一五二〕亳　成化本爲「亳衆」。

〔一五三〕湯使之遺牛羊　成化本爲「湯使人遺之牛羊」。

〔一五四〕德陰　成化本爲「陰德」。

〔一五五〕其　成化本無。

〔一五六〕民　成化本此下有「者」。

〔一五七〕本非爲　成化本爲「本謂」。

［一五八］得　成化本無。

［一五九］人　成化本無。

［一六〇］此條卓録成化本分爲兩條，其中「道之以德者……則是伯者之爲矣」爲一條，載於卷二十三；「問晉伐原以示信……欲項羽殺之而後罪之也」另爲一條，載於卷一百三十四。

［一六一］本　成化本無。

［一六二］成化本此下注有「集注」。

［一六三］其　成化本無。

［一六四］是　成化本無。

［一六五］在　成化本無。

［一六六］成化本此下注有「集義」。

［一六七］已分上説　成化本爲「已上分説」。

［一六八］學　成化本爲「志學」。

［一六九］説後　成化本爲「到得説後」。

［一七〇］當　成化本無。

［一七一］耳　成化本作「了」。

［一七二］知之　成化本爲「如人」。

〔一七三〕此條可學録成化本無。
〔一七四〕注　成化本無。
〔一七五〕問　成化本爲「漢臣問」。
〔一七六〕如何　成化本無。
〔一七七〕賀孫　成化本作「願」。
〔一七八〕有　成化本此下有「未」。
〔一七九〕問　成化本爲「文振問」。
〔一八〇〕自　成化本無。
〔一八一〕天命　成化本爲「知天命」。
〔一八二〕公而　成化本無。
〔一八三〕見　成化本無。
〔一八四〕寓　成化本無。
〔一八五〕到　成化本爲「到此」。
〔一八六〕成化本此下有「寓」。
〔一八七〕人傑　成化本無。
〔一八八〕問自十五而入大學……固執而不變　成化本作「問」。

〔一八九〕付　成化本作「賦」。

〔一九〇〕成化本此下有「曰：『須是見得自家曾不惑，曾知天命否，方是切己。』又云：『天命處，未消説在人之性。且説是付與萬物，乃是事物所以當然之故。如父之慈、子之孝，須知父子只是一個人，慈孝是天之所以與我者』」。這部分内容底本另作一條，參本卷「六十而耳順，是纔聽得一件事，便知道理合是如何……慈孝是天之所以與我者」。

〔一九一〕是　成化本無。

〔一九二〕淳　成化本無。

〔一九三〕但童年未便俱發其事迹未便盡見隨所到處方見否　成化本爲小字「云云」。

〔一九四〕原處　成化本爲「源頭來處」。

〔一九五〕成化本此下注曰：「總論全章。」

〔一九六〕文蔚問　成化本作「問」。

〔一九七〕吾十有五而志於學……只是志學　成化本爲「志學」。

〔一九八〕三十而立却是持守……自是合當如此　成化本無。

〔一九九〕則又熟矣　成化本無。

〔二〇〇〕又問　成化本爲「曼問」。

〔二〇一〕一　成化本無。

〔二〇二〕先生因云　成化本作「曰」。
〔二〇三〕則　成化本作「到」。
〔二〇四〕成化本此下注有「植」。
〔二〇五〕只在志字……皆是無志　成化本無。
〔二〇六〕志學是求知事物當然之理到五十而知天命否　成化本爲「五十知天命」。
〔二〇七〕成化本此下注有「寓」。
〔二〇八〕七十從心所欲不踰矩　成化本無。
〔二〇九〕忠孝　成化本無。
〔二一〇〕程伊川　成化本爲「伊川」。
〔二一一〕或　成化本爲「吴仁父」。
〔二一二〕吾十有五而志于學　成化本爲「十五志于學」。
〔二一三〕問吾十有五而志于學　成化本無。
〔二一四〕得　成化本無。
〔二一五〕而　成化本無。
〔二一六〕而　成化本無。
〔二一七〕且説　成化本無。

〔二一八〕吾十有五而志于學　成化本爲「十五志學」。

〔二一九〕自　成化本爲「自然」。

〔二二〇〕六十而耳順……内外合一　成化本爲「問四十而不惑是於事物當然之理如君之仁臣之敬父之慈子之孝之類皆曉之而不疑五十知天命是天道流行賦與萬物在人則所受之性所謂仁義禮智渾然無不該之全體知者知之而無不盡」。

〔二二一〕成化本此下注有「南升」。

〔二二二〕璘　成化本無。

〔二二三〕吾十有五而志于學　成化本爲「十五志于學」。

〔二二四〕論語　成化本無。

〔二二五〕大學　成化本無。

〔二二六〕成化本此下注曰：「銖録此下云：『但人有以陷溺其心，於是此理不明。』」

〔二二七〕成化本此下注曰：「銖同。集注。」

〔二二八〕淳　成化本無。

〔二二九〕也　成化本無。

〔二三〇〕吾十有五志于學　成化本爲「十五志于學」。

〔二三一〕成化本此下注曰：「植。集注。」

〔二三二〕問子曰吾十有五而志于學……窮理盡性而至於命　成化本爲：「問十五志于學至七十從心所欲不踰矩程子云窮理盡性以至於命如何」。

〔二三三〕得　成化本此下有「理」。

〔二三四〕此條榦録與前一條榦録，成化本合爲一條。且置前一條榦録内容於此條之後。

〔二三五〕性之所自來理之所自出此兩句甚好　成化本爲「理之所自來性之所自出此語自是」。

〔二三六〕腦子　成化本爲「一節」。

〔二三七〕上面腦子　成化本爲「這個物事上面有個腦子」。

〔二三八〕成化本此下有「問：『體認莫用思否？』曰：『固是。且如四端雖固有，孟子亦言「思則得之，不思則不得也」。』又曰」。

〔二三九〕賜　成化本爲「夔孫」。

〔二四〇〕孟懿子問孝章　成化本爲「懿子問孝至子夏問孝章」。

〔二四一〕孟懿子問孝　成化本無。

〔二四二〕許了　成化本無。

〔二四三〕今　成化本爲「就今」。

〔二四四〕云　成化本作「之」。

〔二四五〕不　成化本作「只」。

〔二四六〕人之　成化本爲「今人於」。

〔二四七〕名　成化本無。

〔二四八〕得　成化本無。

〔二四九〕亦　成化本無。

〔二五〇〕自　成化本無。

〔二五一〕之　成化本作「三」。

〔二五二〕孟武伯問孝章　成化本無，但此下三條皆置於「孟懿子問孝至子夏問孝章」中。

〔二五三〕成化本此下注曰：「以下武伯問孝。」

〔二五四〕照　成化本無。

〔二五五〕子游問孝章　成化本無，但此下兩條皆置於「孟懿子問孝至子夏問孝章」中。

〔二五六〕者　成化本作「方」。

〔二五七〕孟武伯問孝……而非孝子深愛其親之道　成化本爲「問告子游子夏云云」。

〔二五八〕和　成化本作「時」。

〔二五九〕説得　成化本爲「已説得」。

〔二六〇〕成化本此下注有「南升」。

〔二六一〕子夏問孝章　成化本無。

〔二六二〕一之録同　成化本爲「以下子夏問孝」。
〔二六三〕成化本此下有「二音耶」。
〔二六四〕較　成化本作「説」。
〔二六五〕疾　成化本作「病」。
〔二六六〕夫子使之不背於理……以事其親而後爲孝　成化本爲小字「云云」。
〔二六七〕得　成化本無。
〔二六八〕成化本此下注有「南升」。
〔二六九〕成化本此下注曰：「集注總論四章。」
〔二七〇〕此條廣録成化本載於卷九十三。多識，成化本爲「如識」。
〔二七一〕是　成化本爲「則子夏是」。
〔二七二〕過　成化本無。
〔二七三〕只　成化本作「各」。
〔二七四〕者　成化本作「上」。
〔二七五〕偏失　成化本爲「偏勝」。
〔二七六〕一作勇　成化本無。
〔二七七〕道夫　成化本無。

〔二七八〕恭　成化本此下有「儼恪」。

〔二七九〕成化本此下注曰：「伯羽録云：『敬，只是把做事，小心畏謹，不敢慢道。』」

〔二八〇〕水　成化本此下有「以火濟火」。

〔二八一〕壽仁　成化本作「方」。

# 晦庵先生朱文公語類卷第二十四

## 論語六

### 爲政篇下

子曰吾與回言終日不違如愚章[一]

論語所載顏子語，止有喟然之歎與「問仁」兩章而已，而夫子曰「吾與回言終日」不知是說甚麼，惜乎其不傳也。廣。

或問：「顏子『終日不違，如愚』，謂顏子心與聖人契。」曰：「此固是前輩已自說了，畢竟要見顏子因甚與聖人契。」問者無言。文蔚曰：「孔子博他以文，約他以禮，他於天下之理無所不明，所以於聖人之言無所不契。」曰：「孔子未博文約禮之前，又如何？」文蔚曰：「顏子已具聖人體段。」曰：「何處是他具聖人體段？」文蔚無答。曰：「顏子乃生知之次，比之聖人已是九分九鳌，所争處只争一鳌。孔子只點他這些，便與他相凑，他所以深領其言而不再問也。」文蔚。

問：「顏子不違與孔子耳順相近否？」曰：「那地位大段高。不違是顏子於孔子説話都曉得，耳順是無所不通。」淳。

李從之問：「顏子省其私，不必指燕私，只是他自作用處。」曰：「便是這意思，但恐没著落，[二]只是説燕私，庶幾有個着處。[三]謂[四]如人相對坐，心意默所趨向亦是私。如『謹獨』之『獨』，亦非特在幽隱人所不見處。只他人之[五]所不知，雖在衆中便是獨也。『察其所安』，安便是個私處。」㽦。

問顏子如愚。先生曰：「夫子與言之時，只似一個獃底。到得[六]退而省其私之所爲，亦足以發明其意，又似不獃。如『克己復禮』，他便知得『克己復禮』；如『博我以文，約我以禮』，他皆知之，便是足以發處。」卓。

祖道[七]問：「『亦足以發』，是顏子退有所省發否？」先生曰：「不然也。集注已自[八]説得分明了。蓋與之言，顏子都無可否，似個愚者。及退而觀其所行，皆夫子與之言[九]，一一做得出來不差，豈不是足以發明得夫子之道？其語勢只如此。恰如今人説與人做一器用：方與他説個尺寸高低形製，他聽之全然似不曉底。及明日做得來，却與昨日所説底更無分毫不似。」祖道

曰：「初意止謂顏子聽夫子之説，默默如不曉諭者，退而思省，則其胸中釋然有個開發處。又足

見其得一善則拳拳服膺也。」先生曰：「説得雖好，然却不是如此看。」〔一〇〕祖道。

「亦足以發」謂其能發己之言。若「不悱不發」是以此而發彼也，「引而不發」是引弓而不發矢也。用字各有不同。人傑。

問：「『亦足以發』，是顔子於燕私之際，將聖人之言發見於行事否？」曰：「固是。雖未盡見於行事，其理亦當有發見處。然燕私之際，尤見顔子踐履之實處。」㽦。

問：「顔回〔一一〕『亦足以發』，莫是所以發明夫子所言之旨否？」曰：「然。且如夫子告以非禮勿視聽言動，顔子受之，不復更問如何是禮與非禮，但是退而省察顔子之所爲，則直是視聽言動無非禮也。此則足以發明〔一二〕夫子之言也。」處謙。

「不違如愚」，不消説了。「亦足以發」，是聽得夫子説話，便能發明於日用躬行之間，此夫子退而省察顔子之私如此。且如説非禮勿視聽言動，顔子便真個不於非禮〔一三〕視聽言動。集注謂「坦然由之而無疑」，是他〔一四〕真個便去做。明作。

又〔一五〕問：「『吾與回言一段，〔一六〕集注載李先生之説甚分明。但所謂『默識心融，觸處洞然，自有條理』，便見得〔一七〕顔子聞夫子之言，自原本至於條目一一理會得，所以與夫子意不相背。『及退省其私，即見其日用語默動静之間，皆足以發明夫子之道，坦然由之而不疑』，便見得顔子不惟理會得夫子言語，及退便行將去，更無窒礙。」先生云：「『亦足以發』一句最好看。若

粗說時便是行將去，然須是子細看『亦足以發』一句。」[一八]

問：「李先生謂顏子『聖人體段已具』。『體段』二字，莫只是言個模樣否？」曰：「然。」又問：「惟其具聖人模樣了，故能聞聖人之言，默識心融否？」曰：「顏子去聖人不爭多，止隔一膜，所謂『於吾言無所不說』。其所以不及聖人者，只是須待聖人之言觸其機，乃能通曉爾。」又問：「所以如此者，莫只是查滓未[一九]盡否？」曰：「聖人所至處顏子都見得，只是未到。『仰之彌高，鑽之彌堅，瞻之在前，忽然在後』，這便是顏子不及聖人處。這便見他未達一間處。且如於道理上纔着緊又蹉過，纔放緩又不及。又如聖人平日只是理會一個大經大法，又却有時而應變達權；纔去應變達權處看他，又却不曾離了大經大法。可仕而仕，學他仕時又却有時而止；可止而止，學他止時又知看時而仕。[二〇]『無可無不可』，學他不可，又却有時而可；學他可，又却有時而不可。終不似聖人事事做到恰好處。」又問：「程子說：『孟子，雖未敢便道他是聖人，然學已到聖處。』莫便是指此意而言否？」曰：「顏子去聖人尤近。」或云：「某於『克己復禮』、『動容貌』兩章却理會得。若是仰高鑽堅，瞻前忽後，終是未透。」曰：「此兩章止說得一邊，是約禮底事，到顏子便說出兩脚來。聖人之教、學者之學[二一]，不越[二二]博文約禮兩事爾。博文是『道問學』之事，於天下事物之理皆欲其[二三]知之；約禮是『尊德性』之事，於吾心固有之理無一息而不存。今見於論語者雖只有『問仁』、『問爲邦』兩章，然觀夫子之言，有曰『吾與回言終日』。想見凡天下之事無不講究來。自視聽言動之際，人倫日用當然之理，以至夏之時、商之輅、周之冕、舜之樂，歷代之典章文物，一一都理會得了，故於此舉其大綱以語之，而顏子便能領略得去。若元不曾講究，則於此必有[二四]疑問矣。蓋聖人循循善誘人，纔鑽到那有滋味處，自然住不得，故曰『欲罷不能，既竭吾才，如有所立卓爾』。卓爾是聖人之大本立於此以酬酢萬象[二五]處。顏子亦見得此甚分明，只是未能到此爾。又却鑽逼他不得，他亦大段用力不得。易曰：『精義入神，以致用也；利用安身，以崇德也。過此以往，未之或知也。窮神知化，德之盛也。』只是這一個德，非於崇德之外別有個德之盛也。做來做去，做到徹處便是。」廣。

問：「『不違如愚』章。『心融』恐是功深力到處，見得道理熟了，故言入於心，隨即融化，更無查滓。故其發見於日用之間，自然和順，所以能發明聖人之道，非生將道理體貼力行之也。是否？」曰：「固是功夫至到，亦是天資高，顏子自是鄰於生知者也。」一之。

仲愚問：「『回也不違，如愚』章，先生曰說『默識心融』，[二六]如何？」曰：「說個『融』字最好，『融』[二七]如消融相似，『融』如雪在陽中。若不融，一句只是一句，在肚裏，如何發得出來。如人喫物事，若不消，只生在肚裏，如何能滋益體膚。須是融化，查滓便下去，精英便充於體膚，故能肥潤。如孔子告曾子『一貫』之語，他人聞之只是個『一貫』，曾子聞之便能融化，故發『忠恕而已』出來。」又問：「是曾子平昔工夫至此乎？」曰：「也是他資質自別。」一之。

器之問：「『亦足以發』，伊川有『天理昭著』語，與先生所説不同。」曰：「便只是這個。夫子所言，他便會發明而行之。伊川所謂『天理昭著』，便是聖人所説底道理，顔子便會一一與做。且如對人言語，他曉不得，或曉得不分明，少間只恁地悠悠漫漫。雖然恁地説，自將這言語無落着了。到得顔子，聖人與説一句，他便去做那一句；聖人與説兩句，他便去做那兩句。」賀孫。[二八]

問「退而省其私」。曰：「私者，他人之[二九]所不知而回之所自知者，夫子能察之。如心之所安，燕居獨處之所爲，見識之所獨見，皆是也。」又曰：「『私』字儘闊。『私』與中庸『慎獨』之『獨』同。大意只是初間與回言，一似個不通曉底人相似。退而觀其所獨爲，又足以發明夫子所説之道。且[三〇]『克己復禮』，夫子告之矣。退而察之，則見其果然『克己復禮』。」因説：「范氏説『私』字作與門人言，恐不是。謝氏以不違作『聲聞相通，雖以耳聽，而實以神受』，又較深。只是『無所不説』便是不違。」榦。

子曰[三一]視其所以章

淳[三二]問：「『觀其所由』，謂『意之所從來』，何也？」曰：「只是他看[三三]意思來處如何。如讀書固是好，然他意思來處亦有是爲利[三四]。『視其所以』，以，用也，爲也。爲義爲君子，爲利爲小人，方是且粗看。如有一般人，只安常守分，不恁求利，然有時意思亦是求利。『察其所安』，又看他心所安穩處，一節深一節。」淳。[三五]

是晚，[三六]問：「『視其所以』一章，『視其[三七]所以』是大綱。且[三八]看這一個人是爲善底人，是爲惡底人。若是爲善底人，又須觀其所由[三九]，觀其意之所從來。若是本意以爲己事所當然[四〇]，無所爲而爲之，乃爲己。若以爲可以求知於人而爲之，則是其所從來處已不善了。若是所從來處既善，又須察其中心樂與不樂。若是中心樂爲善，自無厭倦之意，而有日進之益。若是中心所樂不在是，便或作或輟，未免於僞。以是察人，是節節看到心術隱微處，最是難事。亦必在己者能知言窮理，使心通乎道而能精別是非，然後能察人如聖人也。」先生云：「於樂處便是誠實爲善。『如好好色，如惡惡臭』，不是勉强做來。若以此觀人，亦須以此自觀。看自家爲善果是爲己，果是樂否？」先生云[四一]：「看文字須學文振每逐章挨近前去，文振此兩三夜説話大故精細。看論語方到一篇便如此。」直卿云：「先生説文振資質好。」[四二]

問[四三]「視其所以」一章。先生曰：「此不惟可以觀人，亦當以此自考。」時舉。[四四]

問：「『視其所以』至『人焉廋哉』，集注云『以，爲也』。爲善者爲君子，爲惡者爲小人。若然，則下二句爲『爲君子者，設若小人既已爲惡，更何用觀察他』？」先生曰：「然。此如淘米，已是米了，更須淘他，恐怕有沙。」儒用。按萬人傑録同。[四五]

問：「『觀其所由』，集注兩説，如何？」先生曰：「『意之所從來』，如讀書是好，須看他[四六]所讀是[四七]何書。『行其所爲』，或强勉有所爲。後説不如前説。蓋『行其所爲』只是就上面細看過，不如『意之所從來』是就他心術上看。所安，集注下得『樂』字不穩。安，大率是他平日存主習熟處。他本心愛如此，雖所由偶然不如此，終是勉强，必竟所樂不在此，次第依舊又從熟處去。如平日愛踞傲，勉强教他恭敬，一時之間亦能恭敬，次第依舊自踞傲了，心方安。吕氏一説謂：『所由，是看他已前所爲事；所安，是察他已後所爲事。』亦通。所謂『知言、窮理』，蓋知言亦是窮理之一事，然蓋互舉也。」又云：「知人亦是窮理之一端。且如『因不失其親』，須知人方得。」明作。

察人之所安尤難，故必如聖人之知言、窮理方能之。廣。

子曰：「視其所以，觀其所由，察其所安，人焉廋哉？人焉廋哉？」[四八]曰：「所以，只是個大概。所由，便看他所從之道，如爲義、爲利。又也看他所由處有是有非。至所安處便是心之所以安，方定得。且如看得如此，又須著自反，看自家所以、所由、所安如何，只是一個道理。」吕氏以『所以』作今所自處，『所由』作昔所經由，『所安』作卒所歸宿，却成前後事，非[四九]一時。觀人不必如此説。」又問「觀其所由」。先生曰：「『視其所以』者，只是觀人之凡自[五〇]所由者，便看他如何地做。且如作士人、作商賈，此是『所以』，至如讀書爲利時，又也不好。如孝與忠，若還孝而至於陷父于不義，忠而至於阿諛順旨，其所以忠與孝則同，而所由之道則别。」問曰：「如小人爲利便是不好了，又更『觀其所由』做甚？」曰：「爲利固是爲利，畢竟便有一節話。若還看得只是這人了，更不須看。」榦。〔五一〕

賀孫〔五二〕問：「『視其所以，觀其所由，察其所安』，若聖人於人之善惡如見肺肝，當不待如此着力？」曰：「這也爲常人説，聖人固不用得如此。然聖人觀人，也着恁地詳細。如今人説一種長厚説話，便道聖人不恁地，只略略看便了。這個若不見教徹底善惡分明，如何取舍？且如今從學也有誠心來底，也有爲利來底。又如今人讀書也有誠心去讀底，也有爲利讀底。其初也却好，漸漸自見得他心下不恁地，這須着知。且如要從師，須看得那人果是如何。又如委託人事，若是小小事要付託人，尚可以隨其所長交付與他。若是要成一件大事，如何不見得這人了方付與？如所謂『可以託六尺之孤，可以寄百里之命，臨大節而不可奪』，若不直見這人是恁地，如何這事託得他！」問：「伊川云：『「視其所以」是觀人之大概。若「所由、所安」，也只兼善惡説。』今集注只解向不好邊去，恐似無過中求有過，非聖人意。」曰：「這只是平心恁地看，看得十分是如此。若要長厚，便恁地包含。其初欲恕人而終於自恕，少間漸漸將自己都没理會了，都不知。若能於待人嚴，到得於自身己也會嚴。」問：「觀人之道，也有自善而入於惡，亦有事雖惡而心所存本好。」曰：「這個也自可見。須是如此看，方見好底鐵定是好人，不好底鐵定是不好人。讀書不可不子細。若不因公問，某也不説到這裏。初間纔看，善惡便曉然。到觀其所由有不善，這又勝得當下便不是底。到察其所安有不善，這又勝前二項人。不是到這裏便做不好人看他，只是不是他心肯意肯，必不會有終。」今按：此轉語方答得上所疑集注分明。賀孫。

## 子曰[五三]温故而知新章

温故只是時習。廣。

「温故知新」，不是易底新者，只是故中底道理時習得熟，漸漸發得出來。且如一理，看幾個人來問，只[五四]就此一理上，一人學[五五]説一個理，都是自家就此理上推究出來，所以其應無窮。且如記問之學，記得一事更推第二事不去，記得九事便説十事不出，所以不足爲人師。明作。[五六]

先生問文振更看甚處。南升問：「『温故而知新，可以爲師矣』，言人能將半日學於先知先覺，而有聞者時皆温習，待義理浸灌於方寸之中，則心體日見昭明，每每有新得，蓋心乃迫理之統會。到自有得處，萬理森羅於日用之間，隨扣而應，無有窮盡，故可以爲師。」[五七]先生曰：「道理即這一個道理。論孟所載是這一個道理，六經所載也是這個道理，但理會得了，時時温習，覺滋味深長，自有新得。『温』字對『冷』字，如一杯羹在此冷了，將去温來又好。」[五八]

問：「温故，聞見之在外者；　知新，義理之得於己者。若温故而不知新，則徒聞見而已。惟知新則是在我之義理，因温故而有以自得之，其應無窮，故可以爲師乎？」曰：「然。」又問：「不離温故之中而知新，其亦『下學上達』之理乎？」曰：「亦是漸漸上達之意。」一之。

「記問之學，不足爲人師」，只緣這個死殺了。若知新則「引而伸之，觸類而長之」，則常活不死殺矣。如記問之學，記得十件只是十件，記得百件只是百件。知新則時復温習舊聞以知新意，所以常活。僩。

論語[五九]「温故而知新」，此以知新爲重。[六〇]中庸「温故而知新」，此以温故爲重。[六一]聖人言語各[六二]有意思，一個是[六三]這頭重，一個是[六四]那頭重。[六五]賜。[六六]

問：[六七]「『温故而知新，可以爲師。』伊川謂『此一言可師，此一事可師』，竊有未喻。」曰：「伊川見得亦差了。這一句正對『記問之學不足爲人師』一句。若温習舊聞則義理日通，無有窮已。若記問之學，雖是説[六八]得多，雖是讀得多，雖是聞得多，雖是千卷萬卷，只是千卷萬卷，未有不窮。然而這一句説師，亦只説平常恁地師，却不是説孔孟[六九]這般師。兼是這主意，只爲世上有不温故知新而便欲爲人師，故發此一句，却不是説如此便可以爲師。言如此方可以爲師，以證人不如此而遽欲爲師者。伊川却只認這意，一向要去分解。以此知讀書儘着子細，伊川恁地工夫，也自有這般處。聖人語言極儘[七〇]密，無些子偏重，亦無些子罅漏。如説『一言而喪邦，有諸』，曰『唯其言而莫之違』，只消如此説亦得；便須説道：『如其善而莫之違也，不亦善乎；[七一]如不善而莫之違也，不幾乎一言而喪邦乎！』或曰：『以德報怨，何如？』看來也似好。聖人便問他：『何以報德？以直報怨，以德報德。』若以直報怨，只是依直報之，恰[七二]無怨相似。且如人有些侵我處，若是我不是，便休了。若是他不是，與他理會教是便了。」賀孫問：「『以德報怨』，非獨説道無以報德，只是以德報怨，也自不得。」曰：「然。如此只是僞，只是不誠。」賀孫。

「子曰：[七三]温故而知新，可以爲師矣。」先生曰：「此只是一件事，却有兩個義理。如温故而不能知新，諸先生把『日知其所亡』做知新，似倒説了。『日知其所亡』乃温故以前事。日知其所未有，如今日方做事業相似，便方始。『月無忘其所能』，乃温故也。既温故而知新。謝氏説『温故知新』，又説得高遠了。」先生曰：「程先生説『可以爲師』，作又[七四]此一句可師，不便如[七五]把做爲師之『師』。看此一句，只説是人若不能温故知新，便不可爲人師。守舊而不知新義便不活，不足以應學者之求。若『温故而知新』，則從此儘推得去。呂氏説師尚多聞，只是泥孟子之語。孟子初間也且恁地説，呂氏便把來作引證不得。大率聖人之言語[七六]被他把做恁地説，也無礙理處。」榦。[七七]

## 子曰[七八]君子不器章

問「君子不器」之旨。曰：「人心至靈，均具萬理，是以無所往而不知。然而仁義禮智之性，苟以學力充之，則無所施而不通，謂之不器可也。至於人之才具，分明是各局於氣禀，有能有不能。」又問：「如何勉强得？」先生曰：「君子者，成德之名也。所貴乎君子者，有以化其氣禀之性耳。不然何足以言君子！中庸言『雖愚必明，雖柔必强』處正是此意。」處謙。

「君子不器」是不拘於一，所謂「體無不具」。人心元有這許多道理充足，若慣熟時，自然看要如何無不周遍。子貢瑚璉，只是廟中可用，移去別處便用不得。如原憲只是一個喫菜根底人，邦有道，出來也做一事不得；邦無道，也不能撥亂反正。夷清，惠和，亦只做得一件事。明作。

問：「君子所以不器者，緣是[七九]格物、致知上做工夫，看得道理周遍精切。及廓然貫通，有以盡其心之全體，故施之於用，無所不宜，非特一才一藝而已。」先生云：「也是如此，但說得着力了。成德之士，自是不器。」南升。

或問：「『君子不器』，如孔門德行之外乃爲器否？」曰：「若偏於德行而其用不周亦是器。君子者，才德出衆之名。德者，體也；才者，用也。君子之人亦具聖人之體用，[八〇]但其體不如聖人之大，而其用不如聖人之妙耳。」南升。〔八一〕李儒用録同而少異，今附云：「問：『君子不器，且以孔門四科論之，除德行一科，則其他未免皆局於器矣。』先生曰：『便德行也只是器。伊川先生曰：「君子，才德出衆之名，亞於聖人者也，但體不若聖人之大，用不若聖人之妙耳。」』」〔八二〕

「子曰：〔八三〕『君子不器』，君子是何等人？」曰：「此通上下而言。有一般對小人而言底君子，便是小底君子。至如『聖人吾不得而見之，得見君子斯可矣』，便說得大底君子，便是聖人之次者。」問：「不器，是那個君子？」曰：「此是成德全才之君子，不可一偏看他。」問：「侯氏舉『君子不可小知而可大受』，如何？」曰：「不可小知他〔八四〕，便是不可以一偏看他，他却擔負得遠大底。小人時便也有一才一藝可取，故可小知。」問：「子貢，『女器也』，喚做不是君子，得否？」曰：「子貢也是個偏底，可貴而不可賤，宜於宗廟朝廷而不可退處，此子貢之偏處。」問：「謝氏舉清、和、任，也只是器否？」曰：「這是他成就得偏，却不是器。他本成就得來大。如『得百里之地而君之』一段，他自是大，只是成就得來偏。」問：「諸先生多舉『形而上、形而下』，如何說？」曰：「可見底是器，不可見底是道。理是道，物是器。」因指面前火爐曰：「此是器，然而可以向火、所以爲人用，便是道。」問：「謝氏以爲『顔閔於〔八五〕聖人之一體，未必優於子游、子夏、〔八六〕子張，然而具體也』。既謂之具體，又說不如三子，何也？」曰：「他意只道是顔子便都無許多事，如古人說無所長，『既無所短，安有所長』底意。他把來驅駕作文字，便語中有病。」因

問「具體而微」。曰：「五峰説得牽强，看來只是比似孔子較小。今看顔子比孔子真個小。」榦。〔八七〕

問：「『君子不器』〔八八〕范氏謝氏説如何？」曰：「天下道理皆看得透，無一理之不知，無一事之不明，何器之有？如范氏説也説得去，然不消如此。謝氏説得意思也好。推其極，乃大底不推〔八九〕。伊尹伯夷柳下惠皆能一天下，則器固大矣。自一才一藝者觀之，亦不可謂之器矣。然自孔子可仕、可止觀之，則彼止在一邊，亦器也，孟子誠不肯學他底了矣。」一之。

## 子貢問君子章

徐仁甫問：「『先行其言而後從之』，莫須將『先行』作一句否？」先生曰：「程子如此，却未敢以爲然。恐『其言而後從之』不成一句者〔九〇〕，云『而後其言從之』方得。不若以『先行其言』作一句，『而後從之』作一句。大意只説先行其言〔九一〕，而後言其所行。讀書須是看出處〔九二〕如何。此是子貢問君子，孔子爲子貢多言，故以『先行其言而後從之』答之，此〔九三〕蓋爲子貢發也。」辛。〔九四〕

問：「『先行其言』，謂人識得個道理了，可以説出來，却不要只做言語説過，須是合下便行將去。『而後從之』者，及行將去，見得自家所得底道理步步着實，然後説出來，却不是杜撰意

度。須還自家自本至末，皆説得有着實處。」先生曰：「此一章説得好。」二。〔九五〕

問「先行其言而後從之」。曰：「此爲子貢而發。其實『有德者必有言』，若有此德，其言自足以發明之，無有説不出之理。夫子只云『欲訥於言而敏於行』，『敏於事而謹於言』，未嘗説無事於言。」人傑。

## 子曰〔九六〕君子周而不比章

「子曰：君子周而不比，小人比而不周。」〔九七〕問：「周與比莫也相似否？」曰：「外面相似，而裏面大差了。如驕泰、和同亦然，故幾微之間不可不辨。」榦。

問「周而不比」。〔九八〕曰：「周是無不愛，比是私也。相比，或二人相比也是〔九九〕。」

「君子周而不比」，周是遍，人前背後都如此，心都一般，不偏滯在一個。如「老者安之，朋友信之，少者懷之」，亦是周遍。忠信爲周。如這一個人合當如何待，那一〔一〇〇〕個人又合如何待，自家只看理，無輕重厚薄，便是周遍。周是公底比，比是私底周。周是無所不比也。如爲臣則忠，爲子却不能孝，便是偏比，不周遍，只知有君而不知有親。〔一〇一〕淳。

問「君子周而不比，小人比而不周」〔一〇二〕。曰：「且如一鄉之中有個惡人，我這裏若可除去，便須除去，却得這一鄉都安，此『君子周而不比』也。至如小人於惡人，則喜其與己合，必須親愛之；到得無惡之人，每與己異，必思傷害之，此小人之『比而不周』也。武三思嘗言：『如何是善人？如何是惡人？與予合者是善人，與予不合者是惡人。』」賀孫。

比之與周皆親厚之意。周則無所不愛，爲諸侯則愛一國，爲天子則愛天下，隨其親疏厚薄，無不是此愛。若比，則只是揀擇。或以利，或以勢，一等合親底，他却自有愛憎，所以有不周處。又云：「集注謂『普遍』，是泛愛之意；『偏黨』，非特勢利。大概君子心公而大，所以同〔一〇三〕。小人心狹而常私，便親厚也只親厚得一個。」明作。〔一〇四〕

問：「『君子周而不比，小人比而不周』〔一〇五〕注，周言『普遍』，豈『泛愛衆而親仁』之意歟？」答曰：「亦是如此。大抵君子立心自是周遍，好惡愛憎一本於公。小人惟偏比阿黨而已。」寓。〔一〇六〕

問「君子〔一〇七〕周而不比」。先生曰：「周者，大而遍之〔一〇八〕；比便小，所謂兩兩相比。君子之於人，無一人使之不得其所，這便是周；小人之於人，但見同於己者與之，不同於己者惡之，這便是比。君子之於人，非是全無惡人處，但好善惡惡皆出於公。用一善人於國，則一國享其治；用一善人於天下，則天下享其治；於一邑之中去一惡人，則一邑之中〔一〇九〕獲其安；於一鄉之中去一惡人，則一鄉之中受其安，豈是不周？〔一一〇〕小人之心，一切反是。」又云：「歐陽朋黨論說周武以三千爲大朋，商紂億兆之人離心離德。」又云：「『比周』二字於易中所言，又以『比』字爲美，如『九五顯比』，取『王用三驅，失前禽』之義，皆美也。如『頑嚚不友，相與比周』又却是不好。」卓。

徐問「君子周而不比，小人比而不周」〔一一一〕。先生曰：「只是公私。周則遍及天下，比則昵於親愛之間。」又問：「『忠信爲周，阿黨爲比』，如何？」先生曰：「忠信爲周，只緣左傳『周爰咨詢』指作忠信，後人遂將來妄解，最無道理。且如易比卦言：『比，吉也。比，輔也。原筮元永貞，无咎。』則比都是好。大抵比於君子則爲善，比於小人則爲惡，須是看聖人說處本意如何。據此『君子〔一一二〕周而不比，小人〔一一三〕比而不周』，只是公私。」辛。〔一一四〕

問「比周」。先生曰：「周固是好，然而有一種人，是人無不周旋之。使所周之人皆善，固是好。萬一有個不好底人，自家周旋他去，這人會去作無窮之害。此無他，只是要人之同己，所以爲害。君子則不然，當親則親，當疏則疏而已。」夔孫。

問：「『君子周而不比，小人比而不周』，此就君子小人心之微處看來。君子全其心之本體，故公。公則廣大，故其與人自然周遍而無偏黨。小人心中渾是人欲私意，私則但知有己，其與人也只見其與我善者則親厚之，故倚而不無偏黨，而不能周遍。〔一一五〕」先生云：「君子小人即是公私之間。皆是與人親厚，但君子意思自然廣大。小人與人相親時便生計較，與我善底做一般，不與我善底做一般。周與比相去不遠，要須分別得大相遠處。某集注中曾說此意。」先生又

云：〔一一六〕「君子與人相親也有輕重，有厚薄，但意思自是公。」〔一一七〕

節〔一一八〕問：「『君子周而不比』〔一一九〕下〔一二〇〕注云：『君子小人所以分，則在公私之際、毫釐之差耳。』何謂毫釐之差？」曰：「君子也是如此親愛，小人也是如此親愛；君子公，小人私。」節。

恪〔一二一〕問：「『君子周而不比，小人比而不周』，〔一二二〕集注〔一二三〕云：『欲學者察乎兩間，而審其取舍之幾。』當在思慮方萌之初，與人交際之始，於此審決之否？」曰：「致察於思慮，固是，但事上亦須照管。動箴曰：『哲人知幾，誠之於思；志士勵行，守之於爲。』須着隨處照管，不應道這裏失了，後面更不去照管。覺得思處失了便着去事上看，便舍彼取此，須看箴曰哲人。〔一二四〕」季札。〔一二五〕

問：「『周而不比』，〔一二六〕范氏說『忠信爲周』，恐未說到此。」曰：「忠信，所以周也。若面前背後不誠實，則不周矣。周是公底比，無所不比也。比是私底周，周一邊，背了一邊。周則意思却照管得到。極其至，爲臣則忠，爲子則孝，是亦周也。」一之。

## 子曰〔一二七〕學而不思則罔章

問：「論語言『學』字多不同：『學而不思則罔』，此『學』字似主於行而言；『博學於文』，此『學』似主知〔一二八〕而言。」曰：「『學不思則罔』，此『學』也不是行。」問：「『學』字義如何？」曰：「學只是效。未能如此便去效做。」問：「恐行意較多否？」曰：「只是未能如此便去學做。如人〔一二九〕未識得這一個理，便去講究，要識得，也是學；未識得這一個書，便去讀，也是學；未曉得這一件事，去問人如何做，便也是學。問人便是依這本子做去。不問人便去〔一三〇〕依本子，只鶻突杜撰做去。學是身去做，思只是默坐來思所學底事。〔一三一〕學而不思便都罔了。」問：「『思而不學』，何以危殆？」曰：「硬將來拗縛捉住在這裏，便是危殆。只是杜撰恁地做〔一三二〕，不恁自然便不安穩。」淳。

「學而不思」，〔一三三〕學是學其事，如讀書便是學，須緩緩精思其中義理方得。且如做此事是學，然須是〔一三四〕此事道理是如何。只恁下頭做，不思這事道理，則昧而無得。若只空思索，却又不傍所做事上體察，則心終是不安穩。須是事與思互相發明。明作。

徐問「學而不思則罔，思而不學則殆」。先生曰：〔一三五〕「學不止是讀書，凡做事皆是學。且如學做一事，須是更經思量方得。然只管思量而不學，則自家心必不安穩，便是殆也。」辛。〔一三六〕

問「學思」。曰：〔一三七〕「『學而不思』，如讀書不思道理是如何；『思而不學』，如徒苦思索，不依樣子做。」〔一三八〕

問：「『學而不思則罔，思而不學則殆』，言人學聖賢之所爲，須是反諸心而思之。蓋聖賢之所爲只是推行這一個道理，若不將吾所學者精思其所以然，只是外面是得聖賢粗迹，吾之心中依舊昏晦而無得；既精思義理之所以然，又須將聖賢所以處己接物個樣子時時習熟躬行，要見得事理透徹分明，然後泰然行將去。若但知其理，不去事上學得熟，遽欲行之，必危殆而不安。」先生云：「大綱是如此，但中明説事迹處似開了。〔一三九〕學與思須相連，纔學這事須便思量這事合如何。『學』字甚大，學效他聖賢做事。」〔一四〇〕

問：〔一四一〕「『學而不思』章下〔一四二〕引程子『「博學、審問、謹思、明辨、力行」，五者廢一非學』，何也？」先生曰：「凡『學』字便兼『行』字意思。如講明義理，學也；效人做事，亦學也。孔子步亦步，趨亦趨，是效其所爲，纔效其所爲便有行意。」銖。

叔蒙又〔一四三〕問：「『學而不思，思而不學』一章，本文只説學與思，〔一四四〕集注却舉中庸學問思辨與行之語。據某看，學與行是學之始終，問、思、辨是思之始終。」曰：「然。」賀孫。

「子曰『學而不思則罔，思而不學則殆』，〔一四五〕諸先生説有外意者，有説偏傍者，也須看否？」曰：「也要見得他礙處。」因問：「楊氏説『思則「敬以直内，義以方外」』，如何？」曰：「敬自是存養底事，義自是推行底事。且説思與學，也未須説存養、推行處。若把推行作學便不是。中庸裏面博學、力行自是兩件。今人説學便都説到行處去。且如讀書，看這一句理會不得，便須熟讀，此便是學。然『學而不思』，便是按古本也無得處。若徒然閉目靜思而不學，又也徒勞心，不穩當，然後推到行處。」問：「『罔』字作欺罔無實之『罔』，如何？」曰：「不必如此説。罔，是昏昧底意。」問：「『思而不學則殆』，只是尹氏『勞而無所安』底意否？」曰：「是。勞便是其心勞，不安便是於義理不安。」問：「謝[一四六]『窮大而失其所居』，如何？」曰：「也[一四七]只是不安。」榦。[一四八]

## 子曰[一四九]攻乎異端章

子曰：「攻乎異端，斯害也已。」[一五〇]問：「『攻』字只合作『攻治』之『攻』。[一五一]若作『攻擊』，也如何便有害？」先生曰：「便是。聖人若説攻擊異端則有害，便也須更有説話在，不肯便[一五二]只恁地説遂休了。若從攻擊，則呂氏之説近之，不如只作『攻治』之『攻』，較穩。」榦。

凡言異端不必攻者，皆是爲異端游説反間。孟子謂：「能言距楊墨者，聖人之徒也。」不必便能距楊墨，但能説距楊墨亦是聖人之徒。淳。

賀孫[一五三]問：「『攻乎異端，斯害也已』，集注云：[一五四]『佛氏之言近理，所以害甚於楊墨。』有[一五五]來爲我疑於義，兼愛疑於仁，其禍已不勝言。佛氏如何又却甚焉？」曰：「楊墨只是硬恁地做。佛氏最有精微動得人處，本朝許多極好人無不陷焉。」如李文靖、王文正、謝上蔡、楊龜山、游先生諸人。賀孫。

問：「『攻乎異端』章，〔一五六〕集注何以言佛而不言老？」曰：「老便只是楊氏。人嘗以孟子當時只闢楊墨，不闢老，不知闢楊便是闢老。如後世有隱遯長往而不來者，皆是老之流。他本不是學老，只是自執所見，與此相似。」淳。

葉賀孫〔一五七〕問：「『攻乎異端』，〔一五八〕先生〔一五九〕只説釋氏，不説楊墨，如何？」曰：「楊墨爲我、兼愛，做出來也淡而不能惑人。只爲釋氏最能惑人。初見他説出來自有道理，從他説〔一六〇〕愈是害人。」辛。〔一六一〕

「攻乎異端。」先生曰：「楊氏爲我，『拔一毛而利天下不爲』；墨氏兼愛，至不知有父。如此等事，世人見他無道理，自不行去〔一六二〕。只如墨者夷之厚葬，自打不過，緣無道理，自是行不得。若佛氏則近理，所以惑人。此事難説，觀其書可見。」明作。

「攻乎異端。」〔一六三〕呂氏曰：「君子反經而已矣，經正斯無邪慝。今惡乎異端，而以力攻之，適足以自蔽而已。」説得甚好，但添得意思多了，不敢保是聖人之意。分明是〔一六四〕以力攻之，理會他底未得，枉費了心力，〔一六五〕便將己業都荒了。淳。〔一六六〕

## 子曰〔一六七〕由誨汝知之章

問「知之爲知之」。先生曰：「子路氣象粗疏，不能隨事精察；或有不合於己，雖於夫子亦艴然，如曰[一六八]『子之迂也』之類，故夫子告之以此。」雉。

或問「誨汝知之乎」一[一六九]章。曰：「惟程伊川[一七〇]便説得盡，別人只説得一邊。『知之爲知之，不知爲不知』，則無自欺之蔽，其知固自明矣。若不説求其知一節[一七一]著，則是使人安於其所不知也。故程子又説出此意，其説方完，上不失於自欺，下不失於自勉。」廣。

徐問：「『知之爲知之』三句，[一七二]上蔡之説如何？」先生曰：「上蔡説未是，其説求爲過高。要之，聖人之言只是説緊切底事。只爲今人知之以爲知，將那不知者亦説爲知，終至於知與不知都無界限了。若人能於其知者以爲知，於不知者以爲不知，而不强以爲知，此便是知了。只爲子路性勇，怕他把不知者亦説是知，故爲他説如此。」辛。[一七三]

## 子張學干禄章

戴智老説「子張[一七四]干禄」章。先生曰：「『多聞』、『多見』二字，人多輕説過了，將以爲偶然多聞多見耳。殊不知此正是合用功處，聖人爲[一七五]以爲『好古敏而[一七六]求之』。」又曰：「『多聞，擇其善者[一七七]從之，多見而識之』，皆欲求其多也。不然則聞見孤寡，不足以爲學矣。」時舉。

問「多聞」。曰：「聞，只是聞人説底，己亦未理會得。」問：「知，有聞見之知否？」曰：「知，只是一樣知，但有真有[一七八]不真，争這些子，不是後來又別[一七九]一項知。所知亦只是這

個事，如君主〔一八〇〕於仁、臣止於敬之類。人都知得如〔一八一〕此，只後來便是真知。」〔一八二〕

讀「多聞，擇其善者而從之」一章，云：〔一八三〕「聞見亦是互相發明，如『子張〔一八四〕學干祿』一〔一八五〕章言『多聞闕疑，謹言其餘；多見闕殆，謹行其餘』。聞固是主於言，見固是主於行，然亦有聞而行者，見而言者，不可泥而看也。」時舉。

問「干祿」章「聞見」字義。曰：「聞，是聞人之言也；見，是見人之行也。聞，亦屬自家言處；見，亦屬自家做處。聞見當闕其疑殆，而又勿易言易行之。」問：「聞見因書得之，則又何別？」曰：「見古人說底話是聞，古人做底事而欲學了〔一八六〕是見，如舜之孝是也。然就『克己復禮』論之，則看孔子所言是聞，只自家欲循此而爲仁義〔一八七〕便是見。此非本文大義，然必欲區別聞見則然。」問：「此答干祿之語，意類『好色』之對乎？」曰：「不干事。孔子不教他干，但云得祿之道在其中，正是欲抹殺了他『干』字。若『太王好貨好色』等語，便欲比之孔子，便做病了，便見聖賢之分處。」一之。

林叔恭問：「多聞如何闕疑，多見如何闕殆？」曰：「若不多聞也無緣見得疑，若不多見也無緣見得殆。江西諸人纔聞得一說便把做了，看有甚麽話更入不得？亦如何有疑殆？到他說此一章，却云，子張平日專務多聞多見，故夫子告以闕疑，是不欲其多聞多見，此是甚說話！且如一件事，一人如此說，自家見未得。二人如此說，自家也見未得。須是大家都說出來，這裏方見得果是如何。這裏方可以將衆多之説相磨擦，這裏方見得疑殆分明。」賀孫。

或問「尤自外至，悔自内出」。曰：「出言或至傷人，故多尤；行有不至，己必先覺，故多悔。然此亦以其多少言之耳。言而多尤，豈不自悔！〔一八八〕亦必至於傷人矣。」廣。

多聞、闕疑、謹言，三件事。〔一八九〕

徐問「子張學干禄」一章。〔一九〇〕先生曰：「此是三截事：若人少聞寡見，則不能參考得是處，故聞見須要多。若聞見已多而不能闕〔一九一〕疑殆，則胡亂把不是底也將來做是了。既闕其疑殆而又未能謹其餘，則必有尤悔。」又問：「尤、悔如何分？尤莫是見尤於人否？」先生曰：「是。大凡言不謹則必見尤於人，人既有尤，自家安得無悔？行不謹則必有悔於己〔一九二〕，己既有悔，則人安得不見尤？此只是各將較重處對説。」又問：「『禄在其中矣』，只此便可以得禄否？」先生曰：「雖不求禄，若能無悔尤，此自有得禄道理。若曰『耕也餒在其中矣』，耕本求飽，豈是求餒？然耕却有水旱凶荒之虞，則有時而餒。學本爲道，豈是求禄？然學既寡尤悔，則自可以得禄。如言『直在其中矣』，『父爲子隱，子爲父隱』本不是直，然父子之道却要如此乃是直。凡言『在其中矣』者，道理皆如此。」又問：「『子張學干禄』，〔一九三〕聖人雖不教人以求禄，〔一九四〕而〔一九五〕又曰『禄在其中』，如何？」先生曰：「聖人教人只是教人先謹言行，却把他那禄不做大事看。須是體量得輕重始得。」辛。〔一九六〕

先生曰：「學者爲學，未問真知與力行，且要收拾此心有個放處收斂，都在義理上安頓，無許多胡思亂想，則久而於物慾上自輕，於義理上自重。須是教義理心重於物慾，則見義理必端的，自有欲罷不能之意，其於物慾自無暇及之矣。苟操舍存亡間無所主宰，縱説得亦何益？」又曰：〔一九七〕「『子張學干禄』一章是教人不以干禄爲意。蓋言行所當謹，非爲欲干禄而然也。若真能着實用功，則惟患言行之有悔尤，何暇有干禄之心邪！」銖。

問：「子張在聖門，忽然學干禄。聖人但告之以謹其言行。」「其間工夫有許多節次。始也須用博學，就其中又須闕其聞見之疑殆者，擇其可言可行者，既得其要約處，又須謹慎，不可輕發。須是將前言往行精要處做自家底涵養純熟後，却發出來，自然一一中理然，外不得罪於人，内自不悔於心。若是工夫未到此，方汲汲自修之不暇，何暇外慕？〔一九八〕『若能〔一九九〕修天爵而人爵自至』，説得重了。此章〔二〇〇〕重處只在言行，若言行能謹，便自帶得禄來。〔二〇一〕凡言在其中者，皆不求〔二〇二〕而自至之辭。如耕，本是求飽，却言『餒在其中』；父子相爲隱，直却在其中。將此等語思量便見。〔二〇三〕」又云：〔二〇四〕「前面也説得深了。聖人本意在謹言行，又不可徒謹。用博，〔二〇五〕又須闕其疑而未信者〔二〇六〕、殆而未安者，便將其餘信而安者做一處，謹言而謹行之，謂其察得可言與可行也。」〔二〇七〕

學固不爲謀禄，然未必不得禄；如耕固不求餒，然未必得食。雖是如此，然君子之心却只

見道不見禄。如「先難後獲」，「正義不謀利」，睹常[二〇八]不到那裏。閎祖。[二〇九]

子張學干禄，夫子答之者：聞主言，見主事，尤是「罪自外至」，悔是「理自内出」。凡事不要到悔時，悔時已錯了。「禄在其中」，凡言在其中，皆是不求而自至之意。父子相隱本非直，而「直在其中」。如耕本要飽，然有水旱之變，便有「餒在中」[二一〇]。學本是要立身，不是要干禄，然言行能謹，人自見知，便有得禄之道。大概是他自理會身己上事，不要先萌利禄之心。又云：「若人見得道理分明，便不爲利禄動。」明作。

鄭文振問：「『子張學干禄』子曰云云，『禄在其中矣』，此莫是『修其天爵而人爵自至』底意思否？」先生曰：「如此説便説得特地了，聖人之意只教他謹言行，因帶着禄説，凡言『在其中』者，皆不期自至之辭。」時舉。僩同。[二一一]

## 哀公問何爲則民服章

「『舉直錯諸[二一二]枉』，集注謂『大居敬而貴窮理』。」先生云：「若不居敬，如何窮理？不窮理，如何識人爲舉直錯枉之本？」又云：「最要[二一三]見得是與不是，方有下手處。如今人都不見得是非，分別不出。」又曰：「須是居敬、窮理，自做工夫，[二一四]方能照得人破。若心不在焉，則視之而不見，聽之而不聞，以枉爲直，以直爲枉矣！」明作。[二一五]

問：「哀公問『何爲則民服』，往往只是要得人畏服他。聖人却告之以進賢退不肖，乃是治國之大本，而人心自服者。蓋好賢而惡不肖，乃人之正性；若舉錯得義則人心豈有不服。謝氏又謂『若無道以照之，則以直而[二一六]枉，以枉爲直矣，君子[二一七]大居敬而貴窮理』，此又極本原而言。若人君無知人之明，則枉直交錯，而舉錯未必得宜矣。」先生曰：「説得分明。」

## 季康子問使民敬忠以勸章

問：「『孝慈則忠』，何以能使之忠也？」曰：「孝以率之，慈以結之，所以使之忠也。」問：「孝慈主父子而言，可乎？」曰：「如此安能便使之忠也！此『慈』字兼内外而言。若大學『齊家』章，孝慈乃主父子而言也。」

孝於親是做個樣子，慈於衆則推此意以及人，兼此二者方能使民忠[二一八]。若徒孝於親而不能推及於衆，若徒慈於衆而無孝親底樣子，都不得。明作。

孝是以身率之，慈是以恩結之。善者固可舉，若不能者遽刑之、罰之，則彼何由勸。舉善於前而教不能於後，則是誘引之使趨於善也，是以勸。夔孫。

問：「『季康子問使民敬忠以勸』，[二一九]是[二二〇]康子之意必要使民能如此。聖人但告之以己所當爲而民自應者。在我者容貌端莊以臨其民，則民自敬於我；在我者孝於親、慈於衆，則民必忠於我；善者我則舉之，不善者我則教之，則民自有所勸而樂於爲善。〔二二二〕方其端莊孝慈，舉善教不能，不是要民如此而後爲。做得自己工夫，則民不期然而然者。」先生云：「也是如此。」

## 或問子奚不爲政章

問：「『施於有政』，是使一家人皆孝友否？」曰：「『刑于寡妻，至于兄弟，以御于家邦』，是也。政，一家之事也，固不止是使之皆孝友耳。然孝友爲之本也。」一之。

「推廣此心，以爲一家之政」，便是齊家。緣下面有一個「是亦爲政」，故不是國政。又云：「在我者孝則人皆知孝，在我者弟則人皆知弟，其政豈不行於一家？」明作。

又問：「或人問夫子何故不仕，夫子告以書所以謂『孝友于兄弟』、『施於有政』，蓋謂人若能孝於親、友於兄弟，推此心以爲一家之政，則是亦爲政矣。何必在位而後爲政？此蓋夫子難以不仕之意告或人，故托以告之。然使夫子得時得位，其爲政之本也只就人倫上做將去。」先生云：「文振看文義看得好，更宜涵泳。」〔二二三〕又問：「子張問『十世可知』之章，聖人告以百世可知之理。蓋三綱五常是自然之理，自天子以至于庶人所恃以有立者，不可一日而廢。夏商周相繼，只得因而行之，不敢少變。若其文章制度行之既久，其間須有少過不及處，不得不隨時損益。初無害於禮之大體，皆是已然之迹，可得而知之。若以推之，自今以往，雖百世之遠，所因所革，亦不外是，皆可得而前知也。」〔二二三〕先生云：「三綱五常，雖衰亂大無道之世亦即在。世〔二二四〕如繼周者秦，是大無道之世。畢竟是始皇爲君，李斯等爲臣；始皇爲父，胡亥爲子。三綱五常地位占得大了，便是損益亦不多。至秦欲尊君，便至不可仰望；抑臣，使臣〔二二五〕十分卑屈。此段地〔二二六〕在『因』字，損益只些子。」

## 子曰〔二二七〕人而無信章

問「人而無信，不知其可也」。先生曰：「人而無真實誠心，則所言皆妄，今日所言要往東，明日走在西去，這便是言不可行。」卓。

問：「『人而無信』章，〔二二八〕先生但謂『車無此二者則不可以行，人而無信亦猶是也』，而不及無信之所以不可行，何也？」曰：「人若無信，語言無實，何處行得？處家則不可行於家，處鄉黨則不可行於鄉黨。」曰：「此則〔二二九〕與『言不忠信，雖州里行乎哉』之意同爾。」曰：「然。」廣。

## 子張問十世可知章

行夫問三統。答曰：「諸儒〔二三〇〕之説爲無據。某看只是當天地肇判之初，天始開，當子位，故以子爲天正；其次地始闢，當丑位，故以丑爲地正；惟人最後方生，當寅位，故以寅爲人正。即邵康節十二會之説。當寅位則有所謂開物，當戌位則有所謂閉物。閉物，便是天地之間都無了。看他説，便須天地翻轉數十萬年。」賀孫。〔二三一〕

問：「子、丑、寅之建正如何？」曰：「此是三陽之月。若秦用亥爲正，直是無謂。大抵三代更易，須着如此改易一番。」又問：「忠、質、文，本漢儒之論。今伊川亦用其説，如何？」曰：「亦有此理。忠是忠樸，君臣之間一味忠樸而已。纔説質，便與文對矣。」又問「五運」之説。曰：「本起於五行。萬物離不得五行，五運之説亦有理。如三代已前事，經書所不載者甚多。」又問：「五運之説，不知取相生否〔二三二〕？相克否〔二三三〕？」曰：「取相生。」又問：「漢承秦水德之後，而以火德繼之，是如何？」先生曰：「或謂秦是閏位。然事亦有適然相符合者。如我太祖以歸德軍節度即位，即是商丘之地，此火德之符也，事與高祖赤帝子一般。」祖道。謨同。〔二三四〕

忠、質、文。忠只是樸實頭白直做將去，質則漸有形質制度而未及於文采，文則就制度上事事加文采。然亦天下之勢自有此三者，非聖人欲尚忠、尚質、尚文也。夏不得不忠，商不得不質，周不得不文。彼時亦無此名字，後人見得如此，故命此名。僩。〔二三五〕

致道問：「夫子繼周而作，則忠、質損益之宜如何？」曰：「孔子有作，則併將前代忠、質而爲之損益，却不似商只損益得夏，周只損益得二代。」又問：「孔子監前代而損益之，及其終也，能無弊否？」曰：「惡能無弊！」賀孫。

賀孫[二三六]問：「其所闕者宜益，其所多者宜損，固事勢之必然。但聖人於此處得恰好，其他人則損益過差了。」曰：「聖人便措置一一中理。如周末文極盛，故秦興必降殺了。周恁地柔弱，故秦必變爲强戾；周恁地纖悉周緻，故秦興一向簡易無情、直情徑行，皆事勢之必變，但秦變得過了。秦既恁地暴虐，漢興定是寬大，故云『獨沛公素寬大長者』。秦既鑒封建之弊改爲郡縣，雖其宗族，一齊削弱。至漢遂大封同姓，莫不過制。賈誼已慮其害，晁錯遂削一番，主父偃遂以誼之説施之武帝諸侯王，只管削弱。自武帝以下直至魏末，無非剗削宗室，至此可謂極矣。晉武起，盡用宗室，皆是因其事勢，不得不然。」賀孫問：「本朝大勢是如何？」曰：「本朝監五代，藩鎮之弊遂盡削，[二三七]藩鎮兵也收了，賞罰刑政一切都收了。然朔[二三八]郡一齊困弱，靖康之禍，寇盜所過莫不潰散，亦是失斟酌所致。又如熙寧變法，亦是當苟且惰弛之餘，勢有不容已者，但變之自不中道。」賀孫。

叔蒙問十世所因損益。曰：「綱常千萬年磨滅不得。只是盛衰消長之勢自不可已，盛了又衰，衰了又盛，其勢如此。聖人出來，亦只是就這上損其餘，益其不足。聖人做得來自是恰好，不到有悔憾處。三代以下做來不恰好，定有悔憾。雖做得不盡善，要亦有[二三九]損益前人底。雖是人謀，要是大勢不得不出此。但這綱常自要壞滅不得，世間自是有父子，有上下。羔羊跪乳，便有父子；螻蟻統屬，便有君臣；或居先，或居後，便有兄弟；犬馬牛羊成群連隊，便有朋友。始皇爲父，胡亥爲子；扶蘇爲兄，胡亥爲弟。這個也泯滅不得。」器之問：「三代損益，如衣服、器用、制度，損益却不妨。如正朔是天時之常，却要改，如何？」先生曰：「一番新民觀聽合如此。如新知縣到任便變易號令一番，住持入院改换行者名次相似。」

所因之禮是天做底，萬世不可易；所損益之禮是人做底，故隨時更變。燾。

所因，謂大體；所損益，謂文爲制度。那大體是變不得底。〔二四〇〕義剛。

問「子張問十世可知也」。先生云：〔二四一〕「此一章『因』字最重。所謂損益者亦是要扶持個三綱五常而已。如秦之繼周，雖損益有所不當，然三綱五常終變不得。君臣依舊是君臣，父子依舊是父子，只是安頓得不好爾。聖人所謂可知者，亦只是知其相因者也。譬〔二四二〕如四時之運，春後必當是夏，夏後必當是秋，其間雖寒暑不能無繆戾，然四時之運終改不得也。」因舉〔二四三〕康節詩云：「『千世萬世，中原有人』，與〔二四四〕此意合。」時舉。此條「論秦」與上「孝友」章一條同，凡條載兩章者，不敢離爲二，後放此。〔二四五〕

「子張問：『十世可知也？』子曰：『殷因於夏禮，所損益可知也；周因於殷禮，所損益可知也；其或繼周者，雖百世可知也。』」先生曰：〔二四六〕「這一段，諸先生説得『損益』字，不知更有個『因』字不曾説。『因』字最重。程先生也只衮説將去。三代之禮大概都相因了，所損也只損得這些個，所益也只益得這些個，此所以『百世可知』也。且如秦最是不善繼周，酷虐無比，然而所因之禮，如三綱五常，竟滅不得。」因舉馬氏古注曰：[二四七]「『所因，謂三綱五常；損益，謂質文三統。』此説極好。」榦。

「繼周百世可知。」秦，繼周者也，安得爲可知？然君臣父子夫婦依舊，只是在[二四八]不能盡其道爾。淳。

先生謂：「『繼周百世可知』，諸公看繼周者是秦，果如夫子之言否？」皆對以爲秦不能繼周，故所因所革皆不可考。先生曰：「若説秦不能繼周，則夫子之言不是始得。夫子分明説『百世可知』。看秦將先王之法一切掃除了，然而所謂三綱五常，這個不曾泯滅得。如尊君卑臣，損周室君弱臣强之弊，這自是有君臣之禮。如立法説父子、兄弟同室内息者皆有禁之類，這自是有父子、兄弟、夫婦之禮。天地之常經，自商繼夏、周繼商、秦繼周以後，皆變這個不得。秦之所謂損益，亦只[二四九]見得周末許多煩文縟禮如此，故直要損其太過，益其欠處，只是損益太甚者[二五〇]。然亦是事勢合到這裏，要做個直截世界，做個没人情底所爲。你纔犯我法便死，更不有許多勞勞攘攘。如議親、議賢、議能、議功之類，皆不消如此，只是白直做去，他亦只爲苟簡自便討[二五一]。到得漢興，雖未盡變亡秦之政，如高文之寬仁恭儉，皆是因秦之苛刻驕侈而損益其意也。大綱恁地寬厚，到後便易得廢弛，便有强臣篡奪之禍。故光武起來，又損益前漢[二五二]之制，事權歸上，而激厲士大夫以廉耻。」賀孫。

## 子曰〔二五三〕非其鬼而祭之章

「非其鬼而祭之」，如天子祭天地，諸侯祭山川，大夫祭五祀，庶人祭其先，上得以兼乎下，下不得以兼乎上也。庶人而祭五祀，大夫而祭山川，諸侯而祭天地，此所謂「非其鬼」也。僩。

問：「『非其鬼而祭之，諂也〔二五四〕』，如諸侯僭天子、大夫僭諸侯之類。又如士庶祭其旁親遠族，亦是非其鬼否？」曰：「是。又如今人祭甚麽廟神，都是非其鬼。」問：「如用僧尼道士之屬，都是非其鬼。」曰：「亦是。」問：「祭旁親遠族不當祭者〔二五五〕，無後者則如之何？」曰：「這若無人祭，只得爲他祭。自古無後者合當祭於宗子之家，今何處討宗子？看古禮今無存者，要一一行之也難。」賀孫。

賀孫〔二五六〕問：「『見義不爲無勇』，莫是連上章意否？」曰：「不須連上〔二五七〕。自說凡事見得是義，便着做，不獨說祭祀也。」賀孫。

子善問「見義不爲無勇也」。曰：「此且〔二五八〕說眼前事。若見得合做底事，且須勇決行之。若論本原上看，則只是知未至。若知至，則當做底事自然做將去。」恪。〔二五九〕

子善問：「『見義不爲無勇』，這亦不爲無所見，但爲之不力，所以爲無勇也。」曰：「固是見得。見[二六〇]義而爲之不力，然也是[二六一]見得未分明。若已見得分明，則行之自有力。這般處着兩下並看：就『見義不爲』上看，固見得知之而不能爲；若從源頭上看下來，乃是知之未至，所以爲之不力。」賀孫。[二六二]

## 【校勘記】

［一］子曰吾與回言終日不違如愚章　成化本爲「吾與回言章」。
［二］落　成化本此下有「却如何省」。
［三］處　成化本此下有「方有可省處」。
［四］謂　成化本此上有「私不專在無人獨處之地」。
［五］之　成化本無。
［六］到得　成化本無。
［七］祖道　成化本無。
［八］自　成化本無。
［九］成化本此下有「者」。

〔一〇〕祖道曰……然却不是如此看　成化本無。
〔一一〕顔回　成化本無。
〔一二〕明　成化本無。
〔一三〕禮　成化本爲「禮上」。
〔一四〕他　成化本爲「他真個見得」。
〔一五〕又　成化本無。
〔一六〕吾與回言一段　成化本無。
〔一七〕得　成化本無。
〔一八〕成化本此下注有「南升」。
〔一九〕未　成化本此上有「化」。
〔二〇〕知看　成化本爲「却有」。
〔二一〕之學　成化本無。
〔二二〕越　朱本作「過」。
〔二三〕其　成化本無。
〔二四〕有　成化本無。
〔二五〕萬象　成化本爲「萬變」。

〔二六〕回也不違如愚章先生曰説默識心融　成化本爲「默識心融」。
〔二七〕融　成化本無。
〔二八〕成化本此下注曰：「以下諸説。」
〔二九〕之　成化本無。
〔三〇〕且　成化本爲「且如」。
〔三一〕子曰　成化本無。
〔三二〕淳　成化本無。
〔三三〕他看　成化本爲「看他」。
〔三四〕爲利　成化本爲「爲利者」。
〔三五〕成化本此下注有「集注」。
〔三六〕是晚　成化本無。
〔三七〕視其　成化本無。
〔三八〕且　朱本作「目」。
〔三九〕觀其所由　成化本無。
〔四〇〕然　朱本作「爲」。
〔四一〕云　成化本爲「又云」。

〔四二〕成化本此下注有「南升」。

〔四三〕問　成化本爲「文振問」。

〔四四〕成化本此下注曰：「義剛録云：『觀人固是如此，觀己亦當如此。』」

〔四五〕此條李儒用録成化本無，但卷二十四載萬人傑録曰：李仲實問：「『視其所以』者，善者爲君子，惡者爲小人。知其小人，不必論也。所由、所安，亦以觀察君子之爲善者否？」曰：「譬如淘米：其糠與沙，其始也固淘去之矣。再三淘之，恐有未盡去之沙粃耳。」

〔四六〕他　成化本無。

〔四七〕是　成化本無。

〔四八〕子曰視其所以……人焉廋哉　成化本無。

〔四九〕非　成化本作「非是」。

〔五〇〕自　成化本作「目」。

〔五一〕成化本此下注有「集義」。

〔五二〕賀孫　成化本無。

〔五三〕子曰　成化本無。

〔五四〕只　成化本無。

〔五五〕學　成化本作「與」。

［五六］成化本此下注有「集注」。
［五七］先生問文振更看甚處……故可以爲師　成化本爲「問温故知新」。
［五八］成化本此下注「南升」。
［五九］論語　成化本無。
［六〇］此以知新爲重　成化本爲「此處知新是重」。
［六一］此以温故爲重　成化本爲「乃是温故重」。
［六二］各　成化本作「自」。
［六三］是　成化本無。
［六四］是　成化本無。
［六五］重　成化本此下有「又曰：温故而不知新，一句只是一句了」。
［六六］賜　成化本作「夔孫」。
［六七］問　成化本爲「仁父問」。
［六八］説　成化本作「記」。
［六九］不是説孔孟　成化本爲「不説是孔子」。
［七〇］儘　成化本作「精」。
［七一］其善而莫之違也不亦善乎　成化本無。

〔七二〕恰　成化本爲「恰如」。
〔七三〕子曰　成化本無。
〔七四〕又　成化本作「只」。
〔七五〕便如　成化本爲「如便」。
〔七六〕言語　成化本爲「言語闊」。
〔七七〕成化本此下注有「集義」。
〔七八〕子曰　成化本無。
〔七九〕是　成化本此下有「就」。
〔八〇〕用　成化本此下注曰：「夔孫録云：『體無不備，用無不周，次於聖人者也。』」
〔八一〕南升　成化本爲「人傑」。
〔八二〕李儒用録同而少異……用不若聖人之妙耳　成化本無。
〔八三〕子曰　成化本無。
〔八四〕他　成化本無。
〔八五〕於　成化本作「有」。
〔八六〕子游子夏　成化本爲「子夏子游」。
〔八七〕成化本此下注有「集義」。

〔八八〕君子不器　成化本無。
〔八九〕推　成化本作「器」。
〔九〇〕者　成化本作「若」。
〔九一〕言　成化本爲「所言」。
〔九二〕處　成化本此下有「主意」。
〔九三〕此　成化本無。
〔九四〕辛　成化本無。
〔九五〕二　成化本爲「南升」。
〔九六〕子曰　成化本無。
〔九七〕子曰君子周而不比小人比而不周　成化本無。
〔九八〕問周而不比　成化本無。
〔九九〕是　成化本無。
〔一〇〇〕一　成化本無。
〔一〇一〕成化本此下注曰：「按『忠信爲周』，他録别有定説。」
〔一〇二〕君子周而不比小人比而不周　成化本作「比周」。
〔一〇三〕同　成化本爲「周普」。

［一〇四］明作　成化本作「明」。
［一〇五］君子周而不比小人比而不周　成化本爲「比周」。
［一〇六］成化本此下注有「集注」。
［一〇七］君子　成化本無。
［一〇八］之　成化本此下有「謂」。
［一〇九］之中　成化本無。
［一一〇］豈是不周　王本爲「豈不是周」。
［一一一］君子周而不比小人比而不周　成化本爲「比周」。
［一一二］君子　成化本無。
［一一三］小人　成化本無。
［一一四］辛　成化本爲「集義」。
［一一五］君子周而不比……而不能周遍　成化本爲「比周」。
［一一六］先生又云　成化本無。
［一一七］成化本此下注有「南升」。
［一一八］節　成化本無。
［一一九］君子周而不比　成化本無。

〔一二〇〕下　成化本無。

〔一二一〕恪　成化本無。

〔一二二〕君子周而不比小人比而不周　成化本爲「比周」。

〔一二三〕集　成化本無。

〔一二四〕須看箴曰哲人　成化本爲「須着如此方得」。

〔一二五〕季札　成化本作「恪」。

〔一二六〕周而不比　成化本無。

〔一二七〕子曰　成化本無。

〔一二八〕主知　成化本爲「主於知」。

〔一二九〕人　成化本無。

〔一三〇〕去　成化本作「不」。

〔一三一〕所學底事　成化本爲「問學是學其事思是思其理否曰思只是思所學底事」。

〔一三二〕做　成化本無。

〔一三三〕學而不思　成化本無。

〔一三四〕是　成化本作「思」。

〔一三五〕徐問學而不思則罔思而不學則殆先生曰　成化本無。

〔一三六〕辛　成化本無。

〔一三七〕問學思曰　成化本無。

〔一三八〕成化本此下注有「植」。

〔一三九〕問學而不思則罔……但中明説事迹處似開了　成化本無。

〔一四〇〕成化本此下注有「南升」。

〔一四一〕問　成化本爲「或問」。

〔一四二〕下　成化本無。

〔一四三〕又　成化本無。

〔一四四〕學而不思思而不學一章本文只説學與思　成化本無。

〔一四五〕子曰學而不思則罔思而不學則殆　成化本作「問」。

〔一四六〕謝　成化本爲「謝氏」。

〔一四七〕也　成化本無。

〔一四八〕成化本此下注有「集義」。

〔一四九〕子曰　成化本無。

〔一五〇〕子曰攻乎異端斯害也已　成化本無。

〔一五一〕只合作攻治之攻　成化本無。

〔一五二〕便　成化本無。

〔一五三〕賀孫　成化本無。

〔一五四〕攻乎異端斯害也已集注云　成化本爲「程子曰」。

〔一五五〕有　王本作「看」。

〔一五六〕攻乎異端章　成化本無。

〔一五七〕葉賀孫　成化本爲「味道」。

〔一五八〕攻乎異端　成化本無。

〔一五九〕先生　成化本無。

〔一六〇〕説　成化本此下有「愈深」。

〔一六一〕辛　成化本無。

〔一六二〕行去　成化本爲「去學他」。

〔一六三〕攻乎異端　成化本無。

〔一六四〕分明是　成化本爲「聖人之意分明只是」。

〔一六五〕枉費了心力　成化本爲「枉費力」。

〔一六六〕成化本此下注有「集義」。

〔一六七〕子曰　成化本無。

[一六八] 曰　成化本無。
[一六九] 一　成化本無。
[一七〇] 程　成化本無。
[一七一] 節　成化本無。
[一七二] 知之爲知之三句　成化本無。
[一七三] 辛　成化本無。
[一七四] 子張　成化本無。
[一七五] 爲　成化本作「所」。
[一七六] 而　成化本作「以」。
[一七七] 者　成化本此下有「而」。
[一七八] 有　成化本無。
[一七九] 别　成化本爲「别有」。
[一八〇] 主　成化本作「止」。
[一八一] 如　成化本無。
[一八二] 成化本此下注有「淳」，且此條載於卷三十四。
[一八三] 讀多聞擇其善者而從之一章云　成化本無。

〔一八四〕子張　成化本無。
〔一八五〕一　成化本無。
〔一八六〕古人做底事而欲學了　成化本爲「見古人做底事而欲學之」。
〔一八七〕義　成化本無。
〔一八八〕悔　成化本此下有「行而多悔」。
〔一八九〕成化本此下注有「節」。
〔一九〇〕徐問子張學干禄一章　成化本爲「徐問學干禄章」。
〔一九一〕聞　成化本作「闕」。
〔一九二〕則必有悔於己　成化本爲「則己必有悔」。
〔一九三〕子張學干禄　成化本無。
〔一九四〕人雖不教人以求禄　成化本爲「人不教人求禄」。
〔一九五〕而　成化本無。
〔一九六〕辛　成化本無。
〔一九七〕先生曰學者爲學……又曰　成化本無。
〔一九八〕其間工夫有許多節次……何暇外慕　成化本爲「便是修其天爵而人爵自至」。
〔一九九〕若能　成化本作「曰」。

［二〇〇］章　成化本作「意」。

［二〇一］來　成化本此下注曰：「時舉録作：『聖人之心，只教他謹言行，因帶禄説。』」

［二〇二］求　成化本此下注曰：「或作『期』。」

［二〇三］將此等語思量便見　成化本無。

［二〇四］云　成化本作「爲」。

［二〇五］用博　成化本爲「須用博學」。

［二〇六］者　成化本無。

［二〇七］成化本此下注曰：「南升。時舉録小異。」

［二〇八］睹常　成化本爲「睹當」。

［二〇九］此條閎祖録成化本載於卷四十五。

［二一〇］中　成化本爲「其中」。

［二一一］此條時舉録成化本無。

［二一二］諸　成化本無。

［二一三］最要　成化本爲「人最要」。

［二一四］成化本此下注曰：「銖録云：『此是自修工夫。』」

［二一五］成化本此下注有「銖同」。

〔二一六〕而　成化本作「爲」。

〔二一七〕君子　成化本爲「此君子」。

〔二一八〕忠　成化本此下有「於己」。

〔二一九〕季康子問使民敬忠以勸　成化本無。

〔二二〇〕是　成化本無。

〔二二一〕在我者容貌端莊以臨其民……則民自有所勸而樂於爲善　成化本無。

〔二二二〕又問或人問夫子何故不仕……更宜涵泳　成化本無。

〔二二三〕又問子張問十世可知之章……皆可得而前知也　成化本爲「問十世可知」。

〔二二四〕世　成化本作「且」。

〔二二五〕使臣　成化本作「便至」。

〔二二六〕地　成化本作「重」。

〔二二七〕子曰　成化本無。

〔二二八〕人而無信章　成化本無。

〔二二九〕則　成化本無。

〔二三〇〕儒　底本闕，據成化本補。

〔二三一〕賀孫　成化本無。

［二三二］否　成化本無。

［二三三］否　成化本無。

［二三四］祖道謨同　成化本爲「去僞」。

［二三五］成化本此下注曰：「以下集注。」

［二三六］賀孫　成化本無。

［二三七］藩鎮之弊遂盡削　成化本無。

［二三八］朔　成化本作「州」。

［二三九］有　成化本作「是」。

［二四〇］底　成化本此下有「雖如秦之絶滅先王禮法，然依舊有君臣、有父子、有夫婦，依舊廢這個不得」。

［二四一］問子張問十世可知也先生云　成化本無。

［二四二］譬　成化本無。

［二四三］因舉　成化本無。

［二四四］與　成化本爲「正與」。

［二四五］此條論秦……後放此　成化本無。

［二四六］子張問十世可知也……先生曰　成化本無。

［二四七］因舉馬氏古注曰　成化本爲「馬氏注」。

〔二四八〕只是在　成化本爲「在只是」，「在」連上讀。
〔二四九〕只　成化本無。
〔二五〇〕者　成化本無。
〔二五一〕討　成化本作「計」。
〔二五二〕前漢　成化本爲「前後」。
〔二五三〕子曰　成化本無。
〔二五四〕諂也　成化本無。
〔二五五〕者　成化本作「若」，連下讀。
〔二五六〕賀孫　成化本無。
〔二五七〕上　成化本爲「上句」。
〔二五八〕且　朱本作「直」。
〔二五九〕此條恪録成化本無。
〔二六〇〕見　成化本作「是」。
〔二六一〕是　成化本此下有「先時」。
〔二六二〕成化本此下注曰：「恪録別出。」蓋因上條恪録成化本無，故於此注明另有恪録與此條賀孫録内容相似。

# 晦庵先生朱文公語類卷第二十五

## 論語七

### 八佾篇

#### 孔子謂季氏章

季氏八佾止是添人多數[一]，未有明文，故夫子就其事責之。若三家雍徹則分明歌天子之詩，故夫子引其詩以曉之。人傑。

孔子謂季氏八佾舞於庭。爲人臣子者，只有一個尊君敬上之心，方能自安其分而不忍少萌一毫僭差之意，乃是天倫之正。今季氏以陪臣而僭天子之佾尚忍爲之，則是已絶滅天理。雖悖逆倫亂之事，亦必忍爲之矣。[二]

問：「是可忍也，孰不可忍也！」先生云：「季氏初心也須知其爲不安，然見這八佾人數熱鬭，便自忍而用之。這便是遏絶天理，失其初心也。」時舉。

子升兄問[三]：「『季氏舞八佾』章，[四]集注中[五]兩説不同。」曰：「如今亦未見聖人之言端的是如何。如後説之意亦自當存，蓋只此便是天理發處。聖人言語固是旨意歸一。後人看得有未端的處，大率意義長者録在前，有當知而未甚穩者録在後。如『放於利而行多怨』，或者又説求利而不得，則自多怨天尤人。此意亦自是，但以章旨觀之，人怨之説爲分曉，故只從一説。」木之。

居父問：「『是可忍也』，後説恐未安。聖人氣象似不如此暴露。」曰：「前日見趙子欽亦疑此，亦是。但聖人亦自有大段叵耐人處。孔子[六]作春秋，是大段叵[七]耐忍不得處。」賀孫。

## 三家者以雍徹章

天子宗廟之祭，歌雍詩以徹其俎令，三家亦歌此以祭，聖人但舉雍詩之辭以譏之曰：「汝之祭亦有諸侯之助乎？亦有天子穆穆深遠之容乎？既無此事，奚用此義？」此見三家全懵然不曉義理，而妄爲僭竊之事。[八]

問「三家者以雍徹」。先生云：「這個自是不當用，更無可疑。」又[九]問：「是成王賜周公在[一〇]？」先生曰：「便是成王賜周公，也是成王不是。若武王賜之，也是武王不是。公便[一一]

是成王賜，便不敢道是[一二]不是了？雍詩自是武王之樂，餘人自是用他不得。武王已自用不得了，何況更用之於他人。」卓。

「三家者以雍徹。子曰：『相維辟公，天子穆穆。奚取於三家之堂？』」[一三]問：「范氏以成王賜魯以天子禮樂，惟用以祀周公於太廟，非使魯君亦得以用之也。不如伊川斷然便道成王不當賜，伯禽不當受。」先生曰：「然。范先生説書，大抵言語寬，所以至此。」榦。

## 人而不仁如禮何章

童蜚卿[一四]問：「『人而不仁如禮何，人而不仁如樂何[一五]』，此[一六]是無惻隱之心，則禮樂皆爲虛文。」曰：「此仁是指全體而言，不是指惻隱。」[一七]

或問「人而不仁」注下數語。曰：「『其如禮樂何哉』，只[一八]是奈他不下。禮樂不爲之用也，是不爲我使，我使他不得。雖玉帛交錯，不足以爲禮；雖鐘鼓鏗鏘，不足以爲樂。雖有禮而非禮，雖有樂而非樂。」因言「季氏，當初成王不賜，伯禽不受，則後人雖欲僭亦無樣子，他也做不成」。又曰：「觀天子之禮於魯宋。宋是三王後，有天子之禮。當時諸侯皆不識天子之禮，皆於魯宋觀之。」節。

或問「人而不仁如禮何，人而不仁如樂何」。曰：「如禮樂[一九]，謂其不奈禮樂何也。『心中斯須不和不樂，則鄙詐之心入之；　外貌斯須不莊不敬，而慢易之心入之。』既不和樂，不莊敬，如何行得禮樂！〔二〇〕譬如不善操舟，必不奈一舟何；　不善乘馬，必不奈一馬何。」又問：「禮樂是玉帛鐘鼓之文否？」曰：「看其文勢，却是説玉帛鐘鼓之禮樂也。」人傑。〔二一〕

問「人而不仁如禮何，人而不仁如樂何」。先生曰：「中心斯須不莊不敬，則暴慢之心入之矣；　斯須不和不樂，則鄙詐之心入之矣。不莊不敬、不和不樂，便是不仁。暴慢、鄙詐，則無如禮樂何矣。」又問：「此『禮樂』二字莫是指鐘鼓玉帛而言否？」先生曰：「此政指鐘鼓玉帛而言。譬如有船在此，自家不是撐駕底人，則無奈此船何也。」儒用。〔二二〕

問「人而不仁如禮何，人而不仁如樂何」。先生曰：〔二三〕「『人而不仁』，則其心已不是。其心既不是，便用之於禮樂也則是虛文，决然是不能爲。心既不正，雖有鐘鼓玉帛亦何所用！」卓。

希真問：「『人而不仁』與『不能以禮讓爲國』皆曰『如禮何』。其〔二四〕意同否？」曰：「『人而不仁』是以仁對禮樂言，『不以禮讓』是以禮之實對禮之文言。能以遜讓爲先，則人心感服，自無乖争凌犯之風。」恪。

亞夫問：「『人而不仁如禮何』一章，〔二五〕集注云『禮樂不爲用』是如何？」先生曰：「不仁之人渾是一團私意，自不奈那禮樂是〔二六〕何？禮樂須是中和溫厚底人便行得。若不仁之人，與禮樂自不相關了。譬如無狀之人去讀語、孟、六經。語、孟、六經自是語、孟、六經，與他即無干涉，又安得爲之用！」時舉。

問「人而不仁如禮何，人而不仁如樂何」之説，因言：「三家舞八佾，歌雍徹，果何取哉？」先生曰：「不必如此，但是人心既失其正，所存者皆是人欲，則凡有禮樂，雖非僭亂，亦無自以用之也。」處謙。〔二七〕

問：「人而不仁如禮何，人而不仁如樂何。」先生曰：〔二八〕「人既不仁，自是與那禮樂不相管攝。禮樂雖是好底事，心既不在，自是呼喚他不來，他亦不爲吾用矣。心既不仁便是都不醒了，自與禮樂不相干事。〔二九〕」僩。〔三〇〕

「仁者，天下之正理」，只是泛説，不是以此説仁體。若曰「義者，天下之正理」，也得。義剛。節〔三一〕問：「程子曰：〔三二〕『仁者，天下之正理』，何如？〔三三〕」答曰：「此説太寬。如義，亦可謂天下之正理；禮，亦可謂天下之正理。」又問：「仁是合知覺與理而爲之與，捨知覺而爲之與？」曰：「仁自是知覺。」又問：「知覺是仁中之一件否？」久之，曰：「生底是仁。」又曰：「仁、義、禮、智是四個根子，惻隱、羞惡、恭敬、是非是根上所發底苗。」又曰：「生是元，長是亨，收斂是利，藏是貞，只是一氣。理無形，故就氣上看理也是恁地。」次日，又曰：「仁是根，愛是苗。」又曰：「古人言仁，多以慈祥愷悌。易則曰：『安土敦乎仁，故能愛。』何嘗以知覺爲仁！」又曰：「程子曰『仁是理』，此説太寬。如曰『偏言則一事，專言則包四者』，此説却是緊要底。」節〔三四〕問：「仁如何包四者？」答曰：「易便説得好：『元者，善之長。』義禮知莫非善，這個却是善之長。」又曰：「義禮知無仁則死矣，何處更討義禮知來？」又曰：「如一間屋分爲四段，仁是中間緊要一段。孟子言『仁人心，義人路』，後不言義者，包義在其中。如『克己復禮爲仁』亦是恁地。」節。

問：「『人而不仁如禮何』。〔三五〕仁者，心之德也。不仁之人，心德既亡，方寸之中絶無天理。平日運量酬酢，盡是非僻淫邪之氣，無復本心之正。如此等人，雖周旋於玉帛交錯之間，鐘鼓鏗鏘之際，其於禮樂判爲二物，如猿狙衣周公之服一般，其如禮樂何！伊川先生所謂『仁者，天下之正理。失正理，則無序而不和』。所謂正理即心之德也。若天理不亡，則見得禮樂本意皆是天理中發出來，自然有序而和。若是胸中不有正理，雖周旋於禮樂之間，但見得私意擾擾，所謂升降揖遜、鏗鏘節奏爲何等物？不是禮樂無序與不和，是他自見得無序與不和，而禮樂之理只在也。」先生云：「只是如此。」〔三六〕

問：「『人而不仁如禮樂何』。據李氏之説，則指在外之禮樂言之，如玉帛鐘鼓之類。程先生所謂『無序而不和』，却是主在内者言之，如何？」曰：「兩説只是一意，緣在我却〔三七〕無序而不和，故在外之禮樂亦不爲我用。」又問：「仁義禮智皆正理也，而程子獨以仁爲天下之正理，如何？」曰：「便是程子之説有太寛處，此只是且恁寛説。」曰：「莫〔三八〕是以其專言者言之否？」曰：「也是如此。」廣。

問：「『人而不仁如禮何，人而不仁如樂何』。[三九]集注舉三說：若游氏則言心，程氏主理，李氏謂『待人而後行』。」曰：「所疑者何？」曰：「以今觀之，則前二說與後說不相似。[四〇]」先生顧道夫，[四一]曰：「仲思以爲如何？」道夫[四二]曰：「此正『苟非其人，道不虛行』之意。蓋心具是理，而以[四三]存是心者，則在乎人也。」曰：「如[四四]恁地看則得之。」道夫。

「子曰：人而不仁如禮何，人而不仁如樂何。」[四五]問：「呂氏曰『禮樂之情皆出於仁』，此語似好。」先生曰：「大概也只是如此。」問：「游氏曰『人而不仁，則人心亡矣』，如何？」曰：「此說好。」問：「曾見先生說『仁者，心之德』。義、禮、智皆心之德否？」曰：「都是。只仁是個大底。」問：「謝氏曰：『未能顛沛造次由於是，故如禮何！未能不憂，故如樂何！』似說得寬。」先生曰：「他只似做時文用故事也。[四六]」問：「程先生[四七]以仁爲正理，如何？[四八]」曰：「只是正當底道理。」榦。[四九]

## 林放問禮之本章

淳[五〇]問：「『喪與[五一]易也寧戚』，注易爲治，何也？」曰：「古人做物滑浄，無些礙處，便是易。在禮，只是太滑熟了。生固無誠實，人纔太滑熟，亦便少誠實。」曰：「夫子何故只以儉戚答禮之本？」曰：「初頭只是如此，未有後來許多文飾，文飾都是後來事。喪初頭只是戚，禮初頭只是儉。當初亦未有那儉，儉是對後來奢而言之，蓋追説耳。如堯土堦三尺，當初只是恁地，不是爲儉，後來人稱爲儉爾。東坡説忠、質、文，謂當初亦未有那質，只是因後來文，便稱爲質。孔子曰：『從先進。』周雖尚文，初頭已[五二]自有些質在。」曰：「三綱五常亦禮之本否？」曰：「初頭亦只有個意耳。如爲君臣者，[五三]亦只是個誠敬而已，未有許多事。」淳。

問：「『林放問禮』章，先生謂『得其本，則禮之全體無不在其中』，如何是禮之全體？」曰：「兼文質本末言之。」曰：「後面只以質爲禮之本，如何又説文質皆備？」曰：「有質則有文，有本則有末。徒文而無質，如何行得？譬如樹木必有本根，則自然有枝葉華實。若無本根，則雖有枝葉華實，隨即萎落矣。」廣。

惟喪禮獨不可，[五四]故聖人[五五]言「喪，[五六]與其易也寧戚」。易者，治也，言治喪之[五七]禮至於習熟也。喪者，人情之所不得已。若習治其禮有可觀，則是樂於喪而非哀戚之情也，故禮云：「喪事欲其摠摠[五八]爾，吉事欲其提提爾。[五九]」卓。

林聞一問：「『林放問禮之本』，而孔子并以喪告之，何也？」曰：「喪亦是禮。奢底是禮之吉者，喪是禮之凶者。冠昏喪祭皆是禮。[六〇]」節。

辛適正問：「『林放問禮之本』，何故只以喪禮答之？」曰：「禮不過吉、凶二者而已。上句是[六一]泛以吉禮而言，下句是[六二]專指凶禮而言。然此章大意不在此，須看問答本意。孔子只是答他問禮之本，然儉戚亦只是禮之本而已。及其用也，有當文時，不可一向以儉戚爲是，故曰『品節斯，斯之謂禮』，蓋自有個得中恰好處。」淳。

又[六三]問：「『林放問禮之本』。蓋周室既衰，爲禮者事繁文而失其本意。林放獨能拔出流俗而問禮之本，孔子所以大其問。『禮與其奢也寧儉』，[六四]夫禮貴得中，奢[六五]則過於文，儉、戚則不及而質，皆未爲合禮。然質乃禮之本，過於文則去本已遠。且禮之始，本諸飲食，『污樽而抔飲，簣桴而土鼓』，豈不是儉？今若一向奢而文，則去本已遠，[六六]故寧戚而質，乃禮之本。」先生云：「也只是如此。」[六七]

「林放問禮之本。子曰：『大哉問。禮與其奢也寧儉，喪與其易也寧戚。』」[六八]問：「易，乃慢易，如何范氏以爲『喪易而文』？」先生曰：「易也近文。『易』字訓治，不是慢易、簡易之『易』。若是慢易、簡易，聖人便直道不好了，如何更下得『與其』字？只此可見。」榦。

## 夷狄之有君章

「子曰：夷狄之有君，不如諸夏之亡也。」[六九]問：「范氏呂氏皆以爲夷狄有君而無禮義，不如諸夏之無君而有禮義，恐未當。」先生曰：「不知他如何恁地説。且如聖人恁地説時便有甚好處？不成中國無君恰好？」問：「亡，莫只是有無君之心否？」曰：「然。」榦。

## 季氏旅於太山章

問「季氏旅於太山」一段。先生曰：「天子祭天地，諸侯祭其國之山川，只緣是他屬我，故我祭得他。若不屬我，則氣便不與之相感，如何祭得他。」因舉太子申生「秦將祀予」事。時舉。事見僖公十一年狐突云云。〔七〇〕

## 君子無所争章

問：「『君子無所争』，惟於射則有勝，是有所争也。然方其射也，揖而升堂；既射也，揖而降。衆耦既皆降，勝者乃揖不勝者升而飲，揖遜如此。其争也，乃是君子氣象，豈若小人之争乎！」〔七一〕先生曰：「『君子無所争』，必於射見之。言射有勝負，是相争之地，而猶若此，是不争也。語勢是如此。」〔七二〕

問：「『其争也君子』，只是横渠説，争爲辭遜底否？」曰：「然。畢竟是爲君子之争，不爲小人之争。」榦。

## 巧笑倩兮章

「素以爲絢」，不知是何詩。若以爲今碩人詩，則章句不合[七三]。且此一句最有理，亦不應删去。因説「古人繪事，未必有今人花巧。如『雲』字、『雷』字，見筆談」。僩。[七四]

僩[七五]問：「『素以爲絢』，諸説不同。[七六]伊川云『美質待禮以成德，猶素待繪以成絢』，却似有質須待禮，有素須待絢。」先生曰：「不然。此質却重。」僩。

又問：「『巧笑倩兮』詩人之意。」謂：「『巧笑倩兮，美目眄兮』，言人之美質如此，猶畫者有此粉素之質，可以爲采飾之地也。子夏却疑「素爲絢兮」恐是只以素爲采飾。子曰繪畫之事在素地之後，言先有粉素之地而後可加以采畫，猶人先有美質，而後可加以文采。子夏却悟曰：『禮後乎？』言人以忠信爲質而後可以學禮乎？不有粉素之質則采色無所施，人不誠實，如何學禮？」又問：「天之所以賦於人，人之所以受於天，有許多道理皆在身上分，若懵然不知落着，便是枉過一生，死則與草木俱腐。若能知得此理之當然及其所以然，便見得此生渾是道理，有無不順，雖夕死亦可者。緣是已得天地所以賦予我者，雖死亦安，無有遺恨。先生云死亦是道理，便待做堯行舜趨。□□□□畫者脱空詐僞。子夏因論詩而知學禮，可謂得於言意之表，故夫子以爲啓發我之意，今而後可與之談詩矣。」先生云：「若皆看得如此分明，也不須久相聚。」又云：

「未必看得便都便是心與書相通矣。」〔七七〕

## 夏禮吾能言之章

問：「『夏禮吾能言之』，所謂禮，是説制度文章，不是説三綱五常，如前答子張所問者否？」先生曰：「這也只是説三綱五常。」問：「『吾能言之』，是言甚事？」曰：「聖人也只説得大綱，須是有所證方端的。『足則吾欲證之。』證之，須是杞宋文獻足方可證，然又須是聖人方能取之以證其言。古禮今不復存。如周禮自是紀載許多事，當時別自有個禮書，如云『宗伯掌邦禮』，這分明自有禮書、樂書，今亦不可見。」賀孫。

「子曰：夏禮吾能言之，杞不足徵也；殷禮吾能言之，宋不足徵也。文獻不足故也，足則吾能徵之矣。」〔七八〕問「文、獻」。曰：「只是典籍、賢人。若以獻作法度，却要用這『憲』字。」問：「『徵』字訓『成』字如何？」曰：「也有一義如此，只是證成之，故魏徵字『玄成』。」又曰：「這一段，中庸説得好，説道『有宋存焉』，便見得杞又都無了。如今春秋傳中宋猶有此〔七九〕商禮在。」榦。

問「夏禮吾能言之」一章。「聖人自謂夏商之禮我皆能言之，以聖人聰明睿智，無所不知，豈不能言夏商之禮？但杞宋二國典籍既已不備，又無賢者可以詢問，故無所考證，雖欲言而不可

得。使文獻若足，則我能取之以證吾言矣。蓋嘆夏商既遠，典禮失墜，而無所稽考也。」〔八〇〕

或問：「孔子能言夏殷之禮而無其證。是時文獻不足，孔子何從知得？」曰：「聖人自是生知聰明，無所不通。然亦是當時『賢者識其大，不賢者識其小』，孔子廣詢博問，所以知得。杞國最小，所以文獻不足。觀春秋所書，杞初稱侯，已而稱伯，已而稱子。蓋其土地極小，財賦不多，故寧甘心自降爲子、男之國，而其朝覲貢賦，率以子、男之禮從事。聖人因其實書之，非貶之也。」僩。

## 禘自既灌而往者章

禘，只祭始祖及所自出之帝。祫乃合群廟皆在。當以趙匡之説爲正。從周。〔八一〕

「程先生説得〔八二〕：『禘是禘其始祖之所自出，併群廟之主皆祭之。祫則止自始祖而下，合群廟之主皆祭之。』所謂禘之説，恐不然。故論語集解中取趙伯循之説，謂『主者既立始祖之廟，又推始祖所自出之帝，祀之於始祖之廟，而以始祖配之也』。〔八三〕觀『禘祫』兩字之義亦可見。」

又〔八四〕曰：「禘，只是王者既立始祖之廟，又請他那始祖之尊長來相熱樂相似。」廣。

因説「誠者物之終始」，〔八五〕曰：「且〔八六〕如『禘自既灌而往不欲觀』，是方灌時誠意存焉，即有其祭祀之事物矣；及其誠意一散，則雖有升降威儀，已非所以爲祭祀之事物矣。」大雅。〔八七〕

問：[八八]「『禘自既灌而往者，吾不欲觀之』，集注有兩意。」曰：「這其實也只説既灌而往不足觀。若『不王不禘』時，合自着恁地説將來。[八九]其實這一句只説灌以後不足觀。」又云：「『觀，盥而不薦，有孚顒若，下觀而化也。』這盥自與灌不同：灌自是以秬鬯之酒灌地以降神，這盥只是洗手。凡祭祀數數盥手，一拜則掌拊地，便又着洗。」伊川云：「人君[九〇]其表儀，以爲下民之觀，當莊嚴如始盥之初，勿使誠意少散如既薦之後。」看[九一]觀卦意思不是如此。觀義自説聖人德[九二]出治，天下自然而化，更不待用力，而下莫不觀感而化，故取義於盥。意謂積誠信之實[九三]，但且[九四]盥滌而不待乎薦享，有孚已自顒若，故曰「下觀而化也」。蔡季通因云：「『盥而不薦，有孚顒若』，言其理也；『下觀而化』，究[九五]其德也。」賀孫。

問：「禘之説，諸家多云魯躋僖公於閔公之上[九六]，昭穆不順，故聖人不欲觀之[九七]。如何？」先生曰：「禘是於始祖之廟推所自出之帝，每[九八]虛位以祀之，而以始祖配，即不曾序昭穆。故周禘帝嚳，以后稷配之。王者有禘有祫，諸侯只[九九]有祫而無禘，此魯所以爲失禮也。」時舉。

「子曰：禘自既灌而往者，吾不欲觀之矣。」[一〇〇]問：「吕氏以未盥之前，誠意交於神明，既灌而後，特人事耳。如何？」曰：「便是有這一説，道是灌以前可觀，以後不必觀。聖人制禮要終始皆盡誠，不必如此説。」榦。

李公晦問：「知其説者之於天下也，其如示諸斯乎！」曰：「此尚明得，何况其他！此尚感得，何況其他！」節。

器之問：「禘之説，治天下如指諸掌，恐是至誠感動之意。」曰：「禘是祭之甚遠甚大者。若其他四時之祭及祫祭，祭止於太祖。若禘，又祭其祖之所自出，如祭后稷，又推后稷上一代祭之，周人禘嚳是也。『禮，不王不禘』，禘者，祭其祖之所自出，而以祖配之。蓋無廟而祭於祖廟，所以難以答或人。固是魯禘非禮，然事體大，自是難説。若主祭者須是極其誠意，方可以〔一〇一〕感格。」賀孫。

又〔一〇二〕問：「『或問禘之説』，孔子答以不知，又繼之以知其説者。非聖人真不知，蓋此事有難言者。其一是魯之禘爲非禮，聖人當爲尊者諱；其一是報本追遠之意莫深於禘。〔一〇三〕『非仁孝誠敬之至，不足以與此』，何也？蓋祭祀之事，以吾身而交於鬼神，最是大事。惟仁則不死其親，惟孝則篤於愛親。又加之誠敬，以聚集吾之精神，精神既聚，所謂『祖考精神，便是吾之精神』，豈有不來格者！故曰：『知此説者，則理無不明，誠無不格，其治天下不難矣。』〔一〇四〕」先生云：「看得文字皆好。」賀孫。〔一〇五〕

「禘之説。」〔一〇六〕「禘是追遠之中又追遠，報本之中又報本。蓋人之〔一〇七〕於近親曾奉養他底，則誠易感格，如思其居處言笑，此尚易感。若太遠者，自非極其至誠不足以格之，所以難下語答他。此等處極要理會，在論語中爲大節目。」又曰：「聖人制祭祀之意深遠，非常人所能知。

自祖宗以來千數百年，元是這一氣相傳。德厚者流尊[一〇八]，德薄者流卑。但說[一〇九]有止處，所以天子只得七廟，諸侯五，大夫三。此是[一一〇]當如此。然聖人之心猶不滿，故又推始祖所[一一一]自出之帝，以始祖配之。然已自無廟，只是祔於始祖之廟。然又惟天子得如此，諸侯以下不與焉。故近者易感，遠者難格。若薄俗粗淺之人，也[一一二]誠意如何得到那裏！不是大段見得義理分明底，如何推得聖人報本反始之意如此深遠！非是將這事去推那事，只是知得此說，則其人見義[一一三]儘高，以之觀他事，自然沛然，治天下不難也。[一一四]」明作。

問[一一五]禘之說。曰：「尋常祭祀猶有捉摸，到禘時則甚眇茫。蓋推始祖之所自出者，而祭之於始祖之廟，以始祖配之，其所禘者無廟無主，便見聖人追遠報本之意，無有窮也[一一六]。若非誠敬之至，何以及此！故『知禘之說，則誠無不格』，此聖人所以難言也。」[一一七]

子升兄[一一八]問禘之說。曰：「禘之意最深長。如祖考與自家身心未相遼絕，祭祀之理亦自易理會。至如今[一一九]郊天祀地，猶有天地之顯然者，不敢不盡其心。至祭其始祖，已自大段闊遠，難盡其感格之道。今又推其始祖之所自出而祀之，苟非察理之精微，誠意之極至，安能與於此哉？故知此則於治天下不難也。」木之。

問：「集注云[一二〇]『知禘之說，則理無不明』，如何？」曰：「幽明只是一理。若是於那眇茫幽深之間知得這道理，則天下之理皆可推而明之矣。」恪。去僞録同。[一二一]

問：「或問『禘之説』章，先生謂[一二二]『知禘之説，則理無不明，誠無不格，治天下不爲難矣』。先王報本反始之意，雖莫深於禘，如何纔知其説，便能於理無所不明？」曰：「此是理之至大者，蓋人推至始祖則已極矣，今又推始祖所自出之帝而祀焉，則其理可謂窮深極遠矣。非仁孝誠敬之至，何以及此！能知此，則自然理無不明，誠無不格，於治天下不[一二三]爲難矣。」廣。

問：[一二四]「集注云[一二五]『知禘之説，則理無不明，誠無不格，治天下不難』。意思[一二六]如何？」曰：「天地、陰陽、生死、晝夜、鬼神只是一理。若明祭祀鬼神之理，則治天下之理不外於此。『七日戒，三日齋，必見其所祭者』，故『郊焉則天神格，廟焉則人鬼享』。此可謂至微而難通者。若能如此，到得治天下，以上感下，以一人感萬民，亦初無難者。這鬼神生死之理，却怕[一二七]上蔡先生見得。看他[一二八]『吾之精神，即祖考之精神』，這[一二九]説得有道理。如説『非其鬼而祭之』一段，亦説得好。」賀孫。

問：「知禘之説，何故治天下便易？」曰：「禘，諸公説得也多頭項，而今也見不得，集注中且約[一三〇]如此説。」或問：「以魯人僭，故孔子不説否？」曰：「也未必是如此。不知，只是不敢知。」或曰：「只是知得報本否？」曰：「亦不專是如此。中庸『明乎禘嘗之義，治國其如示諸掌』，亦如此説。蓋禘是個大祭，那裏有君臣之義，有父子之親，知得則大處是了，便也自易。」

淳[一三一]曰：「恐此只是既知得報本，又知得名分，又知得誠意否？」曰：「是如此。」[一三二]游氏說得好。祭統中說『祭有十倫』亦是好，子細看方知得不是空言。」淳。集義。[一三三]

## 祭如在章

問：「『祭如在』，人子固是盡誠以祭，不知其[一三四]可使祖宗感格否？」曰：「上蔡言：『自家精神，即祖考精神。』這裏盡其誠敬，祖宗之氣便在這裏，只是一個根苗來。如樹已枯朽，近[一三五]傍新根即接續這正氣來。」[一三六]

問[一三七]「祭如在，祭神如神在」。先生曰：「祭先主於孝，祭神主於敬。雖孝敬不同，而如在之心則一。聖人萬一有故而不得與祭，雖使人代之[一三八]，若其人自能極其恭敬，固無不可，然我這裏自欠少了，故如不祭。」時舉。

「祭如在，祭神如神在。」此是孔子[一三九]弟子平時見孔子祭祖[一四〇]及祭外神之時，致其孝敬以交鬼神也。孔子當祭祖先之時孝心純篤，雖死者已遠，因時追思，若聲容可以[一四一]接，得以竭盡其孝心以祀之也。祭外神[一四二]，謂山林溪谷之能興雲雨者，此孔子在官時也。雖神明若有若亡，聖人但盡其誠敬，儼然[一四三]神明之來格，得以與之接也。「吾不與祭，如不祭」，此[一四四]孔子自謂當祭之時，或有故而不得祭，[一四五]使人攝之，禮雖不廢，然不得自盡其誠敬，終是不滿於心也。范氏所謂「有其誠則有其神，無其誠則無其神」。蓋神明不可見，惟盡其[一四六]心。盡其誠敬，專一在於所祭之神，便見得「洋洋然如在其上，如在其左右」。然則神之有無，皆在於此心之誠與不誠，不必求之恍忽之間也。[一四七]

問：「祭祀之理，還是有其誠則有其神，無其誠則無其神否？」曰：「鬼神之理，即是此心之理。」恪。[一四八]

問：「『祭神如神在』，何謂[一四九]也？」曰：「如天地、山川、社稷、五祀之類。」問：[一五〇]「如范氏謂『有其誠則有其神，無其誠則無其神』，只是心誠則能體得鬼神出否？」曰：「誠者，實也。有誠則凡事都實[一五一]有，無誠則凡事都無。如祭祀有誠意，則幽明便交；無誠意，便都不相接了。」問：[一五二]「如非所當祭而祭，則爲無是理矣。若有是誠心，還亦有神否？」曰：「神之有無不可必，然此處是以當祭者而言。若非所當祭底，便待有誠意，然這個都已錯了。」淳。

子美[一五三]問鬼神：「范氏解『祭如在』云：『有其誠則有其神，無其誠則無其神。』虛空中無非氣。死者既不可得而求矣，子孫盡其誠敬，則祖考即應其誠。還是虛空之氣自應吾之誠，還是氣只是吾身之氣？」曰：「只是自家之氣，蓋祖考之氣與己連續。」賀孫。

# 與其媚於奧章

「王孫賈問曰：『與其媚於奧，寧媚於竈。何謂也？』子曰：『不然。獲罪於天，無所禱也。』」先生曰：〔一五四〕「王孫賈之意，欲夫子媚己。緊要是『媚』字不好。如夫子事君盡禮也，何嘗是媚！他見夫子當時事君盡禮，便道夫子媚奧，故夫子都不答他，只道是不如此。『獲罪於天，無所禱也〔一五五〕』，何爲媚奧？亦何爲媚竈！逆理而動，恐〔一五六〕獲罪於天。」問：「此兩句恐是時人有此〔一五七〕語，故問曰：『何謂也？』」先生曰：「恐是如此。」榦。

問：「集注〔一五八〕云：『天即理也。其尊無對，非奧竈之可比也。〔一五九〕逆理則獲罪於天矣。』人若順理而行，則心平氣和而自然安裕。若悖理傷道，非必有所謂天禍人刑，而胸次錯亂，乖氣充積，此即是獲罪於天〔一六〇〕？」答曰：「固是如此，也不消說道心氣和平。這也只〔一六一〕有爲惡幸免者，故有此說。然也不必說道有無人禍天刑。即是纔逆理，便自獲罪於天。」賀孫。

因說「與其媚於奧，寧媚於竈」，〔一六二〕問：「祭五祀皆有尸，祀竈則以誰爲尸？」先生曰：「今亦無可考者，但如墓祭則以冢人爲尸，以此推之，則祀竈之尸必〔一六三〕是膳夫之類，祀門之尸必是閽人之類，又如祀山川，則是虞衡之類。」問尸之坐立。曰：「夏立尸，商坐尸，周旅酬之尸。后稷之尸不旅酬。」問祭妣之尸。曰：「婦人不立尸，却有明文。」又曰：「古者以先王衣服藏之

廟中，臨祭則出以衣尸。如后稷之衣到周時恐已不在，亦不可曉。」元秉。〔一六四〕

周監於二代章

夫子得志，大概從周處多。道夫。

問「吾從周」。曰：「孔子爲政自是從周處多。蓋法令自略而日入於詳，詳者，以其弊之多也。既詳，則不可復略。今法令明備，猶多姦宄，豈可更略？略則姦宄愈滋矣。」僩。

子入太廟章

「子入太廟，每事問」，知底更審問，方見聖人不自足處。賀孫。

「『子入太廟，每事問』，宗廟朝廷重事自用謹，雖知亦問。」曰：「是當然。必有差失處，每常思量，行事所以錯處多是有忽之之心。且如使人做一事，丁寧諄複，其中已有意以爲易曉而忽之不囑者，少間事之差處都由那忽處生。」僩。

問「子入太廟，每事問」。「此是始仕之時入而助祭也。孔子聰明睿智，無所不知，但能知其理而已，若其器數之末，乃掌之有司者，聖人前此未之見，安得而盡知之？若□曾經講究討論，見得禮之器物與登降拜跪等事合是如此，方今及見之，亦須問一番方爲審諦。」或曰：「孰謂鄹人之子知禮乎？」蓋孔子自少以知禮聞，今或人見其每事而問，故以是譏之。鄹人之子則知孔子少時也。孔子言是禮者，謂即此便是禮也。蓋禮以敬爲主，雖知亦問。況孔子方入太廟，其間有未知，當每事而問，乃是敬謹之至也。」〔一六五〕先生云：「雖是有司之事，孔子亦須理會。但其器物須有人家無者，故見不得。今入宗廟方及見之，亦須問方得。」

## 射不主皮章

聖人謂古人之射不主皮者，爲人之力有强弱不同科等也。蓋射禮棲革於侯以爲鵠，若有彊力者，必能貫革，然古人不貴也。古之人射但主於中。若有容體比於禮，其節比於樂，則中必多，當於此觀德可也。孔子言古之道者，以見春秋争强之時尚多貫革之射，無復觀德之射，故言古之道以正今之失。先生曰：〔一六六〕「古人用之戰鬭，須用貫革之射。若用之於禮樂，則觀德而已。武王克商，散軍郊射，而貫革之射息，則是前此用兵之時，須用貫革之射，今則不復用矣。」又曰：「郭先生云：『弓弩之制，被神宗改得不好。』高宗亦嘗如此説。」又曰：「郭先生謂古人射法易學，今人射法難學，渠須理會得。郭先生論弓弩及馬甚精。」黄直卿云：「是冲誨否？」先生曰：「然。」〔一六七〕

問：〔一六八〕「『射不主皮』，是絶不取於貫革？」先生曰：「先王設射，謂『弧矢之利，以威天下』，豈不願射得深中？如『不失其馳，舍矢如破』，又如〔一六九〕『發彼小豝，殪此大兕』之類，皆是要得透，豈固以不主皮爲貴？而但欲略中而已。蓋鄉射之時皆〔一七〇〕是習禮容，然習禮容之人，未必皆是〔一七一〕勇敢之夫，故聖人謂〔一七二〕若以貫革爲貴，則失所以習禮義之意。故謂若有人體直心正，持了弓矢又審固，若射不貫革，其禮容自可取，豈可必責其貫革哉！此所以謂『爲力不同科』也。」時舉。

或問：「『射不主皮，爲力不同科。』正甫之意，大段全説貫革底不是。〔一七三〕」先生舉易「弧矢之利，以威天下」，又舉詩「舍矢如破」之本意：〔一七四〕「也是要得貫革。只是大射之禮主於觀德，却不全是裸股肱決射御底人。只要『内志正，外體直』，取其中，不專取其力爾。」〔一七五〕

「子曰：射不主皮，爲力不同科，古之道也。」〔一七六〕問：「明道先生説：『此與爲力而射者不同科。』伊川先生曰：『功力非一端，苟有可取，不必同科。』此二説都就本文上添了字多，方解得，恐未穩。」先生曰：「便是如此，這處自是甚分明。」又問：「明道曰『射不專以中爲善』，如何？」曰：「他也只是一時間恁地説，被人寫放册子，〔一七七〕便有礙。如『内志正，外體直』，只要個中。不要中了〔一七八〕，更〔一七九〕要甚底！」問：「『主皮』如何説？」曰：「『皮』字看來只做個『貫革』字了〔一八〇〕；主，便是主於貫革。」因問：「古人射要如何用？」曰：「其初也只是修武備，聖人文之以禮樂。」榦。集義。〔一八一〕

## 子貢欲去告朔之餼羊章

居父問：「『餼羊』，注云：『特羊。』」曰：「乃專特之『特』，非牛也。『特牲』、『用特』，皆是特用一牛，非指特爲牛也。」問「五祀皆設主而祭於所，然後迎尸而祭於奧」。曰：「譬如祭竈，初設主於竈陘。陘非可做好安排，故又祭於奥以成禮。凡五祀皆然，但此處〔一八二〕亦有不可曉者。若被人問第二句，便曉未得。問以何人爲尸，便曉不得。五祀各有主，未祭及祭畢，不知於何處藏，是無所考也。」賀孫。〔一八三〕

或問論語數段。曰：「依文解義，只消如此説，只是更要看他聖人大底意思。且如適間公説『愛禮存羊』一段，須見得聖人意思大。常人只是屑屑惜那小費，聖人之心却將那小費不當事，所惜者是禮，他所存者大。更看得這般意思出方有益，自家意思方寬展，方有個活動長進處。」僩。

## 事君盡禮章

「拜〔一八四〕下，禮也，今拜乎上」，孔子〔一八五〕必拜乎下，此見〔一八六〕盡禮處。銖。

## 君使臣以禮章

或説：「『君使臣以禮，臣事君以忠』，講者有以先儒謂『君使臣以禮，則臣事君以忠』爲非者。其言曰：『君使臣不以禮，則臣可以事君而不忠乎！君使臣不以禮，臣則有去而已矣。事之不以忠，非人臣之所宜爲也。』」先生曰：「此説甚好，然只説得一邊。尹氏謂『君使臣以禮，則臣事君以忠』，此〔一八七〕亦有警君之意，亦不專主人臣而言也。如孟子言：『君之視臣如犬馬，則臣視君如寇讎！』此豈孟子教人臣如此哉！正以警其君之不以禮遇臣下爾。爲君當知爲君之道，不可不使臣以禮；爲臣當盡爲臣之道，不可不事君以忠。君臣上下兩盡其道，天下其有不治者哉！乃知聖人之言本末兩盡。」祖道。謨録同。〔一八八〕

## 關雎樂而不淫章

淳〔一八九〕問：「『關雎樂而不淫，哀而不傷』，是詩人情性如此，抑詩之詞意如此？」曰：「是有那情性，方有那詞氣聲音。」淳。

問：「關雎樂而不淫，哀而不傷，於詩何以見之？」曰：「憂止於『輾轉反側』，若憂愁哭泣，則傷矣；樂止於『鐘鼓琴瑟』，若沉湎淫泆，則淫矣。」僩。

關雎「樂而不淫，哀而不傷」，其憂也，至於「輾轉反側」而已，是不傷也；　其樂也，至於「琴瑟鐘鼓」而止，是不淫也，是詩人得性情之正也。僩。〔一九〇〕

問：「關雎之義，詩言后妃之德宜配君子，故託辭以見意。謂求之未得則不能無寤寐反側之憂，求之而得則宜有琴瑟鐘鼓之樂，是哀樂之發而見於辭者。然常人之樂易至於淫，淫者，樂之過而失其正也；　常人之哀易至於傷，傷者，哀之過而害於和也。惟關雎之詩，樂雖盛而不失其正，憂雖深而不害於和。其得情性之正如此。〔一九一〕學者須是『玩其辭，審其音』，而後知之。」先生云：「只玩其辭便見得，若審其音也難。關雎是樂之卒章，故曰『關雎之亂』。亂者，樂之卒章也，故楚辭有『亂曰』是也。前面須更有，但今不可考耳。」〔一九二〕

又〔一九三〕：「講關雎『樂而不淫，哀而不傷』有引明道之説爲證者，『哀窈窕，思賢才，而無傷善之心焉』。此言『無傷善』與所謂『哀而不傷』者，如何？講〔一九四〕云爲其相似，故明道舉以爲證否？」先生曰：「不然。『無傷善』與『哀而不傷』兩般。『樂而不淫，哀而不傷』只〔一九五〕是言樂〔一九六〕中節，謂『不傷』爲『無傷善之心』，則非矣。」謨。

## 哀公問社於宰我章

問：「『古者各樹其所宜之木以爲社』，不知以木造主，還便以樹爲主？」曰：「看古人意思，只以樹爲社主，使神依焉，如今人說神樹之類。」問：「不知周禮載『社主』是如何？」曰：「古人多用主命，如出行大事，則用絹帛就廟社請神以往，如今說[一九七]魂帛之類。社只是壇。若有造主，何所藏之？古者惟喪國之社屋之。」賀孫。

問[一九八]社稷之[一九九]神。先生曰：「說得不同。或云稷是山林原隰之神，或云是穀神，看來穀神較是。社是土神。」問：[二〇〇]「社何以有神？」先生曰：「能生物便是神。」[二〇一]夔孫。[二〇二]

木之[二〇三]問：「『哀公問社於宰我』，[二〇四]宰我所言尚未見於事，如何不可救？」曰：「此只責他易其言，未問其見於事與未見於事。所謂『駟不及舌』，『斯言之玷，不可爲也』。蓋欲使謹於言耳。」木之。

問：「『成事不說，遂事不諫，既往不咎』，三句有別否？」曰：「亦有輕重，然社也無說話。便待冉有[二〇五]當初答得好，也無說話。況『使民戰栗』之語，下面又將啓許多事邪！」[二〇六]

問：「『哀公問社於宰我』，對以『三代之社，各植其土之宜木以爲主』。此是據實而言也。又却推求其義，妄以爲『周人以栗』者乃是『使民戰栗』。當春秋之時，諸侯方以殺伐爲心，豈可妄告以『使民戰栗』之說？此宰我之妄對也，故孔子再三責之曰『成事、遂事、既往』者，蓋謂宰我言已出諸口，今不復說以救其過，此責之之辭也。此三句大概相似，再三言之，不殺其辭者，所

以深責之也。」先生曰：「然。」〔二〇七〕

或問：「『哀公問社』一節，〔二〇八〕講者〔二〇九〕有以『使民戰栗』爲哀公之言者。」先生曰：「諸家多如此說，却恐未然。『使民戰栗』，恐只是宰我之辭。上有一『曰』字者，宰我解『周人以栗』之義，故加一『曰』字以發其辭耳。『子聞之曰：「成事不說，遂事不諫，既往不咎。」』蓋云『駟不及舌』，言豈可以輕發邪！言出宰我之口，入哀公之耳矣，豈可更諫而追之哉！」祖道。〔二一〇〕

## 管仲之器小哉章

「『管氏有三歸』，不是娶〔二一一〕三姓女。若此，却是僭。此一段意，只舉管仲奢處以形容他不儉。下段所說乃形容他不知禮處，便是僭。竊恐未〔二一二〕可做三娶說。」明作。

問：「『管仲之器小哉？』集注云：『度量褊淺，規模卑狹。』」曰：「度量褊淺是他容受不去了。容受不去則富貴能淫之，貧賤能移之，威武能屈之矣。規模是就他施設處說。」僩。〔二一三〕

問：〔二一四〕「『管仲之器小哉』，集注云：『度量褊淺，規模卑狹』，〔二一五〕只是一意否？」曰：「某當時下此兩句，便是有意。」因令〔二一六〕坐間朋友各說其意。叔重云：「『度量褊淺』，言容納不得也。董銖録無「度量」以下十字。〔二一七〕管仲志於功利，功利粗成，心已滿足，此便器小處。董録「此便器小處」五字作「此所謂度量褊淺」。〔二一八〕蓋不是從反身修德上做來，故規模卑狹。奢而犯禮，器小可知。器大則自知禮矣。」時舉云：「管仲以正天下、正諸侯爲莫大之功，却不知有『行一不義，殺一不辜』底事更大於此。此其[二一九]所以爲小也。」先生曰：「必兼某上面兩句，方見得它器小。蓋奢而犯禮便是它裏面着不得，見此些小功業便以爲驚天動地，所以肆然犯禮無所忌也。亦緣他只在功利上走，所以施設不過如此。纔做到此，便不覺自足矣。古人論王、伯，以爲王者兼有天下，伯者能率諸侯。此以位論，固是如此。然使其正天下、正諸侯，皆出於至公而無一毫之私心，則雖在下位，何害其爲王道？惟其『摟諸侯以伐諸侯』者[二二〇]，皆[二二一]假仁義以爲之，欲其功盡歸於己，故四方貢賦皆歸於其國，天下但知有伯而不復知有天子。此其所以爲功利之心，而非出於至公也。在學者身體之，[二二二]凡日用常行應事接物之際，纔有一毫利心便非王道，便是伯者之習，此不可不省察也。」或云：「王、伯之分固是如此。然邵康節多説皇、王、帝、伯之道，不知皇、帝與王又有何異同？此[二二三]是時使之然耶？」先生曰：「此亦是其德有厚薄[二二四]，皇與帝終是自然。然黄帝亦曾用兵戰鬭，亦不是全然無所作爲也。」時舉。

問：「『管仲之器小哉』，莫[二二五]只是以資質言之否？」曰：「然。」「若以學問充[二二六]之，則小須可大？」曰：「固是。」曰：「先生謂『器小』言[二二七]其『度量褊淺，規模卑狹』，此二句還[二二八]盡得器小之義否？」曰：「前日亦要改『度量』作『識量』，蓋纔説度量便只去寬大處看了，人只緣見識小故器量小。後又思量亦不須改，度量是言其資質，規模是言其所爲。惟其器小，故所爲亦展拓不開。只欲去後面添説，所以如此者，只緣不知學以充之之意。管仲只緣器量小，故纔做得他這些功業便包括不住，遂至於奢以〔二二九〕犯禮。奢與犯禮便是那器小底影子。若是器大者，自然不至如此，看有甚功業，處之如無。胡文定公〔二三〇〕春秋傳却只以執轅濤塗一事爲器小，此太拘泥。」因言：「管仲相威〔二三一〕公以伐楚，只去問他『包茅』與〔二三二〕『昭王南巡〔二三三〕不返』二事，便見他只得如此休。據楚當時，憑陵中夏，僭號稱王，其罪大矣！如何不理會？蓋纔説著此事，楚決不肯服，便事勢自然〔二三四〕住不得。故只尋此年代久遠已冷底罪過及它〔二三五〕些小不供貢事去問，它〔二三六〕見無大利害決不深較，只要他稍稍退聽便收殺了。此亦是器小之故，纔是器小自然無大功業。」廣。

問「管仲之器小哉」。「此是孔子説管仲胸中所蘊蓄及其所施設處，將『器小』两字斷盡了。蓋當時之人只見管仲有九合之功，將謂它大故大了〔二三七〕。孔子却見它一生全無本領，只用私意小智做將〔二三八〕出來，僅能以功利自強其國，若是王佐之才必不如此，故謂之『器小』。或曰：『管仲儉乎？』或人必是個流俗底人，平日但知有管仲，忽見孔子有『器小』之説，不知所以，却問器小莫是儉否？孔子謂管仲有三歸之臺，家臣能備其官，安得謂之儉？或人又不曉，恐築臺與備官是知禮否？孔子告之僭禮。〔二三九〕蓋奢與僭便是器小之人方肯做，然亦只是器小底人，一兩件事看得來。孔子『器小』兩字，是包括管仲一生，自本至末是個褊淺卑狹底人。」先生云：「管仲固是用私意小智做出來。今爲管仲思量，看今[二四〇]當做如何方得？公[二四一]須知[二四二]孟子告齊梁之君，若不可，則休[二四三]。」先生云：「是時周室猶未衰，此事[二四四]是難事，合當[二四五]爲它思量。」直卿云：「胡文定公云『當上告天王，告[二四六]方伯』。是時天王又做不起，威公係是方伯了，也做不得。是時楚强大，幾無周室。若非威公出來，也可慮。但管仲須相威公伐楚了，却令威公入相于周，輔助天子。」先生云：「是時有毛韓諸公皆爲天子三公，豈肯便信得威公過，便放威公入來。」又云：「若率諸侯以朝王，如何？」先生曰：「也恐諸公未肯放威公率許多諸侯入國[二四七]來。此事思量是難事，又也難説。」[二四八]

説「管仲之器小哉」，[二四九]舉楊氏曰：「道學不明，而王、伯之略混爲一塗，故聞管仲之器小，則疑其爲儉；以不儉告之，則又疑其知禮。」先生曰：「恐『混爲一塗』之下，少些曲折。蓋當時人但見有個管仲，更不敢擬議他，故疑器小之爲儉，又疑不儉之爲知禮。」時舉。

問管仲小器。先生曰：「只爲他本領淺，只做得『九合諸侯，一正天下』之功。揚雄説得極好：『大器其猶規矩準繩乎[二五〇]？規矩準繩，[二五一]無施不可。』管仲器小，只做得這一件事。及三歸反坫等事，用處皆小。上蔡説得來太小，如曰：『則其得君而專政，夫豈以天下爲心哉？不過濟耳目之欲而已。』管仲豈止如此。若如此，則[二五二]又豈能『九合諸侯，一匡天下』？大凡自正心、誠意以及乎天下，則其本領便大。今人只隨資禀去做。管仲資禀極高，故見得天下利害都明白，所以做得許多事。自劉漢而下，高祖太宗亦是如此，都是自智謀功力中做來，不是自聖賢門户中做來〔二五三〕，不是自自家心地義理中流出。使高祖太宗當湯武，固自不得；若當桓文，尚未可知。」問：「使二君與桓文同時，還在其上，還在其下？」曰：「桓公精密，做工夫多年。若文公只是六年〔二五四〕，已自甚快。但管仲作内政，盡從脚踏〔二五五〕底做出，所以獨盛於諸侯。漢高從初起至入秦，只是虜掠將去，與項羽何異？但寛大，不甚殺人耳。秦以苛刻〔二五六〕亡，故高祖不得不寛大；隋以拒諫失國，故太宗不得不聽人言。是皆〔二五七〕他天資高，見得利害分明，稍不如此，則天下便叛而去之。至〔二五八〕如太宗從諫，甚不得已，然當時只有這一處服得人。」又曰：「漢唐與齊晉之時不同。漢唐甚倉猝。」又問：「謝氏却言子雲之説不然。」先生曰：「他緣是快，只認得至淺〔二五九〕底意思，便説將去：『夫無所往而不利，無所適而不通，無所爲而不成，無所受而不可。以之爲心，則和而平；以之爲公，則順而祥；以之爲天下，則無所施而不可。』〔二六〇〕『富貴不能淫，貧賤不能移，威武不能屈』，要知〔二六一〕大器之人，〔二六二〕即此便是。如上蔡只認得個『富貴不能淫』。」道夫。〔二六三〕集義。

## 子語魯太師樂章

問：「『子語魯太師樂』者，緣是時禮樂廢壞，雖有太師之官，只是具位，樂之音與義皆不能知，故孔子呼而教之。〔二六四〕『始作翕如也』，謂樂之初作，五聲六律合同而奏，故曰翕如，言一齊奏作也。『從之，純如』，〔二六五〕從者放也，言聲音發揚出來，清濁高下，相濟而和。『皦如也』，〔二六六〕既是清濁高下相濟而和了，就中又各有條理，皦然而明，不相侵奪。『繹如也，以成』，〔二六七〕既有倫理，故其聲相連續而遂終其奏，言自始至終皆有條理如此。」先生云：「此亦是據夫子所説如此。古樂既亡，無可考處。但是五聲六律翕然同奏了，其聲音又純然而和，更無一聲參差，若有一聲參差便不成樂。且如一宮只得七聲，若黄鍾一宮合得姑洗等七聲。或少一聲也不得，或〔二六八〕多一聲也不得。」〔二六九〕

## 儀封人請見章

問：「古人相見皆有將命之詞，而論語獨載儀封人之説，及出，即〔二七〇〕便説『二三子何患於喪乎』，是他如何便見得？」曰：「某嘗謂這裏儘好看。如何『從者見之』後，便見得夫子恁地？這裏〔二七一〕也見得儀封人高處。據他儀封人〔二七二〕謂『君子之至於斯，吾未嘗不得見』，他大段見得好人多，所以一見之頃便見得聖人出。大抵當周之末，尚多有賢人君子在，故人得而見之。」至之云：「到孟子時事體又別。如公都子告子萬章之徒尚〔二七三〕不知孟子，況其他乎！」曰：「然。」道夫。

又[二七四]問：「儀封人謂亂極當治，天必將使夫子得位，振文教於天下，[二七五]此[二七六]亦是據理而言。若其得位失位，則非所及知也。」先生曰：「儀封人與夫子説話皆不可考，但此人辭氣最好，必是個賢有德之人。一見夫子，其觀感之間必有所見，故爲此言。前輩謂『作者七人』，以儀封人處其一，以此。」[二七七]

## 子謂韶盡美矣章

或問韶、武美善。曰：「德有淺深。舜性之，武王反之，自是有淺深。又舜以揖遜，武以征伐，征伐雖是應天順人，自是有不盡善處。今若要强説舜武同道也不得，必欲美舜而貶武也不得。」又曰：「舜武不同，正如孟子言伯夷伊尹之於孔子不同。至謂『百里之地[二七八]而君之，皆能以朝諸侯，有天下；行一不義，殺一不辜而不爲』，[二七九]韶、武之樂正如[二八〇]聖人一個影子，要得因此以觀其心。大凡道理須寬心看，使各自開去。打疊了心胸，安頓許多道理在裏面，高者還他高，下者還他下，大者還他大，小者還他小，都歷歷落落，是多少快活！」道夫。

叔蒙問韶盡美盡善，武盡美未盡善。曰：「意思自不同。觀禮記所説武王之舞：『始而北出』，便做個向北意思；[二八一]『再成而滅商』，須做個伐商意思；『三成而南，[二八二]四成而南國是疆，五成而分周公左、召公右』，又分六十四個做兩處。看此舞可想見樂音須是剛，不似韶純然而和。」武須有些威武意思。」又問：「堯舜處湯武之時，宜[二八三]如湯武所爲否？」曰：「聖德益盛，使之自服耳。然到得不服，若征伐也免不得，亦如征有苗等事，又如黄帝大段用兵。但古人用兵與後世不同，古人只趲將退便是贏。那曾做後世樣殺人，或十五萬，或四十萬，某從來不信。謂之多殺人，信有之，然指定殺[二八四]四十萬，必無此理。只如今安頓四十萬人，亦自大段着地位。四十萬人也須會走，也須争死，如何掘個窟去埋得許多！」賀孫。

子善問「韶盡美矣」一章。曰：「後世所謂文武之舞，亦是就韶、武舞變出來。韶舞不過是象那『地平天成，六府三事允治』，天下恁地和平底意思。武舞不過象當時伐商底意思。詳見樂記。[二八五]此[二八六]二個意思自是有優劣，但若論其時，則當時聚一團惡人爲天下害，不能消散，武王只得去伐。若使文王待得到武王時，他那舊習又不消散，文王也只得伐。舜到這裏，也着伐。但恐舜文德盛，其徒或自相叛以歸之，亦未可知，但武王之時只得如此做。『堯舜性之也，湯武身之也』，性是自有底，身是從身上做得來，其實只是資稟略有些子不相似處耳。」時舉。[二八七]

問：「孔子稱舜之韶、武王之武，皆謂之盡美者，言其聲音之盛也。蓋王者功成作樂，舜紹堯以致治，武王伐紂以救民，其功皆盛，故其聲樂亦然。故皆謂之盡美。然就其盡美之中而求其美之實，則有不同者。蓋樂以象德，舜之德性之，而又以揖遜得天下，不惟聲音之盛，而其所以播於聲音者又盡善也。武王之德反之，又以征伐得天下，猶如湯之有慚德焉，乃聖人之不幸，而非其所欲爲者，故其樂之盛雖與舜同，而其所以盛之實則與舜異，故曰未盡善。」〔二八八〕先生云：〔二八九〕「韶與武，今皆不可考，但書所謂『正德、利用、厚生惟和。九功惟敘，九敘惟歌。戒之用休，勸之以九歌』，此便是作韶樂之本也，所謂『九德之歌，九韶之樂』是也。看得此歌來〔二九〇〕，是下之人作歌，不知當時如何取之以爲樂，却以此勸在下之人。武王之武，看樂記便見得，蓋氣象便不恁地和。〔二九一〕韶樂只是和而已。故武所以未盡善。」又云：「樂聲也易得亡失。如唐太宗破陣樂，今已不可考矣。」〔二九二〕

問：「『韶武』章，先生解曰：〔二九三〕『美者，聲容之盛；善者，美之實也。』如何是美之實？」曰：「據書中説韶樂云：『德惟善政，政在養民，水、火、金、木、土、穀惟修，正德、利用、厚生惟和。九功惟敘，九敘惟歌。』此是韶樂九章。看他意思是如何？到得武樂，所謂『武始而北出，再成而滅商，三成而南，四成而南國是疆，五成而分周公左、召公右，六成而復綴以崇』，與夫『總干而山立，武王之事也；發揚蹈厲，太公之志也』，其意思與韶自是不同。」廣。〔二九四〕

「善者，美之實」，實只是事，是武王之事不稱也。舜之德性之，武王反之，是他身上事，與揖遜、征伐不相干，但舜處武王時必竟又別。明作。

問：「子謂『韶盡美矣』，何以謂『善者美之實』？〔二九五〕」曰：「實是美之所以然處。且如織出絹與布，雖皆好，然布終不若絹之〔二九六〕好。」問：「『性之、反之』，似此精微處，樂中如何見得？」曰：「正是樂上見。只是自家不識它樂，所以見不得。」僩。

問：「『武未盡善』，注云『善者美之實』，何也？〔二九七〕」曰：「美是言功，善是言德。如舜『九功惟敘，九敘惟歌』，與武王仗大義以救民，此其功都一般，不爭多。只是德處，武王便不同。」曰：「『未盡善』，亦是征伐處未滿意否？」曰：「善只說德，武王〔二九八〕身上事，不干征伐事。」曰：「是就武王反之處看否？」曰：「是。」謝教，曰：「必竟揖遜與征伐也自是不同，征伐是個不得已。」曰：「亦在其中，然不專就此說。」淳曰：「既征伐底是了，何故又有不得已意？」曰：「征伐〔二九九〕固是，必竟莫如此也好。所以孔子再三誦文王至德，其意亦可見矣。樂便是聖人影子，這處『未盡善』便是那裏也〔三〇〇〕有未滿處。」淳。

或問韶〔三〇一〕善美之別。曰：「只就世俗論之，美如人生得好，善則其中有德行耳。以樂論之，其聲音節奏與功德相稱，可謂美矣，善則是那美之實。」又問：「或說武王之心與舜一般，只是所行處與心相反，所以有『盡善』、『未盡善』之別。」曰：「聖人固無兩心，烏有心如此而所行相反者？且如堯之末年，水土之害如此，得舜承當了，天下遂極治。紂之時天下大亂，得武王仗仁義，誅殘賊，天下遂大治。以二聖人之功業論之，皆可謂盡美矣，然其美之實有盡、未盡者，只是舜較細，武王較粗些。然亦非聖人實要如此，只是所遇之時不同耳。」僩。

問：「堯舜在湯武時，還做湯武事否？」先生曰：「堯舜且做堯舜看，湯武且做湯武看。看得其心分明，自見得。」可學。

問：「征伐固武王之不幸。使舜當之，不知如何？」曰：「只恐舜是生知之聖，其德盛，人自歸之，不必征伐耳。不然，事到頭也住不得。如文王亦然。且如『殷始咎周，周人乘黎。祖伊恐，奔告于受』，這事勢便自是住不得。若曰『奔告于受』，則商之忠臣義士何嘗一日忘周？自是[三〇二]昏迷爾。」道夫問：「吳氏稗傳[三〇三]謂書序是後人傅會，不足信。」曰：「亦不必序，只經文謂『祖伊恐，奔告于王曰：「天子，天既訖我殷命！」』則是已交手爭競了。紂固無道，然亦是武王事勢不相安，住不得了。仲虺告成湯曰：『肇我邦于有夏，若苗之有莠，若粟之有秕，小大戰，戰罔不懼于非辜。』則仲虺分明言事勢不容住，我不誅彼，將[三〇四]圖我矣。後人多曲爲之說以諱之。要之，自是避不得。」道夫。

湯武之征伐，只知一意惻怛救民而已，不知其他。僩。

問「武未盡善」。先生曰：「若不見得他『性之』、『反之』不同處，又豈所謂『聞其樂而知其德』乎！或曰[三〇五]舜與武王固不待論。今且論湯武，則其反之至與未至，雖非後學所敢議，然今[三〇六]細讀其書，恐亦不待聞樂而知之也。」請問。先生曰：「以書觀之，湯必竟反之，工夫極細密，但以仲氏稱湯處觀之，如『以禮制心，以義制事』等語，又自謂『有慚德』，覺見不是，往往自此益去加功。如武王大故疏，其數紂之罪，辭氣暴厲。如湯，便都不如此。」賜。

或問「武未盡善」一段。先生以所答示諸友云：「看得如何？」皆未有所答。次問祖道。答曰：「看來湯武也自別。如湯自放桀歸來，猶做工夫，且[三〇七]如『從諫弗咈』，『改過不吝』，『昧爽丕顯，旁求俊彦』，刻盤銘，修人紀，如此之類，不敢少縱。武王自伐紂[三〇八]歸來，建國分土，散財發粟之後，便只垂拱了。又且[三〇九]如西旅之獒，費了太保許多氣力。以此見得[三一〇]武王做工夫不及成湯甚遠。先生所謂『觀詩、書可見』者，愚竊以爲如此。」先生笑曰：「然。某之意正如此。」祖道。

問：「『子謂韶盡美矣』一章，程子曰『堯舜湯武，其揆一也』。征伐非其所欲，所遇之時然耳，使舜遇湯武時，不知如何？」答曰：「只怕舜德盛，人自歸之。若是大段負固不服者，不得已也着征伐，如三苗是也。」時舉。[三一一]

「子謂韶盡美矣，又盡善也；謂武盡美矣，未盡善也。」[三一二]問：「范公[三一三]以爲德不同，謝氏以爲時不同，游氏以爲事不同。三者孰是？」曰：「畢竟都有些子，如何得同？楊氏曰：『武之武，非聖人之所欲。』横渠亦曰：『征伐豈其所欲！』此説好。」榦。集義。

## 居上不寬章

子升問「居上不寬」。[三一四]「『寬』字難識。蓋有政教法度，而行之以寬耳，非廢弛之謂也。

如『敬敷五教，在寬』，蓋寬行於五教之中也。」木之。

「居上不寬」三句，句末是[三一五]三字是本。有其本，方就[三一六]其本上看他得失厚薄。若無其本，更看個甚麽？明作。

「居上而不寬，爲禮而不敬，臨喪而不哀」，更無可據以爲觀者矣。蓋寬也，敬也，哀也，所謂本也。其本既亡，則雖有條教法令之施、威儀進退之節、擗踴哭泣之數，皆無足觀者。若能寬，能敬，能哀了，却就它這寬、敬、哀中然後[三一七]去考量他所行之是否。若不寬、不敬、不哀，則縱其他有是處，皆不在論量之限矣。如醋須是酸，方就它酸之中看那個釅、那個淡。若只似水相似，更論量個甚麽？無可説矣。僩。

希真問「吾何以觀之哉」一[三一八]章。曰：「如寬便有過不及，哀便有淺深，敬便有至不至。須是[三一九]有上面這個物事，方始就這上見得他得失。若無這個物事，却把甚麽觀得他！」恪。

**【校勘記】**

[一] 添人多數　成化本爲「多添人數」。

[二] 此條成化本無。

［三］子升兄問　成化本爲「子升」。
［四］季氏舞八佾章　成化本無。
［五］中　成化本無。
［六］孔子　成化本爲「如孔子」。
［七］叵　底本闕，據成化本補。
［八］此條成化本無。
［九］又　成化本無。
［一〇］在　成化本無。
［一一］便　成化本作「道」。
［一二］是　成化本無。
［一三］三家者以雍徹……奚取於三家之堂　成化本無。
［一四］童蜚卿　成化本爲「蜚卿」。
［一五］人而不仁如樂何　成化本無。
［一六］此　成化本無。
［一七］成化本此下注有「可學」。
［一八］只　成化本無。

〔一九〕成化本此下有「何」。

〔二〇〕成化本此下注曰：「儒用録云：『不莊不敬，不和不樂，便是不仁。暴慢鄙詐，則無如禮樂何矣。』」

〔二一〕成化本此下注曰：「儒用同。」

〔二二〕此條儒用録成化本無，但取部分儒用録内容夾於上條人傑録中，並於人傑録後注以「儒用同」。

〔二三〕問人而不仁……先生曰　成化本無。

〔二四〕其　成化本無。

〔二五〕亞夫問人而不仁如禮何一章　成化本無。

〔二六〕是　成化本無。

〔二七〕此條處謙録成化本無。

〔二八〕問人而不仁……先生曰　成化本無。

〔二九〕自與禮樂不相干事　成化本所録爲：如人身體麻木，都不醒了，自是與禮樂不相干事，所以孟子説：「學問之道無他，求其放心而已矣。」只是一個求放心，更無別工夫。或曰：「初求放心時，須是執持在此，不可令他放。」曰：「也不用擒捉他，只是要常在這裏。」或曰：「只是常常省察照管得在便得，不可用心去把持擒捉他。」曰：「然。只知得不在，纔省悟便在這裏。」或曰：「某人只恁擒制這心，少間倒生出病痛，心氣不定。」曰：「不是如此。只是要照管常在此便得。」

〔三〇〕僴　成化本無。

〔三一〕節　成化本無。
〔三二〕程子曰　成化本無。
〔三三〕何如　成化本無。
〔三四〕節　成化本無。
〔三五〕人而不仁如禮何　成化本無。
〔三六〕成化本此下注有「南升」。
〔三七〕却　成化本作「者」。
〔三八〕莫　成化本無。
〔三九〕人而不仁如禮何人而不仁如樂何　成化本無。
〔四〇〕以今觀之則前二説與後説不相似　成化本爲「今觀前二説與後説不相似」。
〔四一〕先生顧道夫　成化本無。
〔四二〕道夫　成化本無。
〔四三〕以　成化本爲「所以」。
〔四四〕如　成化本無。
〔四五〕子曰人而不仁如禮何人而不仁如樂何　成化本無。
〔四六〕成化本此下有「不必恁地」。

［四七］成化本此下有「尹先生皆」四字。

［四八］如何　成化本爲「如何是正理」。

［四九］成化本此下注有「集義」。

［五〇］淳　成化本無。

［五一］與　成化本爲「與其」。

［五二］已　成化本作「尚」。

［五三］如爲君臣者　成化本爲「如君臣」。

［五四］惟喪禮獨不可　成化本爲「問：喪，與其易也，寧戚。曰：其他冠昏祭祀皆是禮，故皆可謂與其奢也寧儉。惟喪禮獨不可」。

［五五］聖人　成化本無。

［五六］喪　成化本無。

［五七］之　成化本無。

［五八］摠摠　成化本爲「縱縱」。

［五九］吉事欲其提提爾　成化本無。

［六〇］冠昏喪祭皆是禮　成化本無。

［六一］是　成化本無。

［六二］是　成化本無。

［六三］又　成化本無。

［六四］蓋周室既衰……禮與其奢也寧儉　成化本無。

［六五］奢　成化本爲「奢易」。

［六六］成化本此下有「故寧儉而質。喪主於哀戚，故立衰麻哭踊之數以節之。今若一向治其禮文，而無哀戚之意，則去本已遠」。

［六七］成化本此下注有「南升」。

［六八］林放問禮之本……與其易也寧戚　成化本無。

［六九］子曰夷狄之有君不如諸夏之亡也　成化本無。

［七〇］事見僖公十一年狐突云云　成化本無。

［七一］問君子無所争……豈若小人之争乎　成化本爲「問君子無所争章」。

［七二］成化本此下注有「南升」。

［七三］不合　成化本作「全」。

［七四］成化本此下注曰：「去僞同。」

［七五］嵤　成化本無。

［七六］素以爲絢諸説不同　成化本無。

〔七七〕此條成化本無。
〔七八〕子曰……吾能徵之矣　成化本無。
〔七九〕此　成化本作「些」。
〔八〇〕此條成化本無。
〔八一〕成化本此下注曰：「方子録云：『所自出之帝無廟。』」
〔八二〕得　成化本無。
〔八三〕謂主者既立始祖之廟……而以始祖配之也　成化本爲「廣云」。
〔八四〕又　成化本無。
〔八五〕因説誠者物之終始　成化本爲「問：『「誠者物之終始，不誠無物」，是實有是理而後有是物否？』」。
〔八六〕且　成化本此上有「且看他聖人説底正文語脈，蓋『誠者物之終始』，却是事物之實理始終無有間斷，自開闢以來以至人物消盡，只是如此。在人之心，苟誠實無僞，則徹頭徹尾無非此理。一有間斷，則就間斷處即非誠矣。如聖人至誠，便是自始生至没身，首尾是誠。顔子不違仁，便是自三月之初爲誠之始，三月之末爲誠之終，三月以後便不能不間斷矣。『日月至焉』只就至焉時便爲終始，至焉之外即間斷而無誠，無誠即無物矣。不誠則『心不在焉，視不見，聽不聞』，是雖謂之無耳目可也」。
〔八七〕成化本此下注曰：「閎祖録云：『不誠，雖有物猶無物，如禘自既灌，誠意一散如不祭一般。』」且此條大雅録成化本載於卷六十四。

［八八］問　成化本爲「仁父問」。

［八九］若不王不禘時合自着恁地説將來　成化本爲「若不王不禘而今自着恁地説將來」。

［九〇］成化本此下有「正」。

［九一］看　成化本爲「某看」。

［九二］德　成化本爲「至德」。

［九三］實　成化本作「至」。

［九四］且　成化本作「是」。

［九五］究　成化本作「述」。

［九六］於閔公之上　成化本無。

［九七］之　成化本無。

［九八］每　成化本作「設」。

［九九］只　成化本無。

［一〇〇］子曰禘自既灌而往者吾不欲觀之矣　成化本無。

［一〇一］以　成化本無。

［一〇二］又　成化本無。

［一〇三］孔子答以不知……莫深於禘　成化本爲「集注所謂」。

〔一〇四〕故曰知此說者……其治天下不難矣　成化本無。
〔一〇五〕賀孫　成化本爲「南升」。
〔一〇六〕禘之説　成化本無。
〔一〇七〕之　成化本無。
〔一〇八〕尊　成化本作「光」。
〔一〇九〕説　成化本作「法」。
〔一一〇〕成化本此下有「法」。
〔一一一〕所　成化本無。
〔一一二〕也　王本作「他」。
〔一一三〕見義　成化本爲「見得義理」。
〔一一四〕治天下不難也　成化本爲「所以治天下不難也」。
〔一一五〕問　成化本爲「叔共問」。
〔一一六〕也　成化本作「已」。
〔一一七〕成化本此下注有「時舉」。
〔一一八〕兄　成化本無。
〔一一九〕今　成化本無。

〔一二〇〕集注云　成化本無。
〔一二一〕去僞録同　成化本無。
〔一二二〕或問禘之説章先生謂　成化本無。
〔一二三〕成化本此下有「真」。
〔一二四〕問　成化本爲「仁父問」。
〔一二五〕集注云　成化本無。
〔一二六〕意思　成化本無。
〔一二七〕怕　王本作「惟」。
〔一二八〕他　成化本爲「他説」。
〔一二九〕這　成化本無。
〔一三〇〕約　成化本爲「依約」。
〔一三一〕淳　成化本無。
〔一三二〕如此　成化本作「此處」。
〔一三三〕集義　成化本無。
〔一三四〕其　成化本作「真」。
〔一三五〕近　成化本作「邊」。

〔一三六〕成化本此下注有「寓」。

〔一三七〕問　成化本爲「或問」。

〔一三八〕之　成化本無。

〔一三九〕孔子　成化本無。

〔一四〇〕祖　成化本爲「祖先」。

〔一四一〕以　成化本無。

〔一四二〕神　成化本無。

〔一四三〕成化本此下有「如」。

〔一四四〕此　成化本無。

〔一四五〕不得祭　成化本無。

〔一四六〕盡其　成化本爲「是此」。

〔一四七〕成化本此下注有「南升」。

〔一四八〕此條恪録成化本載於卷三。

〔一四九〕謂　成化本作「神」。

〔一五〇〕問　成化本作「曰」。

〔一五一〕實　成化本無。

〔一五二〕問　成化本作「曰」。

〔一五三〕子美　成化本爲「子善」。

〔一五四〕王孫賈問曰……先生曰　成化本無。

〔一五五〕無所禱也　成化本爲「則無所禱」。

〔一五六〕恐　成化本作「便」。

〔一五七〕此　成化本無。

〔一五八〕集注　成化本作「注」。

〔一五九〕其尊無對非奧竈之可比也　成化本無。

〔一六〇〕成化本此下有「否」。

〔一六一〕只　成化本爲「只見」。

〔一六二〕因説與其媚於奧寧媚於竈　成化本無。

〔一六三〕必　成化本作「恐」。

〔一六四〕元秉　成化本爲「儒用」。

〔一六五〕此是始仕之時入而助祭也……先生云　成化本無。

〔一六六〕聖人謂古人之射不主皮者……先生曰　成化本無。

〔一六七〕黄直卿云是沖誨否先生曰然　成化本無，且此條末注有「南升」。

〔一六八〕問　成化本爲「或問」。

〔一六九〕又如　成化本無。

〔一七〇〕皆　成化本無。

〔一七一〕是　成化本無。

〔一七二〕故聖人謂　成化本無。

〔一七三〕正甫之意大段全説貫革底不是　成化本無。

〔一七四〕又舉詩舍矢如破之本意　成化本爲「又舉詩舍矢如破曰射之本意」。

〔一七五〕成化本此下注有「倪。植同」。

〔一七六〕子曰射不主皮爲力不同科古之道也　成化本無。

〔一七七〕子　成化本作「上」。

〔一七八〕了　成化本無。

〔一七九〕更　成化本無。

〔一八〇〕了　成化本無。

〔一八一〕集義　成化本無。

〔一八二〕此處　成化本無。

〔一八三〕此條賀孫録成化本分爲兩條：「居父問餼羊……非指特爲牛也」置於「子貢欲去告朔之餼羊章」

下，「問五祀皆設主而祭於所……是無所考也」置於「與其媚於奧章」下。

［一八四］拜　成化本此上有「如」。

［一八五］孔子　成化本此上有「而」。

［一八六］見　成化本爲「孔子」。

［一八七］此　成化本無。

［一八八］祖道謨録同　成化本爲「去僞」。

［一八九］淳　成化本無。

［一九〇］此條僩録成化本無，但於本卷載僩録另一條：問：「『關雎樂而不淫，哀而不傷』，於詩何以見之？」曰：「憂止於『輾轉反側』，若憂愁哭泣，則傷矣；樂止於鐘鼓琴瑟，若沉湎淫泆，則淫矣。」且於此條末注曰：「又云：『是詩人得性情之正也。』」

［一九一］關雎之義……其得情性之正如此　成化本爲「關雎之詩得情性之正如此」。

［一九二］成化本此下注曰：「南升。集注。」

［一九三］又　成化本無。

［一九四］講　成化本爲「講者」。

［一九五］只　成化本無。

［一九六］樂　成化本爲「哀樂」。

〔一九七〕說　成化本無。

〔一九八〕問　成化本此上有「堯卿問：『社主平時藏在何處？』曰：『向來沙隨說，以所宜木刻而爲主。某嘗辨之，後來覺得却是。但以所宜木爲主，如今世俗神樹模樣，非是將木來截作主也。以木名社，如櫟社、枌榆社之類。』又」。

〔一九九〕之　成化本無。

〔二〇〇〕問　成化本爲「又問」。

〔二〇一〕神　成化本此下有「又曰：『周禮，亡國之神却用刑人爲尸。一部周禮却是看得天理爛熟也。』」

〔二〇二〕成化本此下注有「以下社」。且此條夔孫録載於卷九十。

〔二〇三〕木之　成化本無。

〔二〇四〕哀公問社於宰我　成化本無。

〔二〇五〕冉有　成化本爲「宰我」。

〔二〇六〕成化本此下注有「淳」。

〔二〇七〕此條成化本無。

〔二〇八〕哀公問社一節　成化本無。

〔二〇九〕講者　成化本無。

〔二一〇〕祖道　成化本爲「去僞」。

〔二一一〕娶　成化本爲「一娶」。

〔二一二〕未　成化本作「不」。

〔二一三〕成化本此下注有「集注」。

〔二一四〕問　成化本爲「林聞一問」。

〔二一五〕管仲之器小哉集注云度量褊淺規模卑狹　成化本爲「度量褊淺規模卑狹」。

〔二一六〕令　朱本作「會」。

〔二一七〕董銖録無度量以下十字　成化本無。

〔二一八〕董録此便器小處五字作此所謂度量褊淺　成化本無。

〔二一九〕其　成化本無。

〔二二〇〕者　成化本無。

〔二二一〕皆　成化本無。

〔二二二〕在學者身體之　成化本爲「在學者身上論之」。

〔二二三〕此　成化本無。

〔二二四〕有厚薄　成化本爲「有厚有薄」。

〔二二五〕莫　成化本此上有「器」。

〔二二六〕充　成化本爲「充滿」。

〔二二七〕器小言　成化本無。

〔二二八〕還　成化本無。

〔二二九〕以　成化本作「與」。

〔二三〇〕公　成化本無。

〔二三一〕威　當作「桓」，避宋欽宗趙桓諱。下同。

〔二三二〕與　成化本無。

〔二三三〕南巡　成化本無。

〔二三四〕自然　成化本無。

〔二三五〕它　成化本無。

〔二三六〕它　成化本爲「想它」。

〔二三七〕大故大了　成化本爲「大處大故」。

〔二三八〕將　成化本無。

〔二三九〕或曰管仲儉乎……孔子告之僭禮　成化本無。

〔二四〇〕今　成化本無。

〔二四一〕公　成化本爲「某云」。

〔二四二〕知　成化本作「如」。

〔二四三〕休　底本闕，據成化本補。
〔二四四〕事　成化本作「最」。
〔二四五〕當　成化本無。
〔二四六〕告　成化本爲「下告」。
〔二四七〕國　成化本作「周」。
〔二四八〕成化本此下注有「南升」。
〔二四九〕説管仲之器小哉　成化本爲「蕭景昭」。
〔二五〇〕乎　成化本無。
〔二五一〕規矩準繩　成化本無。
〔二五二〕則　成化本無。
〔二五三〕門户中做來　成化本爲「門户來」。
〔二五四〕六年　底本闕，據成化本補，且此下注曰：「一作『疏淺』。」
〔二五五〕踏　成化本無。
〔二五六〕苛刻　成化本爲「苛虐」。
〔二五七〕是皆　成化本爲「皆是」。
〔二五八〕至　成化本無。

〔二五九〕至淺　成化本爲「量淺」。
〔二六〇〕以之爲心……則無所施而不可　成化本爲「以之爲己則順而祥以之爲人則愛而公以之爲心則和而平以之爲天下國家無所處而不當」。
〔二六一〕知　成化本作「之」。
〔二六二〕之人　成化本無。
〔二六三〕道夫　成化本作「驤」。
〔二六四〕子語魯太師樂者……故孔子呼而教之　成化本無。
〔二六五〕言一齊奏作也從之純如　成化本無。
〔二六六〕皦如也　成化本無。
〔二六七〕繹如也以成　成化本無。
〔二六八〕或　成化本無。
〔二六九〕成化本此下注有「南升」。
〔二七〇〕即　成化本無。
〔二七一〕裹　成化本無。
〔二七二〕儀封人　成化本無。
〔二七三〕尚　成化本作「而」。

〔二七四〕又　成化本無。

〔二七五〕儀封人謂亂極當治天必將使夫子得位振文教於天下　成化本爲「儀封人」。

〔二七六〕此　成化本無。

〔二七七〕成化本此下注有「南升」。

〔二七八〕百里之地　成化本爲「得百里之地」。

〔二七九〕行一不義殺一不辜而不爲　成化本爲「行一不義殺一不辜而得天下不爲是則同也舜武同異正如此故武之德雖比舜自有深淺而治功亦不多争」。

〔二八〇〕正如　成化本爲「正是」。

〔二八一〕便做個向北意思　成化本爲「周在南商在北此便做個向北意思」。

〔二八二〕成化本此下有「又做個轉歸南意思」。

〔二八三〕宜　成化本作「肯」。

〔二八四〕殺　成化本作「數」。

〔二八五〕詳見樂記　成化本無。

〔二八六〕此　成化本爲「觀此」。

〔二八七〕時舉　成化本作「恪」。

〔二八八〕問孔子稱舜之韶……故曰未盡善　成化本無。

〔二八九〕先生云　成化本無。
〔二九〇〕來　成化本作「本」，屬下讀。
〔二九一〕蓋氣象便不恁地和　成化本爲「蓋是象伐紂之事其所謂北出者乃是自南而北伐紂也看得樂氣象便不恁地和」。
〔二九二〕成化本此下注有「南升」。
〔二九三〕韶武章先生解曰　成化本爲「集注」。
〔二九四〕成化本此下注有「集注」。
〔二九五〕子謂韶盡美矣何以謂善者美之實　成化本爲「善者美之實」。
〔二九六〕之　成化本無。
〔二九七〕武未盡善注云善者美之實何也　成化本爲「善者美之實」。
〔二九八〕武王　成化本爲「是武王」。
〔二九九〕成化本此下有「底」。
〔三〇〇〕也　成化本無。
〔三〇一〕韶　成化本爲「韶武」。
〔三〇二〕成化本此下有「紂」。
〔三〇三〕吴氏稗傳　底本闕「吴」和「稗」，據成化本補。

〔三〇四〕將　成化本爲「則彼將」。
〔三〇五〕或曰　成化本無。
〔三〇六〕今　成化本作「雖」。
〔三〇七〕且　成化本無。
〔三〇八〕紂　成化本作「討」。
〔三〇九〕且　成化本無。
〔三一〇〕得　成化本無。
〔三一一〕此條時舉録成化本無。
〔三一二〕子謂韶……未盡善也　成化本無。
〔三一三〕范公　成化本爲「范氏」。
〔三一四〕成化本此下有「曰」。
〔三一五〕是　成化本無。
〔三一六〕方就　成化本爲「方可就」。
〔三一七〕然後　成化本無。
〔三一八〕一　成化本無。
〔三一九〕是　成化本無。

# 晦庵先生朱文公語類卷第二十六

## 論語八

### 里仁篇上

#### 里仁爲美章

或問：「里仁一篇，自首至『觀過斯知仁矣』都是說仁。『里仁爲美』是指言仁厚之俗，『觀過斯知仁』是指言慈愛底仁。其他則皆就心德上說。」曰：「雖是如此，然統體便都只是那箇仁。如里有仁厚之俗，便那一里之人這心不大故走作，所以有仁厚之俗。『觀過斯知仁』，便也是這心。」僩。

淳[一]問：「『里仁爲美』，論語、孟子注不同，如何？」曰：「論語本文之意只是擇居，孟子引來證擇術，又是一般意思。言里以仁者爲美，人之擇術豈可不謹？然亦不争多。」問：「美，是里之美？抑仁之美？」曰：「如云俗美一般。如今有個鄉村，人淳厚，便是那鄉村好；有個鄉村，人不仁，無廉無耻者多，便是那鄉村不好。這章也無甚奥義，只是擇居而已。然『里仁』字也差異。」淳。

問：「『里仁爲美』，孟子引用，自要説下文『安宅』。謝氏説：『論語本意不是如此。』」曰：「若這般説話，也要認得本旨是了。若如孟子説也無害，如謝氏也無害。」賀孫。

寓[二]問：「此章謝氏引孟子擇術爲證，如何？」曰：「聖人本語不是説擇術。古人居必擇鄉，遊必就士，是合着事。」劉問：「今人數世居此土，豈宜以他鄉俗美而遽遷邪？」曰：「古人『危邦不入，亂邦不居』。近而言之，若一鄉之人皆爲盗賊，吾豈可不知所避？聖人言語説得平正，必欲求奇説令高遠如何？今人説文字，眼前淺近底，他自要説深；在外底，他要説向裏；本是説他事，又要引從身上來；本是説身上事，又要引從心裏來。皆不可。」寓。

## 不仁者不可以久處約章

叔蒙問：「『不仁者不可以久處約，不可以長處樂。』不仁之人，本心已亡，纔處約必濫，纔處樂必淫，何待於長久。」曰：「亦自有乍能勉强一時者。」賀孫。[三]

仁者温淳篤厚，義理自然是足[四]，不待思而爲之，而所爲自怡怡[五]地皆是義理，所謂仁也。

智者知有是非，而取於義理，以求其是而去其非，所謂智也。升卿。

仁、智雖一，然世間人品所得自有不同：顏子曾子得仁之深者也，子夏子貢得智之深者也。如程門之尹氏則仁勝，上蔡則智勝。升卿。

至之問「仁者安仁」。曰：「仁者便是仁，早是多了一『安』字。『知者利仁』，未能無私意，只是知得私意不是着脚所在，又知得無私意處是好，所以在這裏千方百計要克去個私意，這便是利仁。」時舉。僩録同。〔六〕

劉潛夫問：「何以爲〔七〕『安仁』、『利仁』之別？」曰：「安仁者不知有仁，如帶之忘腰、屨之忘足。利仁者是見仁爲一物，則〔八〕就之則利，去之則害。」處謙。

晞遜問：「所謂利仁者，莫是南軒所謂『有所爲而爲』者否？」曰：「『有所爲而爲』不是好底心，下與『智者利仁』不同。〔九〕『仁者安仁』，恰似如今要做一事，信采〔一〇〕做將去，自是合道理，更不待逐旋安排。如孟子説：『動容周旋中禮者，盛德之至也。哭死而哀，非爲生者也；言語必信，非以正行也；經德不回，非以干禄也。〔一一〕』這只順道理合做處便做，更不待安排布置。待得『君子行法以俟命而已』，便與上不同。」又云：「『有爲而爲之，正是説『五霸假之也』之類。」賀孫。

或問「仁者心無精粗内外遠近之間」。曰：「若有便成兩段。此句爲『仁者安仁』設。」節。〔一二〕

問：「安仁者，『心無内外遠近精粗之間』。性之未動，既皆至理所存；情之既發，無非至理所著。利仁固是審於既發，莫更著謹於未發否？」曰：「若未發時，自著不得工夫。未發之時，自堯舜至於塗人，一也。」問：「原憲『克、伐、怨、欲不行』，惟[一三]是他許多不好物事都已發了，只白地壅遏得住，所以非獨不得爲仁，亦且[一四]非求仁之事。」曰：「是如此。」賀孫。

寓[一五]問：「謝氏之説[一六]『不能無遠近精粗之間』，如何？」曰：「亦只是内外意思。『吾心渾然一理，無内外遠近精粗』，這段分別説極通透。上蔡尋常説有過當處，此却他人説不到。」先生再三誦「安仁則一，利仁則二」之句，以爲解中未有及此者，因歎云：「此公見識直是高。利仁，貪利爲之，未要做遠底，且就近底做；未要做精底，且就粗底做。」問：「『安仁者非顔閔以上不知此味』，便是聖人之事乎？」曰：「是。須知『非顔閔以上不知此味』，到顔閔地位知得此味，猶未到安處也。」[一七]

蕭景昭問：「而今做工夫，且須利仁。」曰：「唯聖人自誠而明，合下便自安仁。若自明而誠，須是利仁。」銖。

## 惟仁者能好人能惡人章

問「唯仁者能好人，能惡人」，程子所謂「得其公正」是也。曰：「今人多連看『公正』二字，其實公自是公，正自是正，這兩個字相少不得。公是心裏公，正是好惡得來當理。苟公而不正，則其好惡必不能皆當乎理；正而不公，則切切然於事物之間求其是，而心却不公。此兩字不可少一。」僩。

問：「集注引程子『得其公正』四字，如何？」曰：「只是好惡當理，便公正。程子只着個『公正』二字解，[一八]某恐人不理會得，故以『無私心』解這[一九]『公』字，『好惡當於理』解『正』字。有人好惡當於理，而未必無私心；有人無私心，而好惡未[二〇]皆當於理。惟仁者既無私心，而好惡又皆當於理也。」時舉。

問：「『惟仁者能好[二一]，能惡人』。好善而惡惡，天下之同情。若稍有些子私心，則好惡之情發出來便失其正。惟仁者心中渾是正理，見人之善者則好之，見不善者則惡之。或好或惡皆因人之有善惡，而吾心廓然大公，絕無私係，故見得善惡十分分明，而好惡無不當理，故謂之『能好能惡』。」曰：「程子之言約而盡。公者，心之平也；正者，理之得也。一言之中，體用備矣。」[二二]

## 苟志於仁章

問：「『苟志於仁矣，無惡也。』切謂學者有志於仁，雖有趨向已正，而心念未必純善而無過差。纔有過差便即是惡，豈得言無？」答〔二三〕曰：「志於仁，則雖有過差，不謂之惡。惟其不志於仁，是以至於有惡。此『志』字不可草草看。」人傑。

先生問學者：「『苟志於仁矣，無惡也』，與『士志於道，而耻惡衣惡食者，未足與議也』，前面説志於仁則能無惡，此段説志於道而猶有此病。其志則一，而其病不同，如何？」諸友言不合。曰：「仁是最切身底道理。志於仁，大段是親切做工夫底，所以必無惡。志於道，則説得來闊，凡人有志於學皆志於道也。若志得來泛泛不切，則未必無耻惡衣惡食之事。又耻惡衣食亦有數樣。今人不能甘粗糲之衣食，又是一樣。若耻惡衣惡食者，則是也喫着得，只是怕人笑，羞不如人而已，所以不足與議。」僴。

## 富與貴是人之所欲〔二四〕章

問〔二五〕「富與貴」一章。答〔二六〕曰：「『富與貴，不以其道得之』，若曰是諂曲以求之，此又是最下等人。所謂得之者，便設有自到我面前者，吾知其有一毫不是處，也不可處。譬如秀才赴試，有一人先得試官題目將出來賣，只要三兩貫錢便可買得，人定是皆去買。惟到這裏見得破方是有學力。聖人言語豈可以言語解過一遍便休了？須是實體於身，灼然行得，方是讀書。」時舉。

問：「『貧賤，如何是不當得而得之？』」曰：「小人放僻邪侈，自當得貧賤。君子履仁行義，疑不當得貧賤，然却得貧賤，這也只得安而受之。不可説我不當得貧賤，而必欲求脱去也。今之人大率於利雖不當得，亦泯此理[二七]受之；有害，則必以爲不當得而求去之矣。君子則於富貴之來，須是審而處之；於貧賤則不問當得與不當得，但當安而受之，不求去也。」問：「此二節語，猶云『恐有言無不讎，[二八]而德無不報』之意否？」曰：「然。蓋於富貴則有所不處，於貧賤則必受之而不辭也。」僩。

問：「君子當得富貴，以利澤生人者也。[二九]所謂不當得而得者，乃人君不能用其言，徒欲富貴之，君子寧辭去而不居也。所謂不當得貧賤而貧賤者，以君子抱負大有爲之志，而反不得位以行之，亦安時處順，不汲汲於勢位以求行其志也。君子之所以不汲汲於富貴、戚戚於貧賤者，蓋胸中天理素明，惟知存養此理，無敢違去。達則行此理於天下，窮則藏此理於吾身。如或貪富貴而厭貧賤，則是違去此理而無君子之實矣，何以號爲君子乎？『君子無終食之間違仁』以下，又言君子不但富貴貧賤取捨之間不違去其仁，蓋無時無處而違仁也。『無終食之間違仁』是無時而不仁也。『造次』、『顛沛必於是』，無處而不仁也。蓋緣取捨之分明，富貴貧賤不足以動其心，故能存養得純熟，良心常在如此。[三〇]」先生曰：「富貴不以道得之，不但説人君不用其言，只富貴其身。如此説，却説定了。凡是富貴貧賤有不當得而得者，皆不處不去。如『孔子主於[三一]衛卿可得』之類，亦是不當得之富貴。須且平説，不要執定一事。又云終食、造次、顛沛一句[三二]，雖[三三]至傾覆流離之際，亦不違仁也。」[三四]。

「不[三五]當富貴而得富貴，則害義理，故不處。不當貧賤而得貧賤，則自家義理已無愧，居之何害！富貴人之所同欲，若不子細便錯了。貧賤人之所同惡，自家既無愧於[三六]義理，若更去其中分疏我不當貧賤，便不是。張子韶[三七]『審富貴而安貧賤』，極好。」正卿。[三八]

「君子去仁」[三九]如「孟子去齊」之「去」，我元有此仁[四〇]而自離去之也。音去聲則是除卻了，非也。[四一]明作。[四二]

子善問此一[四三]章。曰：「且如不處、不去，若是資質好底，所見稍明，便於這裏也能見得，只是未必到無終食不違底意思。不處、不去，乃是立腳處好了，細密工夫方下得。若上面無立處腳[四四]了，其他可見。[四五]聖人之意不獨是教人於富貴貧賤處做工夫，須是到終食不違、顛沛造次都用工方可。」一本「其它可見」作「下面工夫無緣可見」。[四六]恪。

先生因寓看里仁篇，云：「前面幾段更好熟看，令意脈接續。」因問：「造次是『急遽苟且之時』。苟且，莫是就人情上說否？」曰：「苟且是時暫處。苟可以坐，苟可以立，令此心常存，非如大賓大祭時也。」問：「曾子易簀，莫是苟且時否？」曰：「此正是顛沛之時。那時已不可扶持，要如此坐也不能得。」寓。

敬之問：「富貴貧賤，聖人教人，要得分別取舍[四七]到個真切處，便隨道理做去。有一般昏弱之人都只是人欲上行，便是不識痛癢底人。」先生曰：「聖人這處恰似説得疏。學問工夫儘多，聖人去富貴貧賤時節，[四八]又如何做工夫？終不成閑過了這處！聖人且立個大界限，先要人分別得個路頭。君子若[四九]去仁，便是不成個君子。看聖人説得來似疏，下面便説到細密處。須是先説個粗，後面方到細處。若不是就粗處用功，便要恁地細密也不得。須知節節有工夫，剥了一重又一重，去了一節又一節。」敬之云：「此章説此三句，可謂緊切。雖然，只説存養，未説仁處，要是教人自體認看。」先生笑曰：「公又如此。所見這裏未是極處，要更[五〇]去言外討[五一]道理，如何得？聖人這處正是説築底處，正是好着力處，却如此輕説過了。衆人是這個心，聖人也只是這個心，存得心在這裏，道理便在這裏。從古聖賢只是要理會這個物事。保養得這個在，那事不從這裏做出！」[五二]

「富與貴，貧與賤」，方是就至粗處説。後面「無終食之間違仁」，與「造次、顛沛必於是」，方説得來細密。然先不立得這個至粗底根脚，則後面許多細密工夫更無安頓處，更無可得説。須是先能於富貴不處，於[五三]貧賤不去，立得這個粗底根脚了，方可説上至細處去。若見利則趍，見便則奪，這粗上不曾立得定，更説個甚麽！正如「貧而無諂，富而無驕」，與「貧而樂，富而好禮」相似。若未能無諂無驕，如何説得樂與好禮！却是先就粗處説上細上去。僩。

「富貴貧賤，不處不去，此一節且説個粗底，方是個君子皮殼，裏面更多有事在。然先會做這事，方始能不去其仁。既把得定，然後存養之功自此漸漸加密。[五四]如孟子言『善、利之間』，須從『閒』字上看，但孟子之言勇決，孔子之言詳緩，學者須就這上着力。今之[五五]學者都不濟事，纔略略有些利害，便一齊放倒了。某常向朋友説，須是就這上立得脚住，方是離得泥水。若不如此，則是在泥裏行，纔要出又墮在泥裏去，縱説得道理也没安頓處。如大學所謂『誠其意者，毋自欺也』。毋自欺有多少事，他却只就『小人閑居爲不善，見君子而後厭然，揜其不善而著其善』處説。爲甚先要去了這個？蓋不切則磋無所施，不琢則磨無所措矣。」又曰：「『審富貴』是義，『安貧賤』是命。」賜。

伯豐[五六]問明道云「不以其道得去[五七]富貴，如患得之」及[五八]文義如何。曰：「『如患得之』，[五九]將此『得』字解上『得』字。」[六〇]集義。

## 我未見好仁者章

問：「好仁即便會惡不仁，惡不仁便會好仁，今並言好仁者、恶不仁者，[六一]如何？」曰：「固是好仁能惡不仁。然有一般天資寬厚温和底人，好人之意較多，惡人之意較少；一般天資剛毅奮發底人，惡人之意較多，好人之意較少。『好仁者，無以尚之。惡不仁，不使不仁者加乎其身』，這個便是好惡樣子。」問：「此處以成德而言，便是顔子『得一善拳拳服膺』，曾子『任重而道遠』與啓手足處，是這地位否？」曰：「然。」寓。

問此一章。曰：「好仁者與惡不仁者雖略有輕重，然惡不仁者到〔六二〕『不使不仁加乎其身』，便亦是仁了。二者以資禀言之，其寬弘静重者便是好仁底人，其剛毅特立者便是惡不仁底人。」時舉曰：「利仁者即是好仁者否？」曰：「好仁，惡不仁，皆利仁者之事。」時舉曰：「『蓋有之矣，我未之見也』，也是言未見用力底人，還是未見用力而力不足之人？」曰：「此意聖人只是言其用力者之難得。用力之好者固未之見，到資禀昏弱、欲進而不能者亦未之見，可見用力者之難得也。」時舉。

問：「好仁、惡不仁，是有優劣不〔六三〕？」曰：「略有之。好仁者，自有一般人資質較寬和温厚；惡不仁者，自是有一般人資禀較剛果決裂，然而皆可謂之成德。横渠言『好仁、惡不仁，只是一人』，説得亦好，但不合。聖人言兩『者』字，必竟是言兩人也。」

問：「好仁、惡不仁，有輕重否？」曰：「也微有些輕重。好仁，是他資質寬和厚重；惡不仁，是剛毅方正。好仁，則於仁與禮上多些；惡不仁，則於義與智上多些。好仁，只知有仁，而不見那不仁來害他；惡不仁，是曾知得這病痛，惟恐來害他。略與『安行、强行』相似。好仁，是康强底人，平生未嘗病，亦不知有病痛；惡不仁，是曾被病害，知得病源，惟恐病來侵著。惡不仁終是兩件，好仁却渾淪了。學者未能好仁，且從惡不仁上做將去，庶幾堅實。」僩。

問：「好仁者如顏子，惡不仁者似孟子否？」曰：「好仁者與惡不仁者本無優劣，只是他兩個資質如此。好仁底人是個温柔寬厚底資質，只見得好仁處好，不甚嫌那不仁底，他只見得好仁路上熟。惡不仁者便是個剛勁峭直底資質，心裏真個是惡那不仁底事。好仁底較强些子，然好仁而未至，却不及那惡不仁之切底。蓋惡不仁底真是壁立千仞，滴水滴凍，做得事成！」僩。

好仁者、惡不仁者，把做兩人看也得，一人看也得。有那個好仁底人，也有那個惡不仁底人。如伯夷便是惡不仁底，柳下惠便是好仁底。淳。[六四]

「『好仁者無以尚之』，只是將無以加之來説，此與『惡不仁』一段相對。既是好仁，便知得其他無以加此。若是説我好仁，又却好那[六五]好色，物皆有好，便是不曾好仁。若果是好仁，便須天下之物皆無以過之。亦有解作無一物可以易其所好者。蓋只是好仁一件，方可謂之好仁，所以言『我未見好仁者』。」徐元震問：「惡不仁如何？」曰：「只謂惡不仁，本是[六六]仁。只『不使不仁者加乎其身』便是仁了。」[六七]

賀孫[六八]問：「集注云：『好仁者，真知仁之可好，故舉天下之物無以加之。惡不仁者，真知不仁之可惡，故其所以爲仁者必能絶去不仁之事，而不使少有及於吾身。』此亦只是利仁事否？」曰：「然。」問：「上蔡謂：『智者謂之有所見則可，有所得則未可。』如此，則是二者乃方用功底人，聖人何以爲未之見？」曰：「所謂未有得者，言[六九]已見得仁如此好了，貪心篤好，必求其至。便喚做有所得，未可。」問：「集注於『好仁、惡不仁』云：『皆成德之事，所以難得而見。』若説未有得，如何又謂之成德？」曰：「若真是好仁、惡不仁底人，已是大段好了，只是未喚做得仁。」問：「這雖説是成德，莫亦未是十全否？」曰：「雖未是十全，須已及六七分了。」僩。〔七〇〕

寓〔七一〕問：「『我未見好仁者，惡不仁者』，〔七二〕集注云：『是成德之事。』如何？」曰：「固是。便是利仁之事。」問：「這處地位便是在安仁之次，而利仁之熟也。」曰：「到這裏是熟，又未説到安仁。安仁又別。」〔七三〕

寓〔七四〕問：「集注前後説不同：前説能用力於仁，未見其力有不足者。後説有用力而力不足者。既曰用力，亦安有昏弱欲進而不能者？」曰：「有這般人，其初用力非不切至，到中間自是欲進不能。夫子所謂『力不足者，中道而廢』，正説此等人。冉求力可做，却不自去着力耳。間或有曾用力而力不足底人，這般人亦爲〔七五〕難得。某舊只説得『有能一日用其力』一句，後知其未穩，大段費思量，一似蟻鑽珠模樣，鑽來鑽去，語脈却是如此，方見得兩個『未見』字不相礙。」寓。

敬之問「富與貴是人之所欲」〔七六〕。又〔七七〕問：「『好仁、惡不仁』，至『我未之見也』，此不出兩端：好仁、惡不仁者，是真知得分明，此身常在天理上。下面説有能一日用力及力不足者，皆是正當分別天理人欲處着工夫。」又説：「里仁前面所説都只是且教人涵養，別須更有下工夫處。」曰：「工夫只是這個。若能於此涵養，是甚次第！今看世上萬物萬事，都只是這一個心。」

又曰：「今夜説許多話最要緊。所謂講學者，講此而已；所謂學者，學此而已。」賀孫。

問：「好仁、惡不仁，雖不可得，果能一旦奮然用力，不患力之不足。」曰：「須是立志爲先，這氣便隨他。敬義夾持，上達天德。」問：「『一日用其力』，將志氣合説如何？」曰：「用力説氣較多，志亦在上面了。『志之所至，氣必至焉。』這志如大將一般，指揮一出，三軍皆隨。只怕志不立，若能立志，氣自由我使。『夫志，氣之帥也；氣，體之充也。』人出來恁地萎萎衰衰，恁地柔弱，亦只是志不立。志立自是奮發敢爲，這氣便生。志在這裏，氣便在這裏。」因舉手而言曰：「心在這手上，手便暖；在這脚上，脚便暖。志與氣自是相隨。若真個要求仁，豈患力不足！聖人又説道，亦有一般曾用力而力不足之人，可見昏弱之甚。如這般人也直是少。」敬之問：「這章，聖人前面説個向上底，中間説個能用力而無不足底，又説到有用力而力不足底，有許多次第，所以深警學者否？」曰：「也不是深警學者，但言成德之事已不可見，而用力於仁者亦如[七八]之。」[七九]

問：「夫子自言『我未見好仁者、惡不仁者』，蓋成德之士有此兩樣人。好仁者是成就得渾厚人，真知仁之可好而篤好之；惡不仁者是成就得剛毅人，凡有不仁之事則疾惡之。皆是得好惡之正也。好仁者無以尚之，蓋好仁者惟在於存養天理，見得此理至尊至貴，舉天下之物無以加吾此理也；惡不仁者，凡視聽言動或有非理皆惡之而不爲，則其克去己私，保守天理，必不使不仁之事少加於其身。此皆成德之士，故以爲難得而見也。『有能一日用其力於仁矣乎？』言好仁、惡不仁者既不可得而見，今若人一旦奮然用力於仁，言便眞實下工夫做去，未有力不足者。『志之所至，氣亦至焉』，第恐志不至矣，豈有理在吾身而不可以？蓋有之矣，其間恐亦有用力而氣質昏弱、欲進而不能者，聖人不絶人以不能故，疑亦有之，但今亦未之見。蓋嘆不惟成德之士爲難見，雖眞實做工夫底人亦難得也。」先生云：「大概亦説得好。」〔八〇〕

一日，諸生講論語至此章，有引范氏之言者曰：「惡不仁者，不若好仁者之爲美也。」又援吕氏之説，以爲惡不仁者劣於好仁者，蓋謂孔子以「好仁無以尚之」，故以惡不仁者之爲劣也。先生曰：「惡不仁者，亦不易得，但其人嚴厲可畏，不如好仁者之和易也。正不須將好仁、惡不仁分優劣如此〔八一〕。聖人謂『好仁者無以尚之』，非以好仁者爲不可過也。謂人之好仁『如好好色』，更無以尚之者，此誠於好仁者也。其曰『惡不仁者，其爲仁矣，不使不仁加乎其身』者，惡不仁『如惡惡臭』，唯恐惡臭之及吾身也。其眞個惡他如此，非是且如此惡他，後又却不惡他也。」祖道。人傑、謨並同。〔八二〕

## 人之過也章

「觀過斯知仁」，此「仁」字是指慈愛而言。〔八三〕

問「觀過斯知仁」。曰：「先儒説得仁來大了。學者只管逐句愛説深，不知此『仁』字説較淺，不是『仁者安仁』之『仁』。如有好底人無私意而過，只是理會事錯了，便也見得仁在。不好底人有私意，便待〔八四〕無過，也不敢保他有仁。如禮記謂『仁者之過易辭』。仁者之過，只是理會事錯了，無甚蹺蹊，故易説。不仁之過是有私意，故難説。此亦是『觀過』知仁意。」淳。

或問：「『觀過斯知仁』，這『仁』字説得較輕。」曰：「也則〔八五〕是此理。所以伊川云：『君子常失於厚，過於愛。』『厚』字、『愛』字便見得仁。湖南諸公以知覺做仁，説得來張大可畏！某嘗見人解『麒麟之於走獸』云：『麒麟，獅子也。』某嘗以爲似湖南諸公言仁。且麒麟是不踐生物〔八六〕，多少仁厚！他却喚做獅子，却是可畏！但看聖人將『仁』字與『義』字、『禮』字〔八七〕相同説便見。」〔八八〕

聖人之言寬舒，無所偏失。如云「觀過斯知仁」，猶曰觀人之過，足知夫仁之所存也。若於此而欲求之仁體，則失聖人本意矣。禮記「與人同過」之言説得太巧，失於迫切。人傑。

植〔八九〕問此章。曰：「所謂君子過於厚與愛者，雖然是過，然亦是從那仁中來，血脈未至斷絶。若小人之過於薄與忍，則與仁之血脈已是斷絶，其謂之仁，可乎？」時舉。

問：「各於其黨，觀過斯知仁矣。」〔九〇〕曰：「黨，類也，偏也。君子過於厚，小人過於薄，觀此則仁與不仁可知。君子過於厚，厚雖有未是處，終是仁人。」或問：「過莫是失否？」曰：「亦

是失也。」祖道。謨録同。〔九一〕

問：「人不能無過，有過亦可即其過而觀之。若是君子只是過於厚，小人只是過於薄；君子只是過於愛，小人只是過於忍。君子小人之過，各於其類如此。〔九二〕過於厚與愛，雖未爲中理，然就其厚與愛處看得來，便見得是君子本心之德發出來。若是過於薄與忍，便見得小人失其本心矣。〔九三〕」先生云：「厚與愛，畢竟是仁上發來，其苗脈可見。」〔九四〕

此段也只是論仁。若論義則當云「君子過於公，小人過於私；君子過於廉，小人過於貪；君子過於嚴，小人過於縱。觀過斯知義矣」方得。這般想是因人而發，專指仁愛而言也。僩。

問：「伊川謂：『人之過也各於其類，君子常失於厚，小人常失於薄；君子過於愛，小人傷於忍。』愚謂此與『禮與其奢也寧儉』同意。」曰：「近之。」人傑。

或問：「伊川此説，與諸家之説如何？」曰：「伊川之説最善。以君子之道觀君子，則君子常過於愛，失於〔九五〕厚；以小人之道觀小人，則小人常過於忍，失於薄。如此觀人之過，則人之仁與不仁可知矣。」又問：「南軒謂：『小人失於薄，傷於忍，此豈人之情也哉！其所陷溺可知矣。』此云『陷溺』，如何？」答曰：「他要人自觀，故下『陷溺』二字。知所陷溺，則知其非仁矣。」又問：「南軒作韋齋記，却〔九六〕以黨爲偏，其説以謂：〔九七〕『偏者，過之所由生也。觀者，用力之妙也。覺吾之偏在是，從而觀之，則仁可識矣。』此説如何？」曰：「此説本平易，只被後來人説

得別了。」祖道。〔九八〕

## 朝聞道章

問：「『朝聞道，夕死可矣〔九九〕』，道是如何？」曰：「道只是眼前分明底道理。」賀孫。

問：「集注云：『道者，事物當然之理。』果爾，則道非一杳杳冥冥昏默底物，使人聞之則超脱解悟，如佛氏之説也。〔一〇〇〕然嘗思道之大者，莫過乎君臣、父子、夫婦、朋友之倫，而其有親、有義、有別、有信，學者苟致一日之知，則孰不聞焉？而即使之死，則亦覺未甚濟得事。然而所謂道者，果何處真切至當處？又何以使人聞得而遂死亦無憾？」曰：「道誠不外乎日用常行之間耳。但公説未甚濟事者，第恐知之或未真耳。若是知得真實，必能信之篤，守之固。幸而未死，則可以充其所知，爲聖，爲賢。萬一即死，則亦不至昏昧過了一生，如禽獸然。是以爲人必以聞道爲貴也。」曰：「所謂聞者，莫是大而天地，微而草木，幽而鬼神，顯而人事，無不知否？」先生曰：「亦不必如此，大要知得爲人底道理則可矣。其多與少又在人學力也。」曰：「看得此章，聖人非欲人聞道而必死，但深言道之不可不聞耳。若將此二句來反之曰：『若人一生而不聞道，雖長生亦何爲！』便自明白。」先生曰：「然。若人而聞道，則生也不虚，死也不虚。若不聞道，則生也枉了，死也枉了。」處謙。

恪問：「『朝聞道』，如何便『夕死可矣』？」曰：「物格、知至則自然理會得這個道理，觸處皆是這個道理，無不理會得。生亦是這一個道理，死亦是這一個道理。」季札。〔一〇一〕

問「朝聞道，夕死可矣」。先生曰：「所謂夕死可者，特舉其大者而言耳。蓋苟得聞道，則事無小大皆可處得，富貴貧賤無所往而不可，故雖死亦有死之道也。」〔一〇二〕時舉。

寓〔一〇三〕問：「『朝聞道而可夕死，莫須是知得此理之全體，便可以了足一生之事乎？』曰：『所謂聞道，亦不止知得一理，須是知得多，有個透徹處。至此，雖便死也不妨。明道所謂「非誠有所得，豈以夕死爲可乎！」須是實知有所得方可。』」寓。

「道只是事物當然之理，只是尋個是處。大者易曉，於細微曲折，人須自辨認取。若見得道理分曉，生固好，死亦不妨。不然，生也不濟事，死也枉死。」又云：「所謂聞者，通凡聖而言，不專謂聖賢，然大率是爲未聞道者設。且如昨日不曾聞，今日聞之，便是。程子所謂『人知而信者爲難，非誠有所得，豈以夕死爲可乎！』知後須要得，得後方信得篤。『夕死可矣』，只是說便死也不妨，非謂必死也。」明作。

守約問：「伊川解『朝聞道，夕死可矣』，『死得是也』，不知如何？」曰：「『朝聞道』，則生得是，死便也死得是。若不聞道，則生得不是，死便也恁地。若在生仰不愧，俯不怍，無纖毫不合道理處，則死如何不會是！」賀孫。〔一〇四〕

先生顧程安卿[一〇五]曰：「伊川説『實理』，有不可曉處。云『實見得是，實見得非』，恐是記者之誤，『見』字上必有漏落。理自是理，見自是見。蓋物物有那實理，人須是實見得。」義剛曰：「理在物，見在我。」曰：「是如此。」義剛。[一〇六]

賀孫問：「聞道自是聞道，也無間於死生。」曰：「如何是無間於死生？」曰：「若聞道，生也得，死也得。」曰：「若聞道而死，便[一〇七]方是死得是，死得[一〇八]是則在生也都是。若不聞道，在生也做不是，到死也不是。吾儒只是要理會這道理，生也是道[一〇九]理，死也只是這道[一一〇]理。佛家却説被這理勞攘，百端費力，要掃除却[一一一]這理教無了。一生被這理撓，一生被這心撓。」問：「伊川説此一段，及吕氏説『動容周旋中禮，盛德之至』，『君子行法俟命』，是此意否？」曰：「這是兩項。『動容周旋中禮』，這是聖人事，聞道自不足以言之。自與道爲一了，自無可得聞。『行法以俟命』，是見得了，立定恁地做。」問：「伊川云：『得之於心，是爲有得，不待勉强。學者須當勉强。』是如何？」曰：「這兩項又與上别。這不待勉强，又不是不勉而中，從容中道。只是見得通透，做得順，便如所謂樂循理底意思。」問：「曾子易簀，當時若差了這一着，唤做聞道不聞道？」曰：「不論易簀與不易簀，只論他平日是聞道與不聞道。平日已是聞道，那時萬一有照管不到，也無奈何。」問：「若果已聞道，到那時也不到會放過。」曰：「那時是正終大事。既見得，自然不放過。」[一一二]

## 士志於道章

問：「『志於道，而恥惡衣惡食者[一一三]。』既是志道，如何尚如此？」曰：「固有這般半上半落底人，其所謂志，也是志得不力。只是名爲志道，及於物來誘，則又變遷了。這個最不濟事。」義剛。

前面說志於仁則能無惡，此段說志於道而猶有此病。先生曰：「仁是最切身底道理。志於仁，大段親切做工夫底，所以必無惡。志於道，則說得來闊，凡人有志於學者[一一四]，皆志於道也。若志得來泛泛不切，則未必無恥惡衣惡食之事。」僩。此段詳見苟志於仁章。[一一五]

## 君子之於天下也章

文矩問「君子之於天下也」一章。曰：「義是吾心所處之宜者。見事合恁地處則隨而應之，更無所執也。」時舉。

「南軒說『「無適無莫」，適，是有所必；莫，是無所主』，便見得不安。程氏謂『無所往，無所不往，且要義之與比處』，便安了。」答曰：「但[一一六]古人訓釋字義，無用『適』字爲『往』字者。此『適』字當如『吾誰適從』之『適』，音的，是端的之意。言無所定亦無所不定爾。張欽夫[一一七]

云『吾儒無適、無莫，釋氏有適、有莫』，此亦可通。」大雅。

「義之與比」，非是我去與義相親，義自是與比。謨。

敬之問：「『義之與比』，是我這裏所主者在義。」曰：「自不消添語言，只是無適無莫，看義理合如何。『處物爲義』，只看義理合如何區處他。義當富貴便富貴，義當貧賤便貧賤，當生則生，當死則死，只看義理合如何。」賀孫。

問：「謝上蔡〔一一八〕所謂『於無可無不可之間，有義存焉，則君臣父子〔一一九〕之心果有所倚乎？』凡事皆有一個合宜底道理，須是見得分明，雖毫髮不差，然後得是當。」曰：「義即宜也，但須得〔一二〇〕合宜，故曰『處物爲義』。」〔一二一〕

## 君子懷德章

「『君子懷刑』，如禮記所謂『畏法令』，又如『肅政教』之類，皆是」。或謂：「如『問國之大禁而後敢入』，是否？」曰：「不必如此說。只此『懷刑』一句亦可爲善。如違條礙貫底事不做，亦大段好了。」明作。

問：「所貴乎君子者，正以其無所待於外而自修也。刑者，先王所以防小人，君子何必以是爲心哉？」先生默然良久曰：「無慕於外而自爲善，無畏於外而自不爲非，此聖人之事也。若自聖人以降，亦豈不假於外以自修飭！所以能『見不善如探湯』，『不使不仁者加乎其身』，皆爲其知有所畏也。」僩〔一二二〕因思集注言：「君子小人趍向不同，公私之間而已。」只是小人之事莫非利己之事，私也。君子所懷在德，則不失其善。至於刑，則初不以先王治人之具而有所憎疾也，亦可借而自修省耳。只是一個公心。且如伊川却做感應之理解，此一章文義雖亦可通，然論語上言君子小人，皆是對舉而並言，此必不然也。先生又言：「如漢舉孝廉，必曰『順鄉里，肅政教』。『肅政教』之云，是亦懷刑之意也。」僩因思得此所謂君子者，非所謂成德之人也。若成德之人，則誠不待於懷刑也，但言如此則可以爲君子，如此則爲小人，未知是否？處謙。

又問：「君子之心樂善，故其思念惟在於固有之德；小人之心偷安，故其思念惟在於固所安之地。君子之心惡不善，故其思念惟在於畏法；小人之心務得，故其思念惟在於貪利。樂善、惡不善，是此心公正處，所以爲君子。偷安務得，切切於己私，所以爲小人。只有一心，趍向一差，賢否遂判。」先生云：「此段也分明。」〔一二三〕又云：「『懷刑』只是『惡不善』，不使不善之事加乎一身。」〔一二四〕

「此是君子小人相對説着〔一二五〕，尹子之説得之。若一串説底，便添兩個『則』字，『惠』字下又著添字。」又問「懷刑」。曰：「只是君子心常存法。大抵君子便思量苦底，小人便思量甜底。又有一説，『懷刑』作『恤刑』，『懷德』作『施德』。要之，不如好善而惡不仁者是。」畬。

## 放於利而行多怨[一二六]章

「放於利而行多怨」，只是要便宜底事[一二七]。凡事只認自家有便宜處做，便不恤他人，所以多怨。[一二八]

纔有欲順適底意思便是利。祖道。[一二九]

吴仁父問此章。[一三〇]曰：「放於義而行，只據道理做去，亦安能盡無怨於人？但識道理者須道是『雖有怨者，如何恤得他！』若放於利，則悖理徇私，其取怨之多必矣。」閎祖。

「放利多怨。」或問：「青苗亦自便民，何故人怨？」曰：「青苗便是要利息，所以人怨。」明作。

## 能以禮讓爲國章

問「能以禮讓爲國」。[一三一]曰：「讓是那禮之實處。苟徒跪拜俯伏而以是爲禮，何足取信於人！讓者，譬[一三二]凡事寧就自家身上抉出此子辭尊居卑、辭多受少底意思，方是禮之實。」賜。

賀孫[一三三]問：「集注云[一三四]『讓者，禮之實也』。莫是辭讓之端發於本心之誠然，故曰『讓是禮之實』？」曰：「是。若是玉帛交錯，固是禮之文；而擎跽曲拳，升降俛仰，也只是禮之文，皆可以僞爲。惟是辭讓方是禮之實，這却僞不得。既有是實，自然是感動得人心。若以好争之心，而徒欲行禮文之末以動人，如何感化得他！」問：「『如禮何』一句，從來諸先生都説得費力。今説『讓是禮之實』，則此句尤分明。」「前[一三五]輩於這般處也自闊略，纔被説得定了便只是是也。」賀孫。

「不能以禮讓爲國」，是雖[一三六]徒能進退可觀、容止可度，及到緊要處却不能讓。雖有這繁文末節處亦無用，亦不得謂之禮。僩。

又[一三七]問：「禮者，自吾心恭敬至於事爲之節文，兼本末而言也。『讓者，禮之實』，所爲恭敬辭遜之心是也。君子欲治其國，亦須是自家盡得恭敬辭遜之心，方能以禮爲國。所謂『一家讓，一國興讓』，則爲國何難之有！不能盡恭敬辭遜之心，則是無實矣。雖有禮之節文，亦不能行，況爲國乎！」先生曰：「且不奈禮之節文何，何以爲國！」[一三八]

問：「『不能以禮讓爲國，如禮何』，諸家解義，却是解做如國何了。」曰：「是如此。如諸家所説則便當改作『如國何』。大率先王之爲禮讓，正要樸實頭用。若不能以此爲國，則是禮爲虛文爾，其如禮何！」謨。

## 不患無位章

「不患莫己知，求爲可知也。」「不患人之不己知，患不知人也。」如[一三九]這個，須看聖人所説底語意，大意[一四〇]只是教人不求知，但盡其在我之實而已。看聖人語意了，又看今人用心，也有務要人知者。只是看這語意差，便要如此。所謂求爲可知，只是盡其可知之實；非是要做些事，便要夸張以期人知，這須看語意。如「居易以俟命」，也只教人依道理平平做將去，看命如何。却不是説關門絶事，百樣都不管，安坐以待這命。[一四一]

## 【校勘記】

[一]　淳　成化本無。
[二]　寓　成化本無。
[三]　此條賀孫録成化本以部分内容爲注，附於義剛録後，參成化本卷二十六義剛録「問既是失其本心……也有不便恁地底」。
[四]　是足　成化本爲「具足」。
[五]　怡怡　成化本爲「帖帖」。
[六]　僩録同　成化本無。
[七]　何以爲　成化本無。

［八］則　成化本無。
［九］下與智者利仁不同　成化本爲「與利仁不同」。
［一〇］采　朱本作「手」。
［一一］言語必信非以正行也經德不回非以干祿也　成化本爲「經德不回非以干祿也言語必信非以正行也」。
［一二］成化本此下注有「集義」。
［一三］惟　成化本無。
［一四］且　成化本無。
［一五］寓　成化本無。
［一六］謝氏之説　成化本無。
［一七］成化本此下注有「寓」。
［一八］問集注引程子得其公正四字……程子只着個公正二字解　成化本爲「蕭景昭説此章先生云注中引程子所謂得其公正是如何答云只是好惡當理便是公正先生曰程子只着個公正二字解」。
［一九］這　成化本無。
［二〇］未　成化本爲「又未必」。
［二一］好　成化本爲「好人」。

〔二二〕成化本此下注有「南升」。

〔二三〕答　成化本無。

〔二四〕是人之所欲　成化本無。

〔二五〕問　成化本爲「文振問」。

〔二六〕答　成化本無。

〔二七〕泯此理　成化本爲「泯默」。

〔二八〕恐有言無不讎　成化本爲「怨有不讎」。

〔二九〕以利澤生人者也　成化本無。

〔三〇〕徒欲富貴之……良心常在如此　成化本爲「徒欲富貴其身」。

〔三一〕於　成化本作「我」。

〔三二〕一句　成化本爲「一句密似一句」。

〔三三〕雖　朱本作「須」。

〔三四〕成化本此下有「南升」。

〔三五〕不　成化本此前有「或問：『富貴不處，是安於義；貧賤不去，是安於命。』曰：『此語固是。但須知如何此是安義，彼是安命。蓋吾何求哉？求安於義理而已』」。

〔三六〕於　成化本無。

〔三七〕張子韶　成化本此下有「説」。
〔三八〕正卿　成化本爲「學蒙」。
〔三九〕君子去仁　成化本爲「君子去仁之去只音去聲」。
〔四〇〕此仁　成化本無。
〔四一〕音去聲則是除却了非也　成化本爲「若作上聲則是除却」。
〔四二〕明作　成化本爲「賀孫」。且成化本此下注曰：「明作録云：『是除却了，非也。』」
〔四三〕一　成化本無。
〔四四〕無立處脚　成化本爲「無立脚處」。
〔四五〕成化本此下注曰：「一作『下面工夫，無緣可見』。」
〔四六〕一本其它可見作下面工夫無緣可見　成化本無。
〔四七〕奢　成化本作「舍」。
〔四八〕聖人去富貴貧賤時節　成化本爲「聖人去富貴貧賤上做工夫不是處富貴貧賤時節」。
〔四九〕若　成化本無。
〔五〇〕要更　成化本爲「更要」。
〔五一〕討　成化本作「詩」，朱本作「説」。
〔五二〕成化本此下注有「寓」。

〔五三〕於　成化本無。
〔五四〕成化本此下注曰：「夔孫録此下云：『然必先「無終食違仁」，然後「造次、顛沛必於是」。』」
〔五五〕之　成化本無。
〔五六〕伯豐　成化本無。
〔五七〕去　成化本作「之」。
〔五八〕及　成化本無。
〔五九〕之　成化本此下有「是患不得之」。
〔六〇〕成化本此下注有「必大」。
〔六一〕好仁者恶不仁者　成化本無。
〔六二〕到　成化本爲「到得」。
〔六三〕不　成化本作「否」。
〔六四〕此條淳録成化本無。
〔六五〕那　成化本作「財」。
〔六六〕是　成化本爲「不是」。
〔六七〕成化本此下注有「畨」。
〔六八〕賀孫　成化本無。

［六九］言　成化本作「當」。
［七〇］嵤　成化本爲「賀孫」，且此下注有「集注」。
［七一］寓　成化本無。
［七二］我未見好仁者惡不仁者　成化本無。
［七三］成化本此下注有「寓」。
［七四］寓　成化本無。
［七五］爲　成化本作「是」。
［七六］問富與貴是人之所欲　成化本無。
［七七］又　成化本無。
［七八］如　成化本作「無」。
［七九］成化本此下注有「寓」。
［八〇］此條成化本無。
［八一］如此　成化本無。
［八二］祖道人傑謨並同　成化本爲「去僞集義」。
［八三］成化本此下注有「淳」。
［八四］待　成化本無。

〔八五〕則　成化本作「只」。

〔八六〕不踐生物　成化本爲「不踐生草不食生物」。

〔八七〕禮字　成化本無。

〔八八〕成化本此下注有「南升」。

〔八九〕植　成化本爲「性之」。

〔九〇〕問各於其黨觀過斯知仁矣　成化本無。

〔九一〕祖道謨録同　成化本爲「去僞」。

〔九二〕人不能無過……各於其類如此　成化本無。

〔九三〕若是過於薄與忍便見得小人失其本心矣　成化本無。

〔九四〕成化本此下注有「南升」。

〔九五〕於　成化本作「之」。

〔九六〕却　成化本無。

〔九七〕其説以謂　成化本作「云」。

〔九八〕祖道　成化本爲「去爲」，當爲「去僞」。

〔九九〕夕死可矣　成化本無。

〔一〇〇〕果爾……如佛氏之説也　成化本無。

〔一〇一〕季札　成化本作「恪」。
〔一〇二〕成化本此下注曰：「此説與集注少異，讀者詳之。」
〔一〇三〕寓　成化本無。
〔一〇四〕成化本此下注有「集義」。
〔一〇五〕程安卿　成化本爲「安卿」。
〔一〇六〕成化本此下注曰：「淳録云：『實理與實見不同。蓋有那實理，人須是見得。見得恁地確定便是實見，若不實見得又都閑了。』」
〔一〇七〕便　成化本無。
〔一〇八〕得　成化本無。
〔一〇九〕道　成化本作「這」。
〔一一〇〕道　成化本無。
〔一一一〕却　成化本無。
〔一一二〕成化本此下注有「賀孫」。
〔一一三〕者　成化本無。
〔一一四〕者　成化本無。
〔一一五〕此段詳見苟志於仁章　成化本無。底本於「苟志於仁章」亦載此條僩録，稍詳。成化本僅載於「苟志於仁章」。

［一一六］但　成化本無。

［一一七］張欽夫　成化本爲「欽夫」。

［一一八］謝上蔡　成化本爲「上蔡」。

［一一九］君臣父子　成化本爲「君子」。

［一二〇］須得　成化本爲「須處得」。

［一二一］成化本此下注有「南升」。

［一二二］僕　成化本作「某」。此條下同。

［一二三］又問……此段也分明　成化本無。

［一二四］成化本此下注有「南升」。

［一二五］着　朱本作「看」。

［一二六］多怨　成化本無。

［一二七］事　成化本作「人」。

［一二八］成化本此下注有「南升」。

［一二九］此條祖道録成化本無。

［一三〇］吴仁父問此章　成化本無。

〔一三一〕問能以禮讓爲國　成化本無。
〔一三二〕譬　成化本爲「譬如」。
〔一三三〕賀孫　成化本無。
〔一三四〕集注云　成化本無。
〔一三五〕前　成化本此上有「曰」。
〔一三六〕雖　成化本無。
〔一三七〕又　成化本無。
〔一三八〕成化本此下注有「南升」。
〔一三九〕如　成化本無。
〔一四〇〕大意　成化本無。
〔一四一〕成化本此下注有「賀孫」。

# 晦庵先生朱文公語類卷第二十七

## 論語九

## 里仁篇下

### 子曰參乎章

道夫因讀「吾道一以貫之」[一]，竊謂：「夫子之道如太極，天下之事如物之有萬。物雖有萬而所謂太極者則一，極[二]雖一而所謂物之萬者未嘗虧也。至於曾子以忠恕形容一貫之妙，亦如今人以性命言太極也。不知是否？」曰：「太極便是一，到得生兩儀時，這太極便在兩儀中；生四象時，這太極便在四象中；生八卦時，這太極便在八卦中。」道夫。

一是一心，貫是萬事。看有甚事來，聖人只是這個心。從周。

一底與貫底只是一個道理。如將一貫已穿底錢與人及將一貫散錢與人，只一般用得，一貫

如用一條錢貫一齊穿了。泳。[三]

問「一貫」之說。曰：「須是要本領是。本領者是，事事發出來皆是；本領者不是，事事皆不是也。」[四]時舉。

忠是根本，恕是枝葉。泳。[五]

「一以貫之」，猶言以一心應萬事。「忠恕」是一貫底注脚，一是忠，貫是恕底事。壽仁。[六]

「忠恕，一以貫之」，[七]一者，忠也；以貫之者，恕也。體一而用殊。人傑。

一是忠，貫是恕。道夫。

忠是[八]一個忠，做出百般千萬般個[九]恕來。閎祖。

忠恕一貫。忠在一上，恕則貫乎萬物之間。只是一個一，分着便各有一個一。「老者安之」是這個一，「少者懷之」亦是這個一，「朋友信之」亦是這個一，莫非忠也。恕則自中[一〇]而出，所以貫之者也。謨。

先生因說「忠恕一貫」，令楊通老說，曰：「公看未甚親切，所以說過接處費力。[一一]忠是一，恕是貫。忠只是一個真實。自家心下道理直是真實。事事物物接於吾前，便只把他[一二]這個真實應副將去。自家若有一毫虛僞，事物之來，要去措置他，便都不實，便都不合道理。若自家真實，事物之來，合小便小，合大便大，合厚便厚，合薄便薄，合輕便輕，合重便重，一一都隨他面分應副將去，無一事一物不當這道理。」賀孫。「一，譬如元氣；八萬四千毛孔無不通貫，是恕也。」又曰：「『一以貫之』，只是萬事一理。伊川謂：『仁[一三]義亦得，蓋仁是統體，義是分別。』某謂言禮樂亦得，『樂統同，禮辨異』。」言畢，復抗聲而誦曰：「天高地下，萬物散殊，而禮制行矣；流而不息，合同而化，而樂興焉。」道夫。

忠、恕只是體、用，便是一個物事；猶形影，要除一個除不得。若未曉，且看過去，却時復潛玩。忠與恕不可相離一步。道夫。

說忠恕。先生以手向自己是忠，却翻此[一四]向外是恕。泳。

主於内爲忠，見於外爲恕。忠是無一毫自欺處，恕是「稱物平施」處。德明。

忠因恕見，恕由忠出。閎祖。

天地是無心底忠恕，聖人是無爲底忠恕，學者是求做底忠恕。[一五]

問：「或云忠恕只是無私心[一六]，不責人。」答曰：「此說可怪。自有六經以來，不曾說不責人是恕。若中庸，也只是說『施諸己而不願，亦勿施於人』而已，何嘗說不責人！不成只取我好，別人不好，更不管他！於理合管，如子弟不才，係吾所管者，合責則須責之，豈可只說我是恕便了？論語只說『躬自厚而薄責於人』，謂之薄者，如言不以己之所能，必人之如己，隨材責任耳，何至舉而棄之！」大雅。

在聖人，本不消言忠恕。廣。

曾子忠恕，與子思忠恕不同。曾子忠恕是天，子思忠恕尚是人在。泳。

聖人是不犯手脚底忠恕，學者是着工夫底忠恕，不可謂聖人非忠恕也。閎祖。

論恕，云：「若聖人，只是流出來，不待推。」節。

聖人之恕無轍迹。學者則做這一件是當了，那一件便把這樣子去做，那一件又把這樣子去做，十件、百件、千件都把這樣子去做，便是推。到下梢都是這個樣子，便只是一個物。淳。〔一七〕

忠近誠，恕近仁，一貫以聖人言之。祖道。〔一八〕

問：「『夫子之道忠恕。』就忠、恕兩字言：忠是體，恕是用。若就曾子這一句言，曾子當初是就夫子道體處撥出兩字來，抑就用處撥出來？」曰：「亦不必如此。〔一九〕盡己爲忠，推己爲恕。忠恕本是學者事，曾子特借來形容夫子一貫道理。今且粗解之，忠便是一，恕便是貫。有這忠了，便做出許多恕來。聖人極誠無妄便是忠。」問：「聖人之忠即是誠否？」曰：「是。」問：〔二〇〕「聖人之恕即是仁否？」曰：「是。」問：「在學者言之，則忠近誠，恕近仁。」曰：「如此則已理會得好了。若中庸所説便正是學者忠恕，所謂〔二一〕『道不遠人』者是也。『忠恕違道不遠，施諸己而不願，亦勿施於人』，只是取諸己而已。」問：「明道以『天地變化，草木蕃』爲充擴得去底氣象，此是借天地之恕以形容聖人之恕否？」曰：「是。『維天之命，於穆不已』，一身之氣流行不息，動處便是恕。〔一二二〕」淳。

問：「曾子何必待孔子提醒？」曰：「他只見得一事一理，不知只是一理。」曰：「使孔子不提之，久還自知否？」曰：「知。」可學。〔一二三〕

忠是大〔一二四〕根，恕是枝葉。非是別有枝葉，乃是本根中發出枝葉，枝葉即是本根。曾子爲於此事皆明白，但未知聖人是總處發出，故夫子語之。可學。

曾子已前是一物格，一知至。到忠恕時是無一物不格，無一知不至。聖人分上著「忠恕」字不得。借〔一二五〕爲此說。方子。

今有一種學者，愛說某自某月某日有一個悟處後，便覺不同。及問他如何地悟，又却不說。便是曾子傳夫子一貫之道也須可說，也須有個來歷，因做甚麼說話〔一二六〕方能如此。今若云都不可說，只是截自甚月甚日爲始，已前都不是，已後都是，則無此理。已前也有是時，已後也有不是時。蓋人心存亡之決只在一息之間，此心常存則皆是，此心纔亡便不是。聖賢教人亦只據眼前便着實做將去。孟子猶自說個存心、養性。若孔子則亦不說此樣話，但云「學而時習之」，「入則孝，出則悌，謹而信，泛愛衆而親仁」，「君子食無求飽，居無求安，敏於事，慎於言，就有道而正焉」。顏淵問仁，則曰：「非禮勿視，非禮勿聽，非禮勿言，非禮勿動。」仲弓問仁，則曰：「出門如見大賓，使民如承大祭。己所不欲，勿施於人。」司馬牛問仁，則曰：「仁者其言也訒。」據此一語，是司馬牛己分上欠闕底。若使他從此着實做將去，做得徹時亦自到他顏冉地位。但學者初做時固不能無間斷，做來做去，做到徹處自然純熟，自然光明。如人喫飯相似，今日也恁地喫，明日也恁地喫，一刻便有一刻工夫，一時便有一時工夫，一日便有一日工夫。豈有截自某日爲始，前段都不是，後段都是底道理！又如曾子未聞一貫之説時亦豈全無是處？他也須知得「爲人臣，止於敬；爲人子，止於孝；爲人父，止於慈；與國人交，止於信」。如何是敬，如何是孝，如何是慈，如何是信，件件都實理會得了，然後件件實做將去。零零碎碎，煞着了工夫，也約[二七]摸得個影了，只是争些小在。及聞一貫之説，他便於言下將那實心來承當得，體認得平日許多工夫，許多樣事，千頭萬緒皆是此個實心做將出來。恰如人有一屋錢散放在地上，當下將一條索子都穿貫了。而今人元無一文錢，却也要學他去穿，這下穿一穿又穿不着，那下穿一穿又穿不着，似恁爲學，成得個甚麼邊事！如今誰不解説「一以貫之」？但不及曾子者，蓋曾子是個實底「一以貫之」；如今人説者，只是個虛底「一以貫之」耳。「誠者物之終始，不誠無物。」孔子曰：「言忠信，行篤敬，雖蠻貊之邦行矣；言不忠信，行不篤敬，雖州里行乎哉？立則見其參於前也，在輿則見其倚於衡也，夫然後行。」只此是學，只争個做得徹與不徹耳。孟子曰：「服堯之服，誦堯之言，行堯之行，是堯而已矣；服桀之服，誦桀之言，行桀之行，是桀而已矣。」廣。

曾子[二八]平日用功極是子細，每日三省只是忠信傳習底事，何曾說著「一貫」？又觀[二九]曾子問一篇都是問喪、祭變禮微細處。想平日經禮聖人已說底都一一理會，[三〇]只是變禮未說，也須逐一問過。「一貫」之說，夫子只是謾提醒他。縱未便曉得，且放緩亦未緊要，待別日因話[三一]更一提之。只是曾子當下便曉得，何曾只管與他說！如論語中百句未有數句說些[三二]。孟子自得之說亦只是說一番，何曾全篇如此說！今却是懸虛說一個物事，[三三]只要那一去貫，不要從貫去到那一。如不理會那[三四]散錢，只管要去討索來穿。如[三五]中庸只消「天命之謂性」一句及「無聲無臭至矣」一句便了，中間許多達孝、德、[三六]九經之類[三七]都掉却，不能耐煩去理會[三八]。如「禮儀三百，威儀三千」，只[三九]一個道理都包了，更不用理會中間許多節目。今須是從頭平心讀那書，許多訓詁名物度數一一去理會。如禮儀須自一二三四數至於三百，威儀須自一百二百三百數至於三千，逐一理會過，都恁地通透始得。若只[四〇]懸虛不已，恰似僧、道說無宗旨底禪、做無宗旨底頌，也胡亂去得，到燒化也有舍利子，[四一]只是不濟[四二]事。[四三]淳。[四四]

曾子一貫，是他逐事上做得到，及聞夫子之言，乃知只是這一片實心所爲。如一庫散錢得一條索穿了。方子。

問：「曾子於孔子一貫之道，若不[四五]便悟，先來是未曉也。」曰：「曾子先於孔子之教者，日用之常，禮文之細，莫不學來，惟未知其本出於一貫耳，故聞一語而悟。其他人於用處未曾用許多工夫，豈可遽與語此乎！」大雅云：「觀曾子問一篇，許多變禮皆理會過，直如此細密，想見用工多。」大雅。

「『忠恕』，『一以貫之』。曾子假『忠恕』二字以發明一貫之理，蓋曾子平日無所不學，看禮記諸書，曾子那事不理會來？但未知所以一，故夫子於此告之，而曾子洞然曉之而無疑。」賀孫

問：「告子貢『一以貫之』章，集注云：『彼以行言，此以知言。』是就二子所到上說，如何？」曰：「看上下語脈是如此。夫子告曾子，曾子只說：『夫子之道，忠恕而已矣。』這就行上說。夫子告子貢乃云：『汝以予爲多學而識之者與？』這是只就知上說。」賀孫因舉大學或問云：「『心之爲物，實主於身，其體則有仁、義、禮、智之性，其用則有惻隱、羞惡、恭敬、是非之情，渾然在中，隨感而應。以至身之所具、身之所接，皆有當然之則而自不容已，所謂理也。』元有一貫意思。」曰：「然。施之君臣則君臣義，施之父子則父子親，施之兄弟則兄弟和，施之夫婦則夫婦別，都只由這個心。如今最要先且[四六]理會此心。」又云：「通書一處說『陰陽五行，化生萬物，五殊二實，二本則一』，亦此意。」又云：「如千部文字，萬部文字，字字如此好，面面如此好，人道是聖賢逐一寫得如此。聖人告之曰，不如此，我只是一個印板印將去，千部萬部雖多，只是一個

印板。」又云：「且看論語，如鄉黨等處，待人接物，千頭萬狀，是多少般。聖人只是這一個道理做出去。明道先生説忠恕，當時最録得好。」賀孫。

節[四七]問：「『一以貫之』，只是其用不同，其體則一。一[四八]本貫許多末。」先生問節曰[四九]：「如何是末？」節對[五〇]曰：「孝弟忠信，居處有禮，此是末。」曰：「今人只得許多名字，其實不曉。如孝弟忠信，只知得這殼子，其實不曉，也只是一個空底物事。須是逐件零碎理會。如一個桶，須先是將木來做成片子，却將一個箍來箍斂，令全然盛水不漏。[五一]曾子零碎處盡曉得了，夫子便告之曰：『參乎！吾道一以貫之。』他便應之曰：『唯！』貫，如散錢；一，是索子。曾子盡曉得許多散錢，只是無這索子，夫子便把這索子與他。今人錢也不識，是甚麽錢？有幾個孔？」良久，曰：「公没一文錢，只有一條索子。」又曰：「不愁不理會得『一』，只愁不理會得『貫』。理會『貫』不得便言『一』時，天資高者流爲佛老，低者只成一團鶻突物事在這裏。」又曰：「孔門許多人，夫子獨告曾子，是如何？惟曾子盡曉得許多道理，但未知其體之『一』。」節復問：「已前聞先生言，借學者之事以明之，甚疑『忠恕』對『一以貫之』不過。今日忽然看得來對得極過。『一以貫之』即『忠恕』，『忠恕』即『一以貫之』。如忠是盡己，推己出[五二]爲恕，也只是一個物事。推出去做許多，即『一以貫之』。節於此中又見得學者亦有『一』以貫之。夫子固是『一以貫之』，學者能盡己而又推此以及物，亦是『一以貫之』。所以不同者，非是事體不同。夫子以天，學者用力。」曰：「學者無『一以貫之』。夫子之道似。[五三]學者只是這個忠恕[五四]推出來。『乾道變化』，如一株樹，開一樹花，生一樹子，裏面便自然有一個生意。」又曰：「忠者天道，恕者人道。天道是體，人道是用。『動以天』之『天』，只是自然。」節。

周公謹問：「盡己之謂忠，推己之謂恕。忠是竭盡中心無一毫不盡；恕是即推中心之所欲以與人，所不欲不以與人。[五五]在内爲忠，在外爲恕。忠即體，恕即用。」答曰：「忠恕是如此。夫子曰『吾道一以貫之』，何故曾子曰『忠恕而已矣』？」公謹[五六]曰：「是曾子曉得一貫之道，故以忠恕名之。」先生又曰：「且去一貫上看忠恕，公是以忠恕解一貫。」公謹[五七]曰：「一貫只是一理，其體在心，事父即爲孝，事君即爲敬，交朋友即爲信，此只是一貫。」先生曰：「大概亦是。公更去子細玩味，治國、平天下有許多條目，夫子何故只說『吾道一以貫之』？」公謹次日復問：「『吾道一以貫之。』聖人之道，見於日用之間，精粗小大，千條萬目，未始能同，然其通貫則一。如一氣之周乎天地之間，萬物散殊雖或不同，而未始離乎氣之一。」先生又曰：「別又看得甚意思出？」公謹[五八]曰：「夫子之告曾子，直是見他曉得，所以告他。」先生曰：「是也。所以告曾子時，無他，只緣他曉得千條萬目。他人連個千條萬目尚自曉不得，如何識得一貫？如穿錢，一條索穿得方可謂之『一貫』。如君之於仁，臣之於忠，父之於慈，子之於孝，朋友之於信，皆不離於此。」問：「門人，是夫子之門人否？」答曰：「是也。夫子說一貫時未有忠恕，及曾子說忠恕時未有體用，是後人推出來。忠恕是大本，所以爲一貫。」公謹復問：「莫是曾子守約，故能如此？」先生曰：「不然。却是曾子件件曾做來，所以知。若不曾躬行踐履，如何識得！」公謹復問：「是他用心於内，所以如此？」答曰：「只是樸實頭去做了。夫子告人，不是見他不曾識所以告他。曾子只是曾經歷得多，所以告他；子貢是識得多，所以告他。忠如瓶中之水，恕如瓶中瀉在盞中之水。忠是洞然明白，無有不盡；恕是知得爲君推其仁以待下，爲臣推其敬以事君。」泳。

或問：「一貫如何却是忠恕？」曰：「忠者，誠實不欺之名。聖人將此放頓在萬物上，故名之曰恕。一猶言忠，貫猶言恕。若子思忠恕，則又降此一等。子思之忠恕，必待『施諸己而不願』，而後『勿施諸人』，此所謂『違道不遠』。若聖人則不待『施諸己而不願』，而後『施[五九]諸人』也。」或問：「曾子能守約，故孔子以一貫語之。」曰：「非也。曾子又何曾守約來！且莫看他別事，只如禮記曾子問一篇，他甚底事不曾理會來！却道他守約則不可。只緣孟子論三子養勇，將曾子比北宮黝與孟施舍，則曾子爲守約者爾。後世不悟，却道曾子之學專一守約，別不理會他事。如此則成甚學也！是他[六〇]曾子學力到聖人地位，故孔子以一貫語之爾。不可道爲他只能守約，故與語此也。」祖道。人傑録同。[六一]

問忠恕一貫。曰：「不要先將忠恕説，且看他[六二]一貫底意思。如堯之『克明俊德，黎民於變時雍』，夫子『立之斯立，動之斯和』，這須從裏面發出來方會如此。曾子工夫已到，如事親從兄，如忠信講習，千條萬緒，一身親歷之。聖人一點他便醒得〔六三〕來，只從一個心中流出來，如夜來守約之說。只是曾子所爲實〔六四〕，每事必反諸身，所謂孝，所謂禮，必窮到底。若只守約〔六五〕，却没貫處。忠恕本末是說一貫，緣聖人告以一貫之說，故曾子借此二字以明之。忠恕是學者事，如欲子之孝於我，必當先孝於親；欲弟之弟於我，必當先敬其兄；如欲人之不慢於我，我〔六六〕須先不慢於人；欲人不欺我，我〔六七〕須先不欺於人。聖人一貫，是無作爲底；忠恕，是有作爲底。將個有作爲底，明個無作爲底。」又曰：「曾子是事實上做出，子貢是就識上見得。看來曾子從實處做，一直透上去；子貢雖是知得，較似滯在知識上。」〔六八〕

敬之問「一貫」。答曰：「一貫未好便將忠恕壓在上說。」因及器之夜來所問，云：「曾子正不是守約。這處只見聖人許多實行，一一做工夫得到。聖人度得如此，遂告以吾只是從這心上流出，只此一心之理，盡貫衆理。」賀孫。

「曾子答門人說忠恕，只是解『一以貫之』，看本文可見。忠便貫恕，恕便是那忠裏面流出來底。聖人之心渾然一理。蓋他心裏盡包這萬理，所以散出於萬物萬事，無不各當其理。」履之問：「『忠者天道，恕者人道。』蓋忠是未感而存諸中者，所以謂之『天道』；恕是已感而見諸事物，所以謂之『人道』。」曰：「然。」或曰：「恐不可以忠爲未感。」曰：「恁地說也不妨。忠是不分破底，恕是分破出來底，仍舊只是這一個。如一椀水分作十盞，這十盞水依舊只是這一椀水。」又曰：「這事難。如今學者只是想象籠罩得是如此，也想象得個萬殊之所以一本、一本之所以萬殊。如一源之水，流出爲萬派；一根之木，生爲許多枝葉。然只是想象得個意思如此，其實不曾見得。如『曾點浴沂』一段，他却是真個見得這道理。而今學者只是想象得這一般意思，知底又不實去做。及至事上做得細微緊密，盛水不漏底，又不曾見得那大本。聖人教人都是教人實做，將實事教人。如格物、致知以至灑掃應對，無非是就實地上拈出教人。」僩。

問忠恕。曰：「解此處大段用力，一個是天然底，一個是人爲底。譬如把假花來形容生花一般，爲是生花難説，故把假花形容，引他意思出來。然此章一項説天命，須説聖人，[六九]一項説學者。要之，只是一個道理。」賜。[七〇]

子貢平日自敏入道，故夫子警之曰云云。蓋言吾雖多識，不過一理爾。曾子尋常踐履，故夫子警之曰云云。蓋言女平日之所行者皆一理耳。惟曾子知之，故曰「忠恕而已」。以吾夫子之道無出於此，蓋本言體用也。人傑。[七一]

夫子於子貢，見其地位，故發之。曾子已能行，故只云：「吾道一以貫之。」子貢未能行，故云：「賜，汝以予爲多學而識之？」[七二]

問：「曾子『一貫』以行言，子貢[七三]以知言，何也？」曰：「曾子發出忠恕，是就行事上説。

孔子告子貢，初頭説『多學而識之』，便是就知上説。曾子是就原頭上面流下來，子貢是就下面推上去。」問：「曾子未聞一貫之前已知得忠恕未？」曰：「他只是見得聖人千頭萬緒都好，不知都是這一心做來。及聖人告之，方知得都是從這一個本[七四]中流出。如[七五]千枝萬葉都好，都是從[七六]這根上生氣流注去貫也。」林問：「枝葉便是恕否？」曰：「枝葉不是恕，生氣流注貫枝葉底是恕。信是枝葉受生氣底，恕是夾界半路來往底。信是定底，就那地頭説，發出忠底心便是信底言。無忠便無信了。」淳。謨録云：「曾子『一貫』『忠恕』是他於事物上各當其理，日用之間這個事見得一道理，那個事又見得一道理，只[七七]是未曾湊合得。聖人知其用力已到，故以『一貫』語之。」問：「曾子於零碎曲折處都盡得，只欠個『一以貫之』否？」曰：「亦未都盡得，但是大概已得，久則將自到耳。」問：「『君子之道費而隱』，曾子於費處已盡得，夫子以隱處點之否？」曰：「然。」問：「曾子篤實，行處已盡。聖人以『一貫』語之，曾子便會，曰：『忠恕而已矣。』子貢明敏，只是知得。聖人以『一貫』語之，子貢尚未領略，曰：『然。非與？』是有疑意。」曰：「子貢乃是聖人就知識上問語之，曾子就行上語之，語脈各不同。須是見得夫子曰『吾道一以貫之』意思，先就多上看，然後方可説一貫。此段『恕』字却好看，方沿流以溯其源。學者寧事事先了得，未了得『一』字，却不妨。莫只懸空説個『一』字作大罩了，逐事事都未曾理會，却不濟事。所以程子道：『「下學而上達」，方是實。』」又云：「如人做塔，先從下面大處做起，到末梢自然合尖。若從尖處做，如何得！」[七八]

曾子父子相反，參合下不曾見得，只從日用間應事接物上積累做去，及至透徹，那小處都是自家底了。點當下見得甚高，做處却又欠闕。如一座大屋，只見廳堂大概，裏面房室元不曾經歷，所以夷考其行而有不掩，卒歸於狂。元秉。[七九]

顔子聰明，事事了了。子貢聰明，工夫粗，故有闕處。曾子魯，却肯逐一用工捱去。捱得這一件去，便這一件是他底，又捱一件去。捱來捱去，事事曉得，被孔子一下唤醒，云「吾道一以貫之」，他便省得。蓋他平日事理每每被他看破，事事到頭做，便曉得一貫之語是實説也。今[八〇]大學致知、格物等説便是這工夫，非虚謾也。大雅。

蜚卿問顔曾之學。曰：「顔子大段聰明，於聖人地位未達一間，祇争些子耳。其於聖人之言無所不曉，所以聖人道：『回也，非助我者也，於吾言無所不悦。』曾子遲鈍，直是辛苦而後得之，故聞一貫之説忽然猛省，謂這個物事元來只是恁地。如人尋一個物事不見，終歲勤動，一旦忽然撞着。[八一]到顔子，只是平鋪地便見，没恁地差異。」道夫。

問「一以貫之」。曰：「且要沉潛理會，此是論語中第一章。若看未透，且看後面去，却時時將此章來提省，不要忘却，久當自明耳。」時舉。

問「一貫」。曰：「恁地泛看不濟事，須從頭理會[八二]，章章理會。夫子三千門人，一旦惟呼曾子一人而告以此，必是他人承當未得。今自家却要便去理會這處，是自處於孔門二千九百九十九人頭上，如何而可！」道夫。

問：「聖人之道，自其心之本體渾全包函，無不備具，隨所發用，本體具見，體用未嘗相離，故一以貫之。曾子於心之發用處，蓋能察識端倪，隨事精審而力行之，但未知其理之一爾。夫子知其真積力久必將有得，故呼而告之，欲使之知體用一源也。曾子果能默識其指，應之□□□。[八三]疑蓋亦是工夫到此，故能實曉得此理也。子出，門人問，曾子曰『忠恕而已矣』。此乃曾子因門人問，以忠恕形容一貫之妙也。盡己之謂『忠』，推己之謂『恕』，能盡其在己者，便是於本體至實無妄之理已能盡得。又推以及物，使物亦莫不如是，是之謂『恕』。恕乃所以行乎忠，即此心之用也。忠者體，恕者用，以此形容一貫，可謂善形容矣。然在聖人分上，乃以盡己、推己言，何也？蓋此乃曾子就學者分上親切處借言以明體用之一，且示學者以用力之方也。若言聖人之忠恕，更不消說盡己之忠即是至誠無息，更不消說推己之恕即是萬物各得其所。所謂至誠無息而萬物各得其所者，乃是至實無妄之理，五常百行之本，渾然一心之體。及其泛應曲當，雖萬變不同，而此理不可見，如上天之載無聲無臭，而動靜闔闢之機未嘗止息；四時行焉，百物生焉，而一物各具一理。故程子云：『維天之命，於穆不已，忠也；乾道變化，各正性命，恕也。』此又因曾子之言忠恕，故即天道以明聖人之極致也。」先生曰：「說得也詳備，但尚有呼喚不來處，更宜玩味。」[八四]

寓因問：[八五]「『一貫』處[八六]，注言：『蓋已隨事精察而力行之，但未知其體之一耳。』『未知其體之一』，亦是前所說乎？」曰：「『參也以魯得之』，他逐件去理會。曾子問喪禮，到人情委曲處無不講究。其初見一事只是一事，百件事是百件事。得夫子一點醒，百件事只是一件事，許多般樣只一心流出，曾子至此方信得是一個道理。」問：「自後學言之，便道已知此是一理。今曾子用許多積累工夫，方始見得是一貫，後學如何便曉得一貫？」曰：「後人只是想象說，正如矮人看戲一般，見前面人笑，他也笑。他雖眼不曾見，想必是好笑，便隨他笑。」又曰：「曾點所見不同，方當侍坐之時，見三子言志，想見有些下視他幾個，作而言曰『異乎三子者之撰』。看其意有鳳凰翔于千仞底氣象。莊子中說孟子反、子琴張喪側或琴或歌，點亦只是此輩流。渠若不得聖人爲之依歸，須一向流入莊老去！」〔八七〕

先生問坐間學者云：「『吾道一以貫之』，如何是『曾子但未知體之一處』？」或答云：「正如萬象森然者，是曾子隨事精察力行處。至於一元之氣所以爲造化之妙者，是曾子未知體之一處。」先生曰：「何故曾子既能隨事精察，却不曉所以一處？」答云：「曾子但能行其粗而未造其精。」曰：「不然。聖人所以發用流行處皆此一理，豈有精粗？政如水相似，田中也是此水，池中也是此水，海中也是此水。不成說海水是精，他處水是粗，豈有此理！緣他見聖人用處皆能隨事精察力行，不過但見聖人之用不同，而不知實皆此理流行之妙。且如事君忠是此理，事親孝也是此理，交朋友也是此理，以至精粗小大之事，皆此一理貫通之。聖人恐曾子以爲許多般樣，故告之曰：『吾道一以貫之。』曾子真積力久，工夫至到，遂能契之深而應之速。云『而已矣』者，竭盡無餘之詞。所以集注說『自此之外，固無餘法』，便是那竭盡無餘之謂。聖人只是個忠，只是個恕，更無餘法。學者則須推之，聖人則不消如此，只是個至誠不息、萬物各得其所而已，這一個道理從頭貫將去。如一源之水，流出爲千條萬派，所謂下流者，無不是此一源之水也。〔八八〕人只是一個心。如事父孝也是這一心，事君忠、事長弟也只是這一心，老者安、少者懷、朋友信皆是此一心。精粗本末以一貫之，更無餘法。但聖人則皆自然流行出來，學者則須是『施諸己而不願』，而後『勿施於人』，便用推將去；聖人則動以天，賢人則動以人耳。」又問：「盡己之忠，聖人同此忠否？」曰：「固是。學者與聖人所爭，只是這些個自然與勉强耳。聖人所行皆是自然堅牢。學者亦有時做得如聖人處，但不堅牢，又會失却。程子說：『孟子爲孔子事業儘得，只是難得似聖人。如剪綵爲花，固是〔八九〕相似，只是無造化功。』龜山云：『孔子似知州，孟子似通判權州。』譬得好。」又問：「先生解忠恕，謂借學者盡己推己之目。如程子說忠恕一以貫之，則又自是〔九〇〕聖人之忠恕。如何？〔九一〕」先生曰：「這裏便自要理會得。『忠恕違道不遠』，〔九二〕是『下學上達』之義，即學者所推之忠恕，聖人則不待推。然學者但能盡己以推之於人，推之既熟，久之自能見聖人不待推之意，而『忠恕』二字有不足言也。」明作。處謙〔九三〕錄云：「問一貫之旨。先生曰：『何故曾子能每事精察而力行，却未知其體之一？』趙兄曰：『曾子但見粗處，未見精處。』先生曰：『若說「精粗」二字，便壞了一貫之理。譬之水瀉〔九四〕在大江中，固是此水；流爲池沼，則〔九五〕亦只是此水；流爲溝壑，則亦只是此水。若曰池沼溝壑別是水之粗，而大江中乃是水之精者，其可哉！夫子之道，施之事父則爲孝，事君則爲忠，交朋則爲信。

曾子見其事事曲當如此，遂疑有許多般樣，而未知天下只是一個大道理，雖於事上有千般百緒，只共是這一個大道理。曾子之所未達者，尚有此耳。一是忠，所貫者恕。忠是一個實心，萬法萬事皆自此出。聖人只有這兩端，外此更無餘事。但聖人不待推，學者須每事推去，但爲之既熟，則久之自能見聖人不待推之意，而「忠恕」一〔九六〕字即不足言也。」』

問：「集注云『曾子於其用處，蓋已隨事精察而力行之，但未知其體之一爾』。〔九七〕用自體出，體用之〔九八〕不相離，於其用處既已精察，何故未知其體之一？」曰：「是他偶然未知。曾子於九分九釐上皆透徹了，獨此一釐未透。今人只指個見底〔九九〕『體用』字來說，却元不曾下得工夫。」又問：「曾子有見於此而難言之，故借學者盡己、推己之目而著明之，〔一〇〇〕欲人之易曉也。」曰：「這個道理譬如一枝天然自在〔一〇一〕底花，爲人不識，故作一枝假底花出來形容，欲人識得個模樣。」又曰：「此章一項說天命，〔一〇二〕一項說學者，只是一個道理。」又曰：「聖人是自然底忠恕，學者是使然底忠恕。」元秉。〔一〇三〕

曾子真積力久。若海。〔一〇四〕

「忠恕違道不遠」，此乃略下教人之意，「下學而上達」也。「盡己之謂忠，推己及物之謂恕」，「忠恕」二字之義，只當如此說。曾子說夫子之道，而以忠恕爲言，乃是借此二字綻出一貫。一貫乃聖人公共道理，盡己、推己不足以言之。緣一貫之道，難說與學者，故以忠恕曉之。賀孫。

問：「『盡己之謂忠』〔一〇五〕與『推己之謂恕』，如何推己只是忠中流出？」曰：「方流出來，〔一〇六〕可謂之盡？」曰：「『盡物之謂信』，是物實得此理，故曰『盡物』。」曰：「然。」可學。

曾子忠恕。〔一〇七〕一是忠，貫是恕。譬如一泓水，聖人自然流出，灌溉百物，其他人須是推出來灌溉。此一貫所以爲天。至子思忠恕，只是人，所以説「違道不遠」。「盡己之謂忠，推己之謂恕」，纔是他人，便須是如此。泳。

問：〔一〇八〕「集注説忠恕，謂『盡己之謂忠，推己之謂恕』，此借學者之事以明之。在聖人則『至誠無息』，而『萬物各得其所』是〔一〇九〕也。如此則忠恕却有兩用，不知如何？」曰：「皆只是這一個。學者是這個忠恕，聖人亦只是這個忠恕，天地亦只是這個忠恕。聖〔一一〇〕人熟，學者生。聖人自胸中流出，學者須着勉强。然看此『忠恕』二字本爲學者做工夫處設〔一一一〕，子思所謂『違道不遠』正謂此也。曾子懼門人不知夫子之道，故引〔一一二〕學者之事以明之，是即此之淺近而明彼之高深也。」寓。〔一一三〕

問〔一一四〕「聖人之忠恕與學者之忠恕。」曰：「這不是説一貫便是忠恕，忠恕自是那一貫底注脚。只是曾子怕人曉那一貫不得，後將這言語來形容，不是説聖人是忠恕。今若曉得一貫便曉得忠恕，曉得忠恕便曉得一貫。今且説那渾全道理便是忠，那隨事逐物斂〔一一五〕來底便是恕。今若要做那忠恕去湊成聖人忠恕，做那忠恕去湊成一貫，皆不是。某分明説，此只是曾子借此以推明之。」義剛。

問：「到得忠恕已是道，如何又云『違道不遠』？」曰：「仁是道，忠恕正是學者着力下工夫處。『施諸己而不願，亦勿施於人』，子思之說，正爲下工夫。『夫子之道，忠恕而已矣』，却不是恁地。曾子只是借這個說『維天之命，於穆不已』。『乾道變化，各正性命』，便是天之忠恕；『純亦不已』，『萬物各得其所』，便是聖人之忠恕；『施諸己而不願，亦勿施於人』，便是學者之忠恕。」賀孫。

「忠恕而已矣」，不是正忠恕，只是借「忠恕」字貼出一貫底道理。人多說人己物我，都是不曾理會。聖人又幾曾須以己度人！自然厚薄輕重無不適當。「忠恕違道不遠」乃是正名正位。閎祖。

以一心貫萬事。忠，一本；恕，萬殊。閎祖。〔一一六〕

問「一貫」章，「一本萬殊」，曰：「一本是統會處，萬殊是流行處。在天道言之，一本則是元氣之於萬物，有昆蟲草木、日月星辰之不同，而只是一氣之所生；萬殊則是昆蟲草木、日月星辰之所得，而生一個自是一個模樣。在人事言之，則一理之於萬事萬物，有君臣、父子、兄弟、朋友，動息、灑掃、應對之不同，而只是此理之所貫；萬殊則是君臣、父子、兄弟、朋友之所當於道者，一個自是一個道理，其實只是一本。」卓。〔一一七〕

「而今不是一本處難認，是萬殊處難認，如何就萬殊上見得皆有恰好處。」又云：「到這裏只見得一本萬殊，不見其他。」卓。

問「如心爲恕」。曰：「如此也比自家心推將去。仁之與恕，只争些子。自然底是仁，比而推之便是恕。」道夫。

問：〔一一八〕「『恕』字，古人所説有不同處。如『己所不欲，勿施於人』，便與大學之『絜矩』、程子所謂『推己』都相似。如程子所引『乾道變化，各正性命』，及大學中説『有諸己而後求諸人』，却兼通不得，如何？」曰：「也只是一般，但對副處别。子細看便可見，今人只是不曾子細看。某當初似此類都逐項寫出，一字對一字看。少間紙上底通，心中底亦脱然。且如『乾道變化，各正性命』，『各正性命』底便如『乾道變化』底，所以爲恕。」直卿問：「程子言『如心爲恕』，如心之義如何？」曰：「『萬物之心便如天地之心，天下之心便如聖人之心。天地之生萬物，一個物裏面便有一個天地之心。聖人於天下，一個人裏面便有一個聖人之心。聖人之心自然無所不到，此便是『乾道變化，各正性命』，聖人之忠恕也。如『己所不欲，勿施於人』，便是推己之心求到那物上，賢者之忠恕也。這事便是難。且如古人云：『不廢困窮，不虐無告』，自非大無道之君，孰肯廢虐之者！然心力用不到那上，便是自家廢虐之。須是聖人方且會無一處不到。」又問：「『以己及物，仁也；推己及物，恕也。』上句是聖人之恕，下句是賢者之恕否？」曰：「上個是聖人之恕，下個是賢者之仁。聖人之恕便是衆人之仁，衆人之仁便是聖人之恕。」道夫。

植再舉曾子「忠恕一貫」及子貢「問一貫」[一一九]二章。曰：「大概也是如此。更須依曾子逐事經歷做過方知其味。」先生繼問或人[一二〇]：「理會得所舉忠恕否？」陳答曰[一二一]。因問集注中舉程子第一段。先生云：「明道說此一段甚好，非程子不能道得到。自『忠恕一以貫之』以後說忠數語[一二二]至『達道也』住，乃說『一以貫之』之忠恕。其曰『此與違道不遠異者，動以天爾』，如何？[一二三]蓋此數句乃動以天爾。如『推己及物』，『違道不遠』則動以人爾。」又問：「如此則有學者之忠恕？」曰：「聖人不消言忠[一二四]恕，故集注中云借學者之事而言。」植。[一二五]

謨[一二六]問：「『忠恕而已矣』與『違道不遠』、『己所不欲』等處不同，而程先生解釋各有異意，如何？」曰：「先理會『忠恕而已』一句。如明道說『動以天』之類，只是言聖人不待勉强，有個自然底意思。如『己所不欲，勿施於人』，『施諸己而不願，亦勿施諸人』，着[一二七]個『勿』字便是禁止之辭。故明道曰：『以己及物，仁也；推己及物，恕也。』正是如此分別。」或曰：「南軒解此云：『聖人全乎此，天之道也，曾子稱夫子忠恕是矣。賢者求盡夫此，人之道也，子思稱忠恕是矣。』」先生曰：「此亦說得好。諸友却如何看？」某[一二八]曰：「集注等書所謂『盡己爲忠』，道之體也；『推己爲恕』，道之用也。忠爲恕體，是以分殊而理未嘗不一；恕爲忠用，是以理一而分未嘗不殊。此固甚明矣。」先生曰：「夫子只說『吾道一以貫之』，曾子說此一句正是個[一二九]注脚，如何却橫將忠恕入來解說『一貫』字？程子解此又如何曰『以己及物爲仁，推己及物爲恕』，又却繼之曰：『此與「違道不遠」異者，動以天爾。』如此，却是剩了『以己及物』一句，如何？」謨曰：「莫是合忠恕而言便是仁否？」先生稱善。某〔一三〇〕曰：「只於集注解第二節處得之。如曰『聖人至誠無息，而萬物各得其所』，便是合忠恕是仁底意思。」先生曰：「合忠恕正是仁。若使曾子便將仁解『一貫』字，却失了體用，不得謂之『一貫』爾。如此〔一三一〕講『貫』方盡。」謨。

問論語、中庸言忠恕不同之意。答曰：「『盡己之謂忠，推己之謂恕』，中庸言『忠恕違道不遠』是也。此是學者事，然忠恕功用到底只如此。曾子取此以明聖人一貫之理耳。〔一三二〕若聖人之忠恕，只説得『誠』與『仁』字。聖人渾然天理，則不待推，自然從此中流出也。『盡』字與『推』字聖人自不用得，若學者則須推，故明道云：『以己及物，仁也；推己及物，恕也，「違道不遠」是也。』自是兩端。伊川説中庸，則只説是『下學上達』，又説是『子思掠下教人』。明道説論語則曰：『「一以貫之」，大本達道也，與「違道不遠」異者，動以天耳。』伊川曰：『「維天之命，於穆不已」，忠也；「乾道變化，各正性命」，恕也。』此規模又別。」大雅云：「程先生説：『忠恕形容一貫之理，在他人言則未必盡，在曾子言之必是盡。』」答曰：「此説得最好。然『一』字多在忠上？多在恕上？」大雅云：「多在忠上。」曰：「然。程子説得甚分明，復將元説成段看。後來多被學者將元説拆開分布在他處，故意散亂不全，難看。」大雅。

楊問：「忠恕，明道言『以己及物，仁也；推己及物，恕也。』〔一三三〕『以己』『推己』之辨，何如？〔一三四〕」先生反問：「公以爲〔一三五〕如何？」答曰：「『以己』是自然底意思，『推己』是反思底意思。」先生曰：「然。『以己』是自然流出，如孔子『老者安之，朋友信之，少者懷之』。『推己』便有折轉意思，如『己欲立而立人，己欲達而達人』。」寓因問：「忠恕，〔一三六〕程子以〔一三七〕『推廣得去，則天地變化，草木蕃；推廣不去，天地閉，賢人隱』，如何？」曰：「亦只推己以及物。推得去則物我貫通，自有個生生無窮底意思，便有『天地變化，草木蕃』氣象。天地只是這樣道理。若推不去，物我隔絕，欲利於己，不利於人；欲己之富，欲人之貧；欲己之壽，欲人之夭。似這氣象全然閉塞隔絕了，便似『天地閉，賢人隱』。」〔一三八〕

問：「『以己及人爲仁，推己及人爲恕』，何謂『以己』、『推己』之辨？〔一三九〕」曰：「『以己』是自然，『推己』是著力。『己欲立而立人，己欲達而達人』，是以己及人也。『近取諸身』，譬之他人，自家欲立，知得人亦欲立，方去扶持他使立；自家欲達，知得人亦欲達，方去扶持他使達，是推己及人也。」淳。

胡問：「『以己及物』，何謂〔一四〇〕『以』字之義？」曰：「『以己及物』是大賢以上聖人之事。聖人亦〔一四一〕是因我這裏有那意思，便去及人，亦自不妨。〔一四二〕如未飢，未見得天下之人飢；未寒，未見得天下之人寒。因我之飢寒便見得天下之飢寒，自然恁地去及他，便是以己及物。

如賢人以下知得我既是要如此，想人亦要如此，而今不可不教他如此，三反五折，便是推己及物。[一四三]淳。[一四四]

或問：「曾子『一唯』處如何？」曰：「曾子平日用功得九分九釐九毫都見得了，只爭這些子，一聞夫子警省之便透徹了也。」又問：「未唯之前如何？」曰：「未唯之前，見一事止是一個理；及唯之後，千萬個理只是一個理。」又問：「『以己及物，恕也』，是如何？[一四六]」曰：「在聖人都謂之仁，在學者只是忠恕而已。『己欲立而立人，己欲達而達人』，則是聖人之仁；『能近取譬』，便是學者之恕。一個是天然底道理，一個是人爲底道理。曾子以天然底難說，只得把人爲底說與他，教他自此做得到盡處，便是天然底。所以如此說者，要使當時問者曉得。譬如將做底花去比生成底花，自有優劣。要之，這一項說天命，一項說聖人，一項說學者，其至只是一個道理也。欲爲逐一字說如何是聖人底，如何是學者底，一向訓解未免有抵牾。學者須是自體認始得。」或曰：「然則『忠恕』字如何看？」先生曰：「如此等字難爲一一分說，且去子細看得此樣四五個字透徹，看他落在何界分，將輕重參較，久久自見。今只說與，終不濟事。且如看地盤一般，識得甲寅丙辰壬子[一四七]，逐一字挨將去，永不差互。」久之，又曰：「要好時，將此樣十數個字排在面前，將[一四八]前賢所說逐一細看，教心通意會，便有所得也。」祖道。

問：「明道言『忠者天道，恕者人道』，何也？」曰：「忠是自然，恕是[一四九]隨事應接，略假人爲，所以有天人之辨。」處謙。

「『忠者天道，恕者人道』，此『天』却〔一五〇〕與『人』對之『天』，若『動以天也』之『天』，即是理之自然。」又曰：「聖賢之言：夫子言『一貫』，曾子言『忠恕』，子思言『小德川流，大德弘〔一五一〕化』，張子言『理一分殊』，只是一個。」卓。

問：「明道所謂〔一五二〕天道、人道，初非以優劣言。自其渾然一本言之則謂之天道，自其與物接者言之則謂之人道耳。」曰：「然。此與『誠者天之道，誠之者人之道』，語意自不同。」閎祖。

「『維天之命，於穆不已』，不其忠乎！」此是不待盡而忠也。「『乾道變化，各正性命』，不其恕乎！」此是不待推而恕也。廣。

曾子所言只是一個道理，但假借此以示門人。如程子所言「維天之命，於穆不已」、「乾道變化，各正性命」，此天地無心之忠恕；「夫子之道一貫」乃聖人無爲之忠恕；盡己、推己乃學者着力之忠恕。固是一個道理，在三者自有三樣。且如天地何嘗以不欺不妄爲忠，其化生萬物何嘗以此爲恕？聖人亦何嘗以在己之無欺無妄爲忠，若泛應曲當亦何嘗以此爲恕？但是自然如此。故程子曰：「天地無心而成化，聖人有心而無爲。」此語極是親切。若曉得曾子意思，欲即〔一五三〕是「忠恕」二字而發明一貫之旨昭然，但此語難説，須自意會。若只管説來説去，便拖泥帶水。[一五四]僩。

義剛[一五五]問：「忠雖已發而未及接物。侯氏釋『維天之命，於穆不已』，乃云：『春生冬藏，每歲[一五六]如此，不誤萬物，是忠。』如何？」曰：「天不春生冬藏時合有個心。公且道天未春生冬藏時有個心在那裏？這個是天之生物之心，無停無息，春生冬藏，其理未嘗間斷。到那萬物各得其所時，便是物物如此。『乾道變化，各正性命』，是[一五七]那一草一木各得一[一五八]理，變化是個渾全底。」義剛。

問[一五九]「忠恕」。曰：「忠即是實理。忠則一理，恕則萬殊。如『維天之命，於穆不已』，亦只以這實理流行，發生萬物。牛得之爲牛，馬得之而爲馬，草木得之而爲草木。」卓。

問程子云[一六〇]「『維天之命，於穆不已』，忠也；『乾道變化，各正性命』，恕也」。曰：「『恕』字正在兩隔界頭。只看程子説『盡己之謂忠，推己之謂恕』，便分明。恕是推以及物，使各得其所處。『盡物之謂信。』」人傑。

忠貫恕，恕貫萬事。「『天地變化，草木蕃』，[一六一]不其忠乎」，是不忠之忠。「『乾道變化，各正性命』，不其恕乎」，是不恕之恕。天地何嘗道此是忠，此是恕？人以是名其忠與恕，故聖人無忠恕。所謂「己所不欲，勿施於人」，乃學者之事。士毅。

問：[一六二]「明道云[一六三]『充廣得去則天地變化，草木蕃；充廣不去則天地閉，賢人隱』，如何？」曰：「只管充廣將去，則萬物只管各得其分。只就『己所不欲，勿施於人』上面廣充將去。若充之於家，家得其所；充之於國，國得其所。〔一六四〕無施而不可得其所宜〔一六五〕，便是『天地變化，草木蕃』。若充擴不去，則這裏面〔一六六〕出門便行不得，便窒塞了，如何更施諸人！此便是『天地閉，賢人隱』底道理。」卓。〔一六七〕

吴仁父問：「『充廣得去則天地變化，草木蕃；充廣不去則天地閉，賢人隱。』是氣象如此？〔一六八〕」曰：「似恁地恕只是推得去。推不去底人，只要理會自己，不管別人，別人底事便説不關我事。今如此人，便爲州爲縣，亦只理會自己，百姓盡不管他，直是推不去。」又問：「『恕』字恁地闊？」曰：「所以道：『一言而可以終身行之者，其恕乎！』」又曰：「也須是忠。無忠，把甚麼推出來！」〔一六九〕

「草木蕃」，如説「草木暢茂」。人傑。

忠恕是工夫，公平則是忠恕之效，所以謂「其致則公平」。致，極至。道夫。

問：「『吾道一以貫』，程伊川〔一七〇〕云：『多在忠上。』看得來都在忠上，貫之却是恕。」曰：「雖是恕，却是忠流出貫之。」可學。

器之問「一貫」云云。曰：「亦是如此。人問伊川：『「一」字在忠上，在恕上？』伊川曰：『在恕上較多。』自今看來却全在忠上，都從這裏貫將出去。忠是一，恕便是貫。」按此引程子問誤，前

條是集義云：「或問：『多在忠上，多在恕上？』伊川曰：『多在忠上。』」〔一七一〕

胡講「一貫」之義。先生曰：「將孔子説做一項看，將曾子説做一項看，將程子説又做一項看。」淳。〔一七二〕

夜來説忠恕，論著忠恕名義，自合依子思「忠恕違道不遠」是也。曾子所説却是移上一堦，説聖人之忠恕。到程子又移上一階，説天之忠恕。其實只一個忠恕，須自看教有許多等級分明。僩。〔一七三〕

「忠恕一貫。聖人與天爲一，渾然只有道理，自然應去，不待盡己方爲忠，不待推己方爲恕，不待安排，不待忖度，不待覩當。如水源滔滔流出，分而爲支派，任其自然，不待布置入那溝，入這瀆。故云曾子怕人曉不得一貫，故借忠恕而言。某初年看不破，後得侯氏所收程先生語方曉得。」又云：「自孔子告曾子，曾子説下在此，千五百年無人曉得，待得二程先生〔一七四〕方得明白。前前後後許多人説，今看來都一似説夢。」子善云：「初曉『忠者天道，恕者人道』不得，後略曉得。因以二句解之云：『天道是自然之理具〔一七五〕，人道是自然之理行。』」直卿云：「就聖人身上説，忠者天之天，恕者天之人；就學者身上説，忠者人之天，恕者人之人。」曰：「要之，只是個『小德川流，大德敦化』意思。」賀孫。〔一七六〕

曼亞夫〔一七七〕問「忠恕而已矣」。曰：「此曾子借道爲忠恕〔一七八〕以明一貫之妙。蓋一貫自是難説得分明，惟曾子將忠恕形容得極好。學者忠恕，便待推方得，纔推便有比較之意。聖人更不待推，但『老者安之，少者懷之，朋友信之』便是。聖人地位，如一泓水在此，自然分流四出。借學者忠恕以形容一貫，猶所謂借粗以形容細。」趙至道云：「如所謂『堯舜之道孝弟』否？」曰：「亦是，但孝弟是平説。曾子説忠恕，如説『小德川流，大德敦化』一般，自有交關好處。當時門弟想亦未曉得，惟孔子與曾子曉得。自後千餘年更無人曉得，惟二程説得如此分明。其門人更不曉得，惟侯氏、謝氏曉得。某向來只推見二程之説得[一七九]，如[一八〇]胡籍溪、范直閣説，二人皆不以爲[一八一]然。及後來見侯氏説得元來如此分明，但諸人不曾子細看爾。」黄直卿[一八二]云：「聖人之忠是天之天，聖人之恕是天之人。忠恕只是學者事，不足以言聖人，只是借言爾。猶云『亹亹文王』，文王自是『純亦不已』意思。[一八三]」

問：[一八四]「忠恕一理，却似説個『中和』一般。」答曰：「和是已中節了，恕是方施出處。且如忠恕如何是一貫？」對曰：「無間斷便是一貫。」答曰：「無物，如何見得無間斷？蓋忠則一，纔推出去便貫了，此忠恕所以爲一以貫之，蓋是孔子分上事。如『老者安之，朋友信之，少者懷之[一八五]』，此孔子之忠恕，餘人不得與焉。忠恕一也，然亦有分數。若中庸所謂忠恕，只是『施諸己而不願，亦勿施於人』，此則是賢人君子之所當力者。程子觀之亦精矣，然程門如尹氏輩亦多理會不曾到此。若非劉質夫、謝上蔡、侯師聖之[一八六]記得如此分曉，則切要處都黑了。」大雅。

一貫之旨，忠恕之説。程先生門人中亦只上蔡領略得他意思，餘皆未曉之。廣。〔一八七〕

「忠便是一，恕便是貫。自一身言之，心便是忠，應於事者便是恕。」龜山之説不然。某舊時與諸公商量此段，都説道：「龜山便是明道先生説。」某深以爲不然，更無路得分疏。後來把程先生説自看來看去，乃大分明。以此知聽説話難，須是心同意契，纔説便領略得。龜山説得恁地差了〔一八八〕，不是他後來説得差，是他當初與程先生對面説時領略不得這意思。如今諸公聽某説話，若不領略得，茫然聽之，只是徒然。程先生那一段是劉質夫記，想他須是領略得。兼此段可笑。舊時語録元自分而爲兩，自「以己及物」至「『違道不遠』是也」爲一段，自「吾道一以貫之」爲一段。若只據上文，是看他意不出。然而後云「此與『違道不遠』異者，動以天爾」，自説得分明，正與「『違道不遠』是也」相應。更一段説某事，亦散而爲三。賀孫。

問「『維天之命，於穆不已』，不其忠乎！」曰：「今但以人觀天，以天觀人，便可見。在天便是忠。〔一八九〕要之，便是至誠不息。」因論集義諸家忠恕之説，曰：「若諸家所言，却是曾子自不識其所謂『一貫』；夫子之道却是二以分之，不是『一以貫之』。」道夫。

## 君子喻於義章

問：「『君子喻於義』〔一九〇〕者，天理之所宜。凡事只看道理之所宜爲，不顧以私者，義也。[一九一]利者，人情之所欲得。凡事只任私事[一九二]，但取其便於己則爲之，不復顧道理如何者，皆利也。君子胸中曉得義理分明，故每事灼然見得義之所在，所以爲義之從。小人只是理會己私，故每每見得，便於己底事亦甚分曉。[一九三]」先生曰：「義利也未消說得如此重。義利猶顧[一九四]頭尾然。義者，宜也。君子見得這事合當如此，那事合當如彼，但裁處其宜[一九五]爲之，則何不利之有？君子只理會義，下一截利處更不理會。小人只理會利，上一截義處全然不顧。[一九六]蓋是君子之心虛明洞徹，見得義分明。小人只管計較利，雖絲毫底利也自理會得。」[一九七]

問此一段。[一九八]曰：「義、利只是個頭尾。君子之於事，見得是合如此處，處得其宜則自無不利矣，但只是理會個義，却不曾理會下面一截利。小人却見得下面一截利，却不理會事之所宜。往往兩件[一九九]都有利，但那一件事之利稍重得分毫，便去做那一件。君子之於義見得委曲透徹，故自樂爲。小人之於利亦是於曲折纖悉間都理會得，故亦深好之也。」時舉。[二〇〇]

「君子喻於義，小人喻於利。」君子只知得個當做與不當做，當做處便是合當如此。小人則只計較利害，如此則利，如此則害。君子則更不顧利害，只看天理當如何。「宜」字與「利」字不同，子細看。僩。

問「喻於義」章。曰：「小人之心只曉會得那利害，君子之心只曉會得那義理。見義理底不見得利害處[二〇一]，見利害底不見得義理處[二〇二]。」卓。

「喻義喻利，不是氣禀如此。君子存得此心，自然喻義。小人陷溺此心，故所知者只是利。若說氣禀定了，則君子小人皆由生定，學力不可變也[二〇三]。且如有金在地，君子便思量不當得，小人便認取去。」又云：「『父母之年不可不知，一則以喜，一則以懼。』正如喻義喻利，皆是一事上有兩段。只此一物，君子就上面自喻得義，小人只是利了[二〇四]。父母之年，孝子之心既喜其壽，又懼其衰。君子小人只共此一物上面有取，有不取。」明作。

居父問「君子喻於義，小人喻於利」。曰：「這只就眼前看。且如今做官須是恁地廉勤。自君子爲之，只是道做官合着如此。自小人爲之，他只道如此做可以得人說好，可以求知於人處[二〇五]。昨有李某，當壽皇登極之初上一書，極說道學恁地不好。那時某人在要路，故以此說投之，即得超升上州教官。前日某方赴召到行在，忽又上一書，極稱道學之美。他便道某有甚勢要，便以此相投，極好笑。」賀孫。

喻義喻利，只是這一事上，君子只見得是義，小人只見得是利。如伯夷見飴，曰：「可以養老。」盜跖見之，曰：「可以沃户樞。」蓋小人於利，他見這一物便思量做一物事用，他計較精密更有非君子所能知者，緣是他氣禀中自元有許多塵糟惡濁底物，所以纔見那物事便出來應他。這一個穿孔，便對那個穿孔。君子之於義亦是如此。或曰：「伊川云：『惟其深喻，是以爲好。』若作『惟其篤好，是以深喻』，也得。」曰：「陸子静説便是如此。」僩。[二〇六]

## 見賢思齊焉章

問：「見人之賢者，知其德行之可尊可貴，則必思我亦有是善，天之所賦未嘗虧欠，何以不若於人？必須猛勇精進，求其必至於可尊可貴之地；見不賢者，則知是彼情欲汩没所以至此，必須惕然省察，恐己亦有是惡潛伏於内，不自知覺將爲小人之歸。此言君子當反求諸身如此。」先生云：「此一段説得意思好。」少刻又舉似與坐間衆人説：「文振適來説『見賢思齊』一段有意思。」又云：「説得有來歷。」[二〇七]

## 事父母幾諫章

問「幾諫」。曰：「『幾，微也。』只是漸漸細密諫，不恁峻暴，硬要闌截。内則『下氣、怡色、柔聲以諫』，便是解此意。」淳。

問：「『事父母幾諫』，[二〇八]『幾，微也』。微，還是見微而諫，還是『下氣、怡色、柔聲以諫』？」曰：「幾微，只得做『下氣、怡色、柔聲以諫』。且如今人做事亦自驀地做出來，那裏去討幾微[二〇九]？若要做見幾而諫，除非就本文添一兩字始得。」賀孫。

寓[二一〇]問：「集注舉内則『與其得罪於鄉黨州閭，寧孰諫』，將來説『勞而不怨』。禮記説『勞』字，似作勞力説，如何？」曰：「諫了又諫，被撻至於流血，可謂勞矣。所謂『父母喜之，愛而不忘；父母惡之，勞而不怨』，勞，只是一般勞。」[二一一]

問：「『事父母有幾諫』，[二一二]『幾，微也』。微諫者，『下氣、怡色、柔聲以諫』也。見得孝子深愛其親，雖當諫過之時，亦不敢伸己之直，而辭色皆婉順也。『見志不從，又敬不違』，不[二一三]見父母心中不從所諫，便又起敬孝[二一四]使父母歡悦，不違[二一五]父母有難從之辭色而後起敬起孝也。若或父母堅不從所諫，甚至怒而撻之流血，可謂勞苦，亦不敢疾怨，愈當起敬起孝。此聖人教天下之爲人子者，不惟平時有愉色、婉容，雖遇諫過之時亦當如此，甚至勞而不怨，乃是深愛其親也。」先生云：「推得也好。」又云：「『又敬不違』者，上不違微諫之意，切恐唐突以觸父母之怒；下不違欲諫之心，務欲置父母於無過之地。其心心念念只在於此。若見父母之不從，恐觸其怒，遂止而不諫者，非也；欲必諫，遂至觸其怒，亦非也。」[二一六]

問：「自『幾諫』章至『喜懼』章，見得事親之孝四端具焉，但覺得仁愛之意分外重，所以『孝弟爲仁之本』，『立愛自親始』。」曰：「是如此。惟是初發見[二一七]是愛，故較切。所以告子見得不全，便只把仁做中出，便一向把義做外來看了。」賀孫。

問：「謝氏説『幾諫』章，曰『以敬孝易，以愛孝難』，恐未安。」曰：「聖人答人問孝，多就人資質言之。在子夏則少於愛，在子游則少於敬，不當遂斷難易也。如謝氏所引兩句，乃是莊子之説。此與阮籍居喪飲酒食肉及至慟哭嘔血，意思一般，蔑棄禮法、專事情愛故也。」人傑。〔二一八〕

## 父母在章

問「父母在，不遠遊，遊必有方」。答曰：「爲人子，須是以父母之心爲心。父母愛子之心未嘗少置，人子愛親之心亦當跬步不忘。若是遠遊，不惟父母思念之切，人子去親庭既遠，温清定省之禮自此間闊，所以不遠遊。如或有事勢須當遊，亦必有定所。欲親知己之所在而無憂，召己則必至而無失。」

## 三年無改於父之道章無〔二一九〕

## 父母之年章

問「父母之有壽，人子之所喜也」。「壽愈高則親日以衰，而奉養之日愈短，孝子之所懼也。故孝子愛日者當記憶父母之年，喜其壽而懼其衰，惟恐奉養之日不久，是以孝敬之心日

常切。」〔二二〇〕

「一則以喜，一則以懼」，只是這一事上。既喜其壽，只這壽上又懼其來日之無多。注中引「既喜其壽，又懼其衰」，微差些，如此却是兩事矣。僩。

## 古者言之不出章

「古者言之不出，耻躬之不逮也。」此章緊要在「耻」字上。若是無耻底人，未曾做得一分，便說十分矣。僩。

人之所以易其言者，以其不知空言無實之可耻也。若耻，則自是力於行，而言之出也不敢易矣。這個只在耻上。僩。

集注引范氏說最好。只緣輕易說了，便把那行不當事。非踐履到底，烏能言及此！明作。

## 以約失之者鮮矣章〔二二一〕

問：「『以約失之者鮮。』凡人須要檢束令入規矩準繩，便有所據守，方少過失。或自侈然自肆，未有不差錯。」先生云：「說得皆分明。」〔二二二〕

「『以約失之者鮮矣。』凡事要約，約底自是少失矣。或曰恐失之吝嗇，如何？」曰：「這

『約』字又不如此，只凡事自收斂。若是吝嗇，又當放開。這個要人自稱量看便得。如老子之學全是約，極而至於楊氏不肯拔一毛以利天下，其弊必至此。然清虛寡慾，這個〔二二三〕又是他好處。文景之治漢、曹參之治齊便是用此，本朝之仁宗元祐亦是如此。事事不敢做，兵也不敢用，財也不敢用，然終是少失。如熙豐不如此，便多事。」僩。

## 君子欲訥於言章

問：「『君子欲訥於言敏於行。』凡事言時易，行時難。〔二二四〕言懼其易故欲訥。訥者，言之難出諸口也。行懼其難故敏〔二二五〕。敏者，力行而不惰也。」曰：「然。」〔二二六〕

## 德不孤章

問：「『德不孤，必有鄰。』鄰是朋類否？」曰：「然。非惟君子之德有類，小人之德亦自有類。」僩。

「德不孤」，以理言；「必有鄰」，以事言。僩。

「德不孤」〔二二七〕是「同聲相應，同氣相求」者。〔二二八〕人爲善便自有吉人相伴，凶德者亦有凶德〔二二九〕同之，是「德不孤，必有鄰」也。易中「德不孤」，謂不只一個德，蓋內直而外方，內外皆是德，故「不孤」是訓爻辭中「大」字。若有敬而無義，有義而無敬，即孤矣。僩。

又〔一三〇〕問：「『德不孤，必有鄰。』有德之人必有親近之者。蓋理義，人心之所同，既有成德之人如此，則天下誰無秉彝好德之心？必以類應矣。然德之所以不孤者，乃在於『敬以直內，義以方外』。方其主敬，則其中無一毫私曲，及其隨事裁處，則事事物物截然有定理而不易。敬義既立則內外德備，所以不孤而有鄰也。〔一三一〕」曰：「此處恐不消得引易中來說。語所說『德不孤，必有鄰』，只云有如此之德必有如此之類應。如小人爲不善，必有不善之人應之。易中言『敬以直內』須用『義以方外』，『義以方外』須用『敬以直內』。孤，猶偏也。敬義既立則德不偏孤，言德盛。若引易中來說，恐將論語所說攪得没理會。」〔一三二〕

問：「語云『德不孤，必有鄰』，是與人同。〔一三三〕易云『敬義立而德不孤』，却是說德不孤吝。〔一三四〕明道却指此作『與物同』，如何？」曰：「亦未安。」可學。

「德不孤」，是善者以類應。謝楊引繫辭簡易之文，說得未是。只用伊川說，伊川言「德不孤，必有鄰」，是事之驗。謨。

## 事君數章

問：「集注引胡氏一段，似專主諫而言。恐交際之間如諂媚之類亦是數，不止是諫。」曰：

「若説交際處煩數，自是求媚於人，則索性是不好底事了，是不消説。以諫而數者，却是意善而事未善耳，故聖人特言之以警學者。」雉。

又問：「君臣朋友皆以義合，故事君者諫不行、言不聽，則當去。若或言語煩數而不知去，非惟無益，乃取辱也。交友之道，但忠告而善道之，不可則止。若或言語煩數而不知止，是求親而反疏也。」曰：「然。」[一二三五]

## 【校勘記】

[一]　因讀吾道一以貫之　成化本無。

[二]　極　成化本爲「太極」。

[三]　此條泳録成化本以部分内容爲注，附於淳録後，參成化本卷一百十七淳録「淳有問目段子……道那散底不是錢」條。

[四]　本領者……本領者　成化本爲「本領若……本領若」。

[五]　此條泳録成化本無，但卷二十七載可學録曰：忠是本根，恕是枝葉。非是别有枝葉，乃是本根中發出枝葉，枝葉即是本根。曾子爲於此事皆明白，但未知聖人是總處發出，故夫子語之。

［六］壽仁　成化本爲「拱壽」。
［七］忠恕一以貫之　成化本無。
［八］是　成化本爲「只是」。
［九］百般千萬般個　成化本爲「百千萬個」。
［一〇］中　成化本作「忠」。
［一一］先生因説……所以説過接處費力　成化本無。
［一二］他　成化本無。
［一三］仁　成化本此上有「言」。
［一四］此　成化本爲「此手」。
［一五］成化本此下注有「僩」。
［一六］私心　成化本爲「私己」。
［一七］此條淳録成化本無，但卷二十七載義剛録曰：衆朋友再説「忠恕」章畢，先生曰：「將孔子説做一樣看，將曾子説做一樣看，將程子説又做一樣看。」又曰：「聖人之恕無轍迹。學者則做這一件是當了，又把這樣子去做。那一件又把這樣子去做，十件、百件、千件都把這樣子去做，便是推。到下梢都是這個樣子，便只是一個物。」或問：「先生與范直閣論忠恕，以與集注同否？」曰：「此是三十歲以前書，大概也是，然説得不似，而今看得又較别。」

［一八］此條祖道録成化本無。
［一九］問夫子之道忠恕……亦不必如此　成化本無。
［二〇］問　成化本無。
［二一］所謂　成化本無。
［二二］一身之氣流行不息動處便是恕　成化本爲「一元之氣流行不息處便是忠」。
［二三］成化本此下注有「總論」。
［二四］大　成化本作「本」。
［二五］借　成化本此上有「曾子」。
［二六］因做甚麽説話　成化本爲「因做甚麽工夫聞甚麽説話」。
［二七］約　成化本作「細」。
［二八］曾子　成化本此上有「淳有問目段子，先生讀畢，曰：『大概説得也好，只是一樣意思。』義剛録云：「先生曰：『末梢自反之説，説「大而化之」做甚麽？何故恁地儱侗！』」又曰：『公説道理只要撮那頭一段尖底，末梢便要到那「大而化之」極處，中間許多都把做查滓不要理會。相似把個利刃截斷，中間都不用了，這個便是大病。曾點、漆雕開不曾見他做工夫處，不知當時如何被他逴見這道理。然就二人之中，開却是要做工夫。「吾斯之未能信」，「斯」便是見處，「未能信」便是下工夫處。曾點有時是他做工夫但見得未定，或是他天資高後被他瞥見得這個物事，亦不可知。雖是恁地，也須低着頭隨衆從博學、審問、謹思、明辨、篤行底做工夫，襯

貼起來方實，證驗出來方穩，不是懸空見得便了。博學、審問五者工夫，終始離他不得。只是見得後做得不費力也。』」

［二九］又觀　成化本無。
［三〇］平日經禮聖人已説底都一一理會　成化本爲「想經禮聖人平日已説底都一一理會了」。
［三一］因話　成化本無。
［三二］些　成化本作「此」。
［三三］事　成化本此下有「不能得了」。
［三四］那　成化本無。
［三五］如　成化本此下有「此則」。
［三六］德　成化本爲「達德」。
［三七］類　成化本此下有「皆是粗迹」。
［三八］會　成化本此下有「了」。
［三九］只　成化本此下有「將」。
［四〇］只　成化本此下有「恁」。
［四一］恰似僧道説……也有舍利子　成化本爲「恰似村道説無宗旨底禪様攔翻地説去也得將來也解做頌燒時也有舍利」。

〔四二〕濟　成化本爲「濟得」。

〔四三〕事　成化本此下有「又曰：『一底與貫底都只是一個道理。如將一貫已穿底錢與人及將一貫散錢與人，只是一般，都用得，不成道那散底不是錢』」，其下且注曰：「義剛同。泳録云：『如用一條錢貫一齊穿了。』」

〔四四〕淳　成化本無，且此條淳録載於卷一百十七。

〔四五〕若不　成化本爲「言下」。

〔四六〕且　成化本無。

〔四七〕節　成化本無。

〔四八〕一　成化本爲「一個」。

〔四九〕節曰　成化本無。

〔五〇〕節對　成化本無。

〔五一〕令全然盛水不漏　成化本爲「若無片子便把一個箍去箍斂全然盛水不得」。

〔五二〕推己出　成化本爲「推出去」。

〔五三〕成化本此下注曰：「此處疑有闕誤。」

〔五四〕恕　成化本無。

〔五五〕盡己之謂忠……所不欲不以與人　成化本無。

〔五六〕公謹　成化本無。

〔五七〕公謹　成化本無。

〔五八〕公謹　成化本無。

〔五九〕施　成化本爲「勿施」。

〔六〇〕是他　成化本無。

〔六一〕祖道人傑録同　成化本爲「去僞」。

〔六二〕他　成化本無。

〔六三〕得　成化本作「元」。

〔六四〕所爲實　成化本爲「篤實」。

〔六五〕守約　成化本爲「守個約」。

〔六六〕我　成化本無。

〔六七〕我　成化本無。

〔六八〕成化本此下注有「寓」。

〔六九〕此章一項説天命須説聖人　成化本爲「此段一項説天命一項説聖人」。

〔七〇〕此條賜録成化本卷二十七作爲注，附於儒相録後。參本卷元秉録「問集注云曾子於其用處……學者是使然底忠恕」。

［七一］此條人傑録成化本以部分内容爲注夾於去僞録中，參成化本卷二十七去僞録「子貢尋常自知識而入道……蓋本末體用也」條。

［七二］成化本此下注有「可學」。

［七三］子貢　成化本爲「子貢一貫」。

［七四］本　成化本爲「大本」。

［七五］成化本此下有「木」。

［七六］從　成化本無。

［七七］只　底本闕，據成化本補。

［七八］謨録云曾子一貫忠恕……如何得　此部分謨録與成化本卷二十七僩録相同，而成化本此處所附謨録則爲：謨録曰：「曾子『一貫』以行言；子貢『一貫』以知言。曾子言夫子忠恕，只是就事上看。夫子問子貢『多學而識之』，便是知上説。曾子見夫子所爲千頭萬緒，一一皆好。譬如一樹，枝葉花實皆可愛。而其實則忠信根本，恕猶氣之貫注枝葉，若論信則又如花之必成實處。忠信、忠恕皆是體用。恕如行將去，信如到處所。循物無違，則是凡事皆實。譬如水也，夫子，自源而下者也；中庸所謂忠恕，泝流而上者也。」

［七九］元秉　成化本爲「儒用」，且此條載於卷九十三。

［八〇］今　成化本無。

〔八一〕成化本此下有「遂至驚駭」。
〔八二〕理會　成化本爲「子細」。
〔八三〕應之□□□　「之」下有三字闕。
〔八四〕此條成化本無。
〔八五〕寓因問　成化本作「問」。
〔八六〕處　成化本無。
〔八七〕成化本此下注有「寓」。
〔八八〕所謂下流者無不是此一源之水也　成化本爲「不可謂下流者不是此一源之水」。
〔八九〕是　成化本無。
〔九〇〕是　成化本作「有」。
〔九一〕如何　成化本無。
〔九二〕忠恕違道不遠　成化本爲「若曉得某説則曉程子之説矣又云忠是一恕是所以貫之中庸説忠恕違道不遠」。
〔九三〕處謙　成化本爲「壯祖」。
〔九四〕瀉　成化本無。
〔九五〕則　成化本無。

〔九六〕一　成化本作「二」。
〔九七〕集注云曾子於其用處……但未知其體之一爾　成化本爲「曾子未知其體之一」。
〔九八〕之　成化本無。
〔九九〕見底　成化本爲「見成底」。
〔一〇〇〕曾子有見於此而難言之故借學者盡己推己之目而著明之　成化本爲「曾子借學者盡己推己之目而明之」。
〔一〇一〕自在　成化本無。
〔一〇二〕成化本此下有「一項説聖人」。
〔一〇三〕元秉　成化本爲「儒相」，且此下注有祖道録、賜録。參本卷賜録「或問曾子一唯處如何……便有所得也」，及本卷賜録「問忠恕……要之只是一個道理」。
〔一〇四〕此條若海録成化本無。
〔一〇五〕盡己之謂忠　成化本爲「盡物之謂恕」。
〔一〇六〕來　成化本作「未」。
〔一〇七〕曾子忠恕　成化本無。
〔一〇八〕問　成化本此上有「仲思問：『如何是「發己自盡」？』曰：『發於己而自盡其實。』先生因足疾，舉足言曰：『足有四分痛便説四分痛，與人説三分，便不是發己自盡。』又問『循物無違』。曰：『亦譬之足。

實是病足，行不得便説行不得，行得便説行得。此謂循其物而無違。』楊舉伊川言『盡己之謂忠，以實之謂信』。曰：『伊川之説簡潔明通，較又發越也。』寓因問：『忠信，實有是事故、實有是言，則謂之忠信。今世間一等人不可與露心腹處，只得隱護其語，如此亦爲忠信之權乎？』曰：『聖人到這處却有個義存焉。有可説與不可説，又當權其輕重。如不當説而説，那人好殺，便與説這人當殺，須便去殺他始得。「信近於義，言可復也」，信不近義豈所謂信！』因説：『伊川講解一字不苟。如論語中一項有四説，極的當：「一心之謂誠，盡心之謂忠，存於中之謂孚，見於事之謂信。」直是不可移易。如忠恕處，前輩説甚多，惟程先生甚分曉。』「因」。

［一〇九］是　成化本無。
［一一〇］聖　成化本此上有「但」。
［一一一］設　成化本作「説」。
［一一二］引　成化本作「舉」。
［一一三］此條寓録成化本載於卷二十一。
［一一四］問　成化本爲「叔器問」。
［一一五］斂　成化本爲「串斂」。
［一一六］此條閎祖録成化本無。
［一一七］此條卓録成化本無。

〔一一八〕問　成化本爲「蜚卿問」。
〔一一九〕問一貫　成化本爲「聞一知二」。
〔一二〇〕或人　底本闕，據成化本補。
〔一二一〕答曰　成化本無。
〔一二二〕數語　成化本作「恕」。
〔一二三〕如何　成化本爲「何也」。
〔一二四〕忠　成化本無。
〔一二五〕植　成化本爲「以下訓植」，且此條載於卷一百十八。
〔一二六〕謨　成化本無。
〔一二七〕着　成化本作「看」。
〔一二八〕某　成化本作「謨」。
〔一二九〕個　成化本爲「下個」。
〔一三〇〕某　成化本作「謨」。
〔一三一〕如此　成化本爲「要如此」。
〔一三二〕成化本此下注曰：「文蔚録云：『曾子借學者以形容聖人。』」
〔一三三〕忠恕明道言以己及物仁也推己及物恕也　成化本無。

〔一三四〕何如　成化本無。
〔一三五〕公以爲　成化本無。
〔一三六〕忠恕　成化本無。
〔一三七〕程子以　成化本無。
〔一三八〕成化本此下注有「寓」。
〔一三九〕以己及人爲仁推己及人爲恕何謂以己推己之辨　成化本爲「以己推己之辨」。
〔一四〇〕何謂　成化本無。
〔一四一〕亦　成化本無。
〔一四二〕亦自不妨　成化本無。
〔一四三〕成化本此下有「只是争個自然與不自然」。
〔一四四〕淳　成化本爲「義剛」。
〔一四五〕止　成化本作「上」。
〔一四六〕以己及物恕也是如何　成化本爲「以己及物推己及物如何」。
〔一四七〕甲寅丙辰壬子　成化本爲「甲庚丙壬了」。
〔一四八〕將　成化本無。
〔一四九〕是　成化本無。

〔一五〇〕却　成化本作「是」。

〔一五一〕弘　成化本作「敦」。

〔一五二〕明道所謂　成化本無。

〔一五三〕欲即　成化本爲「雖即」。

〔一五四〕成化本此下有朱熹「又云」之語，參本卷僩録「又云夜來説忠恕……須自看教有許多等級分明」。

〔一五五〕義剛　成化本無。

〔一五六〕每歲　成化本爲「歲歲」。

〔一五七〕是　成化本此上有「各正性命」。

〔一五八〕一　成化本作「其」。

〔一五九〕問　成化本爲「劉問」。

〔一六〇〕程子云　成化本無。

〔一六一〕天地變化草木蕃　成化本無。

〔一六二〕問　成化本爲「徐仁父問」。

〔一六三〕明道云　成化本無。

〔一六四〕充之於家……國得其所　成化本爲「充之於一家則一家得其所充之於一國則一國得其所」。

〔一六五〕不可得其所宜　成化本爲「不得其所」。

〔一六六〕面　成化本無。
〔一六七〕成化本此下注曰：「賀孫録同。以下集義。」
〔一六八〕成化本此下有「是實如此」。
〔一六九〕成化本此下注有「節」。
〔一七〇〕程伊川　成化本爲「伊川」。
〔一七一〕此條成化本無。
〔一七二〕此條淳録成化本無。
〔一七三〕成化本此條僩録前有「曾子所言只是一個道理……便拖泥帶水」。底本另作一條，参本卷。
〔一七四〕成化本此下有「出」。
〔一七五〕具　底本闕，據成化本補。
〔一七六〕成化本此下注曰：「疑與上條同聞。」又，成化本此條賀孫上條爲南升録「亞夫問忠恕而已矣……恕猶枝葉條榦」，與底本下條内容相近。
〔一七七〕晏亞夫　成化本爲「亞夫」。
〔一七八〕借道爲忠恕　成化本爲「借學者忠恕」。
〔一七九〕推　朱本作「惟」。得　成化本無。
〔一八〇〕如　成化本爲「却與」。

〔一八一〕爲　成化本無。
〔一八二〕黄直卿　成化本爲「直卿」。
〔一八三〕文王自是純亦不已意思　成化本爲「文王自是純亦不已亹亹不足以言之然亹亹便有純亦不已意思」，此下又有「又云：忠猶木根，恕猶枝葉條榦」。其末注有「南升」。
〔一八四〕問　成化本爲「方叔問」。
〔一八五〕朋友信之少者懷之　成化本爲「少者懷之朋友信之」。
〔一八六〕之　成化本爲「之徒」。
〔一八七〕此條廣録成化本無。
〔一八八〕了　成化本作「來」。
〔一八九〕在天便是忠　成化本爲「在天便是命在人便是忠」。
〔一九〇〕成化本此下有「義」。
〔一九一〕不顧以私者義也　成化本爲「不顧己私」。
〔一九二〕事　成化本作「意」。
〔一九三〕不復顧道理如何者……亦甚分曉　成化本爲「不復顧道理如何」。
〔一九四〕顧　成化本無。
〔一九五〕成化本此下有「而」。

〔一九六〕小人只理會利上一截義處全然不顧　成化本爲「小人只理會下一截利更不理會上一截義」。
〔一九七〕成化本此下注有「南升」。
〔一九八〕問此一段　成化本爲「文振問此章」。
〔一九九〕兩件　成化本爲「兩件事」。
〔二〇〇〕成化本此下注曰：「南升録見下。」且下條即爲南升録「問君子喻於義……雖絲毫利也自理會得」。參底本上條。
〔二〇一〕處　成化本無。
〔二〇二〕處　成化本無。
〔二〇三〕變也　成化本爲「變化」。
〔二〇四〕只是利了　成化本爲「只是喻得利了」。
〔二〇五〕處　成化本無。
〔二〇六〕爲　成化本作「篤」。
〔二〇七〕此段成化本無。
〔二〇八〕事父母幾諫　成化本無。
〔二〇九〕成化本此下有「處」。
〔二一〇〕寓　成化本無。

〔二一一〕成化本此下注有「寓」。
〔二一二〕事父母有幾諫　成化本無。
〔二一三〕不　成化本作「才」。
〔二一四〕孝　成化本爲「起孝」。
〔二一五〕違　成化本作「待」。
〔二一六〕成化本此下注有「南升」。
〔二一七〕見　成化本作「先」。
〔二一八〕成化本此下注有「集義」。
〔二一九〕三年無改於父之道章無　成化本無。
〔二二〇〕此條成化本無。
〔二二一〕以約失之者鮮矣章　成化本爲「以約失之章」。
〔二二二〕成化本此下注有「南升」。
〔二二三〕個　成化本無。
〔二二四〕君子欲訥於言敏於行凡事言時易行時難　成化本無。
〔二二五〕敏　成化本爲「欲敏」。
〔二二六〕成化本此下注有「南升」。

〔二二七〕德不孤　成化本此上有「論語中」。
〔二二八〕者　成化本作「吉」。
〔二二九〕凶德　成化本爲「凶人」。
〔二三〇〕又　成化本無。
〔二三一〕有德之人……所以不孤而有鄰也　成化本無。
〔二三二〕成化本此下注有「南升」。
〔二三三〕成化本此下注曰：「饒本作『是説人之相從』。」
〔二三四〕成化本此下注曰：「饒本作『德之大』。」
〔二三五〕此條成化本無。

# 晦庵先生朱文公語類卷第二十八

## 論語十

### 公治長篇上

#### 子謂公冶長章

問：「『子謂公冶長可妻』，而長之爲人無可考，但觀孔子稱其可妻時，必有以取之矣。又言其雖嘗陷於縲紲之中而非其罪，不害其可妻也。蓋有罪無罪在我而已，豈以外至爲榮辱？若是有罪，雖不遭刑戮，乃是幸免；若是無罪，雖不幸而遭刑戮，何足爲辱？〔一〕」曰：「『子謂公冶長〔二〕可妻』，必有以取之矣。『雖在縲紲之中』，特與〔三〕而舉之，非謂以非罪而陷縲紲爲可妻也。」〔四〕

寓〔五〕問：「公冶長可妻，伊川以『避嫌之事，賢者不爲，況聖人乎』。自今人觀之，閨門中安知無合着避嫌處？」曰：「聖人正大，道理合做處便做，何用避嫌！」問：「古人『門內之治恩掩義，門外之治義斷恩』。寓恐閨門中主恩，怕亦有避嫌處？」曰：「固是主恩，亦須是當理方可。某看公淅人，多要避嫌。程子所謂『年之長幼，時之先後』，正是解或人之說，未必當時如此。大抵二人都是好人，可托。或先是見公治長，遂將女妻他；後來見南容亦是個好人，又把兄之女妻之。看來文勢，恐是孔子之女年長，先嫁；兄之女少，在後嫁，亦未可知。程子所謂『凡人避嫌者皆內不足』，實是如此。」寓。

叔蒙問程子避嫌之説。曰：「合當委曲，便是道理當如此。且如避嫌亦又不能無。如做通判，與太守是親戚，也合當避嫌。第五倫之事非不見得如此，自是常有這心在，克不去。今人這樣甚多，只是徇情恁地去，少間將這個做正道理了，大是害事。所以古人於誠意、正心上更著工夫，正怕到這處。」寓。

## 子謂南容章[六]

## 子謂子賤章

問「魯無君子，斯焉取斯」。答曰：「居鄉而多賢，其老者，吾當尊敬師事以求其益；其行輩與吾相若者，則納交取友、親炙漸磨以涵養德性、薰陶氣質。」賀孫。

又[七]問：「子賤之爲人，聖人以君子稱之，成德之士也。又言若魯無君子，則此人何所取以成就此德？以見子賤之成德，乃在於尊賢取友，又以見魯取友多君子。故蘇氏曰：『稱人之善，必本於父兄師友，厚之至也。』子貢見夫子之稱子賤，故以己爲問。夫子謂之『瑚璉』，乃宗廟盛黍稷之器，又飾之以玉，乃器之可貴重而華美者，則知子貢亦非尋常有用之才。[八]」曰：「看來聖人以子賤爲『君子哉若人』，此君子亦是大概説。如『南宮适出，子曰「君子哉若人」』一般。大抵論語中説君子有[九]説得最高者，有大概説，如言賢者之類。若言子賤爲『君子哉』[一〇]，子貢未至於不如[一一]，恐子賤未能强似子貢。又子賤因魯多君子而後有所成就，不應魯人强似子貢者如此之多。」[一二]

## 子貢問賜也何如章

子貢問[一三]器之貴者，可以爲貴用。雖與賤者之器不同，然必竟只是器，非不器也。明作。

叔蒙問：「子貢通博明達，若非止於一能者，如何却以器目之？莫是亦有窮否？」曰：「畢竟未全備。」賀孫。

寓[一四]問：「子貢得爲器之貴者，聖人許之。然未離乎器，而未至於不器處，不知子貢是合下無規模，抑是後來欠工夫？」曰：「也是欠工夫，也是合下稟得偏了。一般人資稟疏通明達，平日所做底工夫都隨他這疏通底意思去。一般人稟得恁地馴善，自是隨這馴善去。恰似人喫藥，五臟和平底人喫這藥自流注四肢八脈去。若是五臟中一處受病受得深，喫這藥都做那一邊去，這一邊自勝了，難作〔一五〕效。學者做工夫，正要得專去偏處理會。」〔一六〕明作。

## 雍也仁而不佞章〔一七〕

「仁而不佞」，時人以佞爲賢。「屢憎於人」，是他説得大驚小怪，被他驚嚇者豈不惡之。

佞，只是捷給辯口者，古人所説皆如此，後世方以「諂」字解之。祖道。

佞是無實之辯。道夫。

林一之問：「孔子於仲弓『不知其仁』，如何？」曰：「孔子既不保他，必是也有病痛。然這一章是不佞要緊。佞，不是諂〔一八〕，是個口快底人。事未問是不是，一時言語便抵當得去。『子路使子羔爲費宰，子曰：「賊夫人之子！」子路曰：「何必讀書，然後爲學？」子曰：「是故惡夫佞者！」』子路未問是與不是，臨時撰得話來也好，可見是佞。」寓。

## 子使漆雕開仕章

漆雕開「吾斯之未能信」，「斯」是甚底？他是見得此個道理了，只是信未及。他眼前看得闊，只是踐履未純熟。他是見得個規模大，不入這小底窠坐。曾晳被他見得高，下面許多事皆所不屑爲，到他説時便都恁地脱灑。想見他只是天姿[一九]高，便見得恁地，都不曾做甚工夫，却與曾子相反。曾子便是着實步步做工夫，到下梢方有所得。曾晳末流便會成莊老。想見當時聖人亦須有言語敲點他，只是論語載不全。賀孫。

或問：「『吾斯之未能信』，如何？」曰：「『斯』之一字甚大。漆雕開能自言『吾斯之未能信』，則其他[二〇]已高矣。『斯』，有所指而云，非只指誠意、正心之事。事君以忠，事父以孝，皆是這個道理。若自信得及，則雖欲不如此做，不可得矣。若自信不及，如何勉强做得！欲要自信得及，又須是自有所得無遺，方是信。」祖道。謨録同。[二一]

又[二二]問「子使漆雕開仕。對曰『吾斯之未能信』」。「斯者，此理也。漆雕開能指此理而言，便是心目之間已有所見。未能信者，未能真知其實然，而自保其不叛。以此見『漆雕開已見大意』，方欲進進而不已。蓋見得大意了，又要真知到至實無妄之地，它日成就，其可量乎？此夫子所以悦其篤志也。」祖道。[二三]

問[二四]「子使漆雕開仕」一[二五]章。曰：「此章當於『斯』字上看。『斯』是指個甚麽？『未之能信』者，便是於這個道理見得未甚透徹，故信未及。看他意思便把個仕都輕看了。」時舉。

「吾斯之未能信」，也[二六]是不肯更做小底。所謂「有天民者，達可行於天下而後行之者也」。道夫。

問[二七]「吾斯之未能信」。曰：「漆雕開已見得這道理是如此，但信得[二八]未及。所謂信者，真見得這道理是我底，不是問人假借將來。譬如五穀可以飽人，人皆知之，須是五穀灼然曾喫得飽，方是信得及。今學者尚未曾見得，却信個甚麽！若見人説道這個善，這個惡，若不曾自見得，都不濟事，亦終無下手處矣。」時舉。

或問「吾斯之未能信」。曰：「知得深便信得篤。理合如此者必要如此，知道不如此便不得[二九]，只此是信。且如人孝，亦只是大綱説孝，謂有些小不孝處亦未妨。又如忠，亦只是大綱説忠，謂便有些小不忠處亦未妨。即此便是未信。此是漆雕開心上事，信與未信，聖人何緣知得？只見他其才可任，[三〇]故使之仕。他揆之於心，有一毫未得，不害其爲未信，仍更有志於學，聖人所以説之。」又問：「謝氏謂『其器不安於小成』，何也？」曰：「據他之才已自可仕，只是他不伏如此，又欲求進。譬如一株樹，用爲椽桁已自可矣，他不伏做椽桁，又要做柱，便是不安於小成也。」文蔚。

敬之問此[三一]。曰：「也不是要就用處說。若是道理見未破，只且理會自身己，未敢去做他底。亦不是我信得了，便定着去做。道理自是如此，這裏見得直是分曉，方可去做。」寓因問：「明道所言『漆雕開、曾點已見大意』，二子固是已見大體了。看來漆雕見得雖未甚快，却是通體通用都知了。曾點雖是見得快，恐只見體，其用處未必全知[三二]也。」先生以爲然。問寓有何說，寓曰：「開之未信，若一理見未透，即是未信。」曰：「也不止說一理。要知信不過，不真知，決是如此。『行一不義，殺一不辜，得天下不爲。』須是真見得有不義不辜處，便不可以得天下。若說略行不義，略殺不辜，做到九分也未甚害，也不妨，這便是未信處。這裏更須玩味省察，體認存養，亦會見得決定恁地而不可不恁地。所謂脫然如大寐之得醒，方始是信處耳。」問：「格物窮理之初，事事物物也要見到那裏了。」曰：「固是要見到那裏。然也約摸是見得，直到物格知至，那時方信得及。」[三三]

「知不知，[三四]只是有淺深，須是知之深方信得及，如漆雕開『吾斯之未能信』是也。若說道別有個不可說之知，便是釋氏之所謂悟也。」問：「張子所謂『德性之知不萌於聞見』是如何？」曰：「此亦只是說心中自曉會得後，又信得及耳。」廣。

問：「『曾點、漆雕開已見大意。』如何是『已見大意』？」曰：「是他見得大了，[三五]便小合殺不得。論語中說曾點處亦自可見。如漆雕開只是此一句，如何便見得他大意[三六]處？然工夫只在『斯』字與『信』字上。且說『斯』字如何？」當等各以意對。曰：「斯，只是這許多道理見於日用之間，君臣、父子，仁義、忠孝之理。信，是雖已見得如此，却自斷當恐做不盡，不免或有過差，尚自保不過。雖是知其已然，未能決其將然，故曰『吾斯之未能信』。」當。

王景仁問：「程子言『曾點與漆雕開已見大意』，何也？」曰：「此當某問公，而公反以問某邪？此在公自參取。」既而曰：「所謂『斯之未信』，斯者，非大意而何？但其文理密察，則二子或未之及。」又問：「大意竟是如何？」曰：「若推其極，只是『惟皇上帝降衷于下民』。」處謙。

問：「『漆雕開已見大意』，如何？」曰：「大意便是本初處。若不見得大意，如何下手作工夫？若已見得大意而不下手作工夫，亦不可。孔門如曾點、漆雕開皆已見大意。」某問：「開自謂未能信，孔子何爲使之仕？」曰：「孔子見其可仕，故使之仕。它隱之於心，有未信處。」可學。

或問：「曾晳言志，既是知得此樂便是[三七]如顏子之樂同。曾晳行又不掩，何也？」曰：「程子說『曾點、漆雕開已見大意』，他只是見得這大綱意思，於細密處未必便理會得。如千萬兵馬，只[三八]見得這個，其中隊伍未必知。如佛氏，不可謂他全[三九]無所見，但他只見得個大渾淪底道理，至於精細節目則未必知。且君臣、父子、夫婦、兄弟，他知道理發出來，然至於[四〇]『爲人君止於仁，爲人臣止於敬，爲人子止於孝』之類，却未必知也。」植。[四一]

寓[四二]問：「注謂信是『真知其如此，而無毫髮之疑』，是如何？」曰：「便只[四三]是『朝聞道』意思，須是自見得這道理分明方得。」問：「是見得吾心之理，或是出仕之理？」曰：「都是這個理，不可分別。漆雕開却知得，但知未深耳，所以未敢自信。」問：「程子云『曾點、漆雕開已見大意』，如何？」曰：「也是見得這意思。漆雕開，想見他已知得八分了。」因説：「物格、知至，他只有些子未格、有些子未至耳。伊川嘗言虎傷人〔四四〕，曾經傷者神色獨變，此爲真見得、信得。凡人皆知水蹈之必溺，火蹈之必焚，今試教他去蹈水火，定不肯去。無他，只爲真知。」寓。賀孫録同。〔四五〕

問：「程氏説『曾點、漆雕開已見大意』，恐漆雕開見處未到曾點。」曰：「曾點見雖高，漆雕開却確實。觀他『吾斯之未能信』之語可見。」〔四六〕又問：「程氏言『子路只是不達爲國以禮道理，若達便是曾點氣象』。〔四七〕莫是子路無曾點從容意思否？」曰：「子路見處極高，只是有些粗。緣他勇，便粗。若不是勇又不會變得如此快，這勇却不曾去得。如人得這個藥去病，却不曾去得藥毒。若去得盡即達『爲國以禮』道理。」顧文蔚曰：「子路與冉有、公西華如何？」文蔚曰：「只是小大不同。」曰：「二子終無子路所見。」問：「何以驗之？」曰：「觀他平日可見。」文蔚。〔四八〕

問：「漆雕開循守者乎？」曰：「循守是守一節之廉，如原憲之不容物是也。漆雕開却是收斂近約。」伯羽。〔四九〕

問曾點、漆雕開。[五〇]曰：「曾記胡明仲説『禹、稷、顔回同道』。其意謂禹、稷是就事上做得成底，顔子見道，是做未成底，此亦相類。開是着實做事，已知得此理。點見識較高，但却着實處不如開。開却進未已，點恐不能進。」銖。

直卿問程子云云。曰：「開更密似點，點更規模大。開尤縝密。」道夫。

曾點「已見大意」，却做得有欠缺。漆雕開見得不如點透徹，而用工却密。點天資甚高，見得這物事透徹。如一個大屋，但見外面墻圍周匝，裏面間架却未見得，却又不肯做工夫。如邵康節見得恁地，只管作弄。又曰：「曾子父子却相反。曾子初間却都不見得，只從小處做去。及至一下見得大處時，他小處却都曾做了。」賜。

「曾點漆雕開已見大意。」若論見處，雕[五一]未必如點透徹；論做處，點又不如開着實。邵堯夫見得恁地，却又只管作弄去。元秉。[五二]

「曾點只從高處見破，却不是次第做工夫。」曰：「某以爲與莊、列之徒相似。」希遜。[五三]

時舉問程子謂[五四]「曾點、漆雕開已見大意」。曰：「漆雕開，想是灰頭土面，樸實去做工夫，不求人知底人。雖見大意，也學未到。若曾晳，則只是見得，往往却不曾下工夫也。」時舉。

曾點、[五五]漆雕開不曾見他做工夫處，不知當時如何被他見[五六]這道理。然就二人之中，開却是要做工夫。「吾斯之未能信」，「斯」便是見處，「未能信」便是下工夫處。曾點有時是[五七]做工夫，但見得未定，或是他天資高，後被他瞥見得這個物事，亦不可知。雖是恁地，也須低着頭，隨衆從「博學之，審問之，謹思之，明辨之，力行之」[五八]底做工夫，稱貼[五九]起來方實，證驗出來方穩，不是懸空見得便了。博學、審問、謹思、明辨、力行[六〇]五者工夫，終始離他不得，只是見他[六一]後做得不費力也。[六二]黄義剛。[六三]

或問：「子説開意如何？」曰：「程明道[六四]云：『曾點、漆雕開已見大意。』又云：『孔子與點，蓋與聖人之志同，便是堯舜氣象。』看這語意是如何？看得此意方識得聖人意。」[六五]曾點見得甚高，却於工夫上有疏略處。漆雕開見處不如曾點，然有向進之意。曾點與曾參正相反。曾參却是積累做去，千條萬緒，做到九分八釐，只有這些子未透。既聞夫子一貫之旨，則前日之千條萬緒，皆有着落矣。「忠恕而已矣」，此是借學者之忠恕，以影出聖人自然之忠恕也。人傑。

問：「漆雕開與曾點孰優劣？」曰：「舊看皆云曾點高。今看來，却是開著實，點頗動蕩。」可學。

曾點開闊，漆雕開深穩。方子。

問四子言志。曰：「曾點與三子只是争個粗細，點[六六]與漆雕開只是争個生熟。曾點説得驚天動地，開較穩[六七]貼。三子在孔門豈是全不理會義理？只是較粗，不如曾點之細。」又曰：

「子路使民，非若後世之孫、吳；冉有足民，非若後世之管、晏[六八]。」賜。[六九]

或問：「『吾斯之未能信』，注云：『未有以真知其實然，而保其不叛也。』聖門弟子雖曰有所未至，然何至於叛道？」曰：「如此，則曾子臨終更説『戰戰兢兢，如履薄冰』做甚麽？」或曰：「起居動作有少違背，便是叛道否？」曰：「然。」集注與今定本文不同。[七〇]僩。

問「吾斯之未能信」。曰：「信是於這個道理上見得透，全無些疑處。他看得那仕與不仕全無緊要。曾點亦然，但見得那日用都是天理流行，看見那做諸侯卿相不是緊要，他[七一]却不是高尚要恁地説，只[七二]他自看得没緊要。今人居鄉只見居鄉利害，居官只見居官利害，全不見道理。他這[七三]見得道理大小大了，見那利害居官[七四]都没緊要，仕與不仕何害！」[七五]原憲不能容物，近於狷。開却是收斂近約。道夫。[七六]

## 道不行章

夫子浮海，假設之言，且如此説，非是必要去。所以謂子路勇，可以從行，便是未必要去。明作。

又問：「『道不行，乘桴浮于海』，傷天下之無賢君，不可以行斯道。子路勇於義，故謂其能從己，聖人豈真是欲與子路浮海者？乃是假託以見意。子路以爲實然，而喜夫子予己，故夫子曰：『由也，好勇過我。』言我方言欲浮海，而子路便與我同行，豈非勇於我乎？但不能裁度事理以適於義、豈有聖人以道不行，而真浮海以絶去中國之理乎？」曰：「皆是如此。」[七七]

## 孟武伯問子路仁乎章

孟武伯問三子仁乎，夫子但言三子才各有所長，若仁則不是易事。夫子雖不説三子無仁，但言「不知其仁」，則無在其中矣。仁是全體不息。所謂全體者，合下全具此心，更無一物之雜。不息，則未嘗收息[七八]置之無用處。全體似個卓子，四脚便是全。[七九]不息，是常用他。或置之僻處，又被别人將去，便是息。此心具道理[八〇]在，若只見得九分，亦不是全了。所以息者，是私欲間之。無一毫私欲方是不息，乃「三月不違」以上地位。若違時，便是息。不善底心固是私，若一等閑思慮亦不得，須要照管得此心常在。明作。

問[八一]子路不知其仁處。曰：「仁，譬如一盆油一般，無些子夾雜方唤做油，有一點水落在裏面便不純是油了。渾然天理便是仁，有一毫私欲便不是仁了。子路之心不是都不仁，『仁，人心也』。有發見之時，但是不純，故夫子以『不知』答之。」卓。

仲由可使治賦，才也。「不知其仁」，以學言也。升卿。[八二]

問「孟武伯問三子之仁，而聖人皆不之許，但許其才」云云。曰：「大概是如此。」又問：

「雖全體未是仁，苟於一事上能當理而無私心，亦可謂之一事之仁否？」曰：「不然。蓋纔説個『仁』字，便用以全體言。若一事上能盡仁，便是他全體是仁了。若全體有虧，這一事上必不能盡仁。纔説個『仁』字便包盡許多事，無不當理無私了。所以三子當不得這個『仁』字，聖人只稱其才。」〔八三〕

問：「孔門之學，莫大於爲仁。孟武伯見子路等皆孔門高第，以爲盡得仁道，故直問子路仁乎，子曰不知也。仁道之大，非全體而不息者不足以當之，顏子尚不能不違於三月之後，聖人尚不以之許仲弓，况子路之於仁蓋日月至焉者心之或在或亡，不能必其有無，故以『不知』告之。孟武伯不曉其意，又問孔子云云。〔八四〕三子者，〔八五〕皆許其才而不許其仁，則仁道之大可知也。」〔八六〕曰：「何故許其才不許其仁？」對以：「三子之才，雖各能辨〔八七〕事，但未知做得來能無私心否？」曰：「然。聖人雖見得他有駁雜處，若是不就這裏做工夫，便待做得事業來，終是粗率，非聖賢氣象。若有些子偏駁，便不是全體。」〔八八〕

子升兄〔八九〕問：「聖人稱由也千乘之國可使治其賦，求也可使爲之宰。〔九〇〕後來求乃爲季氏聚斂，由不得其死。聖人容有不能盡知者。」曰：「大綱也只稱其材堪如此，未論到心德處。看『不知其仁』之語，裏面却煞有説話。」木之。

## 女與回也孰愈章[九一]

問：「『回賜孰愈』一段，大率比較人物，亦必稱量其斤兩之相上下者。如子貢之在孔門，其德行蓋在冉閔之下，然聖人却以之比較顏子，豈以其見識敏悟，雖所行不逮，而所見亦可幾及與？」曰：「然。聖人之道大段用敏悟，曉得時方擔荷得去。如子貢雖所行未實，然他却極是曉得，所以孔子愛與他説話。緣他曉得，故可以擔荷得去。雖所行有未實，使其見處更長一格，則所行自然又進一步。聖門自曾顏而下便用還子貢，如冉閔非無德行，然終是曉得不甚[九二]，擔荷聖人之道不去。所以孔子愛呼子貢而與之語，意蓋如此。」僩。

居父問：「回也『聞一知十』，『即始見終』，是如何？」曰：「知十，亦不是聞一件定知得十件，但言知得多，知得周遍。」又問：「聖人生知，其與顏子不同處是如何？」曰：「聖人固生知，終不成更不用理會，但聖人較之顏子又知得多。今且未要説聖人，且只就自家地位看。今只就這一件事聞得，且未能理會得恰好處，况於其他！」賀孫。[九三]

胡問：「回『聞一知十』，是『明睿所照』，若孔子則如何？」曰：「孔子又在明睿上去，耳順心通，無所限際。古者論聖人都説聰明，如堯『聰明文思』，『惟天生聰明時乂』，『亶聰明作元后』，『聰明睿智，足以有臨也』。聖人直是聰明。」淳。

問：「顏子『明睿所照』，合下已得其全體，不知於『金聲玉振』體段俱到否？」曰：「顏子於『金聲』意思却得之，但於『玉振』意思却未盡。」賀孫問：「只是做未到，却不是見未到？」曰：「是他合下都自見得周備，但未盡其極耳。」賀孫。

問集注「知二」「知十」之別。曰：〔九四〕「『明睿所照』，如個明鏡在此，物來畢照。『推測而知』，如將些子火光逐些子照去推尋。」僩。

「顏子明睿所照，子貢推測而知」，此兩句當玩味，見得優劣處。顏子是真個見得徹頭徹尾。子貢只是暗度想象，恰似將一物來比並相似，只能聞一知二。顏子雖是資質純粹，亦得學力，所以見得道理分明。凡人有不及人處，多不能自知，雖知亦不肯屈服。如子貢自屈於顏子，可謂高明，夫子所以與其弗如之說。明作。

## 宰予晝寢章〔九五〕

問：「宰我當晝而睡。夫君子進德修業，須是志能帥氣，方終日乾乾。若當晝而睡，便是志氣昏惰，不敬莫大焉。雖有教，無所施，故以朽木、糞墻深責之。」又問：「『始吾於人聽其言而信其行』，必是宰予平日說得做工夫道理，及下手做時却昏惰如故。聖人自言而今而後當聽言觀行，乃是因宰予而致此。夫聖人觀人洞見眉睫之間，不待是而後能。言此者既以重警宰予，又

使學者謹言敏行。」曰：「皆是如此。」〔九六〕

## 棖也慾章〔九七〕

「棖也慾。」慾者，溺於愛而成癖者也。人傑。

或問：「剛與悻悻何異？」曰：「剛者，外面退然自守而中不詘於慾，所以爲剛。悻悻者，外面有崛强之貌，便是有計較勝負之意，此便是慾也。」〔九八〕

黄問：「吾未見剛者。」曰：「無慾便是剛，真難得。拖泥涉水不是剛，壁立萬仞便是剛。」胡問：「好仁、惡不仁有剛底意思？」曰：「剛能好、惡，不可把好、惡作剛，好惡又是一件。」又問：「剛有勇決意？」曰：「剛能決，不可喚決作剛。如銅鐵能割，不可喚割作銅鐵。剛與勇又不同。」淳。〔九九〕

問「棖也慾焉得剛」，曰：〔一〇〇〕「上蔡這處最説得好：『爲物揜之謂慾，故常屈於萬物之下。』今人纔要貪這一件物事，便被這物事壓得頭低了。」申棖想只是個悻悻自好底人，故當時以爲剛。然不知悻悻自好只是客氣如此，便有以意氣加人之意，只此便是慾也。」時舉。〔一〇一〕

問集注云「剛者勇之體，勇者剛之發」。曰：「春秋傳云『使勇而無剛者嘗寇』，則勇者發見於外者也。」人傑謂〔一〇二〕：「以五常揆之，則專言勇者，勇屬於義；言剛柔，則剛屬於仁。」曰：

「便是這個物事，看他用處如何，不可以一定名之。揚子雲説『君子於仁也柔，於義也剛』，亦只是一説。」人傑謂：「『以仁爲柔』、『以義爲剛』，上〔一〇三〕説得個情狀體段耳。」曰：「然。」人傑。〔一〇四〕

## 我不欲人之加諸我章〔一〇五〕

至之問此章。曰：「正在『欲』字上，不欲時便是全然無了這些子心。且如所不當爲之事，人若能不欲爲其所不當爲，便是這個心都無了，是甚地位？未到這地位便自要擔當了，便不去做工夫。聖人所以答他時且要它退一步做工夫。只這不自覺察便是病痛。」恪。〔一〇六〕

問：〔一〇七〕「子貢『欲無加諸人』，夫子教之『勿施於人』，何以異？」答曰：「異處在『無』字與『勿』字上。伊川説『仁也』、『恕也』，看得精。」大雅。

子貢曰「我不欲人之加諸我也，吾亦欲無加諸人」，未能忘我故也。顔淵曰「願無伐善，無施勞」，能忘我故也。子路曰「願車馬，衣輕裘，與朋友共，敝之而無憾」，未能忘物也。「一簞食，一瓢飲，在陋巷，人不堪其憂，回也不改其樂」，能忘物也。鎬。〔一〇八〕

熟底是仁，生底是恕；自然底是仁，勉强底是恕；無計較、無覦當底是仁，有計較、有覦當底是恕。方子。〔一〇九〕

問：「此如何非子貢所能及？」曰：「程先生語録中有解此數段，終是未剖判，唯伊川經解之言是晚年仁熟，方看得如此分曉，説出得如此分明。兩句所以分仁恕，只是生熟、難易之間。」洽。

## 夫子之文章可得而聞章〔一一〇〕

問：「性與天道何以别？」曰：「天道流行，是一條長連底，人便在此天道之中各得一截爾。」方子。〔一一一〕

甘吉甫〔一一二〕問性與天道。曰：「譬如一條長連底物事，其流行者是天道，人得之者爲性。乾之『元亨利貞』，天道也，人得之則爲仁義禮智之性。」蓋卿。〔一一三〕

「性與天道」，性是就人物上説，天道是陰陽五行。自「聖人之於天道」言之，則天道又却以性分自「性與天道」言之，則天道者，以天運而言。自「聖人之於天道」言之，則天道又却以性分而言。這物事各有個頓放處。僩。

問：「集注謂『天道者，天理自然之本體』，如何？」曰：「此言天運，所謂『繼之者善也』，即天理之流行者也。性者，着人而行之。」人傑。

問「性與天道」。曰：「『天有四時，春夏秋冬，風雨霜露，無非教也。地載神氣，神氣風霆，風霆流形，庶物露生，無非教也。』此可以觀性與天道。」雉。

問：「孔子『言性與天道不可得而聞』，而孟子教人乃開口便説性善，是如何？」曰：「孟子亦只是大概説性善，至於性之所以善處也少得説。須是如説『一陰一陽之謂道，繼之者善也，成之者性也』處，方是説性與天道爾。」時舉。

子貢「性與天道」之歎，見得聖門之教不躐等。又見其言及此，實有不可以耳聞而得之者。道夫。

寓問：「集注説，性以人之所受而言，天道以理之自然而言。不知性與天道亦只是説五常，人所固有者，何故不可得聞？莫只是聖人怕人躐等否？」曰：「這般道理自是未消得理會。且就它威儀、文辭處學去，這處熟，性、天道自可曉。」又問：「子貢既得聞之後，歎其不可得聞，何也？」曰：「子貢亦用功至此方始得聞。若未行得淺近者，便要[一一四]知得他高深作甚麼！教聖人只管説這般話亦無意思。天地造化陰陽五行之運，若只管説，要如何？聖人於易方略説到這處。『子罕言利，與命，與仁』，只看這處便見得聖人罕曾説及此。」又舉「子所雅言，詩、書、執禮皆雅言也」。「這處却是聖人常説底。後來孟子方説那話較多。」[一一五]

問：「『夫子之文章可得而聞』者[一一六]，凡聖人威儀、言辭皆德之著見於外者，學者所共聞也。至於性與天道乃是此理之精微，聖人教人不躐等，學者工夫未到此，聖人不以語之，恐失其下學之義。〔一一七〕蓋性者，是人所受於天，有許多道理，爲心之體者也。天道者，謂自然之本體，所以流行而付與萬物，人物得之以爲性者也。聖人不以驟語學者，故學者不得而聞。然子貢却說得性與天道如此分明，必是子貢可以語此，故夫子從而告之。子貢獲聞至論，不覺嘆美，以爲學者不得聞而已得聞，但不明言之爾。〔一一八〕」曰：「文振看得文字平正又浹洽。若看文字，須還他平正，又須浹洽無虧欠，方得好。」南升。

問：「子貢是因文章中悟性、天道，抑後來聞孔子說邪？」曰：「是後來聞孔子說。」曰：「文章亦性、天道之流行發見處？」曰：「固亦是發見處，然他當初只是理會文章，後來是聞孔子說性與天道，今不可硬做是因文章得。然孔子這般也罕言〔一一九〕。如『一陰一陽之謂道，繼之者善也，成之者性也』，因繫易方說此，豈不是言性與天道？又如『鼓萬物而不與聖人同憂』，『大哉乾元，萬物資始』，豈不是言性與天道？」淳。

器之問：「『夫子之言〔一二〇〕性與天道，言〔一二一〕子貢始得聞而歎美之。舊時說，性與天道便在這文章裏，文章處即是天道。」曰：「此學禪者之說。若如此，孟子也不用說性善，易中也不須說『陰陽不測之謂神』。這道理也着知。子貢當初未知得，到這裏方始得聞耳。」〔一二二〕

胡叔器〔一二三〕問：「謝氏文章性、天道之說，先生何故不取？」曰：「程先生不曾恁地說。程先生說得實，他說得虛。」陳安卿〔一二四〕問：「先生不取謝氏說者，莫是爲他說『只理會文章，則性、天道在其間否』？」曰：「也是性、天道只在文章中，然聖人教人也不恁地。子貢當時不曾恁地說。如『天命之謂性』，便是分明指那性。『大哉乾元，萬物資始』，便是說天道[一二五]。『一陰一陽之謂道，繼之者善也，成之者性也』，便是說[一二六]性與天道。只是不遮[一二七]頭便恁地說。」義剛。

## 【校勘記】

[一] 子謂公冶長可妻……何足爲辱　成化本爲「子謂公冶長章」。

[二] 公冶長　成化本無。

[三] 與　成化本作「因」。

[四] 成化本此下注有「南升」。

[五] 寓　成化本無。

[六] 子謂南容章　成化本無。

[七] 又　成化本無。

[八] 子賤之爲人……非尋常有用之才　成化本爲「子謂子賤章」。

[九] 說君子有　成化本無。

〔一〇〕哉　成化本作「而」，且屬下句。
〔一一〕如　成化本作「器」。
〔一二〕成化本此下注有「南升」。
〔一三〕問　成化本作「是」。
〔一四〕寓　成化本無。
〔一五〕作　朱本作「得」。
〔一六〕成化本此下注有「寓」。
〔一七〕雍也仁而不佞章　成化本爲「或曰雍也章」。
〔一八〕諂　成化本爲「諂佞」。
〔一九〕姿　成化本作「資」。
〔二〇〕他　成化本同，王本作「地」。
〔二一〕謨録同　成化本爲「去僞同」。
〔二二〕又　成化本無。
〔二三〕成化本此下注曰：「按：此無答語，姑從蜀本存之。」
〔二四〕問　成化本爲「陳仲卿問」。
〔二五〕一　成化本無。

[二六]也　成化本作「他」。
[二七]問　成化本爲「立之問」。
[二八]得　成化本無。
[二九]成化本此下有「如此」。
[三〇]任　成化本作「仕」。
[三一]此　成化本爲「此章」。
[三二]知　成化本無。
[三三]成化本此下注有「寓」。
[三四]知不知　成化本爲「知只是一個知」。
[三五]成化本此下注曰：「謙之録云：『是大底意思。』」
[三六]大意　成化本爲「已見大意」。
[三七]是　成化本無。
[三八]只　成化本此上有「他」。
[三九]全　成化本無。
[四〇]於　成化本無。
[四一]此條植録成化本載於卷四十。

〔四二〕寓　成化本無。

〔四三〕只　成化本無。

〔四四〕人　成化本作「者」。

〔四五〕賀孫録同　成化本爲「集注」。

〔四六〕問程氏説曾點漆雕開已見大意……吾斯之未能信之語可見　成化本無。

〔四七〕又問程氏言……便是曾點氣象　成化本爲「問子路若達便是曾點氣象」。

〔四八〕此條文蔚録成化本載於卷四十。

〔四九〕成化本此下注曰：「道夫録云：『原憲不能容物，近於狷。開却是收斂近約。』」此部分道夫録底本另作一條，參本卷。

〔五〇〕問曾點漆雕開　成化本爲「或問曾點漆雕開已見大意」。

〔五一〕雕　成化本作「開」。

〔五二〕元秉　成化本爲「儒用」。

〔五三〕此條希遜録成化本無，但卷四十載恪録與此相似，參成化本該卷恪録「林正卿問曾點只從高處見破……開覺得細密」條。

〔五四〕時舉問程子謂　成化本作「問」。

〔五五〕曾點　成化本此上有「淳有問目段子。先生讀畢，曰：『大概説得也好，只是一樣意思。』義剛録云：「先生曰：『末梢自反之説，説「大而化之」做甚麽？何故恁地儱侗。』」又曰：『公説道理只要撮那頭一段尖底，末梢便要到那「大而化之」極處，中間許多都把做查滓不要理會。相似把個利刃截斷。中間都不用了，這個便是大病。』」

此部分内容底本載於卷一百十五，可參。

［五六］見　成化本爲「違見」。

［五七］是　成化本此下有「他」。

［五八］博學之……力行之　成化本爲「博學審問謹思明辨篤行」。

［五九］稱貼　成化本爲「襯貼」。

［六〇］謹思明辨力行　成化本無。

［六一］他　成化本作「得」。

［六二］也　成化本此下有「『如曾子平日用工極是子細，每日三省只是忠信傳習底事，何曾説著「一貫」？曾子問一篇都是問喪、祭變禮微細處。想經禮，聖人平日已説底都一一理會了，只是變禮未説，也須逐一問過。「一貫」之説，夫子只是謾提醒他。縱未便曉得，且放緩亦未緊要，待別日更一提之。只是曾子當下便曉得，何曾只管與他説！如論語中百句，未有數句説此。孟子自得之説，亦只是説一番，何曾全篇如此説？今却是懸虚説一個物事，不能得了。只要那一去貫，不要從貫去到那一。如不理會散錢，只管要去討索來穿。如此則中庸只消「天命之謂性」一句及「無聲無臭至矣」一句便了，中間許多「達孝」、「達德」、「九經」之類，皆是粗迹，都掉却，不能耐煩去理會了。如「禮儀三百，威儀三千」，只將一個道理都包了，更不用

理會中間許多節目。今須是從頭平心讀那書，許多訓詁名物度數一一去理會，如禮儀須自一二三四數至於三百，威儀須自一百二百三百數至三千，逐一理會過，都恁地通透始得。若是只恁懸虛不已，恰似村道説無宗旨底禪樣，瀾翻地説去也得，將來也解做頌，燒時也有舍利，只是不濟得事。』又曰：『一底與貫底都只是一個道理。如將一貫已穿底錢與人，及將一貫散錢與人只是一般，都用得。不成道那散底不是錢』」。底本此部分内容載於卷二十七，可參。

〔六三〕黄義剛　成化本爲「義剛同」。以下尚有「泳録云：『如用一條錢貫一齊穿了』」，且此條載於卷一百十七。

〔六四〕程明道　成化本爲「明道」。

〔六五〕成化本此下注有「賀孫」。

〔六六〕點　成化本爲「曾點」。

〔六七〕穩　成化本作「隱」。

〔六八〕晏　成化本作「商」。

〔六九〕此條賜録成化本載於卷四十。

〔七〇〕集注與今定本文不同　成化本爲「集注係舊本」。

〔七一〕他　成化本無。

〔七二〕只　成化本作「是」。

〔七三〕這　成化本無。
〔七四〕利害居官　成化本爲「居官利害」。
〔七五〕成化本此下注有「植」。
〔七六〕此條道夫録成化本作爲注，附於伯羽録後，參本卷伯羽録「問漆雕循守者乎……却是收斂近約」條。
〔七七〕此條成化本無。
〔七八〕收息　成化本爲「休息」。
〔七九〕全體似個卓子四脚便是全　成化本爲「全體似個卓子四脚若三脚便是不全」。
〔八〇〕道理　成化本爲「十分道理」。
〔八一〕問　成化本爲「林問」。
〔八二〕升卿　成化本無。
〔八三〕成化本此下注有「僩」。
〔八四〕以爲盡得仁道……又問孔子云云　成化本爲「故問之」。
〔八五〕三子者　成化本爲「孔子於三子者」。
〔八六〕則仁道之大可知也　成化本無。
〔八七〕辨　成化本作「辨」。
〔八八〕成化本此下注有「南升」。

［八九］子升兄　成化本爲「子升」。

［九〇］聖人稱由也千乘之國可使治其賦求也可使爲之宰　成化本爲「聖人稱由也可使治賦求也可使爲宰」。

［九一］女與回也孰愈章　成化本爲「子謂子貢曰章」。

［九二］曉得不甚　成化本爲「曉不甚得」。

［九三］成化本此下注有「集注」。

［九四］問集注知二知十之别曰　成化本無。

［九五］宰予晝寢章　成化本無。

［九六］此條成化本無。

［九七］棖也慾章　成化本爲「吾未見剛者章」。

［九八］成化本此下注有「時舉」。

［九九］此條淳録成化本無，但卷二十八載義剛録曰：問：「剛亦非是極底地位，聖門豈解無人？夫子何以言未見？」曰：「也是説難得。剛也是難得。」又言：「也是難得。如那撑眉努眼便是慾。申棖便是恁地，想見他做得個人也大故勞攘。」義剛問：「秦漢以下，甚麽人可謂之剛？」曰：「只看他做得如何。那拖泥帶水底便是慾，那壁立千仞底便是剛。」叔器問：「剛莫是好仁、惡不仁否？」蓋剛有那勇猛底意思。」曰：「剛則能果斷，謂好惡爲剛則不得。如這刀，有此鋼則能割物，今叫割做鋼却不得。」又言：「剛與勇也自

別。故『六言、六蔽』有『好剛不好學』，又有『好勇不好學』。」
〔一〇〇〕問棖也欲焉得剛曰　成化本無。
〔一〇一〕成化本此下注有「集注」。
〔一〇二〕謂　此字原脱，據上下文及成化本補。
〔一〇三〕上　成化本作「止」。
〔一〇四〕此條人傑録成化本載於卷四十七。
〔一〇五〕我不欲人之加諸我章　成化本爲「子貢曰我不欲人之加諸我章」。
〔一〇六〕恪　成化本爲「恰亦可疑」，且上條爲鎬録，其末尾注有「此條可疑」。參本卷鎬録「子貢曰我不欲人之加諸我也……能忘物也」。
〔一〇七〕問　底本闕，據成化本補。
〔一〇八〕成化本此下注曰：「此條可疑。」
〔一〇九〕方子　成化本爲「道夫」，且此條載於卷六。
〔一一〇〕夫子之文章可得而聞章　成化本爲「子貢曰夫子之文章章」。
〔一一一〕此條方子録成化本無，但卷二十八蓋卿録尾注佐録與此内容相近。參下條。
〔一一二〕甘吉甫　成化本爲「吉甫」。
〔一一三〕成化本此下注曰：「佐録云：『天道流行是一條長連底，人便在此天道之中各得一截子。』」

〔一一四〕要　成化本無。
〔一一五〕成化本此下注有「寓」。
〔一一六〕可得而聞者　成化本無。
〔一一七〕聖人教人不躐等……恐失其下學之義　成化本無。
〔一一八〕子貢獲聞至論……但不明言之爾　成化本無。
〔一一九〕言　成化本作「説」。
〔一二〇〕夫子之言　成化本無。
〔一二一〕言　成化本無。
〔一二二〕成化本此下注有「寓」。
〔一二三〕胡叔器　成化本爲「叔器」。
〔一二四〕陳安卿　成化本爲「安卿」。
〔一二五〕天道　朱本爲「道理」。
〔一二六〕説　成化本無。
〔一二七〕遮　成化本作「迎」。